プリント形式のリアル過去問で本番の臨場感！

長野県 公立高等学校

2025年春 受験用 解答集

本書は，実物をなるべくそのままに，プリント形式で年度ごとに収録しています。
問題用紙を教科別に分けて使うことができるので，本番さながらの演習ができます。

■ 収録内容

・解答集(この冊子です)

書籍ＩＤ番号，この問題集の使い方，最新年度実物データ，教科別入試データ解析，
解答例と解説，ご使用にあたってのお願い・ご注意，お問い合わせ

・2024(令和６)年度 ～ 2022(令和４)年度 学力検査問題

・リスニング問題音声《オンラインで聴く》 詳しくは次のページをご覧ください。

○は収録あり　年度	'24	'23	'22			
■ 問題(後期選抜)	○	○	○			
■ 解答用紙	○	○	○			
■ 配点	○	○	○			
■ 英語リスニング音声・原稿	○	○	○			

全教科に解説
があります

注)問題文等非掲載:2024年度社会の【問1】

問題文の非掲載につきまして

著作権上の都合により，本書に収録している過去入試問題の本文の一部を掲載しておりません。ご不便をおかけし，誠に申し訳ございません。

JN132137

教英出版

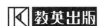

■ 書籍ＩＤ番号

リスニング問題の音声は，教英出版ウェブサイトの「ご購入者様のページ」画面で，書籍ＩＤ番号を入力してご利用ください。

入試に役立つダウンロード付録や学校情報なども随時更新して掲載しています。

書籍ＩＤ番号　162316

（有効期限：2025年9月30日まで）

【入試に役立つダウンロード付録】

「ラストチェックテスト（標準／ハイレベル）」

「高校合格への道」

【リスニング問題音声】

オンラインで問題の音声を聴くことができます。

有効期限までは無料で何度でも聴くことができます。

■ この問題集の使い方

年度ごとにプリント形式で収録しています。針を外して教科ごとに分けて使用します。①片側，②中央のどちらかでとじてありますので，下図を参考に，問題用紙と解答用紙に分けて準備をしましょう（解答用紙がない場合もあります）。

針を外すときは，けがをしないように十分注意してください。また，針を外すと紛失しやすくなりますので気をつけましょう。

① 片側でとじてあるもの

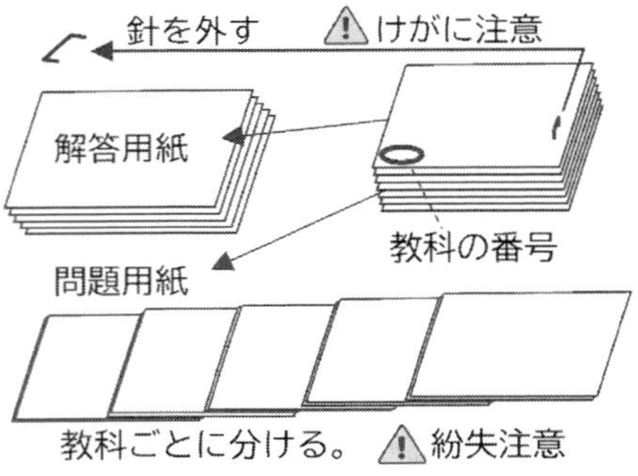

② 中央でとじてあるもの

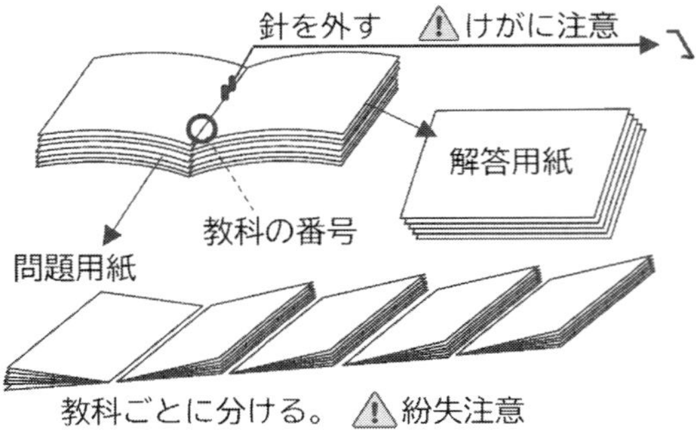

※教科数が上図と異なる場合があります。
　解答用紙がない場合や，問題と一体になっている場合があります。
　教科の番号は，教科ごとに分けるときの参考にしてください。

■ 最新年度 実物データ

実物をなるべくそのままに編集していますが，収録の都合上，実際の試験問題とは異なる場合があります。実物のサイズ，様式は右表で確認してください。

問題用紙	Ａ４冊子（二つ折り）
解答用紙	Ａ３片面プリント

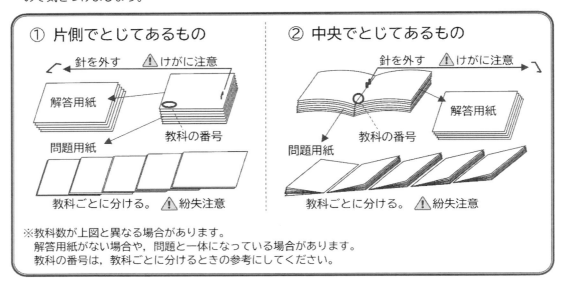

長野県　公立高校入試データ解析　国語

分野別データ			2024	2023	2022
大問の種類	長文	論説文・説明文・評論	○	○	○
		小説・物語	○	○	○
		随筆・紀行文			
	古文・漢文		○	○	○
	詩・短歌・俳句				
	その他の文章		○	○	○
	条件・課題作文				
	聞き取り				
漢字・語句	漢字の読み書き		○	○	○
	熟語・熟語の構成		○		
	部首・筆順・画数・書体			○	
	四字熟語・慣用句・ことわざ		○	○	
	類義語・対義語				
文法	品詞・用法・活用			○	○
	文節相互の関係・文の組み立て				
	敬語・言葉づかい				○
文章の読解	長文	語句の意味・補充		○	○
		接続語の用法・補充	○		
		表現技法・表現の特徴	○	○	○
		段落・文の相互関係	○	○	○
		文章内容の理解	○	○	○
		人物の心情の理解	○	○	○
	古文・漢文	歴史的仮名遣い	○	○	○
		文法・語句の意味・知識		○	
		動作主	○		○
		文章内容の理解	○	○	○
	詩・短歌・俳句				
	その他の文章		○	○	○

形式データ	2024	2023	2022
漢字の読み書き	9	11	11
記号選択	13	18	11
抜き出し	5	3	8
記述	7	6	8
作文・短文	1	1	1
その他		1	

2025年度入試に向けて

例年，説明的文章の最後に，本文の内容を読み取り自分で例を取り上げるといった，条件に従って考えをまとめる作文が出題されている。また，話し合いの様子や複数の資料などを照らし合わせて解く大問も出題されている。過去問でよく練習しておこう。古文は内容の読解が中心。省略された主語などを補って考えながら，全体として何を言いたいのかをつかもう。小説は人物の心情に関わる設問が多い。場面の展開に沿って変化する心情を丁寧に読み取りながら，表現の工夫などにも着目しよう。漢字や文法なども出題されるので，基本的な国語知識を身につけ，確実に得点しよう。

長野県　公立高校入試データ解析　数学

<table>
<tr><th colspan="2">分類</th><th>2024</th><th>2023</th><th>2022</th><th>問題構成</th><th>2024</th><th>2023</th><th>2022</th></tr>
<tr><td rowspan="7">式と計算</td><td>数と計算</td><td>○</td><td>○</td><td>○</td><td rowspan="4">小問</td><td rowspan="4">1 (1), (2), (4), (5)
計算問題
(3)整数(6)１次方程式
2 Ⅰ(2)連立方程式の文章問題</td><td rowspan="4">1 (1), (3)～(5), (9)
計算問題
(2)正負の数
2 Ⅱ．文字式の文章問題</td><td rowspan="4">1 (1), (2), (4), (8)
計算問題
(3)平方数(5)等式
2 (3)連立方程式の文章問題</td></tr>
<tr><td>文字式</td><td>○</td><td>○</td><td>○</td></tr>
<tr><td>平方根</td><td>○</td><td>○</td><td>○</td></tr>
<tr><td>因数分解</td><td></td><td>○</td><td></td></tr>
<tr><td>１次方程式</td><td>○</td><td></td><td></td><td rowspan="3">大問</td><td rowspan="3"></td><td rowspan="3"></td><td rowspan="3"></td></tr>
<tr><td>連立方程式</td><td>○</td><td>○</td><td>○</td></tr>
<tr><td>２次方程式</td><td>○</td><td>○</td><td>○</td></tr>
<tr><td rowspan="4">統計</td><td rowspan="2">データの活用</td><td rowspan="2">○</td><td rowspan="2">○</td><td rowspan="2">○</td><td>小問</td><td>1 (11) 2 Ⅰ(1)箱ひげ図等</td><td>1 (7) 2 Ⅰ．箱ひげ図</td><td>1 (6) 2 (2)標本調査等</td></tr>
<tr><td>大問</td><td></td><td></td><td></td></tr>
<tr><td rowspan="2">確率</td><td rowspan="2">○</td><td rowspan="2">○</td><td rowspan="2">○</td><td>小問</td><td>1 (10)３枚のカード</td><td>1 (8)５個の色玉</td><td>1 (7)起こらない確率</td></tr>
<tr><td>大問</td><td></td><td></td><td></td></tr>
<tr><td rowspan="7">関数</td><td>比例・反比例</td><td>○</td><td>○</td><td>○</td><td rowspan="4">小問</td><td rowspan="4">1 (9)放物線</td><td rowspan="4">1 (6)反比例</td><td rowspan="4">1 (9)反比例</td></tr>
<tr><td>１次関数</td><td>○</td><td>○</td><td>○</td></tr>
<tr><td>２乗に比例する関数</td><td>○</td><td>○</td><td>○</td></tr>
<tr><td>いろいろな関数</td><td></td><td></td><td>○</td></tr>
<tr><td>グラフの作成</td><td></td><td></td><td></td><td rowspan="3">大問</td><td rowspan="3">3 Ⅰ．文章問題
１次関数
Ⅱ．座標平面
双曲線，直線
三角形</td><td rowspan="3">3 Ⅰ．文章問題
１次関数
Ⅱ．座標平面
放物線，直線
三角形</td><td rowspan="3">3 Ⅰ．文章問題
いろいろな関数
Ⅱ．座標平面
放物線，直線
三角形</td></tr>
<tr><td>座標平面上の図形</td><td>○</td><td>○</td><td>○</td></tr>
<tr><td>動点，重なる図形</td><td></td><td></td><td></td></tr>
<tr><td rowspan="9">図形</td><td>平面図形の性質</td><td>○</td><td>○</td><td>○</td><td rowspan="5">小問</td><td rowspan="5">1 (7)平行線と角
(8)作図
2 Ⅱ．球，円すい</td><td rowspan="5">1 (10)作図
(11)多角形と角度
(12)球と円柱</td><td rowspan="5">1 (10)作図
(11)円周角とおうぎ形の面積
2 (1)三角すい</td></tr>
<tr><td>空間図形の性質</td><td>○</td><td>○</td><td>○</td></tr>
<tr><td>回転体</td><td>○</td><td></td><td></td></tr>
<tr><td>立体の切断</td><td></td><td></td><td></td></tr>
<tr><td>円周角</td><td></td><td>○</td><td>○</td></tr>
<tr><td>相似と比</td><td>○</td><td>○</td><td>○</td><td rowspan="4">大問</td><td rowspan="4">4 四角形の回転移動，三角形</td><td rowspan="4">4 ２つの円と三角形</td><td rowspan="4">4 三角形，四角形の折り返し</td></tr>
<tr><td>三平方の定理</td><td>○</td><td>○</td><td>○</td></tr>
<tr><td>作図</td><td>○</td><td>○</td><td>○</td></tr>
<tr><td>証明</td><td>○</td><td>○</td><td>○</td></tr>
</table>

2025年度入試に向けて

関数の文章問題は，毎年出題されている。教科書だけの学習では不十分なので，問題集などで練習して，文を読んで内容を把握できる力をつけよう。最後の大問は，例年図形問題である。比較的難易度の高い問題なので図形の性質をしっかりおさえた上で応用力をつけて，対応できるようにしよう。

長野県　公立高校入試データ解析　英語

分野別データ		2024	2023	2022
音声	発音・読み方			
	リスニング	○	○	○
文法	適語補充・選択	○	○	○
	語形変化	○	○	○
	その他			
英作文	語句の並べかえ			
	補充作文			
	自由作文	○	○	○
	条件作文	○	○	○
読解	語句や文の補充	○	○	○
	代名詞などの指示内容	○	○	○
	英文の並べかえ	○	○	○
	日本語での記述		○	
	英問英答			
	絵・表・図を選択	○	○	○
	内容真偽	○	○	○
	内容の要約	○	○	○
	その他	○	○	○

形式データ			2024	2023	2022
リスニング	記号選択		8	9	9
	英語記述		1	1	
	日本語記述				
文法・英作文・読解	読解	会話文	0	2	0
		長文	5	4	5
		絵・図・表	1	1	1
	記号選択		19	15	19
	語句記述		4	6	5
	日本語記述			1	
	英文記述		5	6	4

2025 年度入試に向けて

文章の他に絵や図を使った問題が毎年出題されている。過去問を使って慣れておこう。また，英語で自分の考えを書く問題が出題される。様々な内容を「主語と動詞のある英文」で書けるように練習しておこう。長文のテーマは多岐に渡る。英文を素早く正確に理解できるようにしておこう。過去問などを使って類似問題に取り組むのが効果的である。

長野県　公立高校入試データ解析　理科

分野別データ		2024	2023	2022
物理	光・音・力による現象	○	○	○
物理	電流の性質とその利用		○	○
物理	運動とエネルギー			
化学	物質のすがた	○	○	○
化学	化学変化と原子・分子	○	○	○
化学	化学変化とイオン		○	
生物	植物の生活と種類	○	○	○
生物	動物の生活と種類		○	
生物	生命の連続性と食物連鎖	○		○
地学	大地の変化	○		○
地学	気象のしくみとその変化	○	○	
地学	地球と宇宙		○	○

形式データ	2024	2023	2022
記号選択	14	27	16
語句記述	7	7	5
文章記述	10	7	9
作図	2	0	0
数値	6	8	17
化学式・化学反応式	1	2	2

2025年度入試に向けて

グラフ，表，図などから必要な情報を読み取って，それらを簡潔にまとめて文章で答えたり，計算して数値を答えたりする力が求められる。語句や公式，法則を確実に暗記したうえで，過去問で十分に練習しておくとよいだろう。また，このような問題では考えをまとめたり，計算したりするための時間も必要になるため，語句で答える問題や記号選択問題に時間をかけずに答えられるようにしておきたい。一問一答形式の問題で何度も練習をくり返し，問題文中のキーワードから，答えが瞬間的に出てくるように訓練しておくとよいだろう。

長野県　公立高校入試データ解析　社会

	分野別データ	2024	2023	2022	形式データ	2024	2023	2022
地理	世界のすがた	○	○	○	記号選択	4	6	5
	世界の諸地域 (アジア・ヨーロッパ・アフリカ)			○	語句記述	5	5	5
	世界の諸地域 (南北アメリカ・オセアニア)	○	○		文章記述	4	7	6
	日本のすがた	○	○	○	作図			
	日本の諸地域 (九州・中国・四国・近畿)	○			計算			1
	日本の諸地域 (中部・関東・東北・北海道)	○	○	○				
	身近な地域の調査			○				
歴史	原始・古代の日本	○	○	○	記号選択	9	8	6
	中世の日本	○	○	○	語句記述	1		1
	近世の日本	○	○	○	文章記述	1	2	2
	近代の日本	○	○	○	並べ替え		1	1
	現代の日本	○						
	世界史							
公民	わたしたちと現代社会	○	○	○	記号選択	5	5	4
	基本的人権		○		語句記述	3	5	1
	日本国憲法				文章記述	4	2	4
	民主政治	○	○	○				
	経済	○	○					
	国際社会・国際問題			○				

2025 年度入試に向けて

出題範囲はせまく深い。中途半端な学習ではなく，しっかりとした知識と判断力が必要である。特に文章記述は，それほど長くはないが，語句指定のあるものや短文が多く出題されるので，重要語句の内容と関連項目をしっかり理解し，まとめておきたい。特に地理と公民は，２つ以上の資料を読み取ったり，計算したりする問題が出されるので，過去問を中心にしっかりと演習しておきたい。

長野県公立高等学校

《2024 国語 解答例》

【問一】(1)①さけ ②おとず〔別解〕おとづ ③いったん〔別解〕ひとはし ④もうまく ⑤じゅんじ ⑥さいげん
(2)A．イ B．オ 品詞…接続詞 (3)エ (4)証明の核心を直観的につかむこと (5)無意識的な形成過程を経ている (6)自分の好きな文学作品を読み深めようと、繰り返し読んでいるうちに、話の中の出来事やストーリーを思い浮かべるのではなく、作品に込められたメッセージを一挙に捉えることができる。

【問二】(1)エ (2)ア (3)ⅰ．ウ ⅱ．エ ⅲ．充実感は、何かに一生懸命取り組んでいる中で感じるもので、達成感は、活動の効果や成果を実感することだと、私たちは考えています。

【問三】［誤／正］ ①［日／干］ ②［再／採］ ③［誌／史］

【問四】(1)①とらえて ②くちおしけれ (2)ウ (3)ⅰ．草の下には従者が歩くと跳ね上がるほど、思いもよらないくらいたくさんの水がある ⅱ．屏風の絵 ⅲ．C．よもぎ D．香り (4)ア，エ

【問五】(1)ウ (2)イ (3)私に聴かせ〔別解〕(私に聴か (4)エ (5)ひとりの子どもの声から、応援の声が次第に広がっていく情景 (6)ア (7)言い訳をし、課題から逃げようとしていた自分を乗り越え、ずっと憧れていた名晋の音楽を表現することができ、満足した気持ち。

《2024 数学 解答例》

【問1】(1)8 (2)2y (3)エ (4)$4\sqrt{15}$ (5)－2，5 (6)36 (7)44
(8)右図 (9)①a，b，c ②(2，12) (10)$\frac{2}{3}$ (11)ウ

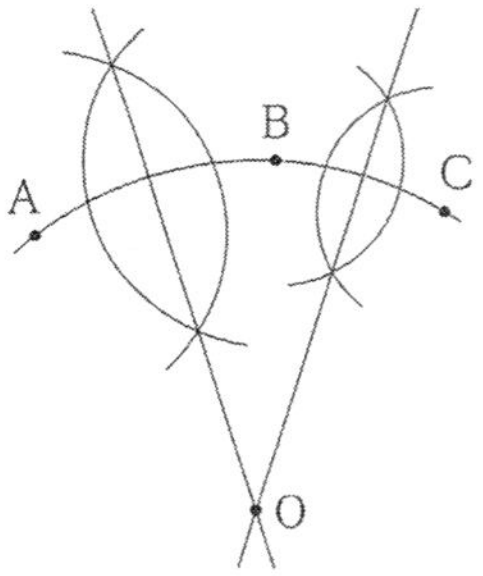

【問2】Ⅰ．(1)①ウ ②ⅰ．イ ⅱ．ア (2)①4月に「好き」「どちらかといえば好き」と答えた人数の合計 ②$58-\frac{40}{100}y$ ③4月…100 7月…110
Ⅱ．(1)36π (2)$\frac{4}{3}$

【問3】Ⅰ．(1)あ．500 い．900 (2)式…$50x-150$ 変域…$11\leqq x\leqq 33$
(3)950 (4)13
Ⅱ．(1)①6 ②$2\sqrt{6}$ (2)①12 ②$\frac{1}{2}x$

【問4】(1)75 (2)①あ．CBE〔別解〕EBC い．(2つの)底角 う．180
②△ABEと△CBFで，
長方形の1つの角は90°だから，∠ABE＝90°－∠CBE ∠CBF＝90°－∠CBE
よって，∠ABE＝∠CBF…①
BA＝6cm，BC＝3cmだから，BA：BC＝2：1
BE＝6cm，BF＝3cmだから，BE：BF＝2：1
よって，BA：BC＝BE：BF…②
①，②より，2組の辺の比とその間の角が，それぞれ等しいので，△ABE∽△CBF
(3)え．2 お．$\sqrt{5}$ (4)$\frac{27}{2}$

《2024 英語 解答例》

【問1】(1)No.1．イ No.2．ウ No.3．エ (2)No.1．ウ No.2．エ No.3．イ (3)No.1．ア No.2．エ
(4)cook

【問2】 I．(1)(a)イ　(b)ウ　(2)(a)I lived　(b)When does she study　(3)①Thank you for coming　②want to learn

II．(1)エ　(2)ア，オ

【問3】 (1)エ　(2)あ．ウ　い．エ　う．ア　(3)ウ　(4)ウ→ア→イ　(5)ア　(6)I think drawing paper posters is better.　We can put the posters in stations and shops.　People who visit there can see them easily.

【問4】 (1)ウ　(2)ア　(3)あ．エ　い．ア　(4)う．shape　え．short　(5)お．1887　か．1902　(6)イ，オ　(7)イ

《2024　理科　解答例》

【問1】 I．(1)根毛　(2) i．脱色するため　ii．デンプン　(3)エ　(4) i．イ　ii．ア　II．(1)生態系　(2)ウ，エ　(3)土壌動物をえさとする肉食性昆虫は減少し，肉食性昆虫をえさとする鳥も減少する

【問2】 I．(1)ウ　(2)ア　(3)16.3　(4)Fe＋S→FeS　(5)鉄と硫黄の反応は，酸素がかかわらないから　II．(1) i．ア，ウ，カ　ii．イ　(2)気体…水素　体積…0.8　(3)右グラフ

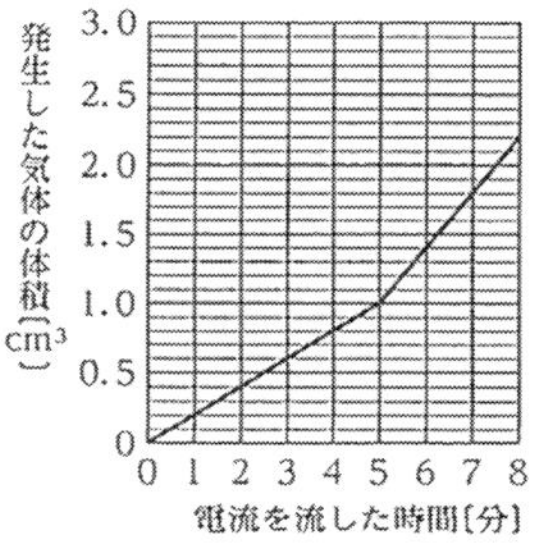

【問3】 I．(1)堆積　(2)エ，カ　(3)エ　(4)粒の小さい砂や泥は，沈む速さが遅く，水中での波の影響を受けやすいため，波が陸に打ち寄せる方向に運ばれてたまる　(5)C

II．(1)寒冷前線　(2)記号…イ　理由…気温が下がっている／西北西に風向が変わっている　(3)高気圧の中心では下降気流が起こっており，雲ができにくいため，晴れになると予想される

【問4】 I．(1)右図　(2)1.4　(3) i．ケーブルが橋げたを引く力の大きさは，塔の間隔が広くなると大きくなり，塔の高さが高くなると小さくなる　ii．AとBの間の角度が小さくなる　(4)ア　II．(1)50　(2)あ．180　い．逆　(3)記号…イ　理由…小さい鏡ほど，鏡1に入射した光の道筋と鏡2で反射した光の道筋の間隔がせまくなるから　(4)3

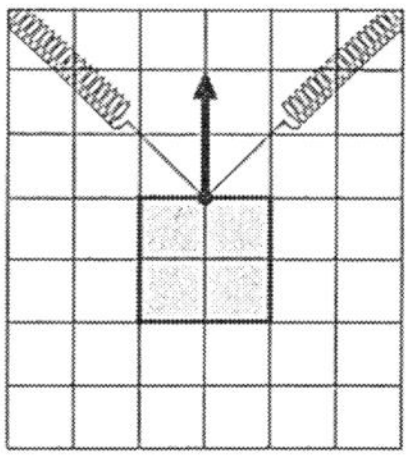

《2024　社会　解答例》

【問1】 (1)ア　(2)あ．平安　位置…ウ　(3)ウ　(4)エ　(5)選択肢X…ア　選択肢Y…エ　(6)江戸から離れた場所に配置している　(7)イ，ウ　(8)イ，エ　(9)ア，イ　(10)え．イ　お．ウ　か．カ

【問2】 I．(1)①那覇　②い．小さ　う．多い　③ウ，エ　(2)生育に適した気温により，他の産地と出荷時期がずれている　(3)①日本アルプス　②え．扇状地　お．イ　③沖縄県と比べて，県外からの観光客の割合が高いので，山岳など，沖縄県にはない魅力を発信することで，沖縄県からの宿泊者数を増やすのがよい。

II．(1)白豪主義　(2)ウ，エ　(3)距離の遠いイギリスから，距離の近い中国になった

(4)き．ウ　く．イ　け．オ　(5)文化を尊重する

【問3】 I．(1)あ．高い　い．短い　(2)①共助　②イ，エ　③高齢人口の増加に伴って社会保障給付費は増えているが，生産年齢人口は減るため，一人当たりの社会保障費の負担が大きくなること　④イ　(3)①デフレーション

②う．オ　え．ア　お．ウ　(4)①ウ，エ　②ウ　③先端技術を活用すると，農薬散布や水管理の作業時間が短縮でき，作業面積も拡大できる　II．(1)家庭の可燃ごみに占める生ごみの割合が最も高いから

(2)[理由]選んだ資料の番号…10，11　有料化により，ごみの減量やリサイクルに対して関心をもつ人の割合が増え，今後新たに有料化できる市区町村があるから。　[課題]選んだ資料の番号…9，10　有料化することで手数料の負担が増え，5年間で有料化をする市区町村の割合はほとんど増えていないこと。

《2024　国語　解説》

【問一】

⑶　ア．「否定する考えを述べている」は適さない。　イ．「疑問を解決し新たな話題を提示している」は適さない。ウ．「文章全体の結論を述べている」は適さない。　エ．「直観はこのように～理解を深めてくれる」と「5段落の内容を受け」、「では、そもそも直観とは何であろうか」と「問いによって視点を転換し」、「以下では～を明らかにしたい」と「話題を提示している」。

⑷　C には、証明が本当にわかるために必要なことが入る。5段落の最後で「証明の本当の理解には、証明の核心を直観的につかむことが必要なのである」と述べている。

⑸　D は、「知覚」と「直観」に共通すること。7段落で「知覚はその形成の過程が意識されることなく、その結果だけが意識にのぼる」、8段落で「知覚と同様のことが、直観でも生じている。直観においても、その形成過程は意識されず、結果だけが意識にのぼる」と述べているのを参照。下線部の内容を表す十四字の言葉は、7段落の最後の「無意識的な形成過程を経ている」。

【問二】

⑴　「僕もだよ」と言っているので「共感的」。また、「充実感と達成感ってどんなものなのだろう」という問いかけは、話し合いのテーマである。よって、エが適する。

⑵　川原さんの「森田さんは～山本さんは～充実感を得ていたんだね。つまり、充実感は～」「二人の体験で言えば～つまり～ことだと言えそうだね」という発言から、アのようなことが言える。

⑶ⅰ　「新海先生からの感想やアドバイス」から、各スライドの見出しには「各スライドに対する発表原稿の最初の部分」が入るとわかる。D は、スライド①の見出しなので、Ⅲの「（スライド①示す）それでは、アンケートをお願いする理由をお話しします」より、ウが適する。　ⅱ　「新海先生からの感想やアドバイス」から、各スライドは「スライドに関わる発表原稿の直前」で提示されるとわかる。よって、スライド②（アンケートで聞きたいこと）は、Ⅲの「では、今回のアンケートで聞きたいことについてお伝えします」の直前（エ）に入る。

ⅲ　川原さんの発言「つまり、充実感は、何かに一生懸命取り組んでいる中で感じるものということかぁ」「つまり、（達成感は）自分が取り組んだ活動の効果や成果を実感することだと言えそうだね」からまとめる。

【問四】

⑵　作者がつかまえて折ろうとするが、すばやく過ぎてはずれてしまうものなので、ウ「ものの枝」（何かの枝）。

⑶ⅰ　生い茂る草の下に水があるようには見えないが、従者などが歩くと水が跳ね上がる。つまり、思いもよらないほどたくさん水があるということ。　ⅱ　「作者がそれまで知識としてもっていたこと」にあたるのは、「『高瀬の淀《よど》に』という和歌」と、菖蒲《しょうぶ》を刈る人々を描いた「屏風《びょうぶ》の絵」。　ⅲ　D．作者は文章Ⅲで、「菖蒲、よもぎなどのかをりあひたる」さまをほめている。

⑷　イ．「体言止め、擬人法」は用いられていない。　ウ．「第三者の立場から、客観的に」は誤り。

【古文の内容】

文章Ⅰ

五月のころなどに山里に出歩くのは、とてもおもしろい。草の葉も水も真っ青に一面に見えているのに、表面は変わった様子がなくて（下に水があるようには見えなくて）、草が生い茂っている所を、ながながと、縦一列に行くと、下は思いもよらないほどの水が、深くはないけれども、従者などが歩くと、跳ね上がるのは、とてもおもしろい。

左右にある垣根にある何かの枝などが牛車の人が乗る部分などに入ってくるのを、急いでつかまえて折ろうとするうちに、すばやく過ぎてはずれてしまうのは、とても残念だ。よもぎの、牛車に押しつぶされたのが、車輪がまわったときに(くっついて上がってきて)、近くに引っかかっているのもおもしろい。

文章Ⅱ

四月の月末ごろに、初瀬(長谷寺《はせでら》)に参詣して、淀の舟渡りというものをしたところ、舟に車を置いて乗せて行くと、菖蒲、菰《こも》などの先(水面に出ている部分)が短く見えたので、(それを)取らせたところ、とても長かった。菰を積んでいる舟が行き交うのが、たいそうおもしろかった。「高瀬の淀に」という歌は、これをよんだようだと見えて。五月三日に帰ったときに、雨が少し降った折に、菖蒲を刈るということで、笠《かさ》のとても小さいのをかぶって、すねを長々と出している男や、子どもなどがいるのも、屏風の絵に似ていて、とても風情があっておもしろい。

文章Ⅲ

節句は、五月の節句に及ぶ月はない。菖蒲やよもぎなどが一緒に香り合っているのが、たいそうおもしろい。

【問五】

⑴　「抑揚」とウの「凹凸」は、反対の意味の漢字の組み合わせ。

⑵　イの「歯に衣《きぬ》着せぬ」は、思ったことを率直に言うという意味。

⑶　——線部②の直後で「(あのとき、きっと私もあんな目をしてたんだ。ううん、あれは私自身だ)」と思い、「アリスは幼いころに憧れていた場所に来た。けれど、自分が思うような存在にはなれなかった」「なのに、部活をやめなかったのは、やっぱり名晋《めいしん》の音楽が好きだったからだ」と自身を振り返り、「(私に聴かせてあげるんだ、名晋の音楽を！)」と決意している。

⑷　A は「安堵《あんど》」と「緊張」の間。「１回目のソロを奏《かな》でた。まったくミスのない見事なソロ～アリス自身、ホッとしていた」が「安堵」。「再びアリスが前に出た。その表情は明らかに緊張していた」「緊張感から手に汗がにじみ～指が滑った」が「緊張」。この間に生じたのは「(問題は２回目のほうだ～ミスなく吹いて、最後の超高音をちゃんと出せるかな……)」という気持ちなので、エの「不安」が適する。

⑸　ひとりの子どもが「がんばれ～」と言ったのに続いて、「『がんばれ～！』の声が子どもたちの間に広がり、やがて大合唱になった」という様子をたとえている。

⑹　アリスはクラリネットのソロがうまくできなくて焦《あせ》っていた。そのとき「美森《みもり》が立ち上がり～クラリネットソロ」をトランペットで吹き始めた。そのおかげで、「美森のトランペットにアリスのクラリネットが重なる～音はぴたりと揃《そろ》って」とあるとおり、アリスは調子を取り戻すことができた。そして「美森はトランペットの音を小さくしていき、吹くのをやめた」とある。ここから、美森はアリスにとって、アのような人物だといえる。

⑺　「運指の難しい～指と息が的確にとらえる～超高音のロングトーン～を吹き鳴らした」自分に「拍手」している、つまり、ソロの演奏を終えて満足しているということ。名晋の音楽に憧れていた自分が満足できるような演奏をすることができたのである。「『本気で頑張っていないスイッチ』を押しそうになった」という表現からは、できない言い訳をして逃げていたことがあるのだと読みとれる。そのような弱い自分に打ち勝つことができたアリスの気持ちが——線部④に表れているといえる。

《2024　数学　解説》

【問１】

⑴　与式＝３＋５＝**８**

⑵　与式＝$\frac{1}{6}xy^2 \times \frac{12}{xy}$＝$\mathbf{2y}$

⑶　ア．ｎが奇数のとき４ｎは８の倍数にならない。　イ．８ｎ＋４＝４(２ｎ＋１)で，２ｎ＋１が奇数だから，８の倍数にならない。　ウ．ｎ＋８＝８($\frac{n}{8}$＋１)だから，ｎが８の倍数でない限り８の倍数にならない。
エ．８ｎ＋16＝８(ｎ＋２)より，８の倍数になる。　よって，**エ**が正しい。

⑷　$x^2-y^2=(x+y)(x-y)$となり，この式に$x=\sqrt{5}+\sqrt{3}$，$y=\sqrt{5}-\sqrt{3}$を代入すると，
$\{(\sqrt{5}+\sqrt{3})+(\sqrt{5}-\sqrt{3})\}\{(\sqrt{5}+\sqrt{3})-(\sqrt{5}-\sqrt{3})\}=2\sqrt{5}\times2\sqrt{3}=\mathbf{4\sqrt{15}}$となる。

⑸　与式より，$(x+2)(x-5)=0$　$\mathbf{x=-2,\ 5}$

⑹　薄力粉と砂糖をxｇずつ加えたとき，薄力粉と砂糖の重さの比が７：２になるから，$(132+x):(12+x)=7:2$
$(12+x)\times7=(132+x)\times2$　これを解いて，$x=$**36**となる。

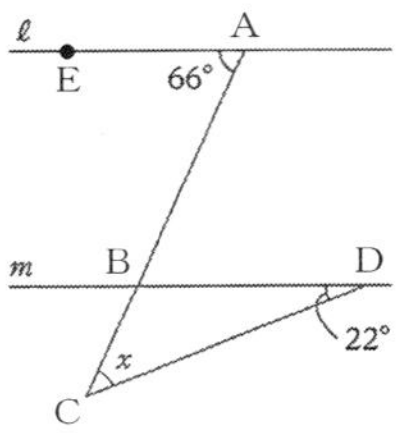

⑺　**【解き方】三角形の１つの外角は，これととなり合わない２つの内角の和に等しい。**
右図で，平行線の錯角は等しいから，ℓ//ｍより，∠ＡＢＤ＝∠ＢＡＥ＝66°
△ＢＣＤにおいて，三角形の外角の性質より，∠x＝∠ＡＢＤ－∠ＣＤＢ＝66°－22°＝**44°**

⑻　円においてどのように弦をとったとしても，円の中心は，弦の垂直二等分線上にある。
したがって，弦ＡＢ，弦ＢＣ，弦ＡＣいずれか２つの弦について，それぞれの垂直二等分線を引き，交点をＯとすればよい。

⑼①　比例定数が正なら上に開いた放物線に，負なら下に開いた放物線になるので，最も大きいものはａである。
比例定数の絶対値が大きいほど，放物線の開き方は小さくなる。ｂとｃの値は負であり，ｃの方が絶対値が大きいから，大きい順に**ａ，ｂ，ｃ**である。

②　**【解き方】ＡとＢはy軸について対称だから，Ｂのx座標をｔ（ｔ＞０）とすると，Ａのx座標は－ｔである。**
ＡＢ＝４より，ｔ－(－ｔ)＝４　２ｔ＝４　ｔ＝２だから，Ｂのx座標は２である。ａ＝３のとき，Ｂは放物線$y=3x^2$上の点だから，Ｂのy座標は$y=3\times2^2=12$である。よって，Ｂの座標は**(２，12)**

⑽　**【解き方】３けたの整数が奇数になるのは，一の位の数が１または３になるときである。**
１枚目の取り出し方は３通りあり，その１通りごとに２枚目の取り出し方が残りの２通りあり，その１通りごとに３枚目の取り出し方が残りの１通りある。したがって，整数は全部で３×２×１＝６(通り)できる。
そのうちの奇数は，123，213，231，321の４通りだから，求める確率は，$\frac{4}{6}=\mathbf{\frac{2}{3}}$である。

⑾　**【解き方】求めやすい順に，最大値・最小値，中央値，第１四分位数・第３四分位数であり，この中から必要な値を求め，箱ひげ図が示す値と一致するか調べる。**
生徒15人の握力の最大値は50，最小値は24だから，適するものはアかウである。アとウの箱ひげ図では，中央値が異なるので，データから中央値を求めると，15÷２＝7.5より，中央値は大きさ順に８番目の値である。
よって，中央値は34だから，正しい箱ひげ図は**ウ**である。

【問２】

Ⅰ⑴①　ア．図１では，読書時間が120分以上180分未満の生徒を１つの階級としているため，平均読書時間が150分以上の生徒数を求めることはできない。よって，正しいとはいえない。
イ．(範囲)＝(最大値)－(最小値)であり，ヒストグラムからは最大値と最小値を読み取ることができず，範囲を

求められない。よって，正しいとはいえない。

ウ．図１で度数が最も大きい階級は 60 分以上 120 分未満の階級だから，最頻値は$\frac{60+120}{2}$＝90(分)，図２で度数が最も大きい階級は 30 分以上 60 分未満の階級だから，最頻値は$\frac{30+60}{2}$＝45(分)となるので，正しい。

エ．各階級の正確な度数がわからないので，グラフの長さから中央値の場所を判断する。図１で，０分以上 60 分未満のグラフの長さは，他の２つのグラフの長さの合計よりも短いので，０分以上 60 分未満の度数は度数の合計の半分より小さいとわかる。同様に，120 分以上 180 分未満の度数も度数の合計の半分より小さいとわかる。したがって，中央値は 60 分以上 120 分未満の階級にふくまれる。図１も図２も同じデータをもとに作成したので中央値は 60 分以上 120 分未満だから，図２の 30 分以上 60 分未満の階級に中央値はふくまれない。よって，正しくない。

以上より，正しいものは，**ウ**である。

② i　**度数の合計**が違えば，その階級の度数の全体に対する割合，つまり相対度数が変わるので，比較できない。

ii　度数の合計が違う２つのデータを比べるので，度数分布多角形をかき，相対度数を比べる。

また，最大値・最小値よりも，中央値や最頻値などの代表値の方がデータの傾向を調べるのに適している。

(2)②　**【解き方】$\frac{10}{100}$は 10%を示している。**

$\frac{10}{100}x$は４月に増加した人数を示しているから，冬さんは４月に「好き」と答えた人数をx人，４月に「どちらかといえば好き」と答えた人数をy人とおいた。４月から７月にかけて「好き」「どちらかといえば好き」と答えた人数の合計は 278－220＝58(人)増えたから，「い」に当てはまる式は$\mathbf{58-\frac{40}{100}y}$である。

③　**【解き方】実際に夏さん，または冬さんの連立方程式を解いて求める。**

夏さんの連立方程式について，$x+y=220$…㋐，$\frac{110}{100}x+\frac{140}{100}y=278$ より，$11x+14y=2780$…㋑とする。

㋑－㋐×11 でxを消去すると，$14y-11y=2780-2420$　$3y=360$　$y=120$　$y=120$ を㋐に代入して，

$x+120=220$　$x=220-120=100$　よって，４月に「好き」と答えた人は **100** 人，７月に「好き」と答えた人は$\frac{110}{100}\times100=$**110**(人)である。

Ⅱ(1)　**【解き方】ＰＱを軸として１回転させてできる立体は，半径３㎝の球である。**

求める回転体の体積は，$\frac{4}{3}\pi\times3^3=$**36π**(㎤)

(2)　**【解き方】△ＡＢＣを，ＡＣを軸として１回転させてできる立体は円すいである。**

円すいの展開図の側面のおうぎ形の弧の長さは，底面の円の円周の長さと等しい。

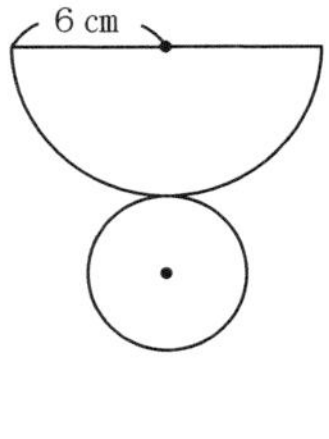

右図のような円すいの展開図において，側面の半円の弧の長さは$2\pi\times6\times\frac{1}{2}=6\pi$(cm)

底面の半径を r cmとすると，$2\pi r=6\pi$より，$r=3$

よって，この円すいの表面積は$3^2\pi+6^2\pi\times\frac{1}{2}=27\pi$(㎠)である。

半径３cmの球の表面積は$4\pi\times3^2=36\pi$(㎠)だから，求める割合は$36\pi\div27\pi=$**$\frac{4}{3}$**(倍)である。

【問３】

Ⅰ(1)　グラフより，鈴さんの家は学校から－500m，つまり図書館から反対の方向に 500mの地点にある。

桜さんの家は学校から図書館と同じ方向に 400mの地点にあるから，鈴さんの家は桜さんの家から 400＋500＝**900**(m)離れた地点にある。

(2)　**【解き方】xの最小値は学校を出発してから家を出発するまでにかかる時間，最大値は図書館に着く時間である。**

桜さんは学校を出発してから８＋３＝11(分後)に，家を出発して図書館に向かう。桜さんの家から図書館までの道のりは 1500－400＝1100(m)だから，桜さんの家を出発してから，図書館に着くまでに 1100÷50＝22(分)かかる。

よって，図書館に着いたのは，学校を出発してから 11＋22＝33(分後)である。

桜さんの歩く速さは分速50mだから，家を出発してから図書館に着くまでの，xとyの関係を式に表すと，

$y=50x+b$となり，この式に$(x,\ y)=(11,\ 400)$を代入すると，$400=50\times11+b$　　$b=-150$となる。

したがって，**$y=50x-150$**…①であり，xの変域は**$11\leqq x\leqq33$**である。

⑶　**【解き方】桜さんが家を出発してから５分後のとき，$x=11+5=16$である。**

⑵で求めた式に$x=16$を代入すると，$y=50\times16-150=650$だから，桜さんは学校から図書館の方向に650mの地点にいる。

鈴さんは学校を出発してから$10+5=15$(分後)に家を出発するので，$x=16$のとき，家から図書館の方向に$200\times(16-15)=200$(m)進んでいて，学校まで$500-200=300$(m)の地点にいる。

よって，２人の間の道のりは$650+300=$**950**(m)である。

⑷　**【解き方】鈴さんの家から図書館までの道のりは，1500＋500＝2000(m)である。**

鈴さんは家から図書館まで自転車で移動するのに，$2000\div200=10$(分)かかる。つまり，学校を出発してから$33-10=23$(分後)に家を出発したので，鈴さんが帰宅してから$23-10=$**13**(分後)に家を出発した。

Ⅱ⑴①　12の約数は1，2，3，4，6，12の6個あり，xの値がこれらの数になるとき，x座標，y座標がともに自然数になるから，全部で**6個**ある。

②　**【解き方】∠ＯＢＡ＝90°だから，ＡＢ＝ＯＢである。**

ＡＢ＝ＯＢのとき，Ａのx座標とy座標が等しい。よって，関数$y=\frac{12}{x}$の式に$x=t$，$y=t\ (t>0)$を代入すると，

$t=\frac{12}{t}$　　$t^2=12$　　$t=\pm2\sqrt{3}$　　$t>0$より，$t=2\sqrt{3}$となる。よって，$AB=OB=2\sqrt{3}$cmであり，

△ＯＡＢは辺の長さの比が$1:1:\sqrt{2}$の直角二等辺三角形だから，$OA=2\sqrt{3}\times\frac{\sqrt{2}}{1}=$**$2\sqrt{6}$**(cm)である。

⑵①　【解き方】Ｃからx軸と平行に引いた直線と直線ＤＥとの交点をＦとする。

△ＣＤＥ＝△ＣＤＦ＋△ＣＥＦとして求める。

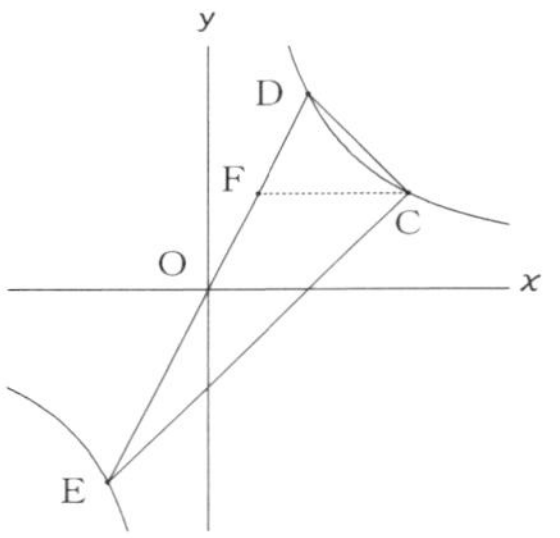

Ｄのx座標は2だから，Ｄのy座標は$y=\frac{8}{2}=4$より，Ｄ(2，4)である。

よって，Ｃのx座標は4だから，Ｃのy座標は$y=\frac{8}{4}=2$より，Ｃ(4，2)である。

直線ＤＥの傾きは$\frac{4}{2}=2$だから，直線ＤＥの式は$y=2x$である。

双曲線は原点Ｏについて点対称だから，ＤとＥも原点Ｏについて点対称である。

Ｄ(2，4)より，Ｅはy軸から左方向に2cm，x軸から下方向に4cm離れているので，

Ｅ(−2，−4)である。

Ｆのy座標はＣのy座標と等しく2であり，x座標は直線$y=2x$の式に$y=2$を代入して，

$2=2x$　　$x=1$　　Ｆ(1，2)だから，ＣＦ＝(ＣとＦのx座標の差)$=4-1=3$(cm)である。

以上より，△ＣＤＥ＝△ＣＤＦ＋△ＣＥＦ$=\frac{1}{2}\times$ＣＦ×(ＣとＤのy座標の差)$+\frac{1}{2}\times$ＣＦ×(ＣとＥのy座標の差)＝

$\frac{1}{2}\times3\times(4-2)+\frac{1}{2}\times3\times\{2-(-4)\}=$**12**(cm²)

②　**【解き方】Ｃを通り，△ＣＤＥの面積を２等分する直線は，ＤＥの中点を通る。**

ＤとＥはＯについて点対称の位置にあるから，ＤとＥの中点はＯである。よって，ＯとＣを通る直線の式を求めればよく，この直線の傾きは$\frac{2}{4}=\frac{1}{2}$だから，求める直線の式は**$y=\frac{1}{2}x$**である。

【問４】

⑴　時計回りに30°回転させたとき，∠ＡＢＥ＝30°であり，ＡＢは回転移動してＥＢに移るから，△ＡＢＥはＡＢ＝ＥＢの二等辺三角形である。よって，△ＡＢＥの内角の和より，∠ＡＥＢ＝(180°−30°)÷2＝**75°**

⑵②　まず，問題文の仮定を図にかきこんで，証明のために必要な条件を探そう。条件が足りない場合は，問題

の内容に応じて，図形の性質，平行線の同位角・錯角などからわかることもかきこんでみよう。

(3)　**【解き方】直角二等辺三角形の相似比を利用する。**

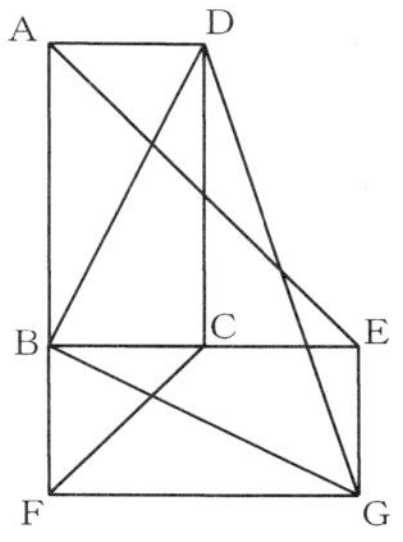

△ＣＢＦは直角を作る２辺の長さが３cm，△ＡＢＥは直角を作る２辺の長さが６cmの直角二等辺三角形だから相似であり，相似比は３：６＝１：２である。
よって，ＣＦ：ＡＥ＝１：**２**
ＢＤを90°回転移動してＢＧとなったのだから，∠ＤＢＧ＝90°，ＢＤ＝ＢＧより，
△ＤＢＧは直角二等辺三角形なので，△ＣＢＦ∽△ＤＢＧである。
△ＡＢＤにおいて，三平方の定理より，ＤＢ＝$\sqrt{3^2+6^2}=3\sqrt{5}$(cm)だから，
△ＣＢＦと△ＤＢＧの相似比は，ＣＢ：ＤＢ＝３：$3\sqrt{5}$＝１：$\sqrt{5}$である。
したがって，ＣＦ：ＤＧ＝１：$\boldsymbol{\sqrt{5}}$

(4)　**【解き方】(3)で△ＢＣＦ∽△ＢＤＧだったので，(4)でもそれが成り立つか確認する。△ＢＦＧ≡△ＢＣＤだから∠ＦＢＧ＝∠ＣＢＤなので，∠ＣＢＦ＝∠ＤＢＧであることと，△ＢＣＦも△ＢＤＧも二等辺三角形であることから，やはり△ＢＣＦ∽△ＢＤＧである。この相似比と△ＢＣＦの面積から△ＢＤＧの面積を求める。**

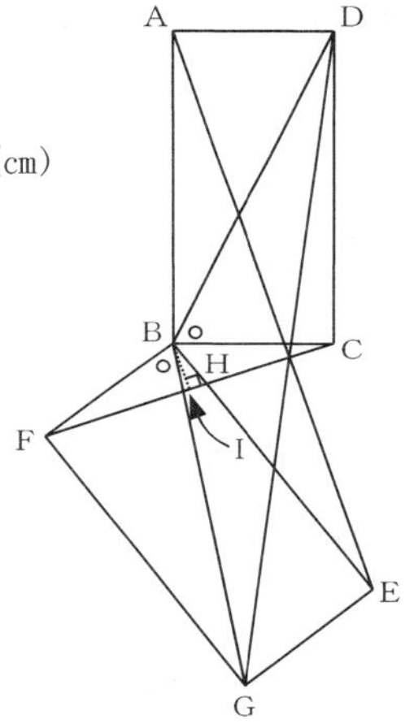

ＢからＦＣに垂線を引き，ＦＣとの交点をＩとすると，右図のようになる。
△ＢＦＨ∽△ＩＦＢとなることを利用する。
ＢＨ＝６－５＝１(cm)，ＢＦ＝３cmだから，三平方の定理より，ＨＦ＝$\sqrt{1^2+3^2}=\sqrt{10}$(cm)
△ＢＦＨにおいて，ＢＨ：ＢＦ：ＨＦ＝１：３：$\sqrt{10}$で，△ＢＦＨ∽△ＩＦＢだから，
△ＩＦＢにおいて，ＩＢ：ＩＦ：ＢＦ＝１：３：$\sqrt{10}$である。
したがって，ＩＢ＝$\frac{1}{\sqrt{10}}$ＢＦ＝$\frac{3}{\sqrt{10}}$(cm)，ＩＦ＝３ＩＢ＝$3\times\frac{3}{\sqrt{10}}=\frac{9}{\sqrt{10}}$(cm)
△ＢＣＦは二等辺三角形だから，ＣＦ＝２ＩＦ＝$2\times\frac{9}{\sqrt{10}}=\frac{18}{\sqrt{10}}$(cm)
△ＢＣＦ＝$\frac{1}{2}$×ＣＦ×ＩＢ＝$\frac{1}{2}\times\frac{18}{\sqrt{10}}\times\frac{3}{\sqrt{10}}=\frac{27}{10}$(cm²)
相似な図形の面積比は相似比の２乗に等しく，△ＢＣＦと△ＢＤＧの相似比は
(3)と同様に１：$\sqrt{5}$だから，△ＢＣＦ：△ＢＤＧ＝$1^2:(\sqrt{5})^2$＝１：５
よって，△ＢＤＧ＝５△ＢＣＦ＝$5\times\frac{27}{10}=\boldsymbol{\frac{27}{2}}$(cm²)

《2024　英語　解説》

【問１】

(1)No. 1　「エミは私の姉です。彼女は今，帽子をかぶっていて，座っています。どの絵がエミを示していますか？」…イが適切。　**No. 2**　「雨の日にこれを頭の上に持っていれば，あなたは濡れません。どの絵がこれを示していますか？」…ウが適切。　**No. 3**　「先週の日曜日，少年は釣りに行きたかったのですが，天気が悪くて行けませんでした。それで，彼はその日，家で本を読んで，それからピアノを弾きました。その少年は先週の日曜日に１番目と２番目に何をしましたか？」…エが適切。

(2)No. 1　質問「男性は何を買いますか？」…Ａ「午後３時からの映画のチケットを２枚もらえますか？」→Ｂ「申し訳ありませんが，その時間のチケットはもう残っていません。代わりに，午後５時のショーのチケットは３枚，午後７時のショーのチケットはさらに残っています」→Ａ「午後５時のショーのチケットを２枚お願いします」より，ウが適切。　**No. 2**　質問「ユミはなぜトムに話しかけたのですか？」…Ａ「こんにちは，トム。私たち

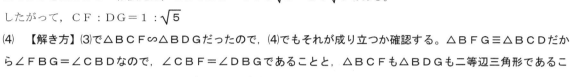

の好きな歌手が来月コンサートをするよ。一緒に行かない？」→B「それはいいね，ユミ。コンサートの日は何日？」→A「7月 10 日にミュージックホールでやるよ」より，エが適切。　No. 3　質問「あなたはどのような情報を聞きましたか？」…「こちらは西線です。この電車は雪のため10分遅れています。もうすぐ中央公園駅に着きます。お気をつけてお降りくださいませ」より，イが適切。

⑶【放送文の要約】参照。No. 1　「サキがジャックと話をしていた時，彼女はどれを書きましたか？」…ジャックの２回目，４回目，５回目の発言より，アが適切。　No. 2　「ジャックは生徒たちに何をしてほしいですか？」…ジャックの６回目の発言より，エ「彼は生徒たちに琴の弾き方を教えてほしい」が適切。

【放送文の要約】

サキ　　：インタビューを始めてもいいですか？

ジャック：いいですよ。

サキ　　：まず，なぜ日本に来られたのか教えてください。

ジャック：No.1ア日本の文化について学ぶためです。私は特に着物が大好きです。

サキ　　：なぜ着物が好きなのですか？

ジャック：美しいからです。

サキ　　：なるほど。先生は自由な時間をどのように過ごしていますか？

ジャック：No.1ア私はよくバレーボールやバスケットボールをするために市の体育館に行きます。

サキ　　：日本で何をしたいですか？

ジャック：No.1ア８月に日本に来たので，まだ桜を見ていません。桜を見たいです。

サキ　　：最後に，先生のために何か私たちにできることはありますか？

ジャック：No.2エ私は日本の伝統音楽にも興味があるので，琴の弾き方を教えてくれるとうれしいです。

⑷【放送文の要約】参照。

【放送文の要約】

ようこそ，みなさん。みなさんが朝に行う活動についてお話しします。グループ１とグループ３は北エリアに行ってください。グループ１は野菜に水をやり，もう１つのグループは向こうでトマトを摘みます。東エリアでは，グループ２が野菜を調理します(＝cook)。午後は，全員でその料理を食べましょう。グループのメンバーに，すべてのものを持って各エリアに移動するよう伝えてください。

【問２】

Ⅰ⑴(a)　(　　)の前後の内容「彼はよりよい選手になるために毎日練習している」と「彼はとてもうまくやった」より，前の内容が後ろの内容の理由になっているので，イが適切。　・so ～「それだから～／それで～」

(b)　直後にナオがバスでの行き方を説明しているので，観光客は場所を尋ねたと考えられる。ウが適切。「市立博物館はどこにあるか知っていますか？」という意味の間接疑問文にする。

⑵(a)　タクの直前の質問「どうしてそんなに京都に詳しいのですか？」に対して，ＡＬＴは「４年間京都に住んでいた」と答えたと考えられる。I lived と過去形の文にする。I was living のように過去進行形にしてもよい。

(b)　直後にジュンコが「夕食後」と答えたから，「彼女はいつ英語を勉強しているの？」＝When does she study English? とする。What time does she study としてもよい。

⑶①　感謝を表す表現 Thank you for ～ing「～してくれてありがとうございます」を使う。We thank you for coming としてもよい。　②　「～したい」＝want to ～を使って，want to learn とする。would like to learn でもよい。

Ⅱ⑴ 【水筒利用の状況調査の要約】参照。エが適切。

【水筒利用の状況調査の要約】

毎日学校に自分の水筒を持ってきますか？私はクラスメートにこの質問をしました。23 人の生徒は毎日水筒を持ってくると答えました。12 人の生徒は時々持ってきます。しかし，５人の生徒は水筒を持ってはいますが，家に置いたままになっています。

⑵ ア○「山の植物についてスタッフから学ぶことができます」…Activity3「スタッフが山の花をいくつかみなさんにお見せします」より正しい。 イ「３つのアクティビティはすべて午前中のみです」…Date and Time より，午前９時から午後３時までだから誤りである。 ウ「５月 11 日に Blue Forest Park で野外イベントがあります」…野外イベントがあるのは Green Tree Park である。 エ「３人のグループの場合は，River Boat Trip に参加することができます」…Activity2 に「あなたのグループは４人より多い人数でなければなりません」とあるので誤りである。 オ○「マウンテンバイクを２時間無料で楽しむことができます」…Price の Activity1 に「あなたはお金を払う必要はありません(自転車を２時間だけ使うことができます)」とあるので正しい。

【問３】

⑴ 【ベンのリオデジャネイロのカーニバルについての発表の要約】参照。ア「カーニバルは５日間ほど続きます」 イ「人々は路上で音楽を楽しむことができます」 ウ「ベンは友達と一緒にカーニバルに参加します」 エ○「カーニバルのための努力は彼らにとって重要です」

【ベンのリオデジャネイロのカーニバルについての発表の要約】

リオデジャネイロのカーニバルはブラジルではとても大きなお祭りです。大きな山車のパレードを見て楽しむことができます。街は音楽であふれています。私は特別な服を着て，友達と一緒にイベントに参加します。楽しいので，歳をとってもカーニバルに参加し続けたいです。

カーニバルは約５日間開催されますが，準備に約１年かかります。例えば，山車を作ったり，ダンスの練習をしたりします。エこれらの努力は，私たちにとってのカーニバルを特別なものにします。これが一番伝えたいことです。

【メイリンのランタンフェスティバルについての発表の要約】参照。

⑵ ウ「なぜこの祭りを開催するのか」→エ「色とりどりのランタンに願い事やメッセージを書く」→ア「祭りに参加できる人たち」の順である。

⑶ ウはメイリンの考えが述べられている。ウ以外は事実が述べられている。

【メイリンのランタンフェスティバルについての発表の要約】

台湾の私の出身地域のランタンフェスティバルについてお話しします。⑵あウこの祭りは旧暦の正月を祝うために開催されます。人々は幸せを祈り，祭りが悪い霊から自分たちを守ってくれると信じています。

祭りの期間中，⑵いエ人々は色とりどりのランタンに願い事やメッセージを書いて空に放します。色にはさまざまな意味があります。健康を願うなら，赤い提灯を選ぶことができます。夜空を舞うランタンはとても美しいです。⑶ウ見てみてください。

あるウェブサイトによると，⑵うアこの祭りは何年も前は地元の人だけのものだったそうです。今は観光客も参加できるようになったので，人気が出ています。私の大好きなお祭りが毎年続きますように。

【鈴の白根大凧合戦についての発表の要約】参照。

(5)　ア○「鈴は人々は祭りを通じて１つになれると信じています」　イ「鈴は新しい大きな凧を手作りで作るのは×簡単だと考えています」　ウ「鈴は，この祭りで凧揚げできるのは×地元の人だけだと言っています」　エ「鈴は，×凧を川に落としたチームが勝ちだと言っています」

(6)　「私たちの祭りを多くの人に紹介したいと思います。そのために，２つのアイデアがあります。紙のポスターを描くことと，お祭りの動画を作ることです。どちらのアイデアがいいのかわかりません。あなたの意見を聞かせてください」…20 語以上で書くなどの条件を守って，ミスのない文を書こう。(例文)「私は紙のポスターを描く方がいいと思います。駅や店にポスターを貼ることができます。そこを訪れる人は簡単に見ることができます」

【鈴の白根大凧合戦についての発表の要約】

1 白根大凧合戦を知っていますか？新潟市の白根地区の人々は長い間この祭りを楽しんできました。これは私にとって大切なお祭りなので，長年開催されることを願っています。この祭りを紹介します。

2 (4)ウ２つのチームが川の反対側に立って，自分たちの凧を揚げます。チームメンバーと一緒に大きな凧を揚げるのはワクワクします。(4)ア彼らは，自分たちの凧を絡ませて川に落とします。その後，彼らは綱引きのようにロープを引っ張ります。チームが勝つためには，相手チームのロープを切らなければなりません。

3 (4)イこの祭りで揚げられる凧は手作りです。この大きな凧は幅が約５メートル，高さが７メートルあるので，新しい凧を作るのは簡単ではありません。人々は５日間の祭りの準備に多くの時間を必要とします。

4 私は祭りで凧を揚げるために友達と作業するのが大好きです。観光客も凧を揚げたり，ロープを一緒に引っ張ったりすることができます。(5)ア私の考えでは，祭りを通じてみんなが１つの大きなチームになれると思います。

【問４】【本文の要約】参照。

(1)　(　　)の後ろの部分が前の部分の理由になっているので，ウ「なぜなら～だから」が適切。

(2)　イ「しかしながら」，ウ「最近」，エ「ところで」は不適切。

(4)　下線部③の直前の２文から考える。「棒状の蚊取り線香はそのう形(＝shape)のために簡単に折れてしまいました。また，夜眠っている人にとって，時間がえ短か(＝short)すぎました」

(5)お　第２段落１行目より，1886 年の翌年の 1887 年である。　か　第４段落５～６行目より，渦巻き型の蚊取り線香を作った７年後に渦巻き型の蚊取り線香を販売し始めたので，1895＋７＝1902 年である。

(6)　ア×「英一郎さんは，煙が伝統的な方法で蚊を追い払うのに使われていることを知りませんでした」…本文にない内容。　イ○「世界初の蚊取り線香は棒状のものでした」　ウ「英一郎さんは，世界初の蚊取り線香を×改良する必要はありませんでした」　エ「英一郎さんは渦巻き型の蚊取り線香を×問題なく作りました」　オ○「純は新しい薬を作って人々を助けたいと思っています」

(7)　「上山英一郎さんは～人です」の～の部分にあてはまる，タイトルとしてふさわしいものを選ぶ。イ「素晴らしいものを作り続けた」が適切。

【本文の要約】

蚊取り線香の歴史は1886年にさかのぼります。その年の１月，上山英一郎さんはアメリカ在住の貿易業者からユニークな花の種子を贈られました。当時，その花の粉は小さな昆虫を追い払うことができる①ので(＝because)海外で使われていました。そこで彼は，この花を育てることが日本の農家の役に立つと考えました。

(5)お種子を入手してから１年４か月後，彼は育てた花から粉を作ることに成功しました。この粉は，農家が農作物を小さな昆虫から守るのに役立ちました。ある日，ある男性が彼に蚊を追い払うためのものを作るよう頼みました。彼はそのために煙を使用する伝統的な方法を思い出しました。彼は粉を木のくずで焼こうとしましたが，これには問題がありました。彼は暑い夏でも粉を燃やすために炭火を作らなければならず，それは煙が出すぎました。あエ彼は炭火を使わず，煙の少ない別の方法を見つけなければなりませんでした。

その後，線香の形から着想を得ました。②アそして(＝Then)，⑹イ 1890 年に棒状の蚊取り線香を発明しました。世界初の蚊取り線香でした。炭火がなくても利用でき，煙も少なくなりました。しかし，わずか40分で燃え尽きました。それにはいくつかの理由がありました。⑷例えば，それは長さ 20 センチで，細いものでした。だから簡単に折れてしまいました。また，夜寝ている間使うには，燃焼時間が十分ではありませんでした。彼はこれらの問題を解決しなければなりませんでした。

⑸か５年後，彼は妻のアイデアを使って，渦巻き型の蚊取り線香を作りました。この新しい蚊取り線香は長くなり，約６時間燃焼し続けました。以前よりも強度が上がりました。上記の問題は形状を変えることで解決できましたが，別の問題がありました。渦巻き型の蚊取り線香を大量生産するのは簡単ではありませんでした。いア彼は渦巻き型の蚊取り線香を大量生産するためにさまざまな方法を試しました。⑸かそれで，妻のアイデアを聞いてから渦巻き型の蚊取り線香を売り出すまでに７年かかりました。

彼は解決しなければならない問題をさらにかかえていましたが，人々に役立つものを作ることをやめませんでした。⑹オ上山さんのように，私も健康に問題がある人を助ける新しい薬を作りたいです。簡単ではありませんが，頑張ります。

《2024　理科　解説》

【問１】

Ⅰ．⑴　根毛があることで根の表面積が大きくなり，水や水にとけた養分を効率よく吸収することができる。

⑵　ヨウ素液はデンプンに反応して青紫色に変化する。あたためたエタノールに入れて葉の緑色を脱色することで，色の変化が見やすくなる。　⑶　あ．表１より，光を当てなかったＡでは緑色にならず，光を当てたＢでは緑色になったのは子葉や軸である。　い．表２より，ＡでもＢでもヨウ素液の色が変化しなかったのは根である。

う．デンプンをつくるはたらきは光合成である。ヨウ素液の色が変化しなかったところではデンプンがつくられていないから，光合成を行っていないと考えられる。　⑷ i　表４より，光を当てなかったＸではａ～ｄがのび，光を当てたＹではａ～ｃがのびているから，イが正答となる。　ii　実験３の①でつけた印は１cm間隔だから，表４より，Ｘでののびは(1.6－１)＋(1.4－１)＋(1.2－１)＝1.2(cm)，Ｙでののびは(1.4－１)＋(1.2－１)＝0.6(cm)だから，光を当てたものより当てないものの方が1.2÷0.6＝２(倍)のびた。

Ⅱ．⑵　土壌動物は，死がいや落ち葉などの有機物を無機物に分解するはたらきがあるため，分解者に分類される。よって，陸生ヒモムシによって土壌動物が全滅あるいは激減すれば，このはたらきが弱まる。

【問２】

Ⅰ．⑴　石灰水が白くにごるのは，有機物の燃焼によって二酸化炭素が発生したときである。金属のような無機物が燃焼しても二酸化炭素が発生しない。アとイとエとオは有機物，ウは無機物(金属)である。　⑵　ロウソクが燃えるには酸素が必要である。ロウソクが燃えると酸素が減っていき，酸素の割合が一定以下になるとロウソクの火は消える。よって，二酸化炭素の体積を増やすと，火のついたロウソクを入れる前の空気(酸素)の体積が小さくなり，酸素の割合が一定以下になるまでの時間が短くなる。　⑶　二酸化炭素の体積が60cm³のとき，空気の体積は320－60＝260(cm³)である。よって，260cm³のうち酸素の体積は$260\times\frac{1}{4+1}$＝52(cm³)だから，集気びんの中の気体における酸素の体積の割合は$\frac{52}{320}\times100$＝16.25→16.3％である。　⑷　鉄と硫黄の混合物を加熱すると硫化鉄ができる〔$Fe+S\rightarrow FeS$〕。　⑸　木片やロウソクの燃焼には酸素が必要である。これに対し，鉄と硫黄が結びつくときには酸素が必要ではないので，空気をさえぎったり，酸素の割合を小さくしたりしても，反応が続く。

Ⅱ．(1) i　イ×…水素は無色無臭の気体である。　エ，オ×…水素は空気より密度が小さため，下方置換法で集めることができない。　ii　化学反応式で表すと〔$2H_2O \rightarrow 2H_2 + O_2$〕となる。　(2)　水を電気分解したとき，発生する水素と酸素の体積比は２：１である。図２で，電流を流した時間が０～５分のときは１分あたり0.4㎤ずつ，５～８分のときは１分あたり0.2㎤ずつ発生した気体の体積が増えているから，０～５分で集まった2.0㎤は水素，５～８分で集まった0.6㎤は酸素だと考えられる。この混合気体に火をつけて燃焼させると，水素と酸素が体積比２：１で結びついて水になるから，酸素0.6㎤と水素0.6×２＝1.2(㎤)が結びつき，水素が2.0－1.2＝0.8(㎤)残る。

(3)　(2)解説より，Ｙでは，０～５分のときは１分あたり0.2㎤ずつ酸素が発生し，５～８分のときは１分あたり0.4㎤の水素が発生する。

【問３】

Ⅰ．(2)　火山岩には黒っぽいものから順に，玄武岩(エ)，安山岩(カ)，流紋岩がある。なお，深成岩には黒っぽいものから順に，はんれい岩(ア)，閃緑岩，花こう岩(ウ)がある。また，凝灰岩は火山灰などの火山噴出物が押し固められてできた堆積岩，れき岩は直径２㎜以上のれきが押し固められてできた堆積岩である。　(3)　れき(直径２㎜以上)，砂(直径0.06㎜～２㎜)，泥(直径0.06㎜以下)は粒の大きさで区別されている。粒の直径が大きいれきは重く，沈む速さが速いので，一番下の層に多くたまる。　(5)　三保半島は安倍川の河口から北東の方向にあるので，南西から北東の方向に向かって波が陸に打ち寄せていると考えられる。

Ⅱ．(2)　寒冷前線が通過する前は暖気，通過した後は寒気におおわれるので，寒冷前線の通過にともなって気温が急に下がる。また，寒冷前線が通過する前後で，風向は南寄りから北寄りに変化する。　(3)　低気圧の中心や前線面など，上昇気流が生じるところでは雲ができやすく，高気圧の中心のように下降気流が生じるところでは雲ができにくい。

【問４】

Ⅰ．(1)　おもりが静止しているとき，おもりにはたらく力はつり合っている。２力の向きが逆向きで，２力の大きさが等しく，２力が一直線上にあるとき，２力はつり合う。ここではＡとＢがおもりを引く力の合力が，重力とつり合っていると考えればよい。　(2)　表１より，支柱の間隔が40㎝のとき，Ａの長さは20.1㎝で，これは元の長さより20.1－6.0＝14.1(㎝)長い。このばねは10ｇで1.0㎝のびるから，おもりがＡを引く力は$10\times\frac{14.1}{1.0}=$141(ｇ)→1.41Ｎ→1.4Ｎであり，Ａがおもりを引く力も1.4Ｎである。　(3) i　表１より，支柱の間隔が大きくなるとＡとＢの長さはどちらも長くなり，表２より，支柱の高さが高くなるとＡとＢの長さはどちらも短くなることに着目すればよい。　ii　表１と２で，ＡとＢの間の角度と長さの関係に着目すると，ＡとＢの間の角度が小さいときほどＡとＢの長さが短くなっていることがわかる。　(4)　ＡとＢの合力の向きや大きさは(1)のときと同じである。よって，図ｉのように，上向きの合力を対角線とする平行四辺形に着目し，それぞれのばねの方向に分解すると，Ａがおもりを引く力の方が小さいことがわかるから，Ａがのびた長さの方が短い。

図ｉ

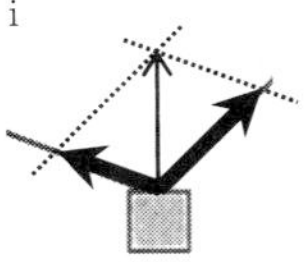

Ⅱ．(1)　入射角や反射角は，入射光や反射光と，鏡に対する垂線との間にできる角である。つまり，Ｃは鏡１の入射角，Ｄは鏡２の反射角である。光が反射するときには，入射角と反射角の大きさが等しくなる反射の法則が成り立つので，Ｃが40度のときＤは50度だから，鏡２の入射角はＤと同じ50度である。　(2)　あ．例えば，Ｃが40度のとき，鏡１の入射角と反射角，鏡２の入射角と反射角のすべての合計は40×２＋50×２＝180(度)であり，Ｃが変わっても，同様に計算すると合計は180度になる。　(4)　光は地球と月面の間を往復するから，その移動距離

は38×２＝76(万km)である。よって，速さが30万km/ｓの光が76万kmを往復するのにかかる時間は$\frac{76}{30}$＝2.5…→３秒である。

《2024　社会　解説》

【問１】

⑴　ア　　東大寺は聖武天皇，延暦寺は最澄，円覚寺は北条時宗が建てた。

⑵　ウ　　あ　にあてはまる都は平安京だから，京都のウを選ぶ。

⑶　ウ　　曹洞宗は鎌倉仏教の１つである。アは室町時代，イとエは平安時代。

⑸　X＝ア　Y＝エ　　オは武士団，カは座(室町時代)や株仲間(江戸時代)。

⑹　徳川氏の一族を親藩，古くから徳川氏に従った大名を譜代大名，関ヶ原の戦い前後に徳川氏に従った大名を外様大名という。江戸に近い場所や交通の要衝，重要な土地の周辺には譜代大名，江戸から離れた土地には外様大名が配置された。

⑺　イ，ウ　　近松門左衛門は「曽根崎心中」などで知られる。「南総里見八犬伝」は曲亭(滝沢)馬琴，「東海道中膝栗毛」は十返舎一九の作品である。

⑻　イ，エ　　ア．誤り。明治政府は，太陰暦を廃止し，太陽暦を採用した。ウ．誤り。明治政府は，一定(15円以上)の直接国税を納める25歳以上の男子だけに選挙権を与えた。

⑼　ア，イ　　高度経済成長期は1950年代後半から1973年までをいう。ア．正しい。東京オリンピックは1964年に開かれた。イ．正しい。環境より産業の発展を優先させたために四大公害病が発生し，多くの被害者が出た。そのため，1967年に公害対策基本法が制定された。ウ．誤り。1968年，日本の国民総生産(ＧＮＰ)は，資本主義国のなかでアメリカに次いで第２位となった。エ．誤り。ＧＨＱによる財閥解体は1945年から1952年にかけて行われた。

⑽　え＝イ　お＝ウ　か＝カ　　え．資料３を見ると，Ｂの期間の燃料材の割合は０％に近い値を続けている。お．明治時代に九州の筑豊炭田や北海道の夕張炭田などが開発された。か．間伐は，適切な樹木の量を保ち，すべての樹木に日光が当たり均一に成長するために行う伐採である。

【問２】

Ⅰ⑴②　い＝小さ　う＝多い　　那覇市は，冬でも温暖で１年を通して雨が多い南西諸島の気候である。長野市は，冬に冷え込み，１年を通して雨が少ない内陸の気候である。

③　ウ，エ　　ア．誤り。資料２より，１～３月，５月，12月には台風は接近していない。イ．誤り。資料１より，６月，11月，12月の台風は大陸に向かって直進するが，７～10月の台風は沖縄本島付近で向きを北東に変えて進んでいる。

⑵　沖縄県では，温暖な気候を利用して他県の出荷量が少なく需要が多い12月と３月に小菊を出荷している。長野県では，冷涼な気候を利用して，他県の出荷量が少ない初夏から秋にかけてレタスを出荷している。福島県や茨城県では，初夏にならないと小菊の生育に適した温度(15～25℃)にならないが，沖縄県では12月１月でも適した温度になる。

⑶①　日本アルプス　　飛驒山脈は北アルプス，木曽山脈は中央アルプス，赤石山脈は南アルプスといい，３つ合わせて日本アルプスという。　②　え＝扇状地　お＝イ　　扇状地は，河川が山地から平野に出る部分に，扇状にれきや砂が堆積した地形で，水はけがよく，稲作には向かない。そのため，以前は桑畑などに利用されていた。現在では果樹園などに利用されている。

③　県外居住者の旅行者数の割合は，長野県が30.3＋41.8＝72.1(％)，沖縄県が44.7＋1.0＝45.7(％)である。沖縄県の人々が長野県に宿泊したいと思えるような魅力ある取り組みを考える。沖縄県に高い山がなく，長野県に

は2000～3000mの山も多いことから，山岳，ウィンタースポーツなどに関連させればよい。

Ⅱ(1)　白豪主義　　オーストラリアでは20世紀初頭からヨーロッパ系の白人以外の移民を制限する白豪主義がとられてきたが，1970年代に多文化主義に転換した。

(2)　ウ，エ　　ア．誤り。1960年にニュージーランドが入っている。イ．誤り。日本への輸出額は，1960年が20×0.155＝3.1(億ドル)，2019年が2726×0.147＝400.722(億ドル)だから，2019年の方が多い。

(3)　白豪主義から多文化主義に転換したことで，中国をはじめとする，距離が近いアジアからの移民が増えるとともに，アジアとの貿易額が増えてきた。

(4)　き＝ウ　く＝イ　け＝オ　　オーストラリアに暮らす移民の数は，1961年は178万人，2016年は691万人だから，691÷178＝3.88…(倍)になっている。ヨーロッパ州からの移民の数は，1961年は178×0.897＝159.666(万人)，2016年は691×0.344＝237.704(万人)だから，増加している。

(5)　多文化を尊重する内容が書かれていればよい。オーストラリアの先住民をアボリジニという。

【問３】

Ⅰ(1)　あ＝高い　い＝短い　　2020年の日本の高齢者の割合は約30%，スウェーデンとフランスの高齢者の割合は約20%だから，日本は他の２か国に比べて高齢者の割合が高い。さらに，日本とフランスはともに1995年頃に高齢者の割合が15%に達しているが，フランスは20%になるまで約25年かかっているのに対して，日本は20%になるまでわずか10年ほどしかかかっていない。

(2)①　共助　　個人や家族で備えることを自助，人々が協力して助け合うことを共助，国や地方公共団体からの支援を公助という。社会保障は，社会保険，社会福祉，公的扶助，公衆衛生の４つの柱で構成されている。おもに加入者などが納める保険料が給付にあてられる社会保険は，社会全体で支え合う共助であるといえる。

②　イ，エ　　ア．誤り。税金を納める人と負担する人が同じ直接税には，所得税などがある。イ．正しい。消費税は，税金を納める人と負担する人が異なる間接税である。ウ．誤り。所得が高い人ほど税率が高くなる累進課税は所得税などに適用されている。エ．正しい。消費税はすべての人が同じ割合で負担するため，所得の低い人ほど負担の割合が大きくなる逆進性が問題になっている。　③　資料２から高齢人口が増えていること，生産年齢人口が減っていることを読み取り，資料３から社会保障給付費が増えていることを読み取る。社会保障給付費の多くは働く世代が負担するため，生産年齢人口が減ると一人当たりの負担額が増えることになる。　④　イ　　高福祉，高負担の考え方を選ぶ。アはＡ，ウはＣ，エはＤの考え方である。

(3)①　デフレーション　　物価が上がり続けることをインフレーション，下がり続けることをデフレーションという。　②　う＝オ　え＝ア　お＝ウ　　日本銀行の行う金融政策の１つが公開市場操作である。公開市場操作では，不景気のときは一般銀行から国債などを買い取り一般銀行の資金を増やすことで，一般銀行がお金を貸しやすくする買いオペレーションを行う。逆に，好景気のときは一般銀行に国債などを買い取らせ一般銀行の資金を減らすことで，一般銀行がお金を貸しにくくする売りオペレーションを行う。

(4)①　ウ，エ　　ア．誤り。20～24歳の就業率は，2000年も2022年も90%に達していない。イ．誤り。少なくとも，2000年の女性の就業率はほぼすべての階級で2022年の就業率を下回っている。　②　ウ　　ア．誤り。法律案は，国会議員と内閣が作成できる。イ．誤り。法律案はどちらの院から審議してもよい。必ず衆議院から審議されるのは予算案だけである。エ．誤り。衆議院で可決した法律案が参議院で否決された場合，衆議院で出席議員の３分の２以上の賛成が得られれば法律となる。　③　資料５からドローンやＡＩを活用すると，作業時間が短縮できることを読み取る。資料６から自動運転トラクタを導入すると１時間当たりの作業面積が拡大できることを読み取る。

Ⅱ(1)　「家庭から出される可燃ごみ」の約 40%を生ごみが占めていることに着目する。

(2)　理由については，資料９からは「有料化すると１年間の可燃ごみの総排出量や一人一日当たりの可燃ごみの排出量は減ること」，資料 10 からは「約４割の市区町村がまだ有料化していないこと」，資料 11 からは「有料化するとごみの減量やリサイクルに対する意識が高まる人が増えること」などを読み取る。課題については，資料９からは「有料化すると手数料負担額が増えること」，資料 10 からは「５年間で有料化した市区町村の割合がほとんど変わっていないこと」，資料 11 からは「有料化してもごみの減量やリサイクルに対する意識に変化のない人が一定数いること」などを読み取る。

2023 解答例 令和５年度 長野県公立高等学校

《2023　国語　解答例》

【問一】(1)①ねんえき　②つうしょう　③よじょう　④とぼ　⑤ちんぎん　⑥にお　(2)a．ウ　b．エ
(3)A．弱さを支え合う　B．相手に合わせて進化　(4)イ，エ　(5)C．キ　D．ク　E．イ　(6)イ，ウ
(7)(自転車の例文)自転車には、乗り手を、歩く場合よりも短時間で遠くまで運ぶという機能としての価値がある一方、練習の末に初めて自力で乗ることができたときの喜びを思い出させるという感性的な価値がある。

【問二】(1)イ　(2)ア　(3)エ　(4)キーワードなどをスライドで映し、聞き手の反応をみて、言葉を選んだり、内容を補ったりして話せばいい　(5)ウ

【問三】[誤／正]　①[参／散]　②[高／航]　③[忘／防]

【問四】(1)①おもうよう　②なお　(2)いみじく誇りける　(3)イ　(4)ウ，オ　(5)右漢文
(6)役に立たないと思われているもののはたらきによって　(7)エ

謂二荘子一曰、子言無レ用

【問五】(1)①腹　②調子　(2)あ．ウ　い．ア　(3)イ　(4)ア，オ　(5)力士に一番近い存在として力士に寄り添おう　(6)爪を切ることさえせず、職人としての心構えができていなかった自分の未熟さを深く恥じるとともに、常に心構えができている床芝を改めて心から尊敬する気持ち

《2023　数学　解答例》

【問１】(1)１　(2)イ　(3)$\frac{4x-9y}{4}$　(4)$(x+2)(x-6)$　(5)$-1\pm\sqrt{2}$
(6)イ，ウ　(7)ウ　(8)$\frac{3}{5}$　(9)エ　(10)右図　(11)64　(12)９

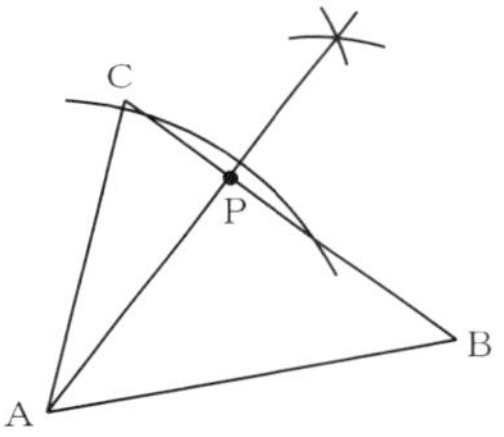

【問２】Ⅰ．(1)2020　(2)①ア　②ウ　(3)あ．イ　い．ア
Ⅱ．(1)$mn+m(n+1)+m(n+2)=3mn+3m=3m(n+1)$
$b=m(n+1)$であるから，$3m(n+1)=3b$である。
(2)う．５　え．c　お．99

【問３】Ⅰ．(1)①0.2　②$-0.4x+2.8$　(2)①い．点(8，0)を通り，傾き-0.3　う．交点　え．x　②１，12
Ⅱ．(1)４　(2)８　(3)①(0，3)　②$(0,\ \frac{5}{2})$

【問４】(1)４　(2)①30　②$3\sqrt{3}$
(3)①∠ＡＣＢは円Ｏの半円の弧に対する円周角
②∠ＡＢＣは共通な角だから，∠ＡＢＣ＝∠ＣＢＥ…②
①，②より，２組の角がそれぞれ等しいので，△ＡＢＣ∽△ＣＢＥ
③う．ＢＣとＢＰは円Ｂの半径なので，ＢＣ＝ＢＰである。
△ＢＣＰにおいて，２つの辺が等しいので，△ＢＣＰは二等辺三角形である。
え．ＣＰＥ　(4)①$\frac{8\sqrt{2}}{9}$　②１：３

《2023　英語　解答例》

【問１】(1)No.１．ウ　No.２．イ　No.３．エ　(2)No.１．エ　No.２．ア　No.３．イ　(3)No.１．ア　No.２．イ
(4)No.１．ウ　No.２．faster〔別解〕better

【問２】Ⅰ．(1)(a)ウ　(b)イ　(2)(a)She is running　(b)Where did you buy　(3)①October　②is going to start at〔別解〕will start at　③tell us if〔別解〕let me know if　④have been practicing for〔別解〕have practiced for

Ⅱ．(1)エ　(2)(a)エ→ア→ウ→イ　(b)ウ

【問３】(1)lives　(2)イ　(3)誰一人として飢えで亡くなる人がいない世界にすること。　(4)エ

(5)ウ→ア→イ→エ　(6)ウ，オ　(7)ア

【問４】(1)イ　(2)エ　(3)ア　(4)あ．work　い．easier　(5)イ　(6)I think using the re-delivery system is a good way to get packages.　If we tell our re-delivery plan to delivery drivers, we can make re-deliveries less.

(7)⑥tell the re-delivery plan　⑦bring our packages

《2023　理科　解答例》

【問１】Ⅰ．(1)柱頭　(2)ウ，オ　(3)あ．ア　い．エ　(4)ⅰ．日光が当たっていなくても花は開いていて，気温がある温度より高いと花は開いているから　ⅱ．う．イ　え．ウ　ⅲ．イ

Ⅱ．(1)感覚器官／感覚器／感覚受容器 のうち１つ　(2)ⅰ．か．イ　き．エ　く．ウ　け．ア　ⅱ．0.25

(3)信号が脳に伝わる前に，せきずいから命令の信号が出されるから

【問２】Ⅰ．(1)ⅰ．発熱反応　ⅱ．エ　(2)ⅰ．４　ⅱ．イ　(3)濃度…７，８　理由…食塩水の質量パーセント濃度が６％と９％では，温度変化のようすに違いがあるので，その間の質量パーセント濃度について調べる必要があるから　Ⅱ．(1)Zn　(2)記号…ア　化学反応式…$Cu^{2+}+2e^{-}\rightarrow Cu$　(3)オ

【問３】Ⅰ．(1)ⅰ．露点(温度)　ⅱ．２　(2)ア，ウ　(3)水蒸気量が多い場合…Ｃ　空気が冷やされる場合…Ｂ

(4)陸上の冷たい空気が，あたたかい海面上　Ⅱ．(1)衛星　(2)ⅰ．イ　ⅱ．ウ　(3)い．Ｉ　う．ＩＳＳが地球のかげに入る

【問４】Ⅰ．(1)空気　(2)ⅰ．振幅　ⅱ．記号…Ｃ　理由…振動数を比べると，Ｃが最も多いから　ⅲ．イ

(3)あ．ア　い．キ　う．イ　え．オ　お．カ（えとおは順不同）　Ⅱ．(1)6.25　(2)水温を均一にするため

(3)510〔別解〕８分30　(4)84

《2023　社会　解答例》

【問１】(1)イ，ウ　(2)選択肢Ａ…ウ　選択肢Ｂ…カ　(3)ア，エ　(4)ウ　(5)公家や寺社は，それまで荘園領主として持っていた土地の権利を失った　(6)イ　(7)記号…ウ　特徴…年貢を増やすことを重視した

(8)ウ，エ　(9)時期…Ｚ　原因…イ　(10)イ→ア→エ→ウ

【問２】Ⅰ．(1)①選択肢Ａ…ウ　選択肢Ｂ…カ　②アイヌ文化振興法　③島名…ウ

総称…北方領土／北方四島／北方地域 のうち１つ　(2)①原料である木材チップを輸入して，製品である紙・パルプをつくって輸出する貿易　②第２次産業の割合が減少した　(3)①い．イ　う．ウ　え．エ　お．カ　か．ク　②ⅰ．エコツーリズム　ⅱ．人口が同規模の釧路市や帯広市と比べて，苫小牧市は貨物用車両数が多いから　ⅲ．寄付ありのナンバープレートの申込件数が多い　Ⅱ．(1)Ａ．アメリカ　Ｂ．中国　(2)ア，ウ

(3)①ア　②豚肉の生産量は増加しているが，大豆の生産量は減少しているから　(4)自然環境の保護と経済の発展

【問３】Ⅰ．(1)①あ．ア　い．エ　う．キ　②イ　(2)①企業数の割合は１％と少ないが，製造品出荷額等の割合は約半数を占めている　②ベンチャー企業　(3)①労働基準法　②立法機関　③え．参議　理由…多様な意見を反映し，慎重な審議を行うため　(4)①お．カ　か．エ　き．イ　②ア，ウ　(5)①ワーク・ライフ・バランス　②ウ，エ

Ⅱ．(1)ウ　(2)季節風　(3)理由…世界の中でも地熱資源量が多く，小水力，太陽光，風力と比べて，発電費用が安く，設備利用率が高い　課題…開発可能地域が少なく，小水力，太陽光，風力と比べて，発電設備の設置にかかる期間が長い

《2023 国語 解説》

【問一】

⑶A　クマノミとイソギンチャク、ウツボとクリーナーシュリンプのような関係。第１段落に「お互いの弱さを支え合う、何とも良い関係性」とある。　B　――線部①の３～４行後に「相手に合わせて進化しているのも注目に値する」とある。「 B していることも見逃せない」と似た表現であることに着目する。

⑷　ア．「役割の違いの重要性を中心に考察している」が誤り。　イ．第３段落までで「自然界の共生に関する科学的な知識」を述べ、それをふまえて第４段落以降で「人間社会における共生の意味と可能性を考察している」。　ウ．クマノミとイソギンチャク、ウツボとクリーナーシュリンプの例は同様の例なので、「対比的に用い、その相違点から」は誤り。　エ．第４段落で「デザインや歌などを例として挙げ」て説明している。

⑸　まとめた文では「多くの人々に感動と強い共感を与える」ものについて述べている。それは本文最後の段落で「自然界の共生と同じように～限られた特定の相手にどう響くか～が、つねに問われている～個の共感を得られるかどうかによって共生的な価値を発揮する」と述べられた、「E創造」についてである。そこで「特定の相手を深く理解し、寄り添うことで初めて、深い適応関係(強固なD関係性)が生まれる」「相手の心によりそって、そのC特殊性に共感しよう」と述べていることから読みとる。

⑹　不確実な判断を表す「かもしれない」という表現には、イとウのような効果があると言える。　ア．「最後まで続ける」は誤り。本文の大半は断定的な表現である。また、「読み手の考えを誘導しようとしている」も適さない。　エ．「抑揚をつけ、読み手の感情移入を促し」は適さない。

⑺　「機能としての価値」は、そのものにそなわっている働き。「感性的な価値」は、本文の「ある香水の匂いが誰かに切ない気持ちを与える～浜辺の夕焼けが遠いあの日の記憶を呼び覚ます」という例のように、人の感性に働きかける、「きわめて個人的な価値観、私たちの心に訴える特殊な価値観」によるもの。

【問二】

⑴　――線部①のように考える根拠として「活動の内容から紹介したら～よく知らなかった方にも『～分かりやすかった』という感想をもらったよ」と言っていることから、イのような効果が読みとれる。

⑵　南原さんが「私たちの活動を知らない～人にも～分かりやすくなると思う」「昨年度の発表のときに～私にも、分かりやすかったよ」、北野さんが「小学生の頃～私たちの活動についてよく知らなかった方にも『～分かりやすかった』という感想をもらったよ」と言っていることから、アのような共通点が読みとれる。

⑶　「なるほど～かもしれない」と受け止めた上で「でも、私は～と思うよ」と言っているので、エが適する。

⑷　bの「聞き手が必要に応じて文章を読み返すこと」に効果のある工夫は、【スライドを見せるときのポイント】の「伝えたいことの中心となることを強調～キーワードなどを映す」である。cの「聞き手に思いが伝わっていないと感じたら、表現を選んで話す工夫」は、【話すときのポイント】の「聞き手の反応によって、言葉や表現を選んだり、内容を補ったりする」にあたる。

⑸　 I の〈活動の感想(主な内容)〉にない、【発表テーマ】の「地域のみんなの喜びへ」と直接つながる内容を加えようとしているのである。よって、「多くの人が喜んでいる」とあるウが適する。

【問四】

⑶　かすかに人の声が聞こえた気がして、また、犬の声も聞こえたので、「かの鹿《しし》、山中に逃げ入り」とある。狩られる危険を感じ、あわてて逃げたということ。よって、イが適する。

(4) 【古典の内容】文章Ⅰを参照。

(6) 「足がついている地面」だけが役に立っているわけではなく、一見役に立っていないように思える周囲の大地が非常に大事な役割を果たしている。この例から言えること。

(7) 「無用の用」（一見役に立たないと思われるものが、実は大切な役割を果たしているということ）を言うための具体例となる話である。どのくらい役に立つかということ、つまり、エの「価値」が適する。

【古典の内容】

文章Ⅰ

ある時、鹿が、河のほとりに出てきて水を飲んだ時、自分の角《つの》の影が、水に映って見えたので、この角の様子を見て、「それにしても、私が頭にのせている角は、すべての獣《けだもの》の中に、他に並ぶものがいるはずがない（ほど立派だ）」と、一方では思い上がった気持ちをもった。また、自分の四本足の影が、水底に映って、とても頼りなく細くて、しかも蹄《ひづめ》が二つに割れている。また、鹿が、心に思うことには、「角は立派だが、私の四本足は嫌気がさす感じだ」と思っていたところに、気のせいだろうか、人の声が、かすかに聞こえ、そのほか、犬の声もした。そのため、その鹿は、山の中に逃げ入り、あまりに慌てふためいたために、ある木のまた（幹や枝の分かれたところ）に、自分の角を引っかけ、ぶらりとぶら下がってしまった。（角を）抜こう抜こうとするがどうしようもない。鹿が、心に思うことには、「今しがたの私の考えはくだらないなあ。たいそう自慢に思っていた角は、自分への仇《あだ》（害をなすもの）となって、いやだと思っていた四本の足こそが私の助けとなったのになあ」と、独《ひと》り言《ごと》を言ってあきらめた。

そのように、人もまたこの鹿と変わらない。「大切にしていた人は敵となって、いやだと思って遠ざけていた人が私の助けとなったのになあ」と後悔すること、このようなことは、あるものである。

文章Ⅱ

恵子《けいし》が、荘子に向かってこう言った、「あなたの話は、役に立たない」と。荘子は言った、「役に立たないということを理解して、改めて役に立つということを論ずべきだ。そもそも大地は広くそしてまた大きいものだ。人が使う所は足がついている地面だけだ。そうであるならば足の寸法を測り、その広さだけ残して周囲を地の底まで掘り下げたとすると、それでもその立っている場所が人の役に立つだろうか」と。恵子は言った、「役に立たない」と。荘子が言った、「そうであるならば役に立たない（と思える）ものが役に立っていることは同様に明らかだ」と。

【問五】

(4) イ．床芝《とこしば》は「靖成《やすなり》の言葉を一旦さえぎ」ったのではなく、一度自分の「言葉を切った」。　ウ．床芝は、靖成が「だけど毎日怒鳴られていたら～見切りをつけたくもなるだろう」と思ったことを見透かして「ため息をついた」。松岡に対する失望ではない。　エ．床芝が言った「俺が一度も腹を立てなかったなんて、お前本気で思ってるのか？」は、腹を立てたことがあるに決まっているだろう、という意味。次の行の「床芝が若関《わかぜき》に怒りを覚える姿など、想像できなかった」という驚きが、ここでの「息を呑《の》む」。見抜かれたことへの驚きではない。

(5) 「床芝が若い頃仕事を辞めなかった理由」は、「裏方の中でも床山《とこやま》が、力士に一番近い存在だからだ～唯一、力士と直《じか》に接する仕事だろ？」から読みとれる。その思いがあるから、髷《まげ》を結いながら力士の心身の状態を察し、「たとえきつく当たられても」逃げ出さずに、「若関を支えるつもりでずっと」続けてきたのである。それを聞いた靖成が自分のことをふり返り、「そこまで松岡に注意を向けたことは、一度もなかった」と気づいたのである。

(6) 付せん１の「爪を短く切り揃《そろ》えている床芝が、自分の目指す職人の姿であることに改めて気づいた」からは、靖成の床芝に対する敬意が読みとれる。それを「できるだけ深く頭を下げ」るという態度で示したのである。付せん２の「爪が伸びていた自分の状態を振り返り」からは、靖成自身の反省につながっていくことが読みとれる。靖成は、床芝の「職人の指」と自身の爪が伸びた指を比べて、職人としての心構えの違いを自覚したのである。

《2023　数学　解説》

【問１】

⑵　ア．例えば$n=-6$のとき$5+n=-1$となり，正の整数にならない。

イ．nが負の整数だから$-n$はつねに正の整数になるので，$5-n$はつねに正の整数になる。

ウ．nが負の整数だから，$5\times n$はつねに負の整数になる。

エ．nが負の整数だから，$5\div n$はつねに負の数になる。　　よって，**イ**が適する。

⑶　与式$=\dfrac{2(3x-5y)-(2x-y)}{4}=\dfrac{6x-10y-2x+y}{4}=\boldsymbol{\dfrac{4x-9y}{4}}$

⑷　$x-3=A$とすると，与式$=A^2+2A-15=(A+5)(A-3)$

Aを元に戻して，$(x-3+5)(x-3-3)=\boldsymbol{(x+2)(x-6)}$

⑸　２次方程式の解の公式より，$x=\dfrac{-2\pm\sqrt{2^2-4\times1\times(-1)}}{2\times1}=\dfrac{-2\pm\sqrt{8}}{2}=\dfrac{-2\pm2\sqrt{2}}{2}=\boldsymbol{-1\pm\sqrt{2}}$

⑹　$y=\dfrac{12}{x}$，または，$xy=12$だから，yはxに反比例する。したがって，**イ**，**ウ**が正しい。

⑺　$a=30.5$のとき，小数第１位を四捨五入すると31になるから，$30.5\leqq a$である。

$a=31.5$のとき，小数第１位を四捨五入すると32になるから，$a<31.5$である。よって，**ウ**が正しい。

⑻　**【解き方】２個の赤玉をr_1，r_2，３個の青玉をb_1，b_2，b_3と区別して，樹形図に表す。**

すべての取り出し方は右の樹形図のように全部で$5\times4=20$(通り)ある。そのうち玉の色が異なる取り出し方は，〇印の12通りだから，求める確率は，$\dfrac{12}{20}=\boldsymbol{\dfrac{3}{5}}$

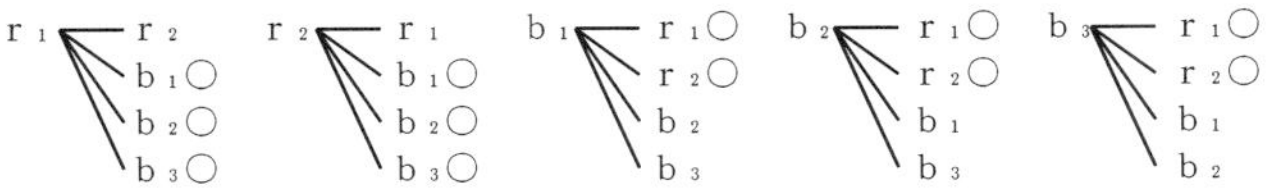

⑼　$x+y=-1$に$x=2$を代入すると，$2+y=-1$　　$y=-3$　　したがって，消えてしまった式は$x=2$，$y=-3$が成り立つ式である。４つの式それぞれに$x=2$，$y=-3$を代入して式が成り立つか調べると，**エ**だけが成り立つとわかる。

⑽　まずAを中心とする円の一部をかいてBCとの２つの交点をとる。その２つの交点から等しい距離にある点をBCについてAとは反対側にとる。その点とAを通る直線がBCと交わる点がPである。

⑾　**【解き方】どのような多角形であっても，外角の和は360°になる。**

∠x以外の４つの外角の和は，$80°+56°+90°+(180°-110°)=296°$　　よって，$\angle x=360°-296°=\boldsymbol{64°}$

⑿　Aの体積は，$\dfrac{4}{3}\pi\times3^3=36\pi$(㎤)

Bの高さをh㎝とすると，Bの体積について，$2^2\pi\times h=36\pi$　　$h=\dfrac{36}{4}=9$　　よって，Bの高さは**9**㎝である。

【問２】Ⅰ　**【解き方】箱ひげ図からは，右図のようなことがわかる。半分にしたデータ(記録)のうち，小さい方のデータの中央値が第１四分位数で，大きい方のデータの中央値が第３四分位数となる(データ数が奇数の場合，中央値を除いて半分にする)。**

⑴　ヒストグラムから最小値は28℃以上30℃未満，最大値は38℃以上40℃未満とわかる。この条件に合う箱ひげ図は**2020**年だけである。

⑵①　散らばりが小さいということは範囲(最大値から最小値を引いた値)が小さいということなので，箱ひげ図が短くなる。一番散らばりが小さいのは2010年で，範囲は$35-29=6$(℃)より少し大きい。2005年の範囲は$35-26=9$(℃)より少し大きく，2020年の範囲は$38-30=8$(℃)より少し大きい。

よって，２番目に散らばりが小さいのは2020年だから，**正しい**。

② 2005年は第３四分位数が32℃より少し大きく，最大値が35℃より少し大きい。第３四分位数以上最大値以下のデータは全体のおよそ$\frac{1}{4}$＝25%だが，その内訳は**図１からはわからない**。

(3) 2015年は中央値が30℃より少し大きいので，全体の$\frac{1}{2}$＝**50%**以上のデータが30℃を超えている。

2010年の中央値は34℃より少し大きいので，全体の50%以上のデータが34℃を超えている。

2015年の第１四分位数は約27℃だから，全体の約$\frac{1}{4}$＝**25%**のデータが27℃以下である。

Ⅱ(1) $b=m(n+1)$で，$a+b+c=3b$となることを説明するのだから，$a+b+c$を変形して，

$3\times m(n+1)=3m(n+1)$という形になると予想しておくと考えやすい。

(2) aをm行目，n列目の数とすると，$a=mn$，$b=m(n+1)$，$c=m(n+2)$，$d=m(n+3)$，

$e=m(n+4)$だから，$a+b+c+d+e=mn+m(n+1)+m(n+2)+m(n+3)+m(n+4)=$

$5mn+10m=5m(n+2)$となる。$c=m(n+2)$だから，$5m(n+2)=5c$である。

したがって，a，b，c，d，eの和を**5**で割ると**c**がわかる。

５つの数の和が605のとき，$c=605\div5=121$である。aは11行目の数で，11行目の数は右に１つ進むごとに11増えているので，$a=c-11-11=121-22=$**99**

【問３】

Ⅰ(1)① グラフを見ると$x=4$のとき$y=1.2$だから，Aを「弱」で運転すると水タンクの水が４時間で$2-1.2=0.8$(L)減るとわかる。よって，Aを「弱」で運転したときの１時間あたりの水の放出量は，$0.8\div4=$**0.2(L)**

② **【解き方】直線の式は$y=ax+b$と表せる。a，bの値を考える。**

Aを「強」で１時間運転すると0.4Lの水を放出するから，$4\leqq x\leqq7$のグラフはxが１増えるとyが0.4減る。したがって，$a=-0.4$である。この直線は点(7，0)を通るから，$y=-0.4x+b$に$x=7$，$y=0$を代入すると，

$0=-0.4\times7+b$より，$b=2.8$　　よって，求める式は，$\boldsymbol{y=-0.4x+2.8}$

(2)① 点(0，3)を通り傾きが-0.8の直線は，「強」で運転したときのグラフである。このグラフと「弱」で運転したときのグラフの交点の座標が，「強」から「弱」に切り替わったときの時間と水タンクの水の量を表している。８時間後に水タンクの水がなくなったから，「弱」のグラフは点(8，0)を通り，「弱」だと１時間あたり0.3Lの水を放出するから，「弱」のグラフの傾きは-0.3である。

② **【解き方】「強」と「弱」のグラフの式を連立方程式として解く。**

「強」のグラフの式は，$y=-0.8x+3$…(ⅰ)である。

「弱」のグラフの式を$y=-0.3x+c$とし，$x=8$，$y=0$を代入すると，$0=-0.3\times8+c$より$c=2.4$となる。

したがって，「弱」のグラフは$y=-0.3x+2.4$…(ⅱ)である。

(ⅰ)と(ⅱ)からyを消去すると，$-0.8x+3=-0.3x+2.4$　　$0.5x=0.6$　　$x=\frac{6}{5}$

(ⅱ)に$x=\frac{6}{5}$を代入すると，$y=-0.3\times\frac{6}{5}+2.4=-0.36+2.4=2.04$

よって，求める時間は，$\frac{6}{5}$時間後＝$1\frac{1}{5}$時間後＝１時間$(\frac{1}{5}\times60)$分後＝**１時間12分後**

Ⅱ(1) **【解き方】AB＝(Bのy座標)－(Aのy座標)で求める。A，Bのx座標は4である。**

$y=\frac{1}{4}x^2$に$x=4$を代入すると，$y=\frac{1}{4}\times4^2=4$となるから，A(4，4)

$y=\frac{1}{2}x^2$に$x=4$を代入すると，$y=\frac{1}{2}\times4^2=8$となるから，B(4，8)　　よって，AB＝$8-4=$**4**

(2) **【解き方】ABとBCの長さをaの式で表し，方程式をたてる。**

A$(a，\frac{1}{4}a^2)$，B$(a，\frac{1}{2}a^2)$と表せる。Cはy軸についてBと対称だから，C$(-a，\frac{1}{2}a^2)$と表せる。

AB＝(Bのy座標)－(Aのy座標)＝$\frac{1}{2}a^2-\frac{1}{4}a^2=\frac{1}{4}a^2$，BC＝(Bの$x$座標)－(Cの$x$座標)＝$a-(-a)=2a$と表せるから，AB＝BCより，$\frac{1}{4}a^2=2a$　　$a^2-8a=0$　　$a(a-8)=0$　　$a=0,\ 8$

$a>0$より，$a=8$

(3)①　**【解き方】△BCPと△ABCの底辺をともにBCと考えると，面積が等しくなるのは高さが等しくなるときである。**

$y=\frac{1}{4}x^2$に$x=2$を代入すると，$y=\frac{1}{4}\times2^2=1$となるから，A(2，1)

$y=\frac{1}{2}x^2$に$x=2$を代入すると，$y=\frac{1}{2}\times2^2=2$となるから，B(2，2)

△ABCの高さがAB＝2－1＝1だから，Pのy座標は，(Bのy座標)＋1＝2＋1＝3　　よって，P(0，3)

②　**【解き方】△ACPと△ABCでは辺ACが共通だから，底辺をACとしたときの高さが等しいとき面積が等しくなる。したがって，B，Pの直線ACからの距離が等しくなればよいので，AC//BPならばよい。**

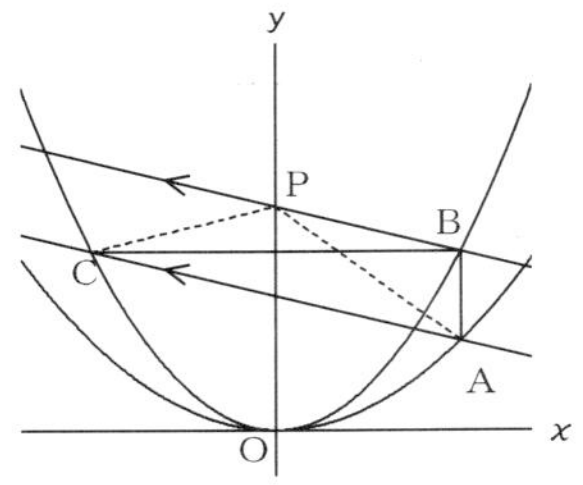

平行な直線は傾きが等しい。B(2，2)より，C(－2，2)だから，

A，Cの座標から直線ACの傾きを求めると，$\frac{(y\text{の増加量})}{(x\text{の増加量})}=\frac{1-2}{2-(-2)}=-\frac{1}{4}$

AC//BPのとき直線BPの傾きは$-\frac{1}{4}$となるから，直線BPの式を

$y=-\frac{1}{4}x+b$とし，B(2，2)の座標を代入すると，$2=-\frac{1}{4}\times2+b$より

$b=\frac{5}{2}$となる。よって，直線BPの切片は$\frac{5}{2}$だから，P(0，$\frac{5}{2}$)である。

【問4】

(1)　Bを中心とする円の半径はBP＝6－2＝4(cm)だから，BC＝4cm

(2)①　**【解き方】Oを中心とする円の半径は6÷2＝3(cm)で，Bを中心とする円の半径もBP＝3cmだから，△CPBは1辺が3cmの正三角形である。**

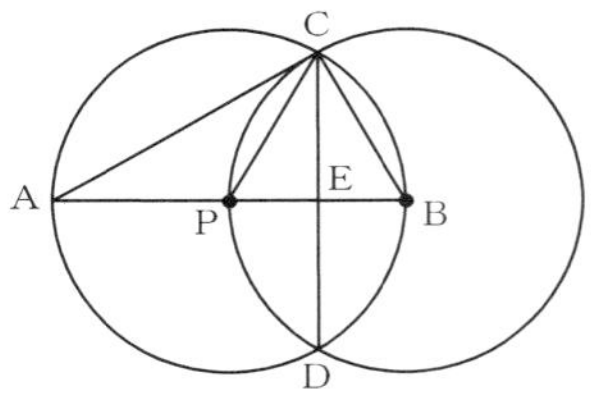

半円の弧に対する円周角は90°だから，∠ACB＝90°

△CPBが正三角形なので，∠PCB＝60°

よって，∠ACP＝90°－60°＝30°

②　**【解き方】BPはCDの垂線であり，円の中心から弦に垂線を引くと弦を2等分するから，CD＝2CEである。**

右図のように正三角形の1辺の長さと高さの比は$2:\sqrt{3}$だから，

CE＝$\frac{\sqrt{3}}{2}$CP＝$\frac{3\sqrt{3}}{2}$(cm)　　よって，CD＝$\frac{3\sqrt{3}}{2}\times2=3\sqrt{3}$(cm)

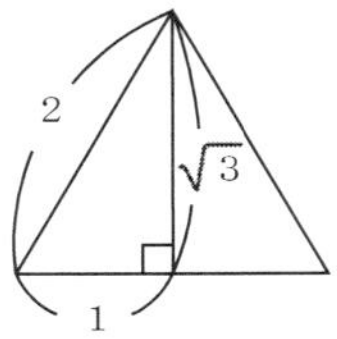

(3)　証明の穴埋め問題では，すでに書かれていることがヒントになるのでそれをよく読んで，論理的な説明になるように空欄を埋めていこう。答えがすぐにわからない場合は，仮定を図にかきこみ，問題の内容に応じて，図形の性質，平行線の同位角・錯角，円周角の定理などからわかることも図にかきこんで，答えを考えよう。

③の問題では，∠ACP＝∠PCEを示すために「∠ACP＝90°－∠PCB，∠PCE＝90°－∠CPE」まで示してあるので，∠PCB＝∠CPEを示すことを考える。

(4)①　**【解き方】△ABC∽△CBEを利用してBEとCEの長さを求めれば，△CEPの面積を求められる。**

BC＝BP＝6－4＝2(cm)

∠ACB＝90°だから，三平方の定理より，AC＝$\sqrt{AB^2-BC^2}=\sqrt{6^2-2^2}=4\sqrt{2}$(cm)

△ABC∽△CBEで相似比がAB：CB＝6：2＝3：1だから，BE＝$\frac{1}{3}$BC＝$\frac{2}{3}$(cm)，CE＝$\frac{1}{3}$AC＝$\frac{4\sqrt{2}}{3}$(cm)

$\mathrm{PE}=\mathrm{BP}-\mathrm{BE}=2-\frac{2}{3}=\frac{4}{3}$(cm)だから，$\triangle\mathrm{CEP}=\frac{1}{2}\times\mathrm{PE}\times\mathrm{CE}=\frac{1}{2}\times\frac{4}{3}\times\frac{4\sqrt{2}}{3}=\boldsymbol{\frac{8\sqrt{2}}{9}}$(cm²)

②　【解き方】△ＢＣＰと△ＧＡＰは形が似ているので相似ではないかと考え，その根拠を探す。△ＢＤＰに着目するとよい。

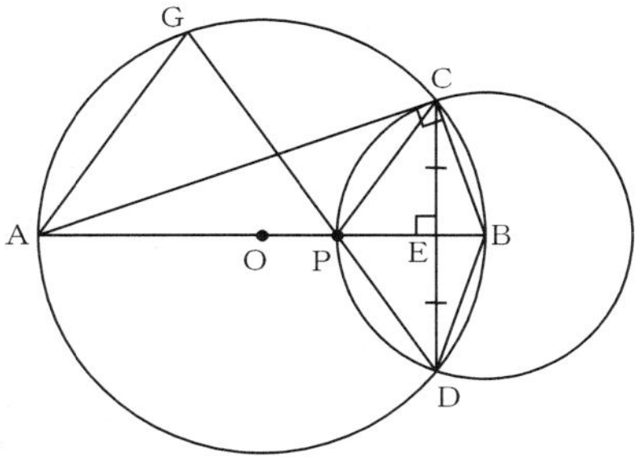

△ＣＥＰ≡△ＤＥＰだから，ＣＰ＝ＤＰ　　したがって，△ＢＣＰと△ＢＤＰは３辺がそれぞれ等しいから，合同である。

$\angle\mathrm{DBP}=\angle\mathrm{AGP}$($\overset{\frown}{\mathrm{AD}}$に対する円周角)，

$\angle\mathrm{BPD}=\angle\mathrm{GPA}$(対頂角)だから，△ＢＤＰ∽△ＧＡＰなので，

△ＢＣＰ∽△ＧＡＰ

三平方の定理より，$\mathrm{CP}=\sqrt{\mathrm{PE}^2+\mathrm{CE}^2}=\sqrt{(\frac{4}{3})^2+(\frac{4\sqrt{2}}{3})^2}=\frac{4\sqrt{3}}{3}$(cm)

△ＢＣＰと△ＧＡＰの相似比が$\mathrm{CP}:\mathrm{AP}=\frac{4\sqrt{3}}{3}:4=1:\sqrt{3}$で，相似な図形の面積比は相似比の２乗と等しいから，$\triangle\mathrm{BCP}:\triangle\mathrm{GAP}=1^2:(\sqrt{3})^2=$**１：３**

《2023　英語　解説》

【問１】

⑴No. 1　「私たちは今，公園にいます。時間を知りたいとき，これを見ます。どの絵がこれを表していますか？」…ウ「時計（台）」が適切。　No. 2　「私たちは普通，ハイキングで物を運ぶときにこれを使います。どの絵がこれを表していますか？」…イ「リュックサック」が適切。　No. 3　「男の子は宿題をした後でテレビを見たいと思っていました。宿題を終えた時，祖母が彼に電話をしてきました。彼の誕生日だったので，彼は祖母と電話でたくさん話をして，テレビを見ることができませんでした。男の子が最初と２番目にしたことを表しているのはどの絵ですか？」…エ「宿題をした後，電話で話した」が適切。

⑵No. 1　質問「なぜコウジはサリーに電話しましたか？」…Ａ「こんにちは。サリーです」→Ｂ「やあ，サリー。コウジだよ。昨日はパーティに招いてくれてありがとう。君に電話したのは，僕がカメラを失くしたからなんだ。どこかで見なかった？」→Ａ「いいえ，見なかったわ。探してみるね」→Ｂ「ありがとう。見つかったら，電話してね」より，エが適切。　No. 2　質問「なぜその男の子は自分の部屋を掃除しましたか？」…Ａ「今日の午後は何をする予定？」→Ｂ「明日，友達が来るから，自分の部屋を掃除するつもりだよ」→Ａ「友達は何人来るの？」→Ｂ「２人だよ。後でもう１人，来るかもしれないな」より，アが適切。　No. 3　質問「今，あなたにない情報はどれですか？」…（図書館の館内放送）「ワカバ市立図書館は『子供たちへの絵本の読み聞かせ』というイベントを開催します。このイベントは毎月第一木曜日，午後４時から５時まで行われます。このイベントでは，毎回，英語の絵本が紹介されます。このイベントに参加したいお子さんは，今度の日曜日午後２時に図書館の玄関に来てください。このイベントには30人のお子さんが参加できて，各自に絵本を差し上げます」より，イが適切。

⑶　【放送文の要約】参照。No. 1　加奈の２回目の発言「信号を左折して，右側のごみステーション」より，アが適切。　No. 2　加奈の５，６回目の発言「今日はごみの回収日ではない」と「あさってはプラスチックごみの回収日」，スミス先生の４回目の発言「ごみ袋は明日，持ってくるべき」より，イが適切。　・day after tomorrow「あさって」

【放送文の要約】

加奈　：おはようございます，スミスさん。

スミス：おはようございます，加奈さん。どこにこのごみ袋を置けばいいのか，教えてくれませんか？

加奈　：No.1ア信号が見えますか？その角を左に曲がってください。そうすれば，右側にごみステーションが見えます。

スミス：それは公園の隣，ですよね？そこへ行ったばかりですが，何もありませんでした。だから，私が間違った場所にいると思ったのです。

加奈　：そんなことはないですよ。確かめてみましょう。

加奈　：まあ，あなたの言う通りですね。ここにごみ袋がありませんが，理由がわかりました。

スミス：それは何ですか？

加奈　：これを見てください。No.2イ今日はごみの回収日ではないです。

スミス：ああ，そうですね。そしてNo.2イごみ袋は明日，持ってくるべきですね。

加奈　：その通りです。それと，No.2イあさってはプラスチックごみの日です。

スミス：ありがとう，加奈さん。

(4)【放送文の要約】参照。No.1　旅行客の2回目の発言より，ウが適切。　No.2　2人の会話をまとめた文「男性は旅行客にタクシーに乗るように言った。なぜなら旅行客が急いでいたからである。それが駅から信州スタジアムへ行くどんな方法よりも，より速い（＝faster）」

【放送文の要約】

旅行客：すみません。信州スタジアムはどのように行けばいいですか？

男性　：7番のバスに乗ってください。でも次のバスまで約30分待つ必要があります。

旅行客：まあ，ずい分，遅いですね。何か他の方法がありますか？

男性　：ウそこにもっと早く着きたい，ということですね？

旅行客：はい，急いでいます。コンサートがもうすぐ始まるんです。

男性　：それなら，タクシーに乗ってください。だいだい10分くらいで着きますよ。

【問2】

Ⅰ(1)(a)（　　）の直後の文頭Weより，サッカーボールはみんなの物だとわかるから，ウ「私たちの」が適切。

(b)　ALTの発言「実は熱があった」「2日間もホテルにいた」の2文をつなぐ接続詞だから，イのandが適切。

(2)(a)「今，彼女（Emi）は1番速く走っている」という現在進行形の文，She is running the fastest now.にする。

(b)　直後にメグが「それを駅の近くのデパートで買った」と場所を答えているから，「どこでそれを買いましたか？」という過去時制の疑問文，Where did you buy it?にする。

(3)①「お知らせ」の開催日より，10月＝Octoberが適切。　②「お知らせ」の時間より，「コンサートは午前10時30分に始まる」という文をつくる。The concert will start at 10:30 a.m.／The concert is going to start at 10:30 a.m.など，「未来」や「これからの予定」を表す文にすること。　・at＋時刻「○○時に」

③「ご来場いただける場合は入場券をとっておくので，私たちにお知らせください」という文，Please tell us if you can come because we will keep your ticket.／Please let me know if you can come because we will keep your ticket.をつくる。　・tell＋人＋if～「もし～ならば（人）に伝える」　・let＋人＋動詞の原形「（人）に～させる」

④「私たちは3か月間練習してきました」という文，We have been practicing for three months.「（過去から現在に到るまで）ずっと～してきている」を表す現在完了進行形〈have/has been ～ing〉，またはWe have practiced for three months.「ずっと～している」を表す現在完了〈have/has＋過去分詞〉“継続”の文をつくる。

Ⅱ(1)　【デイビッドの体験記の要約】参照。デイビッドが体験したのはエが適切。

【デイビッドの体験記の要約】

僕は第一希望のプログラムに参加するために出かけましたが，すでに20人を超える人がいたので参加できませんでした。それで，自然と環境に関するもう１つのプログラムに参加することにしました。僕は，エ豪雨や強風の間に海岸や山にいたときに何をすべきかを学びました。また，エそのプログラムで，地震を体験しました。講師はどのようにそれが起こるかを易しい日本語で説明してくれました。みなさんも次の機会にサイエンスデイに参加すべきだと思います。

(2)(a)　【翔，結衣，賢の意見の要約】参照。エ→ア→ウ→イの順になる。

(b)　【感想の要約】参照。

【翔，結衣，賢の意見の要約】

翔の意見　：皆さん，こんにちは。僕は翔です。エ僕には友達と勉強する場所が必要です。僕と友達は子どもたちに算数や漢字を教えるのが好きです。アみんなで伝統的なゲームをするのも楽しそうです。結衣，君の意見は？

結衣の意見：こんにちは，私は結衣です。私は料理が好きです。時々，家で料理をします。ウ私は庭で何かを育てて，それを使って地域の人々と料理をしたいです。賢，あなたはどうですか？

賢の意見　：僕は賢です。はじめまして。僕は音楽を聞いたり，写真を撮ったりするのが好きです。イ僕は地域の人々が撮った写真を見せる部屋があればいいなと思います。ご清聴ありがとうございました。

【感想の要約】

私はインド出身です。５年前にこの町に住み始めました。私はレストランで働いていますが，たくさんの人々が私のレストランに来てくれます。私は彼らから日本の文化を学ぶことを楽しんでいます。よく彼らの楽しそうな顔の写真を撮ります。私はこれらの写真をこの町に住む人々に見せたいです。それで最も意見が一致するのはウ賢です。

【問３】【本文の要約】参照。

(1)　life の複数形 lives が適切。

(2)　代名詞などの指示語の指す内容は直前にあることが多い。ここでは１文前の the right to have enough food を指すので，イ「必要なときに十分な食べ物をとること」が適切。

(3)　SDGs の目標である to end world hunger「世界の飢餓を終わらせること」や下線部⑤の後にある現実から，「誰一人として飢えで亡くなる人がいない世界にすること」などを答える。

(4)　ア×「配置」　イ×「プレゼンテーション／提案」　ウ×「楽しみ／娯楽」　エ○「人口」

(5)　時系列に沿って並べる。One of the ways とその内容に関する文，The second way とその内容に関する文の流れ。

(6)　ア×「沙恵は，私たちは2050年まで食糧問題に対して行動するのを待つことができる，と理解している」…本文にない内容。　イ×「昆虫は豚や牛を育てるより時間がかかるので，国連食糧農業機関はそれを推奨していない」…本文にない内容。　ウ○「沙恵は現在，食べ物について考えることで世界とつながっていると信じている」…最後の段落１行目と一致。　エ×「広島のパン屋さんは×パンを廃棄することは時には必要だと考えている」
オ○「2030年は世界中で飢餓を終わらせる目標として設置した年である」…第３段落１～２行目と一致。
カ×「人々はよく必要な食料だけを買うので大量の食べ物を捨てていない」…本文にない内容。

(7)　ア「私たちが今，理解しておかなければならない問題」が適切。イ「人々を救う唯一の食べ物」，ウ「パンを選ぶ正しい行動」，エ「世界を攻撃する昆虫」は不適切。

【本文の要約】

広島のあるパン屋さんは，自分が焼いたパンを決して捨てません。食べるということは動物や植物の②命（＝lives）をいただいていることだ，と彼は思っています。また，彼が作るパンは必ず木を燃やして焼きます。彼のパンは，木がそのパンに命を与えているからできるのです。ですから，彼はパンと木はつながっていると思っています。これらの理由で，彼はパンを捨てないことに決めたのです。「食べること」はみなさんにとってどんな意味がありますか？

私たちはみんな，十分な食べ物を食べる権利を持っています。食べることは，私たちみんなにとって必要なことです。しかしながら，この権利を全員が享受しているわけではありません。ある報告書によると，世界中で８億人を超える人々が十分な食べ物を食べることができません。また，毎分17人が飢えで亡くなっています。これらの事実からわかるように，世界には重大な食糧問題があります。

2030 年までに７年しかありません。⑹オ 2030 年が何を意味するか，ご存知ですか？それは SDGs「持続可能な開発目標」の，世界の飢餓を終わらせる目標の年です。私たちは，「誰一人，とり残さない」という考えを忘れてはいけません。しかしながら，世界では毎日多くの人々が飢えで亡くなっているのです。私はこれを知って大変驚きました。

2013 年の国連食糧農業機関の報告書によると，世界の④人口（＝population）は 2050 年に約 90 億人に達するかもしれない，ということです。地球温暖化のような環境問題は，食糧不足を生み出すかもしれません。私たちは，そのうちではなく，今，何かをする必要があるのです。国連食糧農業機関によると，昆虫食がこの食糧問題を解決する答えの一つとなるそうです。昆虫食には多くの良い点があると言う人もいます。昆虫には牛肉のようなたんぱく質が豊富に含まれています。昆虫は水やえさが少なくてすみ，豚や牛よりも育てるのに時間がかかりません。

私たちは将来のために何ができるでしょうか？例えば，日常⑤生活（＝lives）において，食べ物のごみについて注意を払わなければなりません。国際連合の新しい報告書によると，毎年 10 億トンを超える食べ物が無駄にされているそうです。これは実は１年に世界中で作られる食べ物の 17 パーセントに当たります。ほとんどのごみは家庭から出ています。人々は頻繁に買いすぎをしてしまい，その結果，たくさん捨てているからです！

先ほどの広島のパン屋さんはパンを廃棄しないために２つの方法を選択しました。ゥ一つ目の方法は，注文に必要な分だけのパンを焼くことです。ァそうすることで，彼はパンを焼く準備時間を節約し，廃棄を減らすことができます。ィ２つ目の方法は，日持ちするハード系のパンのみを数種類作る方法です。ェやわらかくて甘いパンがよく売れることはわかっていますが，彼はそういうものを焼きません。彼は限られた種類だけを作ることが最善の答えだと確信しています。

⑹ウ私は本当に，「食べること」は私たちを生かすのに役立つだけでなく，私たちと世界をつないでいるのだと考えます。また，私たちひとりひとりが何かできるとも思っています。ご清聴ありがとうございました。

【問４】

⑴ 【新聞の投書，海とリー先生の会話の要約】参照。　イが適切。　ア「多くの人が荷物を受け取るために×再配達を頼まない」　ウ×「彼女は宅配ドライバーに対して親切な人になりたい」…問題になっている内容ではない。エ×「彼女は私たちが再配達を頼むべきではないと考えている」…彼女の意見ではない。

【新聞の投書，海とリー先生の会話の要約】

あなたはどうやって荷物を受け取っていますか？

ほとんどの人は自宅で荷物を受け取ります。もし不在なら，宅配ドライバーが不在連絡票を残していきます。私たちはこれを見て荷物を受け取るために再配達を頼みます。多くの人が再配達制度を利用しているそうです。その結果，再配達が多いために宅配ドライバーは更に忙しくなってしまいます。この問題に対して何ができるでしょうか？

私は，再配達を頼むべきではないと思います。私は宅配ドライバーに親切な人になりたいです。

（クミ　東京　中学生）

リー先生：クミが投書で述べている問題は何でしょうか？

海：その問題は，①イ多くの再配達のせいで宅配ドライバーがより多忙になっていることです。

リー先生：その通りです。この授業で，この問題について考えてみましょう。

【ウェブサイト１，海と知恵とメイの会話の要約】参照。

⑵　最後の２文より，エの「再配達率は政府によって定められた目標を達成していない」が適切。　ア「再配達率は 2019 年４月以降，下がることがなかった」，イ「日本政府は再配達率約 15 パーセントという目標を定めた」，ウ「日本政府は再配達率を年１回，調査している」は不適切。

⑶　直前のメイの発言に続くのはアが適切。　イ「私たちは目標を達成しなければならない」，ウ「私たちは宅配ドライバーの仕事を手伝うことができる」，エ「私は荷物を受け取らない」は不適切。　・make troubles for＋人「（人）を困らせる」

【ウェブサイト１，海と知恵とメイの会話の要約】

再配達率は，日本政府が年２回調査します。再配達が増加すると，宅配ドライバーは更に働かなければいけません。⑵エ政府はこの比率目標を約 7.5 パーセントに設定しました。再配達率は一度は下がりましたが，徐々に増えています。

海　：宅配ドライバーは同じ客のところに数回訪れていると思う。

知恵：それは宅配ドライバーの時間を無駄にしているね。その目標のために私たちは何ができるかな？

メイ：私は宅配ドライバーを困らせたくないから，②ア荷物を受け取るために家にいることにする。

海　：わかるけど，いつも家にいることなどできないよ。家への再配達を頼まずに，どのようなことができるかな？

【ウェブサイト２，海と知恵とメイとリー先生の会話の要約】参照。

⑷**下線部あ**　・work well「うまく機能する／うまくいく」　**下線部い**　直後の than より easy の比較級が適切。

⑸　イが適切。　ア「宅配ボックスを使うのにいくら払うか」，ウ「宅配ボックスとは何か」，エ「荷物の取り出し方」は不適切。

【ウェブサイト２，海と知恵とメイとリー先生の会話の要約】

無料で，宅配ロッカーで荷物を受け取れます！

駅，スーパーマーケット，ドラッグストアのような多くの場所に，宅配ロッカーがあります。宅配ドライバーはそのロッカーの中にあなたの荷物を入れます。インターネットで買い物をした場合，ロッカーを選べます。その時点でパスワードを取得します。ロッカーを開けるとき，それ（パスワード）を使用して，３日以内にご自身で荷物を取り出してください。

知恵　：宅配ドライバーはロッカーを訪れるだけでいいのね。彼らの仕事がより楽になると思うな。

メイ　：客は荷物を受け取るのに１番いい宅配ロッカーを選べるのね。客は時間があるときにそこへ行けると思う。こうしたロッカーは客にとっても良い点があるね。

海　　：君の意見に賛成だよ。

リー先生：私は知恵とメイの言ったことを知りたいです。

海　　：③知恵とメイは，多くの人が宅配ロッカーを使うことを望んでいます。なぜならそのロッカーは宅配ドライバーと客の両者にとってうまくあ機能する（＝work）からです。それらは宅配ドライバーの仕事を以前に比べてい より楽に（＝easier）します。

リー先生：そうですね。こうしたロッカーはとても役に立ちますね。みなさんは使ってみたいですか？

海　　：はい，でも僕たちの周囲にはそうしたロッカーが十分にないので，もっと必要ですね。また，④イその宅配ロッカーを何時に利用できるのか，知りたいです。そのことがウェブサイトには載っていないので。

【やり取りの要約】参照。

(6)⑤「再配達制度の利用」について，自分なりの考えと理由を書く問題。無理に難しい表現は使わなくてもいいので，文法・単語のミスがないこと，そして内容が一貫していることに注意しながら文を書こう。書き終わった後に見直しをすれば，ミスは少なくなる。　(例文の訳)「私は再配達制度を利用することは，荷物を受け取るのに良い方法だと思います。もし宅配ドライバーに再配達の予定を伝えるなら，再配達を少なくすることができます」

(7)⑥〔やり取り〕の知恵の発言から抜き出す。　⑦〔やり取り〕のリー先生の発言から抜き出す。

メイのまとめ「私は宅配ドライバーに，⑥再配達の予定を伝える（＝tell the re-delivery plan）のが大事であることがわかりました。私は彼らが簡単に⑦荷物を持ってくる（＝bring our packages）手助けをします。なぜなら私は彼らの仕事を尊敬しているからです」

【やり取りの要約】

知恵　　：宅配ロッカーについて学んで，それが宅配ドライバーと客の両方にとって都合がよいことがわかりました。

リー先生：知恵，ありがとう。クミの投書を覚えていますか？彼女は，自分の考えを読んだ，ある宅配ドライバーから手紙をもらいました。それには「再配達に関する情報がないときに配達するのは難しいのです」と書かれていました。もし私たちがドライバーに，いつ家にいるのかを伝えることができれば，ドライバーが⑦荷物を持って来るのは簡単になるでしょう。

知恵　　：もしそれがわからなければ，ドライバーは何度も同じ客のところに行かなければなりません。それでは再配達率は下がりません。ですから私たちは宅配ドライバーに，⑥再配達の予定を伝える必要があります。

メイ　　：私は以前それをしませんでした。今は宅配ドライバーのために何をしなければならないか，わかりました。

海　　：荷物を受け取るのに役立つ方法は，いくつかあります。だから僕は毎回，1番いい方法を選ぶつもりです。この授業で，再配達制度を使うことについて，たくさんのことを学びました。

《2023　理科　解説》

【問１】

Ⅰ(2)　イネ，トウモロコシは被子植物の単子葉類，イヌワラビはシダ植物である。　(3)　フクジュソウのような双子葉類の葉脈は網目状で，茎における維管束は輪の形に並んでいる。なお，単子葉類の葉脈は平行で，茎における維管束は全体に散らばっている。　(4) i　表より，日光が当たっていなかったときでも花が開いてときがあり，気温が11℃以上のとき花が開いていることがわかる。　ii　フクジュソウの花が開く要因は気温が関係していることを確かめるので，ＡとＢの気温以外の条件(日光の条件)を同じにする。　iii　花が開いていた気温の場所に置いたＡと花が閉じていた気温の場所に置いたＢで，Ａの花は開いて，Ｂの花は閉じたままであれば，フクジュソウの花が開く要因は気温であると確かめられる。

Ⅱ(2) i　目や耳など，脳に近い感覚器官が受け取った刺激の信号は，せいずいを通らずに感覚神経を通って(イ)，直接脳に伝わって認識され(エ)，脳からの命令の信号(ウ)は，せきずい，運動神経を通って(ア)筋肉に伝わり反応が起こる。　ⅱ　信号が経路を伝わるのにかかる時間は$\frac{1.0}{50}$＝0.02(秒)だから，脳で判断や命令を行うのにかかった時間は0.27－0.02＝0.25(秒)となる。　(3)　このように，せきずいから命令の信号が出される反応を反射という。

【問２】

Ⅰ(1) ⅰ　熱を周囲に出す反応を発熱反応というのに対し，熱を周囲から吸収する反応を吸熱反応という。

ⅱ　ア，イ，ウでは，電流が流れることによって熱が発生する。　(2) ⅰ　12％の食塩水 20ｇにふくまれる食塩は20×0.12＝2.4(ｇ)だから，15％の食塩水を 2.4÷0.15＝16(ｇ)用い，水を 20－16＝４(ｇ)加えたことがわかる。

ⅱ　水溶液中では，溶質の粒子は一様に広がっている。　(3)　図２より，質量パーセント濃度が９％以上では温度変化のようすに違いがみられないことがわかる。６％と９％では温度変化のようすに違いが見られるので，この間の質量パーセント濃度を１％ずつ変えて温度変化のようすの違いを調べればよい。

Ⅱ(1)　硫酸亜鉛水溶液中にマグネシウム片を入れると，マグネシウム片に亜鉛が付着する。これは，マグネシウム原子が電子を失ってマグネシウムイオン〔Mg^{2+}〕になり，かわりに亜鉛イオン〔Zn^{2+}〕が電子を受け取って亜鉛原子になって金属表面に付着したからである。　(2)　亜鉛原子が電子を失って亜鉛イオン〔Mg^{2+}〕になり，かわりに銅イオン〔Cu^{2+}〕が電子を受け取って銅原子になって金属表面に付着する。銅イオンは２価の陽イオンだから，電子を２個受け取って銅原子になる。　(3)　表２の硫酸銅水溶液の反応から，銅よりも，亜鉛やマグネシウムの方がイオンになりやすいことがわかる。また，硫酸亜鉛水溶液の反応から，マグネシウムは亜鉛よりもイオンになりやすいことがわかる。よって，イオンになりやすい順にマグネシウム，亜鉛，銅となる。

【問３】

(1) ⅱ　空気１m^3にふくまれる水蒸気量は，その空気の露点の飽和水蒸気量と等しい。表１より，気温 10℃，湿度60％の空気１m^3にふくまれている水蒸気量は 9.4×0.6＝5.64(ｇ)だから，この空気にふくまれている水蒸気が凝結し始める温度(露点)は約２℃である。　(2)　実験１の②では，低い位置で線香のけむりが水(海)から砂(陸)の方へ流れたので，海から陸へふく海風である。日本で観測される季節風は，夏は海洋から大陸へふく南東の風，冬は大陸から海洋へふく北西の風である。　(3)　空気中の水蒸気量が多いと霧ができやすくなることを調べるときは，水蒸気量(しめっているかかわいているか)以外の条件が同じＡとＣを比べる。また，空気が冷やされると霧ができやすくなることを調べるときは，氷以外の条件が同じＡとＢを比べる。　(4)　実験１，２より，海面上にあるあたたかくしめった空気が冷やされると霧ができると考えられる。

Ⅱ(2) ⅰ　地球は 24 時間で約 360 度自転するので，ＩＳＳが地球のまわりを１周する約 90 分→1.5 時間で $360\times\frac{1.5}{24}$＝22.5(度)自転する。　ⅱ　ＩＳＳは地球の 400 ㎞上空を周回しているので，直径 12800＋400×２＝13600(㎞)の円軌道上を 1.5 時間で１周している。よって，13600×３÷1.5＝27200(㎞/ｈ)となる。

(3)　図６より，ＩＳＳがＩの位置にきたときには，太陽の光が地球によってさえぎられて，ＩＳＳに当たらなくなることがわかる。

【問４】

Ⅰ(1)　音は空気中を振動して伝わる。　(2) ⅰ　振幅が大きいほど，音が大きい。　ⅱ　音が１秒間に振動する回数を振動数という。振動数が大きいほど音は高くなる。　ⅲ　表１より，Ａの音は４目盛りで１回振動することがわかる。よって，１÷(0.0004×４)＝625(Hz)となる。　(3)　実験２で，水の量を同じにしたＤとＥでは，空気の部分の長さが短いＤの方が振動数が多くなることがわかるので，空気の部分の長さが短いほど振動数が多くなって音が高くなることがわかる。また，表１と表２の波形より，実験１のＢと実験２のＥ，実験１のＣと実験２

のDは水の量は異なるが振動数(音の高さ)は同じだから，音の高さは水の量によって変化しないことがわかる。

Ⅱ(1)　〔電力(W)＝電圧(V)×電流(A)〕，〔熱量(J)＝電力(W)×時間(秒)〕より，図5の電熱線で発生する消費電力は 5.0×1.25＝6.25(W)，1秒間に発生した熱量は 6.25×1＝6.25(J)となる。　(2)　熱は電熱線から発生するので，水をかき混ぜて水温を均一にする必要がある。　(3)　表3より，水温が30.0℃から35.0℃になるまでに要した時間は，水の質量が50gのときに340−170＝170(秒)，水の質量が100gのときに680−340＝340(秒)，水の質量が200gのときに1360−680＝680(秒)となるので，水温が30.0℃から35.0℃になるまでに要した時間は，水の質量に比例することがわかる。よって，水の質量が150gのとき，水温が30.0℃から35.0℃になるまでに要した時間は170×$\frac{150}{50}$＝510(秒)となる。　(4)　水が得た熱量は4.2×500×(55.0−25.0)＝63000(J)である。
〔電力量(J)＝電力(W)×時間(秒)〕より，1250Wの電気ケトルが1分→60秒間に消費した電力量は
1250×60＝75000(J)だから，$\frac{63000}{75000}$×100＝84(%)となる。

《2023　社会　解説》

【問1】

(1)　イ，ウ　　稲作が伝わったことで人々の生活が変わったのは弥生時代だから，弥生時代の記述を選ぶ。アは縄文時代，エは旧石器時代の記述である。

(2)　A＝ウ　B＝カ　　6年ごとにつくられる戸籍をもとにして，6歳以上の男女に口分田が与えられ，収穫した稲の一部を租として納めさせ，耕作者が死ねば，その土地は国に返すことになっていた。この制度を班田収授と呼んだ。

(3)　ア，エ　　イ．誤り。南蛮貿易では，日本から銀を輸出し，中国産の生糸や絹織物を輸入していた。
ウ．誤り。中国で発明された火薬や羅針盤が，イスラム世界を通じてヨーロッパに伝えられた。

(4)　ウ　　一年に同じ田畑で同じ作物を二度収穫するのが二期作，異なる作物を収穫するのが二毛作である。中世は鎌倉時代～室町時代あたりだから，農民の組織は惣(惣村)が正しい。五人組は江戸時代の組織である。

(5)　太閤検地によって，荘園制が完全に否定されたことを覚えておきたい。豊臣秀吉が行った太閤検地では，耕作者を検地帳に記載し，耕作者に年貢を納めさせた。これによって，荘園領主である公家や寺社はもっていた土地の権利を失うことになった。

(6)　イ　　アは鎌倉幕府，ウは奈良時代や平安時代の律令制または明治政府，エは室町幕府のしくみである。

(7)　ウ／年貢を増やすことを重視した　　アは松平定信が行った寛政の改革，イは田沼意次が行った政治である。徳川吉宗が行った享保の改革では，参勤交代を軽減する代わりに大名に幕府へ米を納めさせる上米，公事方御定書の制定，目安箱の設置などが行われ，新田開発をすすめ，豊作や不作にかかわらず一定の年貢を取り立てることで幕府の財政や物価を安定させようとした。年貢の取り立ては，四公六民(4割が年貢，6割が農民の取り分)から五公五民に変わった。

(8)　ウ，エ　　アは江戸時代，イは昭和時代(戦後)の改革の内容である。

(9)　Z，イ　　1917年にロシア革命が起き，革命が世界に拡大することを恐れた欧米列強が，ロシア革命の干渉に乗り出すと，日本もシベリア出兵に加わって，シベリアでの日本の勢力を拡大しようとした。日本では，シベリア出兵をみこんだ商人による米の買い占めなどによって，米価が急に高くなり，1918年の夏に，富山県の漁村で米の安売りを求めた暴動が発生した。暴動が新聞で報道されたことで，この動きは全国に広がり，米騒動と呼ばれた。

(10)　イ→ア→エ→ウ　　イ(奈良時代)→ア(室町時代)→エ(江戸時代)→ウ(明治時代)

【問２】

Ⅰ⑴①　A＝ウ　B＝カ　　北海道は冬の平均気温が０℃を下回る冷帯気候である。アとオは高松市，イとエは金沢市の雨温図とその理由の組み合わせである。　②　アイヌ文化振興法　　アイヌ文化振興法では，アイヌ民族を，日本固有の少数民族と認めたが，先住権などの民族の権利は保障されなかった。この法律が成立したことで，明治時代に制定された北海道旧土人保護法が廃止された。

③　ウ／北方領土　　わが国固有の領土である北方領土は，現在ロシアが実効支配している。

⑵①　加工貿易は，輸入した原材料から製品をつくり，それを輸出する貿易形態である。今回は，原材料が木材チップ，製品が紙・パルプになる。

②　工業従事者＝第２次産業に携わる人と考える。第１次産業は農林水産業，第２次産業は製造業や建設業など，第３次産業はサービス業や商業など。「割合の変化」を求められているので，「第２次産業が減少した」や「第２次産業人口が減少した」は誤り。また，資料２の中に就業者全体の数が書かれていないので，実際の数値は求められない。

⑶①　い＝イ　う＝ウ　え＝エ　お＝カ　か＝ク　　８月の観光入込客延数は264＋72＝336(千人)，１月は47＋12＝59(千人)だから，336÷59＝5.6…より，６倍近い。６月～８月と 12 月～２月を比較した場合，明らかに 12 月～２月の方が少ない。資料５を見ると，苫小牧市の宿泊客延数は他の市より少ないことから，苫小牧市は通過型の観光地と言える。②ⅱ　資料６において，人口，貨物用，乗用の３つの数値の共通点や異なる点を読み取る。

ⅲ　資料７を見ると，明らかに「寄付あり」の申込件数が多いことがわかる。

Ⅱ⑴　A＝アメリカ　B＝中国　　略地図２を見ると，着色してある国は，アメリカ・中国・ブラジル・アルゼンチンだから，AとBはアメリカと中国である。その上で資料８の人口と照らし合わせれば，Aがアメリカ，Bが中国とわかる。

⑵　ア，ウ　　ア．正しい。2007 年と 2018 年の上位５品にコーヒー豆は入っていない。イ．誤り。2007 年の上位５品のうち肉類と鉄鉱石は工業製品ではない。ウ．正しい。2018 年の大豆の輸出額は 2399×0.138＝331.062(億ドル)，2007 年の機械類と自動車を合わせた輸出額は 1606×(0.111＋0.077)＝301.928(億ドル)である。エ．誤り。1965 年の輸出総額の 100 倍は 1600 億ドルであり，2018 年の輸出総額は 2399 億ドルだから，100 倍以上である。

⑶①　ア　　資料 10 を見ると，生産量は 2011 年から 2012 年にかけて減少しているので，き は収穫面積，く は生産量である。次に資料 11 を見ると，2007 年の大豆の輸出量はおよそ 25 百万トン，2018 年はおよそ 85 百万トンだから，明らかに増加している。　②　資料 12 から，豚肉の生産量が増え，大豆の生産量が減っていることを読み取る。

⑷　必ず「自然環境」「経済」の語句を使い，10 字以上 15 字以内で書かれていなければならない。その上で，解答例と同じ意味になっていればよい。

【問３】

Ⅰ⑴①　あ＝ア　い＝エ　う＝キ　　あ．ノート１より，あ の後の記述に，「とても重要」と答えた人の割合が最も高いとあるので，収入である。　い．会話文１の中で，光さんは「自分の好きなことを仕事にしたい」と言っていることから，Aがあてはまる。また，「とても重要」と答えた人の割合が２番目ということからも判断できる。　う．春さんは「趣味などの自分の時間も大切にしたい」と言っていることから，Dがあてはまる。

②　イ　　社会権には，勤労の権利のほか，生存権や教育を受ける権利などがある。

⑵① 大企業の企業数は，中小企業と比較して圧倒的に少ないこと，製造品出荷額等の比はほぼ１：１であることを読み取る。

⑶① 労働基準法　　労働基準法では，１日の労働時間は８時間以内，１週間の労働時間は40時間以内と定められている。　② 立法機関　　立法機関とは，法律を制定する機関である。国会は立法，内閣は行政，裁判所は司法を担っている。　③ 参議／多様な意見を反映し，慎重な審議を行うため　　先に衆議院本会議で可決された法案は，参議院に回付される。「多様な意見を反映」は「国民の意見を広く反映」などでもよい。

⑷① お＝カ　か＝エ　き＝イ　　各世帯で行われている経済活動(収入・消費・貯蓄など)を家計という。家計は，企業から商品を購入して代金を支払う。また，企業に勤めて労働の対価として賃金を受け取る。家計や企業が政府(国)に納めるものは税金である。　② ア，ウ　　ア．正しい。イ．誤り。所得税は，収入が多くなるほど税率が高くなる累進課税制度を取り入れている。累進課税制度には所得の再分配の機能がある。ウ．正しい。

エ．誤り。好景気時の財政政策では，景気の過熱を抑えるため，公共事業を減少させ，民間企業の仕事を減らす。

⑸② ウ，エ　　２社を比べた場合，収入はＡ社の方が多い。勤務時間は同じである。職種は，Ａ社はソフト開発だけなのに対して，Ｂ社はソフト開発と営業の中から選択できる。待遇面を比べると，Ｂ社には資格取得に向けた研修制度があるが，Ａ社にはない。

Ⅱ⑴ ウ　　東日本大震災による福島第一原子力発電所の事故を受けて，全国の原子力発電所は稼働を停止し，その後厳しい審査基準に合格した原子力発電所だけが稼働を許可された。原子力発電による発電量低下を補うために，天然ガスや石炭による火力発電の割合が増えた。

⑵ 季節風　　季節風はモンスーンとも言う。夏の季節風は海洋から大陸に向けて，冬の季節風は大陸から海洋に向けて吹く。これは陸地と海洋の温まりやすさ冷めやすさの違いから発生する。

⑶ 資料５における，それぞれの電源の利点と問題点を言葉で表現すると右表のようになる。これと資料６を合わせると解答例のようになる。

電源	設備利用率	発電費用	設置にかかる期間	稼働年数
小水力	比較的高い	高い	比較的短い	長い
太陽光	低い	高い	短い	短い
風力	低い	比較的高い	比較的長い	短い
地熱	高い	安い	長い	長い

2022 解答例 令和4年度　長野県公立高等学校

《2022　国語　解答例》

【問一】(1)①きゅう　②ふへんてき　③きせい　④いだ　⑤けず　⑥へいばん　(2)d　(3)イ　(4)A．共通の性質　B．グループ　C．枠組み　(5)言葉が具体的な経験とのあいだにある隔たりを乗りこえる　(6)エ

(7)(例文)まきストーブのあたたかさにある微妙な感覚は、いくらことばを重ねても表現し尽くすことはできない。一方、「まきストーブ」ということばは、そのじんわりとしたあたたかさを直接相手のなかに喚起することができる。

【問二】(1)ア　(2)うかがいたい／おうかがいしたい／お聞きしたい／おたずねしたい　などから1つ　(3)イ

(4)人と動物が共生しながら、生きていることの楽しさを感じられる　(5)エ

【問三】[誤って使われている漢字／正しい漢字]　①[当／**討**]　②[収／**集**]　③[断／**裁**]

【問四】(1)①いて　②こうは　(2)イ，エ　(3)御所近かりける人の家　(4)エ　(5)ⅰ．見て来い　ⅱ．自分が出て行くのによい頃合いを知らせに来い　ⅲ．心殊に出で

【問五】(1)①**注**　②**察知**　(2)イ，エ　(3)ウ　(4)ウ　(5)ⅰ．A．困っている話　B．伝えなければ　ⅱ．体の脇で　(6)今度こそ嘘も飾りもなく聞く人に届けたいと決意し、菫さんにその思いを伝えたところ、励ましを受けたことで自分の責任と使命をさらに強く感じ、

《2022　数学　解答例》

【問1】(1)3　(2)$-2x+3$　(3)21　(4)ウ　(5)エ　(6)17　(7)$\frac{5}{8}$

(8)$6-2\sqrt{6}$　(9)2，30　(10)右図　(11)①60　②$12\pi$

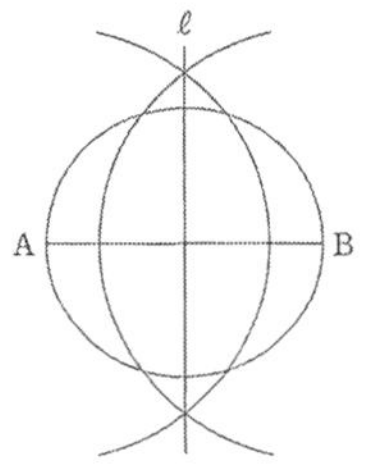

【問2】(1)①CM　②18　(2)①170　②ア，エ

(3)①2019年度における資源ごみの排出量　②$\frac{16}{100}x\times\frac{125}{100}$

③記号…イ　理由…2014年度と2019年度の4種類のごみの排出量の合計は，それぞれ1000g，800gであり，2014年度と2019年度の可燃ごみの排出量は，それぞれ，$1000\times\frac{66}{100}$を計算して660g，$800\times\frac{70}{100}$を計算して560gとなる。

したがって，2019年度は2014年度と比べて減った。

【問3】Ⅰ．(1)イ　(2)記号…ア　理由…荷物の大きさが決まると，それに対応して料金がただ1つに決まるので，料金は荷物の大きさの関数である。　(3)B，100

Ⅱ．(1)ア，ウ，オ　(2)$\frac{1}{2}$　(3)①$(-2\sqrt{2},\ 8)$　②$\frac{6}{5}$

【問4】Ⅰ．(1)$3\sqrt{3}$

(2)正三角形の頂点Aが辺BC上にくるように折り曲げたので，∠EFD＝60°…②

三角形の1つの外角は，そのとなりにない2つの内角の和に等しいので，

∠FEB＋∠EBF＝∠EFD＋∠DFC…③

①，②，③から，∠FEB＋60°＝60°＋∠DFC

よって，∠FEB＝∠DFC…④

①，④から，2組の角がそれぞれ等しいので，△EBF∽△FCD

(3)①75　②$4-\sqrt{3}$

II．(1)①方程式…$(6-x)^2=9+x^2$　$\frac{9}{4}$　②4　　(2)$\frac{9\sqrt{30}}{10}$

《2022　英語　解答例》

【問１】(1)No. 1．エ　No. 2．イ　No. 3．ア　　(2)No. 1．イ　No. 2．エ　No. 3．ウ　　(3)No. 1．エ　No. 2．ウ　(4)イ

【問２】Ｉ．(1)(a)ア　(b)ウ　(2)(a)arrived　(b)was built　(3)①Playing it every day is　②There are eighteen　③It takes ten minutes　　II．(1)エ　(2)(a)ア　(b)イ

【問３】(1)エ　　(2)How　　(3)ウ　　(4)ア　　(5)エ→イ→ア→オ→ウ　　(6)イ，オ　　(7)ウ

【問４】(1)エ　　(2)ウ　　(3)イ　　(4)イ→ア→ウ　　(5)あ．waste things　い．see them　　(6)ウ，オ　　(7)My pencil case is very important to me because it was a present from my friends for my birthday.　I want to use it for a long time.　(8)④ア　⑤カ

《2022　理科　解答例》

【問１】Ｉ．(1)エ　(2)ｉ．イ　ii．ツリガネムシ　(3)微生物のはたらきによりデンプンが分解され，ヨウ素液と反応しなかったから。　(4)あ．空気によりデンプンが分解されないこと　い．水にうすいデンプン溶液を加え，空気を送り込み続け，ヨウ素液を加えて色の変化を調べる　(5)う．イ　え．カ　　II．(1)0.1　(2)74　(3)植物名…スイレン　理由…葉の表側の蒸散量 1.1mL が，裏側の蒸散量 0.1mL に比べて多いから。

【問２】Ｉ．(1)蒸留〔別解〕分留　(2)12.1　(3)沸騰が始まった。　(4)50(48以上51以下の整数であればよい)　(5)エ　(6)発生した蒸気を冷却し，液体にする役割　　II．(1)あ．Na_2CO_3　い．H_2O　(あといは順不同)　(2)0.495　(3)ｉ．方法…イ　理由…アンモニアは空気より軽く，二酸化炭素は空気より重いから。　ii．ア，オ

【問３】Ｉ．(1)震度　(2)X．1　Y．2　(3)ウ　(4)ｉ．6　ii．あ．イ　い．エ　う．カ　え．17　　II．(1)お．C　か．D　き．大きく　(2)公転面に対して地軸を傾けて公転しているため，季節によって太陽の南中高度が異なるから。　(3)26

【問４】Ｉ．(1)0.2　(2)ｉ．船にはたらく浮力は，船にはたらく重力と，おもりが船を押す力の合力に等しい。　ii．2.7　(3)150　(4)ｉ．あ．150　い．250　ii．150　　II．(1)磁界の向き…ア　検流計の針…－　(2)ア，ウ　(3)160〔別解〕２時間40

《2022　社会　解答例》

【問１】⑴イ　⑵エ　⑶選択肢Ｗ…ウ　選択肢Ｘ…キ　⑷ア，エ　⑸織田信長は，座による営業の独占を認めずに，自由な商工業の発展を図ろうとしたため。　⑹参勤交代　⑺馬に比べて，船のほうが一人あたりの運送量が多く，効率が良いから。　⑻オ　⑼え．カ　お．ウ　か．イ　⑽イ→ア→エ→ウ→オ

【問２】Ⅰ．⑴利根川　⑵イ　⑶①高速道路を使うことで輸送時間を短縮することができるから。　②レタスは 25℃以上での生育には適さないため，沼田市は冷涼な気候を生かし，坂東市で収穫のない時期に収穫している。
⑷ウ，オ　⑸あ．ウ　い．ア　う．カ　⑹①イ　②工場のあった場所に，高層の共同住宅が建った。
⑺え．エ　お．ア　か．イ　Ⅱ．⑴ヒンドゥー〔別解〕ヒンズー　⑵デカン　⑶①く．ウ　け．エ　こ．イ
②経済特区　③インドはアメリカと比べて，１時間あたりの賃金が安く，すべての年代で人口が多い。
④およそ半日の時差

【問３】Ⅰ．⑴イ，エ　⑵ウ　⑶①先進国の主張…京都議定書締結後に二酸化炭素排出量が増えている発展途上国も，排出量削減を行うべきである。　発展途上国の主張…一人あたりの二酸化炭素排出量が多い先進国が，さらに排出量削減を行うべきである。　②京都議定書では先進国のみに排出削減目標を義務付けたが，パリ協定では各国が削減目標を自ら決定できるようになったから。　⑷任期が短く解散もあるため，国民の意思をより忠実に反映すると考えられているから。　⑸エ　⑹あ．ア　い．キ　う．不足　Ⅱ．⑴再生可能　⑵①二酸化炭素排出量が多い自家用乗用車の利用から，比較的少ないバスや鉄道の利用への切り替えがすすむこと。
②（９の例文）理由…地元産食材を使うことで，海外や国内の他地域からの食材にかかわる輸送を減らすことができる　課題…食料自給率が低い都道府県は，高い都道府県と比べて人口が多く，耕地面積がせまい
（10 の例文）理由…蛍光管型ＬＥＤは，従来型蛍光管に比べて，明るさを落とさずに消費電力を抑えることができる　課題…蛍光管型ＬＥＤは，従来型蛍光管に比べて，１本あたりの価格や照明器具一式の交換費用が高い

《2022 国語 解説》

【問一】

(2) 「その」「大きな」「いわゆる」は連体詞で、直後の名詞で始まる文節を連体修飾している。「むしろ」は副詞。

(3) 「わたしたちが見たり聞いたりしたものを言葉で表そうとして、うまくいかないという経験」の具体例として、「自分の気持ちを『はればれとした』とか『うきうきした』といったことばで言い表したり、お茶の味を『まろやかな』とか、『うまみがある』といったことばで表現したり」する場合をあげ、より明確に想起させようとしている。具体例をあげる場合には、「たとえば」という副詞がよく用いられるので、これも目安にしよう。

(4) ――線部①の「言葉にどこまでもつきまとう根本的な制約」については、5～8段落で述べている。内容的には A には「普遍的な概念」「共通する特徴」、 B には「類」、 C には「既成の枠組み」「鋳型《いがた》」「枠組み」などが相当する。しかし、 C の「枠組み」以外は指定字数に合わないので、同じ内容を、言葉を換えて簡潔に言い直した10段落から抜き出す。

(5) 9段落の「言葉はこの具体的な経験とのあいだにある隔たりを乗りこえることができないのでしょうか」という問いに対して、11段落で紅玉の例を用いて、相手がその言葉にまつわる(紅玉を食べるという)経験があれば、「その音声越しに基礎的な意味を聞くだけでなく、さらにその意味を越えて、このことばがもつ豊かな意味あいをも聞くことができる」と述べている。これが、9段落の問いを解決する「鍵」になると言う流れだから、9段落の問いの内容をまとめる。

(6) 「言葉は言の端《は》」について、特に3・4段落の説明より、最初のまとまりは4段落までである。4段落の後半に言葉は「事柄全体を言い表したものではなく、そのほんの一端を言い表したものにすぎない」とあるのを参照。「言葉は鋳型」について、5～8段落で、言葉は「鋳型」であり、そのため「感情のもっともいきいきとした部分がことばの影に隠れてしまう」と述べている。(4)とその解説も参照。 9～12段落は「言葉の(限界と)可能性」について述べている。例えば、紅玉の微妙な味や感情を言葉で表現し尽くすことはできないが、相手が紅玉の味を知っていれば、相手の中に、味や感情を喚起することができる。

【問二】

(1) 佐藤さんの発言の「動物の健康診断や検査、手術室の見学」、「習性や飼い方、ふれあい方、しつけ方」を、――線部①では「動物の健康管理」、「(動物の)育て方」と要約している。

(2) 謙譲語を用いて、話してくれる佐藤さんへの敬意を表す。

(3) 佐藤さんの質問を聞いて、青山さんはまずその理由を率直に話した。そしてそう思うようになった経過、背景や自分の思いについて、順を追って補足、説明している。

(4) 赤井さんがタブレットで検索した結果によれば、ティアハイム長野が目標にしているのは、「人と動物が共生する潤い豊かな世界」。この内容から、この目標の中で使われている「潤い」の意味は、三つ目の「生きていることの楽しさをしみじみと感じさせるような精神的な充足感、精神的に豊かであること」であると推測できる。

(5) Iの最後の佐藤さんの発言を参照。また、青山さんの B の提案を聞いた黒木さんは「つまり、佐藤さんがティアハイム長野の目標をどのように受けとめているか聞いてみるということだね」と言っている。よってエが適する。

【問四】

⑴① 古文の「わゐうゑを」は、「わいうえお」に直す。 ② 古文の「ア段＋う」は、「オ段＋う」に直す。

⑵ ――線部①は源《みなもとの》行遠《ゆきとお》が主語。この――線部①とエは同じ行為。アとウは、門の方でした声の主が主語。

⑶ 本文１～２行目から抜き出す。国司の装いをした姿を前もって人に見られないために行った。

⑸ ちょっとした言葉の行き違いが大事になり、源行遠は一時謹慎となった。

【古文の内容】

源行遠は、特に念入りに装いをこらして、「人に前もって見られたら、きっと見慣れてしまうだろう」と思って、御所に近い人の家に入っていて、従者を呼んで、「おい、御所の辺で様子を見て来い」と見に行かせた。

(従者が)いつまでたっても帰って来なかったので、(行遠は)「どうしてこんなに遅いのか」と思い、「午前八時と招集の指示はあったが、いくら遅れたにせよ、正午から午後二時には行列はやってくるはずだ」と思って待っていると、門の方に声がして、「ああ、実に見事だった、実に見事だったなあ」と言うけれども、それはただ御所に参上する者について言うのだろうと(行遠が)思っていると、「玄蕃《げんば》殿の国司姿こそ、見事だった」と(外から聞こえる声は)言う。「藤左衛門《とうさえもん》殿は錦《にしき》を着ておられた。源兵衛《げんひょうえ》殿は縫《ぬ》い取りをして、金の紋様をつけておられた」などと語る。

(行遠が)おかしいと思って、「おい」と呼ぶと、この「見て来い」と言って遣わした男は、笑いながら出てきて、「まずこれほどの見ものはございません。京都の賀茂神社の祭も物の数ではありません。白河法皇の御観覧席の方へ渡って行かれたさまは、目もくらむほどの見ものでした」と言う。(行遠が)「それで行列はどうした」と聞くと、(従者は)「もうとっくに終わりました」と言う。「どうして知らせに来ないのか」と言うと、「これはどういう事でございましょうか。『行って見て来い』と仰せになったので、まばたきもせず、よく見ておりましたのです」と言う。まったく話にもならないような次第であった。

まもなく白河法皇が、「行遠は行列に参らず、まことにもって不届きである。かたく謹慎させよ」と仰せ下されて、二十日余りそうしているうちに、(白河法皇は)この事情をお聞きになって、お笑いになって謹慎は許されたということである。

【問五】

⑵ 「たまに来るのよ。今にも潰れちゃいそうなうちの店を心配してくれる学生さんが」「でもまたしばらくすると来るの。同じ制服を着た学生さんが」は倒置。普通なら主語の「～学生さんが」の方が先に来るはずである。また、この２つの「学生さんが」と、間の「～てくれる子とか」は反復と言える。

⑷ 直前の３段落の内容、特に直前の「だとしたら、菫《すみれ》さんに嘘をつかせたのは僕たちではないか」より、ウが適する。

⑸ⅰA 「人が来なくて困っていることが伝われば～そう考えて、知らず知らずのうちに菫さんに、困っている話をするよう仕向けてはいなかったか。きっと菫さんは、僕らが期待する回答を敏感に察知した。それでつい、僕らの要望に応えて話を大きくしてしまったのだ」から、「困っている話」が適する。 B 今回「僕」がドラマ仕立てにすることで「伝えなければ」と強く思ったのは、 A の「困ったこと」を、もう少し一般的・普遍的に述べたこと。つまり、「他人に期待をすること。その期待に応えようとすること。そこで生まれる齟齬《そご》」についてである。 ⅱC 菫さんに一通りの説明を終え、自分が「伝えたいことって、こういうことか」とわかると、これは伝える必要と価値があることだと確信し、「体の脇で固く拳を握った」。

(6)　菫さんの同意と期待を感じたので、「ごく軽い力だったのに、腕を叩かれた振動が全身に伝わってくるようだった」と感じた。

《2022　数学　解説》

【問１】

(1)　与式$=5-2=3$

(2)　与式$=-6x\div 3+9\div 3=-2x+3$

(3)　$84n=2^2\times 3\times 7\times n$が自然数の２乗となるような自然数nは，$n=3\times 7\times k^2$（kは自然数）となる。

よって，最も小さいnは，$k=1$のときの，$n=3\times 7\times 1^2=21$

(4)　与式より，$x^2-4x=0$　　$x(x-4)=0$　　$x=0$，4

(5)　a人が１人500円ずつ出したときの金額は，$a\times 500=500a$（円）

この金額がb円よりも200円低いのだから，$500a=b-200$

(6)　中央値は，$16\div 2=8$より，大きさ順で８番目と９番目の記録の平均である。小さい順で８番目が15分，９番目が19分だから，中央値は，$(15+19)\div 2=17$(分)

(7)　（Aの起こらない確率）＝１－（Aの起こる確率）$=1-\frac{3}{8}=\frac{5}{8}$

(8)　$\sqrt{4}<\sqrt{6}<\sqrt{9}$より，$2<\sqrt{6}<3$だから，$\sqrt{6}$の整数部分は２であり，小数部分は$a=\sqrt{6}-2$となる。

したがって，求める値は，$(\sqrt{6}-2)(\sqrt{6}-2+2)=(\sqrt{6}-2)\times\sqrt{6}=6-2\sqrt{6}$

(9)　**【解き方】反比例の式は，$y=\frac{a}{x}$（aは比例定数）と表せる。**

３分＝(３×60)秒＝180秒だから，$x=500$のとき$y=180$となるので，$180=\frac{500}{a}$より，$a=90000$

$y=\frac{90000}{x}$の式に$x=600$を代入すると，$y=\frac{90000}{600}=150$となるので，求める加熱時間は，150秒＝２分30秒

(10)　線分ＡＢによって合同な２つの半円に分けられているので，線分ＡＢと直線ℓで合同な４つの図形に分けるとき，その図形は円の$\frac{1}{4}$のおうぎ形となる。よって，中心角は90°になるから，$AB\perp\ell$となる。

よって，直線ℓは線分ＡＢの垂直二等分線である。

(11)①　同じ弧に対する円周角の大きさは，中心角の大きさの半分なので，$\angle x=\frac{1}{2}\angle BOC=\frac{1}{2}\times 120°=60°$

②　求める面積は，（ＯＢを半径とする円の面積）$\times\frac{(中心角)}{360°}=6^2\pi\times\frac{120°}{360°}=12\pi$(㎠)

【問２】

(1)①　辺ＡＤとねじれの位置にある辺は，辺ＡＤと平行ではなく，交わらない辺だから，辺ＣＭである。

②　$\triangle ACD=\frac{1}{2}\times AC\times AD=\frac{1}{2}\times 6\times 6=18$(㎠)を底面とすると，高さが$AM=6\times\frac{1}{2}=3$(㎝)となるので，

求める体積は，$\frac{1}{3}\times 18\times 3=18$(㎤)

(2)①　池にいるコイの総数と印のついたコイの総数の割合は，$30:9=10:3$と考えられるので，池にいるコイの総数は，$50\times\frac{10}{3}=166.6\cdots$より，およそ170匹と推定できる。

②　アやエのように，全数調査（すべてを調べる調査）を行うのが困難または不可能な場合には標本調査を行い，イやウのように，すべてを正確に調べなければ意味がない場合には，全数調査を行う。

(3)①　ygは2019年度における４種類のごみの排出量の合計であり，その$\frac{25}{100}=25\%$は資源ごみだから，

$\frac{25}{100}y$gは2019年度における資源ごみの排出量を表す。

②　2014年度における資源ごみの排出量は，$x\times\frac{16}{100}=\frac{16}{100}x$(g)であり，2019年度は$25\%=\frac{25}{100}$増えて，

2014年度の$1+\frac{25}{100}=\frac{125}{100}$(倍)になっているので，$\frac{16}{100}x\times\frac{125}{100}=\frac{25}{100}y$が成り立つ。

③　$x-y=200$ より，$x=y+200$…①　　$\frac{16}{100}x\times\frac{125}{100}=\frac{25}{100}y$ より，$\frac{1}{5}x=\frac{1}{4}y$　　$4x=5y$…②

②に①を代入すると，$4(y+200)=5y$　　$4y+800=5y$　　$y=800$

①に $y=800$ を代入すると，$x=800+200=1000$

よって，2014 年度と 2019 年度の 4 種類のごみの排出量の合計はそれぞれ，1000 g と 800 g となるので，解答例のように説明できる。

【問３】

Ⅰ⑴　A社では，荷物の大きさが 65 cmであるとき，60 cmより大きく 70 cm以下だから，料金は$_{あ}$1000 円である。また，1500 円以内なら，料金が 1300 円である 100 cm以下まで送ることができるので，最大は$_{い}$100 cmである。

⑵　xの値が決まると，それにともなってyの値がただ１つに決まるとき，yはxの関数であるという。

⑶　**【解き方】A社とB社の料金をそれぞれ求める。**

115 cmは 100 cmより大きく 140 cm以下なので，A社での料金は，1800 円である。

115 cmは 80 cmより $115-80=35$(cm)大きいから，$35\div10=3$ 余り 5 より，B社での料金は，$900+200\times4=1700$(円)

よって，B社の方が $1800-1700=100$(円)安い。

Ⅱ⑴　ア，ウ，オが適切である。関数 $y=ax^2$ のグラフは放物線で，a の絶対値が大きいほどグラフの開き方は小さくなるので，イとエは適切でない。

⑵　**【解き方】Aの座標→ a の値，の順で求める。**

Aは直線 $y=-2x+6$ 上の点であり，x座標が $x=-6$ だから，y座標は，$y=-2\times(-6)+6=18$

放物線 $y=ax^2$ はA$(-6,\ 18)$を通るので，$18=a\times(-6)^2$　　$36a=18$　　$a=\frac{1}{2}$

⑶①　**【解き方】3点A，B，Dは同一直線上の点なので，(AとBのy座標の差)：(BとDのy座標の差)＝AB：BD＝1：3が成り立つ。**

(AとBのy座標の差)＝(BとDのy座標の差)$\times\frac{1}{3}=(6-0)\times\frac{1}{3}=2$ だから，(Aのy座標)＝(Bのy座標)$+2=6+2=8$　　Aは放物線 $y=x^2$ 上の点で，y座標が $y=8$ だから，$8=x^2$　　$x=\pm2\sqrt{2}$

Aのx座標は負の数だから，$x=-2\sqrt{2}$　　よって，A$(-2\sqrt{2},\ 8)$である。

②　**【解き方】ACの長さはPの位置によって変わらないので，AP＋PCが最短となるPの位置を考えればよい。Cとx軸対して対称な点をC′とすると，AP＋PC＝AP＋PC′だから，これが最短となるとき，Pは直線AC′上にあることがわかる。C，C′，A，Pの順に座標を求める。**

右図のように記号をおく。OB＝6 だから，右の「座標平面上の三角形の面積の求め方」を利用すると，△OACの面積について，

$27=\frac{1}{2}\times6\times$(AとCの$x$座標の差)

より，(AとCのx座標の差)＝9

直線ACの傾きが－1であることから，△QACはAQ＝CQ＝9の直角二等辺三角形である。

したがって，△RCDと△RCOも合同な直角二等辺三角形である。直線の式 $y=-x+6$ と(Dのy座標)＝0から，D(6，0)とわかる。RO＝RC＝$\frac{1}{2}$OD＝$\frac{1}{2}\times6=3$ だから，C(3，3)，C′(3，－3)

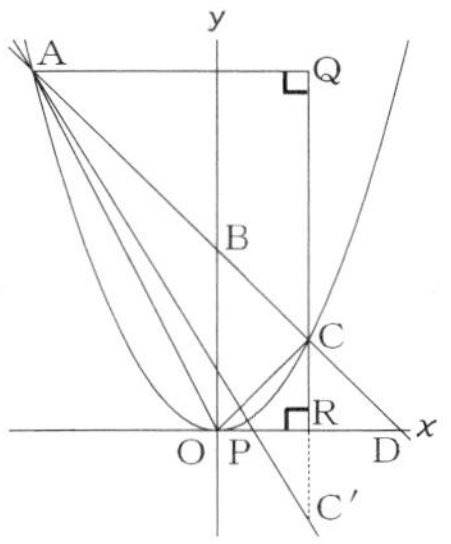

座標平面上の三角形の面積の求め方

下図において，△OST＝△OSU＋△OTU＝△OMU＋△ONU＝△MNUだから，△OSTの面積は以下の式で求められる。

△OST＝$\frac{1}{2}$×OU×(SとTのx座標の差)

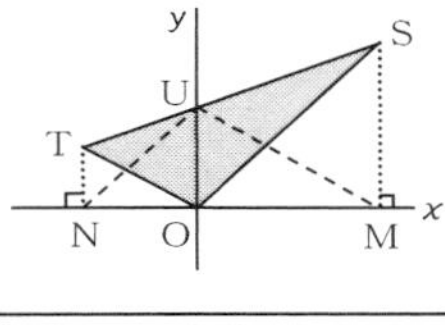

Aのx座標は(Cのx座標)－AQ＝3－9＝－6，RQ＝3＋9＝12だから，A(－6，12)

直線AC′はAとC′を通ることから，式は$y=-\frac{5}{3}x+2$と求められる。

Pは直線$y=-\frac{5}{3}x+2$上の点でy座標が$y=0$だから，$0=-\frac{5}{3}x+2$より$x=\frac{6}{5}$となるので，P$(\frac{6}{5}，0)$

【問4】

Ⅰ(1)　△BCDは3辺の長さの比が1：2：$\sqrt{3}$の直角三角形だから，BD＝$\frac{\sqrt{3}}{2}$BC＝$\frac{\sqrt{3}}{2}\times6=3\sqrt{3}$(cm)

(2)　まず，問題文の仮定を図にかきこんで，証明のために必要な条件を探そう。条件が足りない場合は，問題の内容に応じて，図形の性質，平行線の同位角・錯角，円周角の定理などからわかることもかきこんでみよう。

(3)①　△CDIについて，外角の性質より，∠CDI＝90°－60°＝30°　　よって，∠ADG＝180°－30°＝150°

折って重なる角だから，∠EDA＝∠EDGであり，∠EDA＋∠EDG＝150°だから，∠EDG＝150°×$\frac{1}{2}$＝75°

②　**【解き方】GI＝DG－DIで求める。**

折って重なる辺だから，GD＝AD＝AC－DC＝6－2＝4(cm)

①より，△CDIは3辺の長さの比が1：2：$\sqrt{3}$の直角三角形だから，DI＝$\frac{\sqrt{3}}{2}$DC＝$\frac{\sqrt{3}}{2}\times2=\sqrt{3}$(cm)

よって，GI＝$4-\sqrt{3}$(cm)

Ⅱ(1)①　**【解き方】三平方の定理を利用して，xについての方程式をたてる。**

BE＝$x$cmとすると，折って重なる辺だから，ME＝AE＝AB－BE＝$6-x$(cm)

また，MはBCの中点だから，BM＝$6\times\frac{1}{2}=3$(cm)

△EBMについて，三平方の定理より，$ME^2=BM^2+BE^2$　　$(6-x)^2=3^2+x^2$　　$36-12x+x^2=9+x^2$

$12x=27$　　$x=\frac{9}{4}$　　よって，BE＝$\frac{9}{4}$cm

②　△EBM∽△MCHより，MB：HC＝BE：CM　　3：HC＝$\frac{9}{4}$：3　　HC＝$3\times3\times\frac{4}{9}=4$(cm)

(2)　**【解き方】∠EIK＝90°だから，4点E，B，I，Kを通る円の直径は，EKとなる。**

三角形の相似と三平方の定理を利用して，BJ，KI，EK，の順で長さを求める。

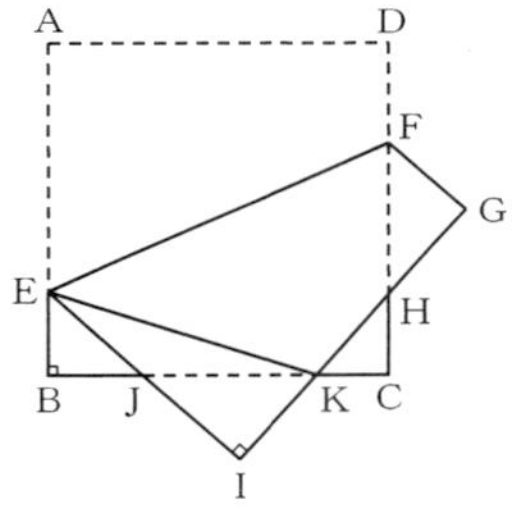

EB＝$\frac{1}{4}$AB＝$\frac{1}{4}\times6=\frac{3}{2}$(cm)

折って重なる辺だから，IE＝AE＝$6-\frac{3}{2}=\frac{9}{2}$(cm)

EJ＝JI＝$\frac{1}{2}$IE＝$\frac{1}{2}\times\frac{9}{2}=\frac{9}{4}$(cm)

△EBJについて，三平方の定理より，

BJ＝$\sqrt{EJ^2-EB^2}=\sqrt{(\frac{9}{4})^2-(\frac{3}{2})^2}=\frac{3\sqrt{5}}{4}$(cm)

△EBJ∽△KIJだから，EB：KI＝BJ：IJより，$\frac{3}{2}$：KI＝$\frac{3\sqrt{5}}{4}$：$\frac{9}{4}$

KI＝$\frac{3}{2}\times\frac{9}{4}\times\frac{4}{3\sqrt{5}}=\frac{9}{2\sqrt{5}}$(cm)　　△EIKについて，三平方の定理より，

EK＝$\sqrt{IE^2+KI^2}=\sqrt{(\frac{9}{2})^2+(\frac{9}{2\sqrt{5}})^2}=\sqrt{\frac{81}{4}+\frac{81}{20}}=\sqrt{81\times(\frac{5}{20}+\frac{1}{20})}=\frac{9\sqrt{3}}{\sqrt{10}}=\frac{9\sqrt{30}}{10}$(cm)

《2022　英語　解説》

【問1】

(1)No. 1　「人々は食べ物や飲み物を冷たく保つためにこれを使います。どの絵がこれを表していますか？」…エ「冷蔵庫」が適切。　No. 2　「人々は電車に乗るためにこの場所に行きます。どの絵がこれを表していますか？」…イ「駅」が適切。　No. 3　「どの絵が，彼らが動物園で最初と2番目に何をするかを表していますか？」…A「この動物園のライオンは人気だそうね。あなたは今日何を見たいの？」→B「昼食前にペンギンを見たいな。午後は見ること

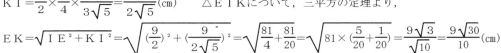

ができないんだ」→A「わかった。最初にそれを見ましょう」→B「それからライオンを見に行こう。そのあと昼食を食べよう」より，アが適切。

(2)No. 1　「男の子(ケン)は次に何と言うでしょうか？」…直前に女の子が「数分前に彼女(先生)を体育館で見かけたわ」と言ったので，イ「わかった。そこに行ってみるよ」が適切。　No. 2　「女の子は次に何と言うでしょうか？」…直前に田中さんが「緑茶はいかが？」と飲み物を勧めたので，エ「はい，お願いします」が適切。

No. 3　「あなたは何について聞きましたか？」…「本日は私共のデパートにご来館いただきありがとうございます。今週は３階と６階でスペシャルイベントを開催しております。３階では，先週まで4000円だったスポーツシューズが 2000 円になっております。また，６階では，冬物を 1500 円以下でお求めいただけます。これらの階にお立ち寄りください」より，ウ「セール品について」が適切。

(3)【放送文の要約】参照。No. 1　「タカシのスピーチで示されたのはどれですか？」…エが適切。

No. 2　「タカシのクラスメートへのメッセージは何ですか？」…ウ「彼はもっと多くのクラスメートが自分の買い物袋を使うことを願っています」が適切。

【放送文の要約】

日本では，買い物に行くときにビニール袋が必要であれば，それに対して支払いをしなければなりません。祖母は私に買い物袋の作り方を教えてくれました。私は買い物に行くときには，ほとんど毎回それを使います。私はクラスの何人が店に行くときに自分の買い物袋を持っていくのか知りたいと思いました。だから，皆さんに尋ねました。No.1 エ私たちのクラスには 34 人の生徒がいます。私たちの半分は，毎回自分の買い物袋を使います。でも７人は一度も使ったことがありません。他の生徒は時々使っています。この情報から，No.2 ウもっと多くの人が自分の買い物袋を使うべきだと思います。

(4)【放送文の要約】参照。「リサが書いたのはどれですか？」…イが適切。

【放送文の要約】

今日は雨が降っています。私たちは計画を変更しなければなりません。まず，動物公園で馬に乗りたかったのですが，今日は乗れません。そういうわけで，イ午前 10 時にホテルの入り口に来てください。博物館を訪問します。２つ目に，昼食は川のほとりで魚のフライを食べる予定でした。イかわりにグリーンフォレストという，町で１番おいしいピザレストランに行きます。最後に，今夜は特別な音楽ショーがあるので，イ午後５時 30 分前にホテルに戻ってください。今日も楽しく過ごしてください。

【問２】

Ⅰ(1)(a)　息子が手袋を見つけた場所を説明している。ア under「～の下に」以外は入らない。

・look for ～「～をさがす」　(b)　直後の It's too big for me.「それは僕には大きすぎます」がヒント。トムはより小さいサイズがあるか尋ねたと考えられるので，ウ「より小さい」が適切。

(2)(a)　今 10 時で，ボブは９時 50 分に着いたと言っているので，過去形の arrived にする。　(b)　主語が The temple「その寺」だから，「建てられた」という受け身の文にする。「～された」は〈過去形の be 動詞＋動詞の過去分詞〉で表す。build の過去分詞は built である。

(3)①　「毎日それをするのはとても楽しい」という意味の文をつくる。主語の「毎日それをすること」は動名詞を使って Playing it every day とする。動詞は be 動詞の is にする。　②　「テニス部には 18 人の部員がいる」という意味の文をつくる。　「～がいる」＝there is/are＋○○「○○がいる」　③　「徒歩で市営のテニスコートに

行くには10分かかる」という意味の文をつくる。　「～するのに(時間)がかかる」＝it takes＋時間＋to ～

Ⅱ⑴　【恵の説明の要約】参照。

【恵の説明の要約】

こんにちは，私は恵です。私は公園にいます。この公園では，よくかわいい猫を見かけますが，本日は見ていません。今から私たちの学校のプロジェクトについて皆さんにお伝えします。私たちの学校は，10年以上にわたって街をきれいにしてきました。私たちはこの地域に住む方々と一緒に公園を掃除しています。エ帽子をかぶった少年がゴミを拾っています。女性と少女がベンチの近くを掃除しています。自分たちの街を美しく保つために協力することができてうれしいです。

⑵(a)　慶「僕はたくさんの食べ物を楽しみたいな」と彩「私は音楽に興味があるの。屋外で何かしたいわ」の希望を満たすのは，アのHanami Partyである。チラシのHanami Partyの２～３行目に「音楽を聴いて楽しみましょう，そして世界中の食べ物を食べてみてください」とある。　(b)　ア×「あなたはそれぞれのイベントに参加したいなら，まず事務所に電話するべきです」…チラシのPlease check!に「メールを送る」とある。　イ○「あなたはTaiko Festivalに参加する前に事務所にメールを送るべきです」…チラシのPlease check!より正しい。　ウ×「あなたはCity Tourで外国の食べ物を楽しむことができます」…チラシにない内容。　エ×「あなたはHanami Partyで特別な衣服を着てみることができます」…チラシにない内容。

【問３】【本文の要約】参照。

⑴　直前のplay them(＝the street piano)を表しているので，エが適切。

⑵　②の直後の１文でストリートピアノが始まった経緯が説明されているので，How「どのように」が適切。⑤はHow about ～ing?「～するのはどうですか？」の文。

⑶　代名詞などの指示語の指す内容は直前にあることが多い。ここでは直前の１文を指しているので，ウ「お互いに知っているのに誰も話をしなかった」が適切。

⑷　ア○「祝う」　イ×「練習する」　ウ×「繰り返す」　エ×「救う」

⑸　時系列に沿って並べる。

⑹　ア×「ストリートピアノがロンドンに設置されたとき，演奏できる人は数人しかいませんでした」…本文にない内容。　イ○「麻衣はストリートピアノには人々を団結させる力があると信じています」　ウ×「宮城では，誰も壊れたピアノを修理することができなかったので，今は演奏できません」…本文にない内容。　エ×「宮城県の音楽家は，ボランティア活動をしているときにピアノの音を聞きました」…本文にない内容。　オ○「世界初のストリートピアノプロジェクトは10年以上前に始まりました」　カ×「最初の２台のストリートピアノが鹿児島で見られる×前に，九州新幹線が開通しました」

⑺　ウ「人々をつなぐ偉大な道具」が適切。ア「偉大なアーティストの美しい音」，イ「世界中を旅するピアノ」，エ「ピアノを弾くことを楽しむための日」は不適切。

【本文の要約】

Play Me, I'm Yours.これらはロンドンの路上のピアノに書かれている言葉です。ストリートピアノについて聞いたことがありますか？ストリートピアノは，路上や空港，駅などで見られるピアノです。それらを演奏したい人は誰でもそうすることができます。ストリートピアノはとてつもない力を持っていると思います。今日はこの力についてお話しします。皆さんは驚くでしょう。

このプロジェクトは②どのように(＝How)始まったのでしょう？(6)オあるアーティストが 2008 年にイギリスのバーミンガムで始めました。彼はほぼ毎週末，同じコインランドリーを訪れました。ある日，彼は誰もコインランドリーで話していないことに気付きました。彼らの多くはよくそこで会ったので，お互いに知っていました。沈黙の中で一緒に時間を過ごすのは，彼にはとても奇妙なことでした。彼はこの問題を解決したいと思いました。その答えがストリートピアノでした。彼は，ピアノによって人と人とのコミュニケーションやつながりの場を作ることができると考えました。このようにして，このプロジェクトは３週間限定で市内に 15 台のピアノを設置する形で始まりました。14 万人以上の人々がピアノで音楽を弾いたり聴いたりしました。そのとき以来，世界中の 65 の都市で，2000 万以上の人々が 2000 以上のストリートピアノの音を満喫しています。

日本で最初の２台のストリートピアノは 2011 年２月に鹿児島の商店街に設置されました。九州新幹線がその翌月に開通する予定だったので，その地域に暮らしている人々は，それを④ア祝う(＝celebrate)ために何か特別なことをしたかったのです。人々はこの２台のピアノをラッキーピアノと呼びました。それ以来，ますます大勢の人がストリートピアノの音を満喫しています。今では，日本全国で約 400 台のストリートピアノを見ることができ，何と神社にもあります！

同じ年の３月に，東日本大震災が起こりました。エ震災の後，ある音楽家がボランティアとして何度か宮城を訪れました。 イある日，彼女がボランティア活動をしていたときに，ごみの中に壊れたピアノを見つけました。 ア彼女はピアノのそばを歩くことができませんでした。なぜなら彼女はそれが助けを求めて泣いているように感じ，『私はこのピアノのために何ができるだろう』と思ったからです。 オ彼女は多くの店にそれを修理するよう頼みましたが，彼らの多くはできないと言いました。なぜなら，それを修理するのはあまりにも難しいと思ったからです。 ウ最後に，１件の修理屋がそれを引き受け，３か月でピアノが復活しました。今では，ピアノの音が宮城の人々を幸せにしてくれています。

ストリートピアノの音がない世界を想像してみてください。(6)イピアノはただの楽器ではなく，さまざまな状況で人々をつなぐ道具でもあるのです。それはとても素晴らしいことです。あなたは私たちの市のどこでストリートピアノを見つけることができるか知っていますか？次にストリートピアノを見つけたら，弾いて⑤みてはいかがですか(＝How about)？それはあなたにとって他人とつながり，新たな世界を感じる機会になるかもしれません。ご清聴ありがとうございました。

【問４】

(1) 【美緒の発表の要約】参照。ア×「人々は長期間，Little Free Library から本を借りることができますか？」…発表でふれられている内容。 イ×「初めての Little Free Library はいつ始まりましたか？」…発表でふれられている内容。 ウ×「Little Free Library にはルールがありますか？」…発表でふれられている内容。 エ○「世界にはいくつの Little Free Library がありますか？」

【美緒の発表の要約】

この写真を見てください。それは鳥の住み家のようにも見えますが，Little Free Library として知られている一種の図書館です。イこれは 2009 年にアメリカで始まりました。今では世界中でそのような図書館を見ることができます。ウこれらの小さな図書館の唯一のルールは「本を借りたら返しましょう」です。自分で図書館を建て，自分の本を入れる人もいます。アLittle Free Library の近くに住む人々は，本を非常に短期間，あるいは長期間でさえも借りることができます。Little Free Library は，さまざまな種類の本やアイデアを共有する良い方法だと思います。今年，私は家の前に Little Free Library を建てるつもりです。

【春斗の発表の要約】参照。⑵１「『DO YOU KYOTO？』とは何か？」(第１段落)　２「京都での２つのプロジェクト」(第２～３段落)　３「私の希望と考え」(第４段落)の順である。ウが適切。

⑶　『DO YOU KYOTO？』が意味することを答える。発表を通して環境に配慮したプロジェクトのことが述べられているので，イ「あなたは環境にとってよいことをしていますか？」が適切。

【春斗の発表の要約】

あなたは「DO YOU KYOTO？」という質問を聞いたことがありますか？私は数冊の本から，京都の人々がどのようにして物を無駄にしないかを学びました。私は彼らのプロジェクトのうちの２つを発表します。

１つ目は，体操着のリサイクルプロジェクトです。体操着が古くなったら，人々はそれらを使うのを止めてしまいます。そこで，京都の学生はそれらを回収し新しい体操着にリサイクルし始めました。

２つ目はMoppenと呼ばれるウェブサイトです。その言葉はその地域に住む人々が「もう一度」と言うときに使われます。ウェブサイトでは修理店や再利用店が簡単に見つかります。これらの店を使って，物が所有者や必要としている新しい所有者によって再利用されます。

このようにして，京都では多くの人々が古いものを使うことには価値があると考えています。彼らの行動はごみゼロの生活を導きます。そこは自然にやさしいです。さてあなたはその質問が何を意味するかわかりましたね？それは「あなたは①ィ環境にとってよいことをしていますか？」という意味です。その質問に Yes と答えるために，私は長野の自分たちの学校で制服リサイクルプロジェクトを始めたいです。

【悠真の発表の要約】参照。⑷　第２段落１～２行目に，祖父がおもちゃの医者をやっていること(イ)，第２段落３～４行目に，祖父が自転車をくれて，メンテナンスのやり方を教えてくれたこと(ア)，第３段落３～４行目に，つくもがみについて親が子どもに伝えること(ウ)が書かれている。

⑸あ　第３段落３行目から waste things を抜き出す。　　い　第１段落１行目から see them を抜き出す。

⑹　ウ○「私たちは身の回りのものを大切にするべきである」とオ○「伝統的な考え方は今なお重要である」は第３段落に書かれている。ア「つくもがみは壊れたおもちゃを修理することができる」，イ「私たちは何か新しいものをつくるべきである」，エ「若い人は年を取った人に何か教えるべきである」は本文にない内容。

⑺　無理に難しい表現は使わなくてもいいので，文法・単語のミスがないこと，そして内容が一貫していることに注意しながら文を書こう。書き終わった後に見直しをすれば，ミスは少なくなる。(例文の訳)「私の筆箱は私にとってとても大切です。なぜなら，友達から誕生日にもらったものだからです。私は長い間それを使いたいです」

⑻　「古いものに価値があると考える」という内容の発表をしたのは春斗と悠真である。サラのコメント「みなさんの考え方を伝えてくれてありがとうございました。私はいつも，④ア長い間使うことができるものを買うようにしています。値段が少し高いものが多いですが，自然にやさしいことをしようと思います。⑤カ春斗と悠真のスピーチの要点は古いものを大切にすることなので，私たちの考え方は似ています」

【悠真の発表の要約】

つくもがみを知っていますか？私は小さい頃，それらが見えたら怖いだろうと思っていました。しかし，私はそれらと祖父から多くのことを学びました。

私の祖父はおもちゃの医者です。おもちゃの医者は壊れたおもちゃを修理するボランティアです。私は祖父を誇りに思っています。なぜなら，祖父は決して「これは私には修理できない」と言わないからです。彼は子どもたちがおもちゃにもっと価値を与えることを手助けしています。彼は私の誕生日に自転車をプレゼントし，そのメンテナンスの仕方を教えてくれました。今では自分で修理できるようになり，ますます大切になってきています。

祖父はよく「物を大切にしないと，道具のおばけがやって来て悪いことをするよ」と言います。日本の伝統的な物語によると，長い時間が経つと物には魂が宿るそうです。私たちはそれらをつくもがみと呼びます。人が物を無駄にすると，それらは怒るでしょう。「無駄にするな」ということを子どもたちに教えるために，子どもたちにつくもがみのことを話す人もいます。この昔話は私にとって興味深いです。私は自分より若い人たちに古い物を使い続けるように言いたいです。

これ見てください。これが私のスピーチの要点です。最後に質問をしてスピーチを終わりにしたいと思います。あなたにとって大切なものは何ですか？ご清聴ありがとうございました。

《2022　理科　解説》

【問１】

Ⅰ⑴　アは甲殻類，イはウイルス，ウはシダ植物である。　⑵ⅰ　対物レンズは高倍率のものほど長いため，プレパラートとの距離が近くなる。また，視野はせまく，暗くなる。　⑶　ヨウ素液はデンプンに反応して青紫色に変化する。

Ⅱ⑴　ワセリンをぬった場所と蒸散がおこる場所の関係は表ⅰのようになる。また，実験２では，水面が油でおおわれているので，表２の吸水量を蒸散量と考えればよい。よって，ツバキの葉の表側の蒸散量は1.5－1.4＝0.1(mL)である。　⑵　表２より，アジサイ全体の蒸散量は4.2mL，葉の裏側の蒸散量は4.2－1.1＝3.1(mL)である。よって，$\frac{3.1}{4.2}\times$100＝73.8…→74％である。　⑶　それぞれの植物の葉の表側と裏側の蒸散量を求めると，表ⅱのようになる。スイレンの葉は，水に浮かんでいる(葉の裏が水に接している)ため，葉の裏側の気孔が少ない。

表ⅰ

	蒸散がおこる場所		
	葉の表側	葉の裏側	茎
葉の裏側だけにワセリンをぬった場合	○	×	○
葉の表側と裏側にワセリンをぬった場合	×	×	○
ワセリンをぬらなかった場合	○	○	○

表ⅱ

		ツバキ	アジサイ	ユリ	スイレン
蒸散量(mL)	葉の表側	0.1	0.9	0.4	1.1
	葉の裏側	4.7	3.1	2.2	0.1

【問２】

Ⅰ⑵　混合物50.0㎤の質量は48.5ｇだから，ふくまれるエタノールの質量は48.5×0.25＝12.125→12.1ｇである。

⑶　純粋な物質の場合には，沸騰が始まると状態変化に熱が使われるため温度が一定になるが，混合物の場合には，ある物質の沸騰が始まっても他の物質の温度が上がり続けるため温度が一定にはならず，温度上昇がゆるやかになる。　⑷　〔密度(ｇ/㎤)＝$\frac{質量(g)}{体積(cm^3)}$〕より，集まった液体の密度は$\frac{12.7}{13.6}$＝0.933…(ｇ/㎤)だから，図４より，質量パーセント濃度は約50％とわかる。　⑸　加熱前の混合物の密度を求めると$\frac{48.5}{50.0}$＝0.97(ｇ/㎤)となり，これは集まった液体の密度より大きく，図４より，集まった液体の方が質量パーセント濃度が大きいことがわかる。よって，集まった気体の方がエタノールの粒子がふくまれる割合は大きくなるが，エタノールの粒子が加熱前の混合物より多くなることはないから，エが適切である。　⑹　図５のＸ部分は，図２の冷えた水が入ったビーカーと同じ役割をしている。

Ⅱ⑴　重そう(炭酸水素ナトリウム)を加熱すると，炭酸ナトリウムと水と二酸化炭素に分解される〔$2NaHCO_3 \to Na_2CO_3+H_2O+CO_2$〕。反応の前後で，原子の組み合わせは変わるが，原子の種類と数は変わらないことに注意しよう。　⑵　重そう2.1ｇが分解されると，二酸化炭素280㎤が発生するから，二酸化炭素66㎤が発生したときに分解された重そうは2.1×$\frac{66}{280}$＝0.495(ｇ)である。　⑶ⅰ　アンモニアは水にとけやすく，空気より軽いのでイで集める。アは水にとけにくい気体，ウは水にとけやすく空気より重い気体を集めるのに適している。

ⅱ　ア〇…アンモニアは無色で刺激臭がある。　オ〇…アンモニアは水にとけやすく，水にとけるとアルカリ性を示す。ＢＴＢ溶液は酸性で黄色，中性で緑色，アルカリ性で青色に変化する。

【問３】

Ⅰ⑴　震度は，０，１，２，３，４，５弱，５強，６弱，６強，７の10階級で表す。　⑵　Ｘで上下方向のゆれを記録できる。また，ペンの向きを南北方向に合わせたＹで東西方向のゆれを，ペンの向きを東西方向に合わせたＹで南北方向のゆれを記録できる。　⑶　海洋プレートが大陸プレートの下に沈み込むとき，大陸プレートが引きずり込まれ，ゆがみが限界に達すると，大陸プレートがはね上がって地震が起こる。このようにして起こる地震を海溝型地震といい，その震源は大陸プレートの下に沈み込む海洋プレートに沿うように，日本海側で深く，太平洋側で浅くなる。　⑷ⅰ　Ｂにおいて，Ｐ波による初期微動は地震発生から72÷６＝12(秒後)，Ｓ波による主要動は地震発生から72÷４＝18(秒後)に始まったから，初期微動継続時間は18－12＝６(秒)である。　ⅱ　あ．日本列島付近には，北アメリカプレート，ユーラシアプレート，フィリピン海プレート，太平洋プレートの４つのプレートが集まっている。　い．大陸プレートの下に海洋プレートが沈み込むことでできる溝が海溝である。
え．Ａにおいて，Ｓ波は地震発生の４÷４＝１(秒後)に到達したから，Ｂより18－１＝17(秒)はやく検知したことになる。

Ⅱ⑴　き．Ｄで太陽電池に太陽光が垂直に当たるときの設置角度と太陽の高度の関係は図ⅰのようになる。設置角度は，180－90－(太陽の高度)＝90－(太陽の高度)で求められるから，太陽の高度が低くなっていく場合は，設置角度を大きくすればよい。　⑶　春分の日の南中高度は，90－(緯度)で求められるから，⑴解説より，設置角度は，90－{90－(緯度)}＝(緯度)となる。よって，春分の日の那覇市で太陽が南中したときに，太陽光が垂直にあたる設置角度は，那覇市の北緯と同じ26度である。

図ⅰ
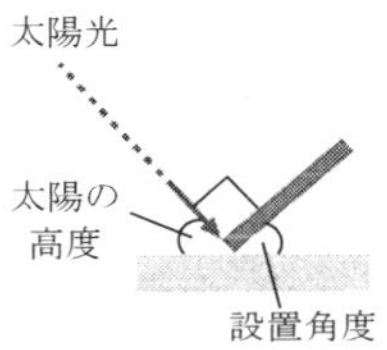

【問４】

Ⅰ⑴　船の質量は20ｇだから，船にはたらく重力は$\frac{20}{100}$＝0.2(N)である。　⑵ⅱ　ⅰより，船にはたらく重力とおもりが船を押す力の和を求めればよい。船にはたらく重力は0.2N，おもりが船を押す力は$\frac{250}{100}$＝2.5(N)だから，0.2＋2.5＝2.7(N)である。　⑶　水面から船底までの距離を1.7㎝にするには，Ａのときより1.5㎝深く沈める必要がある。250ｇのおもりを船にのせたＢでは，Ａのときより2.5㎝深く沈んだから，のせるおもりを250×$\frac{1.5}{2.5}$＝150(ｇ)にすればよい。　⑷ⅰ　あ．10×10×1.5＝150(㎤)　い．150《船の体積》＋100《おもりの体積》＝250(㎤)　ⅱ　ⅰより，浮いているものの質量が250ｇ増えると，水面下にあるおもりと船の体積の和が250㎤大きくなる(質量の数値と体積の数値が等しい)ことがわかるから，30ｇの船Ｘと250ｇのおもり４個が浮くとき，水面下にあるおもりと船の体積の和は30＋250×４＝1030(㎤)になると考えられる。おもり４個の体積は400㎤だから，水面下にある船の体積は1030－400＝630(㎤)である。このとき，水面から船底までの距離が4.2㎝であれば，船底の面積は630÷4.2＝150(㎠)である。

Ⅱ⑴　実験２の③で，電流の向きを図５のときと逆にすると，送電側コイル(電磁石)にできる極の向きが逆になり，受電側コイルで電磁誘導によって生じる誘導電流の向きも逆になるから，検流計の針は実験２の②とは逆の－に振れる。また，コイルに流れる電流の向きと磁界の向きの関係は図ⅱのようになるから，図６では，アのように送電側コイルの上側がＮ極になる。　⑵　乾電池は直流で，電流の向きが一定で変わらない。
これに対し，交流は電流の向きが周期的に変わる。送電側コイルに交流が流れると，送電側コイルにできる磁界の

図ⅱ
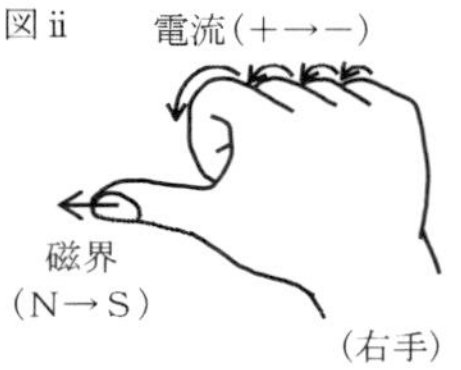

向きも周期的に変化し，受電側コイルの中の磁界も周期的に変化するため，受電側コイルにも周期的に向きが変化する誘導電流が流れる。　⑶　1Wの電力を1時間使い続けたときの電力量が1Whだから，充電していた時間をx時間とすると，消費した電力量について，$7.5x=20$が成り立つ。これを解くと$x=\frac{8}{3}$(時間)→160分となる。

《2022　社会　解説》

【問1】

⑴　イの弥生時代が正しい。邪馬台国の女王卑弥呼が魏に使いを送り，「親魏倭王」の称号を授かったことが中国の歴史書『魏志』倭人伝に書かれている。アは飛鳥時代，ウとエは奈良時代。

⑵　資料1より，地方の特産品などを都に納める「調」の字の下に「塩三斗」とあるから，エと判断する。律令制度において，調と庸は農民が都に納め，租は国ごとに集められた。

⑶**選択肢W**　ウが正しい。鎌倉時代の承久の乱後に朝廷と西国の御家人を監視するため，京都に六波羅探題が置かれた。　ア．武士の領地は女性にも分割相続された。　イ．安土桃山時代の豊臣秀吉による太閤検地で，米の収穫量を石高で表した。　エ．律令制度における農民の税の1つとして，九州地方を防備する防人が置かれた。九州地方の警備は異国警固番役と呼ばれた。　**選択肢X**　キが正しい。鎌倉幕府3代執権北条泰時が制定した御成敗式目は，貞永式目とも呼ばれる。オは室町時代(戦国時代)，カとクは江戸時代。

⑷　中世は鎌倉時代から室町時代までにあたるから，アとエが正しい。イは古代，ウは近世。

⑸　資料2より，織田信長は楽座令を出し，座を廃止したことが分かる。資料3より，油座は営業を独占していたことが分かる。織田信長が安土城下に出した楽市・楽座令によって，公家や寺社などに税を納めて保護を受け，営業を独占していた座が廃止された。その結果，誰でも自由に商売ができるようになり，商工業が活性化した。

⑹　3代将軍徳川家光が武家諸法度に追加した参勤交代では，各藩が費用を負担し，大名が領地に帰るときに妻子を人質として江戸に残さなければならなかった。

⑺　一人あたりの運送量は，馬が2俵，川船が50俵，廻船が156.25俵だから，船のほうが馬よりも効率が良い。

⑻　オが正しい。元禄文化は上方(京都・大阪)を中心に栄えた。「天下の台所」は大阪の呼び名で，年貢米や特産物を運びこむ諸藩の蔵屋敷が集まっていたことに由来する。アは19世紀前半に江戸で栄えた化政文化。

⑼　世界で最初に産業革命が起こり工場制機械工業の盛んになったイギリスは，安く良質な綿織物などの工業製品を大量に輸出したので，世界の工場と呼ばれた。産業革命により貧富の差が広がり，資本家と労働者による社会が形成された。

⑽　イ．1世紀(弥生時代)→ア．12世紀(平安時代末期)→エ．15～16世紀(室町時代後半～安土桃山時代)→ウ．19世紀(明治時代初期)→オ．20世紀(昭和時代)

【問2】

Ⅰ⑴　日本最大の流域面積は利根川，日本最長の河川は信濃川である。

⑵　関東地方に吹く冬の乾燥した北西風を「からっ風」と言う。

⑶①　高速道路を使えば，一般道路の半分の移動時間で新鮮な野菜を大消費地に届けられることが読み取れる。

②　資料2よりレタスの生育温度は15～20℃だから，資料3の沼田市の春から夏にあたる。高冷地農業による抑制栽培は，出荷量の少ない時期に出荷することで，安定した収入を得るための試みである。

⑷　ウとオが正しい。　ア．資料5より，1年間の中で取扱数量が多いのは7月から9月である。　イ．資料4より，9月の3位の茨城県は関東地方の県である。　エ．資料5より，取扱数量は，最も多い7月が約7500t，最も少ない2月・11月が約5200tだから，その差は7500÷5200＝1.44…(倍)で，2倍以下である。

(5)　昼間は都内で働いたり学んだりして，夜間に家に帰ってきて生活する人々が多い。このような人々が住む町のことを「ベッドタウン」と呼ぶ。

(6)①　イ．(実際の距離)＝(地図上の長さ)×(縮尺の分母)より，1.4×25000＝35000(cm)＝350(m)。　②　地形図1より，工場(⚙)があったことが読み取れる。資料7より，高層の共同住宅が建ったことが読み取れる。

(7)　大都市ほど交通機関が発達している。また，都市機能の分散化により，都心部へ流入する人数や交通量を分散させられる。

Ⅱ(1)　インドを流れるガンジス川のほとりにはヒンドゥー教の巡礼地があり，川の水はすべての罪を洗い清める力を持っていると信じられている。

(2)　デカン高原では，イギリス(インドを植民地支配していた)向け綿花の単一栽培地域が発達した。

(3)①く　雨温図より，ベンガルールの標高は917m，ニューデリーの標高は211mなので，ウを選ぶ。

け　略地図1より，ベンガルールの緯度は15度，ニューデリーの緯度は30度なので，エを選ぶ。　こ　雨温図より，ベンガルールの気温の年較差は10度，ニューデリーの気温の年較差は20度なので，イを選ぶ。

②　インド経済特区(ＳＥＺ)では，関税などが免除される。　③　資料10より，インドの1時間あたりの賃金は，アメリカの4分の1以下である。資料11より，インドはすべての年代においてアメリカよりも人口が多く，特に生産年齢人口の15～64歳は2倍以上である。　④　経度差15度で1時間の時差が生じるから，ベンガルールとシリコンバレーの経度差が75＋120＝195(度)で，時差は195÷15＝13(時間)になる。昼夜がちょうど逆転しているため，24時間体制での作業を可能としている。

【問３】

Ⅰ(1)　イとエが正しい。　ア．国際連盟についての記述である。国際連合は，第二次世界大戦の反省から設立された機関で，本部はアメリカのニューヨークにある。　ウ．「すべての理事国が拒否権をもつ」が不適切。安全保障理事会の常任理事国(アメリカ・中国・イギリス・フランス・ロシア)が拒否権を持ち，非常任理事国は持たない。

(2)　ウが正しい。アは国連平和維持活動，イは世界貿易機関，エはアジア太平洋経済協力。

(3)①　資料1より，発展途上国の中国やインドの二酸化炭素排出量が増え続けている。資料2より，先進国のアメリカや日本の一人あたりの二酸化炭素排出量が特に多い。以上のことを，資料3の京都議定書で，発展途上国に二酸化炭素排出量の削減義務はなかったが，先進国に排出削減目標が義務付けられたことと関連付ける。

②　先進国の排出削減目標は，京都議定書では政府間交渉で，パリ協定では各国自ら決定した。また，京都議定書では発展途上国に排出削減義務はなかったが，パリ協定では排出削減目標が義務付けられた。

(4)　衆議院は4年の任期満了時や，議会の解散時も選挙が行われるが，参議院議員の任期は6年(3年ごとに半数が改選)であり，解散はない。

(5)　エが正しい。　ア．1993年・1998年の経済成長率はマイナスであり，1993年・1997年・1998年の二酸化炭素排出量は前年より減っている。　イ．2004年・2006年の二酸化炭素排出量は前年より減っているが，経済成長率はプラスである。　ウ．二酸化炭素排出量が最も少ないのは1990年，経済成長率が最も低いのは2008年度である。

(6)あ　歳入で一番大きな割合を占めている税は消費税だから，アを選ぶ。

い　歳出で一番大きな割合を占めているのは社会保障費だから，キを選ぶ。年金や医療保険給付を受ける高齢者が増えているために増加している。

う　公債金は，国債(税収の不足を補うために国が発行する債券)を発行して借りられたお金である。

直接税	間接税
所得税 法人税 相続税など	消費税 酒税 関税など
道府県民税 自動車税など	地方消費税など
固定資産税など	入湯税など

Ⅱ(1)　半永久的に使える再生可能エネルギーは，地球温暖化の原因となる二酸化炭素などの温室効果ガスをほとんど発生させないため，今後の活用が期待されている。

(2)①　資料７より，鉄道の利用がすすめられている。資料８より，鉄道輸送の際の二酸化炭素排出量は自家用乗用車輸送の６分の１以下である。自動車輸送を環境負荷の小さい鉄道輸送にかえることをモーダルシフトと言う。

②資料９　理由について，市場流通の食材で作ったメニューの輸送にともなう二酸化炭素排出量は約 130 g だが，すべて地産地消の食材で作ったメニューではわずか 2.9 g である。課題について，食料自給率が低い東京の人口は 13822 千人，耕地面積は 68 ㎢，食料自給率が高い北海道の人口は 5286 千人，耕地面積は 11450 ㎢である。

資料 10　理由について，蛍光管型ＬＥＤは従来型蛍光管よりも約２倍の明るさだが，消費電力は半分以下である。課題について，蛍光管型ＬＥＤは従来型蛍光管よりも１本あたりの価格が約２倍であり，照明器具一式の交換費用は約 1.5 倍高くなる。

■ ご使用にあたってのお願い・ご注意

（１）問題文等の非掲載

著作権上の都合により，問題文や図表などの一部を掲載できない場合があります。

誠に申し訳ございませんが，ご了承くださいますようお願いいたします。

（２）過去問における時事性

過去問題集は，学習指導要領の改訂や社会状況の変化，新たな発見などにより，現在とは異なる表記や解説になっている場合があります。過去問の特性上，出題当時のままで出版していますので，あらかじめご了承ください。

（３）配点

学校等から配点が公表されている場合は，記載しています。公表されていない場合は，記載していません。

独自の予想配点は，出題者の意図と異なる場合があり，お客様が学習するうえで誤った判断をしてしまう恐れがあるため記載していません。

（４）無断複製等の禁止

購入された個人のお客様が，ご家庭でご自身またはご家族の学習のためにコピーをすることは可能ですが，それ以外の目的でコピー，スキャン，転載（ブログ，ＳＮＳなどでの公開を含みます）などをすることは法律により禁止されています。学校や学習塾などで，児童生徒のためにコピーをして使用することも法律により禁止されています。

ご不明な点や，違法な疑いのある行為を確認された場合は，弊社までご連絡ください。

（５）けがに注意

この問題集は針を外して使用します。針を外すときは，けがをしないように注意してください。また，表紙カバーや問題用紙の端で手指を傷つけないように十分注意してください。

（６）正誤

制作には万全を期しておりますが，万が一誤りなどがございましたら，弊社までご連絡ください。

なお，誤りが判明した場合は，弊社ウェブサイトの「ご購入者様のページ」に掲載しておりますので，そちらもご確認ください。

■ お問い合わせ

解答例，解説，印刷，製本など，問題集発行におけるすべての責任は弊社にあります。

ご不明な点がございましたら，弊社ウェブサイトの「お問い合わせ」フォームよりご連絡ください。迅速に対応いたしますが，営業日の都合で回答に数日を要する場合があります。

ご入力いただいたメールアドレス宛に自動返信メールをお送りしています。自動返信メールが届かない場合は，「よくある質問」の「メールの問い合わせに対し返信がありません。」の項目をご確認ください。

また弊社営業日（平日）は，午前９時から午後５時まで，電話でのお問い合わせも受け付けています。

2025 春

株式会社教英出版

〒422-8054　静岡県静岡市駿河区南安倍３丁目 12-28

TEL　054-288-2131　　FAX　054-288-2133

URL　https://kyoei-syuppan.net/

MAIL siteform@kyoei-syuppan.net

学校別問題集

北海道
①札幌北斗高等学校
②北星学園大学附属高等学校
③東海大学付属札幌高等学校
④立命館慶祥高等学校
⑤北海高等学校
⑥北見藤高等学校
⑦札幌光星高等学校
⑧函館ラ・サール高等学校
⑨札幌大谷高等学校
⑩北海道科学大学高等学校
⑪遺愛女子高等学校
⑫札幌龍谷学園高等学校
⑬札幌日本大学高等学校
⑭札幌第一高等学校
⑮旭川実業高等学校
⑯北海学園札幌高等学校

青森県
①八戸工業大学第二高等学校

宮城県
①聖和学園高等学校(A日程)
②聖和学園高等学校(B日程)
③東北学院高等学校(A日程)
④東北学院高等学校(B日程)
⑤仙台大学附属明成高等学校
⑥仙台城南高等学校
⑦東北学院榴ケ岡高等学校
⑧古川学園高等学校
⑨仙台育英学園高等学校(A日程)
⑩仙台育英学園高等学校(B日程)
⑪聖ウルスラ学院英智高等学校
⑫宮城学院高等学校
⑬東北生活文化大学高等学校
⑭東北高等学校
⑮常盤木学園高等学校
⑯仙台白百合学園高等学校
⑰尚絅学院高等学校(A日程)
⑱尚絅学院高等学校(B日程)

山形県
①日本大学山形高等学校
②惺山高等学校
③東北文教大学山形城北高等学校
④東海大学山形高等学校
⑤山形学院高等学校

福島県
①日本大学東北高等学校

新潟県
①中越高等学校
②新潟第一高等学校
③東京学館新潟高等学校
④日本文理高等学校
⑤新潟青陵高等学校
⑥帝京長岡高等学校
⑦北越高等学校
⑧新潟明訓高等学校

富山県
①高岡第一高等学校
②富山第一高等学校

石川県
①金沢高等学校
②金沢学院大学附属高等学校
③遊学館高等学校
④星稜高等学校
⑤鵬学園高等学校

山梨県
①駿台甲府高等学校
②山梨学院高等学校(特進)
③山梨学院高等学校(進学)
④山梨英和高等学校

岐阜県
①鶯谷高等学校
②富田高等学校
③岐阜東高等学校
④岐阜聖徳学園高等学校
⑤大垣日本大学高等学校
⑥美濃加茂高等学校
⑦済美高等学校

静岡県
①御殿場西高等学校
②知徳高等学校
③日本大学三島高等学校
④沼津中央高等学校
⑤飛龍高等学校
⑥桐陽高等学校
⑦加藤学園高等学校
⑧加藤学園暁秀高等学校
⑨誠恵高等学校
⑩星陵高等学校
⑪静岡県富士見高等学校
⑫清水国際高等学校
⑬静岡サレジオ高等学校
⑭東海大学付属静岡翔洋高等学校
⑮静岡大成高等学校
⑯静岡英和女学院高等学校
⑰城南静岡高等学校
⑱静岡女子高等学校
⑲常葉大学附属常葉高等学校
　常葉大学附属橘高等学校
　常葉大学附属菊川高等学校
⑳静岡北高等学校
㉑静岡学園高等学校
㉒焼津高等学校
㉓藤枝明誠高等学校
㉔静清高等学校
㉕磐田東高等学校
㉖浜松学院高等学校
㉗浜松修学舎高等学校
㉘浜松開誠館高等学校
㉙浜松学芸高等学校
㉚浜松聖星高等学校
㉛浜松日体高等学校
㉜聖隷クリストファー高等学校
㉝浜松啓陽高等学校
㉞オイスカ浜松国際高等学校

愛知県
①[国立]愛知教育大学附属高等学校
②愛知高等学校
③名古屋経済大学市邨高等学校
④名古屋経済大学高蔵高等学校
⑤名古屋大谷高等学校
⑥享栄高等学校
⑦椙山女学園高等学校
⑧大同大学大同高等学校
⑨日本福祉大学付属高等学校
⑩中京大学附属中京高等学校
⑪至学館高等学校
⑫東海高等学校
⑬名古屋たちばな高等学校
⑭東邦高等学校
⑮名古屋高等学校
⑯名古屋工業高等学校
⑰名古屋葵大学高等学校
(名古屋女子大学高等学校)
⑱中部大学第一高等学校
⑲桜花学園高等学校
⑳愛知工業大学名電高等学校
㉑愛知みずほ大学瑞穂高等学校
㉒名城大学附属高等学校
㉓修文学院高等学校
㉔愛知啓成高等学校
㉕聖カピタニオ女子高等学校
㉖滝高等学校
㉗中部大学春日丘高等学校
㉘清林館高等学校
㉙愛知黎明高等学校
㉚岡崎城西高等学校
㉛人間環境大学附属岡崎高等学校
㉜桜丘高等学校

㉝光ヶ丘女子高等学校
㉞藤ノ花女子高等学校
㉟栄徳高等学校
㊱同朋高等学校
㊲星城高等学校
㊳安城学園高等学校
㊴愛知産業大学三河高等学校
㊵大成高等学校
㊶豊田大谷高等学校
㊷東海学園高等学校
㊸名古屋国際高等学校
㊹啓明学館高等学校
㊺聖霊高等学校
㊻誠信高等学校
㊼誉高等学校
㊽杜若高等学校
㊾菊華高等学校
㊿豊川高等学校

三重県

①暁高等学校(3年制)
②暁高等学校(6年制)
③海星高等学校
④四日市メリノール学院高等学校
⑤鈴鹿高等学校
⑥高田高等学校
⑦三重高等学校
⑧皇學館高等学校
⑨伊勢学園高等学校
⑩津田学園高等学校

滋賀県

①近江高等学校

大阪府

①上宮高等学校
②大阪高等学校
③興國高等学校
④清風高等学校
⑤早稲田大阪高等学校
(早稲田摂陵高等学校)
⑥大商学園高等学校
⑦浪速高等学校
⑧大阪夕陽丘学園高等学校
⑨大阪成蹊女子高等学校
⑩四天王寺高等学校
⑪梅花高等学校
⑫追手門学院高等学校
⑬大阪学院大学高等学校
⑭大阪学芸高等学校
⑮常翔学園高等学校
⑯大阪桐蔭高等学校
⑰関西大倉高等学校
⑱近畿大学附属高等学校
⑲金光大阪高等学校
⑳星翔高等学校
㉑阪南大学高等学校
㉒箕面自由学園高等学校
㉓桃山学院高等学校
㉔関西大学北陽高等学校

兵庫県

①雲雀丘学園高等学校
②園田学園高等学校
③関西学院高等部
④灘高等学校
⑤神戸龍谷高等学校
⑥神戸第一高等学校
⑦神港学園高等学校
⑧神戸学院大学附属高等学校
⑨神戸弘陵学園高等学校
⑩彩星工科高等学校
⑪神戸野田高等学校
⑫滝川高等学校
⑬須磨学園高等学校
⑭神戸星城高等学校
⑮啓明学院高等学校
⑯神戸国際大学附属高等学校
⑰滝川第二高等学校
⑱三田松聖高等学校
⑲姫路女学院高等学校
⑳東洋大学附属姫路高等学校
㉑日ノ本学園高等学校
㉒市川高等学校
㉓近畿大学附属豊岡高等学校
㉔夙川高等学校
㉕仁川学院高等学校
㉖育英高等学校

奈良県

①西大和学園高等学校

岡山県

①[県立]岡山朝日高等学校
②清心女子高等学校
③就実高等学校
(特別進学コース〈ハイグレード・アドバンス〉)
④就実高等学校
(特別進学チャレンジコース・総合進学コース)
⑤岡山白陵高等学校
⑥山陽学園高等学校
⑦関西高等学校
⑧おかやま山陽高等学校
⑨岡山商科大学附属高等学校
⑩倉敷高等学校
⑪岡山学芸館高等学校(1期1日目)
⑫岡山学芸館高等学校(1期2日目)
⑬倉敷翠松高等学校
⑭岡山理科大学附属高等学校
⑮創志学園高等学校
⑯明誠学院高等学校
⑰岡山龍谷高等学校

広島県

①[国立]広島大学附属高等学校
②[国立]広島大学附属福山高等学校
③修道高等学校
④崇徳高等学校
⑤広島修道大学ひろしま協創高等学校
⑥比治山女子高等学校
⑦呉港高等学校
⑧清水ヶ丘高等学校
⑨盈進高等学校
⑩尾道高等学校
⑪如水館高等学校
⑫広島新庄高等学校
⑬広島文教大学附属高等学校
⑭銀河学院高等学校
⑮安田女子高等学校
⑯山陽高等学校
⑰広島工業大学高等学校
⑱広陵高等学校
⑲近畿大学附属広島高等学校福山校
⑳武田高等学校
㉑広島県瀬戸内高等学校(特別進学)
㉒広島県瀬戸内高等学校(一般)
㉓広島国際学院高等学校
㉔近畿大学附属広島高等学校東広島校
㉕広島桜が丘高等学校

山口県

①高水高等学校
②野田学園高等学校
③宇部フロンティア大学付属香川高等学校
(普通科〈特進・進学コース〉)
④宇部フロンティア大学付属香川高等学校
(生活デザイン・食物調理・保育科)
⑤宇部鴻城高等学校

徳島県

①徳島文理高等学校

香川県

①香川誠陵高等学校
②大手前高松高等学校

愛媛県

①愛光高等学校
②済美高等学校
③FC今治高等学校
④新田高等学校
⑤聖カタリナ学園高等学校

福岡県

①福岡大学附属若葉高等学校
②精華女子高等学校(専願試験)
③精華女子高等学校(前期試験)
④西南学院高等学校
⑤筑紫女学園高等学校
⑥中村学園女子高等学校(専願入試)
⑦中村学園女子高等学校(前期入試)
⑧博多女子高等学校
⑨博多高等学校
⑩東福岡高等学校
⑪福岡大学附属大濠高等学校
⑫自由ケ丘高等学校
⑬常磐高等学校
⑭東筑紫学園高等学校
⑮敬愛高等学校
⑯久留米大学附設高等学校
⑰久留米信愛高等学校
⑱福岡海星女子学院高等学校
⑲誠修高等学校
⑳筑陽学園高等学校(専願入試)
㉑筑陽学園高等学校(前期入試)
㉒真颯館高等学校
㉓筑紫台高等学校
㉔純真高等学校
㉕福岡舞鶴高等学校
㉖折尾愛真高等学校
㉗九州国際大学付属高等学校
㉘祐誠高等学校
㉙西日本短期大学附属高等学校
㉚東海大学付属福岡高等学校
㉛慶成高等学校
㉜高稜高等学校
㉝中村学園三陽高等学校
㉞柳川高等学校
㉟沖学園高等学校
㊱福岡常葉高等学校
㊲九州産業大学付属九州高等学校
㊳近畿大学附属福岡高等学校
㊴大牟田高等学校
㊵久留米学園高等学校
㊶福岡工業大学附属城東高等学校
(専願入試)
㊷福岡工業大学附属城東高等学校
(前期入試)
㊸八女学院高等学校
㊹星琳高等学校
㊺九州産業大学付属九州産業高等学校
㊻福岡雙葉高等学校

佐賀県

①龍谷高等学校
②佐賀学園高等学校
③佐賀女子短期大学付属佐賀女子高等学校
④弘学館高等学校
⑤東明館高等学校
⑥佐賀清和高等学校
⑦早稲田佐賀高等学校

長崎県

①海星高等学校(奨学生試験)
②海星高等学校(一般入試)
③活水高等学校
④純心女子高等学校
⑤長崎南山高等学校
⑥長崎日本大学高等学校(特別入試)
⑦長崎日本大学高等学校(一次入試)
⑧青雲高等学校
⑨向陽高等学校
⑩創成館高等学校
⑪鎮西学院高等学校

熊本県

①真和高等学校
②九州学院高等学校
(奨学生・専願生)
③九州学院高等学校
(一般生)
④ルーテル学院高等学校
(専願入試・奨学入試)
⑤ルーテル学院高等学校
(一般入試)
⑥熊本信愛女学院高等学校
⑦熊本学園大学付属高等学校
(奨学生試験・専願生試験)
⑧熊本学園大学付属高等学校
(一般生試験)
⑨熊本中央高等学校
⑩尚絅高等学校
⑪文徳高等学校
⑫熊本マリスト学園高等学校
⑬慶誠高等学校

大分県

①大分高等学校

宮崎県

①鵬翔高等学校
②宮崎日本大学高等学校
③宮崎学園高等学校
④日向学院高等学校
⑤宮崎第一高等学校
(文理科)
⑥宮崎第一高等学校
(普通科・国際マルチメディア科・電気科)

鹿児島県

①鹿児島高等学校
②鹿児島実業高等学校
③樟南高等学校
④れいめい高等学校
⑤ラ・サール高等学校

新刊
もっと過去問シリーズ

愛知県

愛知高等学校
7年分(数学・英語)
中京大学附属中京高等学校
7年分(数学・英語)
東海高等学校
7年分(数学・英語)
名古屋高等学校
7年分(数学・英語)
愛知工業大学名電高等学校
7年分(数学・英語)
名城大学附属高等学校
7年分(数学・英語)
滝高等学校
7年分(数学・英語)

※もっと過去問シリーズは入学試験の実施教科に関わらず、数学と英語のみの収録となります。

教英出版
〒422-8054
静岡県静岡市駿河区南安倍3丁目12−28
TEL 054-288-2131
FAX 054-288-2133
詳しくは教英出版で検索
教英出版 検索
URL https://kyoei-syuppan.net/

長野県公立高等学校

令和６年度　公立高等学校入学者選抜

学力検査問題

国　　語

（50分）

注　意

1　検査係員の指示があるまで、問題冊子と解答用紙に手をふれてはいけません。

2　問題は**【問一】**から**【問五】**まであり、問題冊子の２～９ページに印刷されています。10ページには、下書き用の枠があります。

3　問題冊子とは別に、解答用紙があります。**解答は、すべて解答用紙の□の中に書き入れなさい。**

4　解答用紙にマスがある場合は、句読点、カギ括弧《かっこ》（「や『）なども それぞれ一字と数えて書きなさい。

5　下書きが必要なときは、問題冊子のあいているところ、または10ページの下書き用の枠を使いなさい。

【問二】 次の文章を読んで、下の各問いに答えなさい。ただし、1～11は各段落の番号を示す。

1 アルキメデスは風呂《ふろ》に入ると、水位が上がることに気づいて、「エウレカ(わかった)!」と歓喜して叫んだという。この話を聞いたことのある人も多いだろう。王冠のような複雑な形状の物体でも、それを水に入れれば、その体積がすぐわかる。このことを発見して、*欣喜《きんき》雀躍《じゃくやく》したのである。

2 問題の答えが閃《ひらめ》いたり、謎めいたものの正体が明らかになったりすると、私たちは「あっ、わかった!」と叫びたくなる。このようなときの「わかる」はたいてい直観的な理解である。答えがパッと思い浮かび、謎の正体が突然明らかになる。このような直観もまた、私たちの物事の理解にとって非常に重要である。

3 たとえば、数学の証明問題を考えてみよう。証明は、与えられた前提から一定の規則に従って結論を導き出すことである。しかし、従うべき規則は複数あり、それらをどんな順番で適用していけばよいかは明らかではない。この点が証明の難しいところである。証明問題を解くというのは、ようするにどの規則をどの順に適用するかを発見することだと言っていい。

4 しかし、たんにどの規則をどの順に適用するかがわかっただけでは、じつは①証明が本当にわかったとは言えない。たとえば、頭をひねってもなかなか証明問題が解けないので、ついつい答えを見てしまうことがある。しかし、答えを見てもなお、よくわからないと感じることがあるだろう。答えを見れば、どの規則をどの順に適用して、前提から結論が導かれているかはわかるのだが、それでもどうも腑《ふ》に落ちないのである。

5 なぜここでこの規則を適用するのか。「そうすれば、解けるからだ」と言われても、「でも、どうして」と言いたくなる。しかし、最初は腑に落ちなくても、証明を何度もたどりかえして、証明の流れに慣れてくると、やがて「あっ、わかった」と感じられる瞬間が訪れてこよう。それは証明のいわば「核心」が直観的に把握された瞬間である。証明の本当の理解には、証明の核心を直観的につかむことが必要なのである。

6 直観はこのように私たちの理解を深めてくれる。では、そもそも直観とは何であろうか。直観にはいろいろな面があるが、以下では、直観と知覚の比較を通じて、直観の一端を明らかにしたい。

7 知覚はその形成の過程が意識されることなく、その結果だけが意識にのぼる。バナナから光の刺激を受けると、バナナが見える(つまりバナナの姿が意識に現れる)。[A]、このバナナの知覚が形成される過程、すなわち網膜に到達した光刺激が脳の*視覚皮質に送られ、そこで順次、情報処理がなされていく過程は、意識にのぼらない。最終的な結果であるバナナの

(1) 文章中の～～～線部のよみがなを、ひらがなで書きなさい。

① 叫ん ② 訪れ ③ 一端
④ 網膜 ⑤ 順次 ⑥ 再現

(2) [A]、[B]に当てはまる言葉として最も適切なものを、次のア～カから一つずつ選び、記号を書きなさい。また、それらは同じ品詞であるが、その品詞を漢字で書きなさい。

ア だから イ しかし ウ しかも
エ それとも オ なぜなら カ ところで

(3) 本文における段落相互の関係の説明として最も適切なものを、次のア～エから一つ選び、記号を書きなさい。

ア 3段落は、2段落の内容を受け、具体例を挙げながら否定する考えを述べている。
イ 4段落は、3段落の内容を受け、疑問を解決し新たな話題を提示している。
ウ 5段落は、4段落の内容を受け、筆者の個人的体験を根拠に、文章全体の結論を述べている。
エ 6段落は、5段落の内容を受け、問いによって視点を転換しながら、話題を提示している。

(4) ――線部①とあるが、筆者の考える、数学の証明が本当にわかるということについて次のようにまとめた。[C]に当てはまる最も適切な言葉を、本文中から十五字で抜き出して書きなさい。

知覚だけが意識にのぼる。したがって、意識のうえでは、知覚は形成過程なしに突如出現するように思える。しかし、いま説明したように、それは無意識的な形成過程を経ているのである。

8 知覚と同様のことが、直観でも生じている。直観においても、その形成過程は意識されず、結果だけが意識にのぼる。さきほど述べたように、証明を何度もたどっていると、やがてその核心が直観されるが、意識にのぼるのはその核心の直観だけであって、それが脳のなかでどのような情報処理を経て形成されるかは意識されない。

9 このように知覚と直観のあいだには、よく似た点がある。しかし、その一方で、重要な違いもある。すなわち、知覚においては、物事の具体的な内容が意識に現れるのにたいし、直観では、抽象的な内容しか現れない。バナナの知覚においては、意識に具体的なバナナの姿が現れるが、証明の直観においては、証明の核心という抽象的な内容しか意識に現れない。もちろん、証明を構成する式(または命題)の系列を具体的に意識に思い浮かべることはできるだろうが、それは直観によって捉えられる証明の核心ではない。 B 、証明の核心を直観的に把握できなくても、証明をよく暗記すれば、証明の式/命題の系列を具体的に思い浮かべることは可能だからである。証明を直観的に把握することは、証明の式/命題の系列を具体的に思い浮かべることではなく、証明の核心を一挙に捉えることなのである。

10 これは何も視覚的な事柄に限った話ではない。たとえば、ひとつの楽曲が直観的に把握されるというような聴覚的な事柄の場合も、同様である。ベートーベンの「運命」を何度も聴いて、それが直観的にわかるようになったとしよう。このとき、「運命」の核心を一挙に捉えることになるが、それはこの楽曲を構成する音を順に意識に思い浮かべることではない。楽曲の核心を捉えることは瞬時に可能だが、楽曲のすべての音を具体的に思い浮かべるには、何十分もかかる。楽曲を直観的に把握することは、意識のなかで楽曲を具体的に再現することではなく、楽曲の核心を一挙に捉えることなのである。

11 このように、直観では、知覚と違って、物事の核心しか意識に現れない。②直観は物事の具体的な姿ではなく、その核心を一挙に捉えるのである。私たちの物事の理解は、このような直観によっておおいに深められる。

(信原《のぶはら》幸弘《ゆきひろ》「「覚える」と「わかる」 知の仕組みとその可能性」 問題作成上ふりがなをつけた箇所がある)

*(注) 欣喜雀躍=こおどりして喜ぶこと
視覚皮質=視覚中枢ともいう、大脳にある視覚に関与する神経中枢

本当にわかるには、たんに規則の適用順がわかるだけではなく、 C が必要だ。

(5) 知覚と直観について、下の図のようにまとめた。 D に当てはまる最も適切な言葉を、本文中から十四字で抜き出して書きなさい。

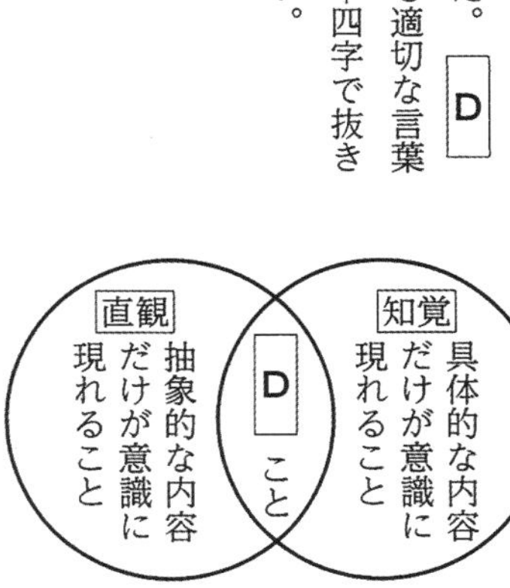

(6) ――線部②を踏まえ、この文章から読み取ったことを次のようにまとめた。このことについて、身近な例を用いて説明することになった。あとの〈条件1〉~〈条件3〉に従って、七十字以上九十字以内で書きなさい。

㋐物事の理解に向け自ら働きかけを繰り返していると、㋑具体的な姿ではなく、㋒中心となる大切な部分を一挙に捉えることができる場合がある。

〈条件1〉 ――線部㋐について、本文と異なる例(数学の証明、音楽鑑賞以外)を用いて書くこと。

〈条件2〉 ――線部㋑について、あなたが用いた本文と異なる例に応じて、物事の具体的な姿を書くこと。

〈条件3〉 ――線部㋒について、あなたが用いた本文と異なる例に応じて、何を一挙に捉えることができるか書くこと。

【問二】 新生徒会長になった木下さんをはじめ、各委員会の委員長による新生徒会役員会では、「全校生徒が充実感と達成感を得られる生徒会」という生徒会の目標のもと、各委員会の活動計画作成に向けて話し合っている。次の Ⅰ ～ Ⅲ を読んで、下の各問いに答えなさい。

Ⅰ 話し合い

木下　各委員会の活動計画は、全校のみんなの総意で決まった生徒会の目標に沿って作成したいね。

川原　うん。でも、いざ実際に自分の委員会の活動計画を考え始めたら、生徒会の目標の「充実感と達成感」を得られる活動になっているのか、不安になってしまったよ。

山本　僕もだよ。生徒会の目標の捉えを、改めて明確にする必要があると思うな。充実感と達成感ってどんなものなのだろう。

森田　うまく言えないけど……。去年、僕は園芸委員で、「花のプレゼント」という活動をしたよ。毎日一生懸命手入れをした鉢植えの花を、近くの幼稚園に持っていったんだ。子どもたちや先生方がとっても喜んでくれてうれしかったな。この活動を通して、僕は充実感や達成感を得ることができた気がする。

山本　そういう経験は僕にもあるな。僕は去年、体育委員で、体育祭の準備や運営をしたんだ。メンバー表の集約や当日の点数の集計は、大変だったけど充実していたな。体育祭当日に、全校のみんなが楽しんでいる様子を見て、やってよかったと思ったよ。

川原　森田さんは花のお世話、山本さんは事前の準備や当日の運営の中で、充実感を得ていたんだね。つまり、充実感は、何かに一生懸命取り組んでいる中で感じるものということかぁ。

森田　なるほど。では、達成感はどんなものなのかな。

川原　二人の体験で言えば、子どもたちや先生方、全校のみんなが、喜んだり楽しんだりしている姿を見たときに得られたものなのではないかな。つまり、自分が取り組んだ活動の効果や成果を実感することだと言えそうだね。

山本　なるほど。［ C ］、充実感と達成感がどんなものなのか、改めて捉え直すことができたよ。

森田　そうだね。僕たちの捉えが明確になったね。そう考えると、充実感と達成感が得られる活動って、僕たちの経験の他にもたくさんある気がするね。

川原　それなら、どんな活動の中で充実感と達成感を得たのか、理由と一緒に、全校のみんなにアンケートで聞いてみたらどうかな。その中に各委員会の活動計画作成のヒントがあるかもしれないね。

木下　いい案だね。全校のみんなで協力し、学校生活を自分たちでよくしていくことにもつながるね。昼の放送で全校のみんなにお願いができるよう準備するよ。（…賛同の意見が続く）

(1) ――線部の山本さんの発言が、 Ⅰ において果たしている役割を、次のようにまとめたとき、［ A ］、［ B ］に当てはまる言葉の組み合わせとして最も適切なものを、あとの**ア**～**エ**から一つ選び、記号を書きなさい。

> 川原さんの発言を［ A ］に受け止め、自分の思いを述べながら、［ B ］をはっきりさせる役割。

ア　［ A ］批判的　［ B ］結論
イ　［ A ］共感的　［ B ］結論
ウ　［ A ］批判的　［ B ］話題
エ　［ A ］共感的　［ B ］話題

(2) Ⅰ の［ C ］に当てはまる言葉として最も適切なものを、次の**ア**～**エ**から一つ選び、記号を書きなさい。

ア　川原さんが、僕たちの経験に共通することを取り出してまとめてくれたおかげで
イ　川原さんが、僕たちの経験を時間の流れに沿って整理してくれたおかげで
ウ　川原さんが、僕たちの経験と似た経験をもつ人がいないか周りに質問してくれたおかげで
エ　川原さんが、僕たちの経験に川原さん自身の経験を結び付けて話してくれたおかげで

(3) 木下さんは Ⅱ と Ⅲ を、生徒会顧問の新海先生に見せ、感想やアドバイスをもらった。

Ⅱ 発表資料

スライド①

各委員会の活動計画作成に向けて

〈 D 〉

生徒会の目標

全校生徒が
充実感と達成感を得られる生徒会

全校生徒の経験を、
各委員会の活動計画作成のヒントにしたい！

スライド②

各委員会の活動計画作成に向けて

〈アンケートで聞きたいこと〉

◇ 充実感と達成感を得た生徒会の活動

◇ 充実感と達成感を得た理由

スライド③

各委員会の活動計画作成に向けて

〈アンケートの方法と締め切り〉

方　法：１人１台端末を使ったアンケート

締め切り：１月31日（水）

※本日、学級長を通して、二次元コードとURLを配付します。

Ⅲ 発表原稿

皆さんこんにちは。生徒会長の木下です。今日は皆さんにお願いがあります。新生徒会の各委員会の活動計画作成のために、アンケートに協力してください。

（**スライド①**示す）それでは、アンケートをお願いする理由をお話しします。

（**ア**）先日、役員会で各委員会の活動計画について話し合いました。その中で、それぞれの活動は、生徒会の目標に沿ったものにしたいということで一致しました。

（**イ**）生徒会の目標は、「全校生徒が充実感と達成感を得られる生徒会」です。【★】

（**ウ**）私たち役員会では、各委員会の具体的な活動計画を考えるために、皆さんの経験をヒントにしたいと思い、アンケートをとることを考えました。

（**エ**）では、今回のアンケートで聞きたいことについてお伝えします。アンケートには、皆さんがこれまでに充実感と達成感を得た生徒会活動と、それらを得た理由を書いてください。

（**スライド③**示す）最後に、アンケートの方法と締め切りについてです。今スライドで示しているようにお願いします。

皆さんのご協力をお願いします。

新海先生からの感想やアドバイス

・各スライド上部にある〈 〉のついた見出しが、各スライドに対する発表原稿の最初の部分とつながっていてわかりやすい。

・各スライドを提示するタイミングが、スライドに関わる発表原稿の直前に設定されていてわかりやすい。

・発表原稿では、役員会で話された充実感や達成感という言葉の捉えが伝わらないかもしれない。

新海先生からの感想やアドバイスを踏まえて、次のⅰ～ⅲに答えなさい。

ⅰ Ⅱ の**スライド①**にある D に当てはまる見出しとして最も適切なものを、次の**ア**～**エ**から一つ選び、記号を書きなさい。

ア 役員会としての生徒会に対する願い
イ 充実感と達成感とは
ウ アンケートをお願いする理由
エ 新しい生徒会で大切にしたいこと

ⅱ 木下さんが設定していた Ⅱ の**スライド②**を提示するタイミングとして最も適切なものを、Ⅲ の**ア**～**エ**から一つ選び、記号を書きなさい。

ⅲ ——線部を受けて開かれた役員会で、「アンケートをとるなら、役員会で考えた充実感と達成感の捉えを、全校生徒と共有する必要がある」という意見が出た。そこで、木下さんは Ⅲ の【★】の部分に説明を加えた。木下さんが【★】に加えたと考えられる説明を、Ⅰ の中にある言葉を使って、五十五字以上六十五字以内で書きなさい。

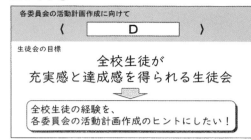

【問三】 次の①～③から、誤って使われている漢字一字をそれぞれ抜き出して書き、同じ読みの正しい漢字を楷書でそれぞれ書きなさい。

① 人工衛星からの画像をもとに、日潟の分布を観測し、過去の記録と比べて考察したことを報告書にまとめた。

② 菜種などから再取された油が、古くは室内の照明に使われ、今では医薬品などにも活用されている。

③ 独自の法律をつくり、配下の武士や領民を統制しようとした戦国大名がいたという誌実を学んだ。

【問四】 次の**文章Ⅰ～Ⅲ**は、『枕草子』の一節である。これらを読んで、下の各問いに答えなさい。

文章Ⅰ

五月《さつき》ばかりなどに山里にありく、いとをかし。草葉も水もいと青く見えわたりたるに、上はつれなくて（**変わった様子がなくて**）、草生ひしげりたるを、ながながと、たたざまに（**縦一列に**）行けば、下はえならざりける水（**思いもよらないほどの水**）の、深くはあらねど、人など（**従者**）の歩むに、走りあがりたる（**跳ね上がる**）、いとをかし。

左右《ひだりみぎ》にある垣にあるものの枝などの車の屋形（**牛車　人が乗る部分**）などにさし入るを、いそぎてとらへて折らむとするほどに、ふと過ぎてはづれたるこそ、いとくちをしけれ（**残念だ**）。よもぎの、車に押しひしがれたりけるが、輪の廻《まは》りたるに、近うちかかりたるもをかし。

(1) **文章Ⅰ**の〰〰線部の言葉を現代仮名遣いに直して、すべてひらがなで書きなさい。

① とらへて　② くちをしけれ

(2) **文章Ⅰ**の══線部の主語にあたるものを、次の**ア～エ**から一つ選び、記号を書きなさい。

〔**ア** 人　**イ** 垣　**ウ** ものの枝　**エ** 車の屋形　〕

(3) 次は、生徒たちが**文章Ⅰ**の中で注目したことがらについて、**文章Ⅱ、Ⅲ**を関連させて、各班に分かれて話し合っている様子である。

一班の話し合い

津田　私は、作者の着眼点に注目して読んでみたよ。**文章Ⅰ**で、表面は変わった様子もなく草が生い茂っているのに、**A** 様子に着目しているところと、**文章Ⅱ**で、水面から少し葉先を出した水生植物が、上からは短く見えたのに、取らせてみたらとても長かった様子に着目しているところが似ていると思ったよ。

平山　そうだね。どちらも、意外性を感じて心動かされている作者の姿が見受けられるね。そして、**文章Ⅱ**では、目にした情景を、作者がそれまで知識としてもっていたこととも関わらせて「をかし」と感じているようだね。

Ⅱ　反比例の特徴やグラフについて考える。ただし、原点Oから点(1, 0)までの距離、および原点Oから点(0, 1)までの距離はそれぞれ1 cmとする。

(1)　**図2**は、関数$y=\frac{12}{x}$のグラフ上にx座標が正の数である点Aをとり、点Aを通るx軸の垂線とx軸との交点を点Bとし、点Oと点Aを結んだものである。

①　関数$y=\frac{12}{x}$のグラフ上の点で、x座標、y座標がともに自然数である点はいくつあるか求めなさい。

②　△OABが直角二等辺三角形になるとき、OAの長さを求めなさい。

図2

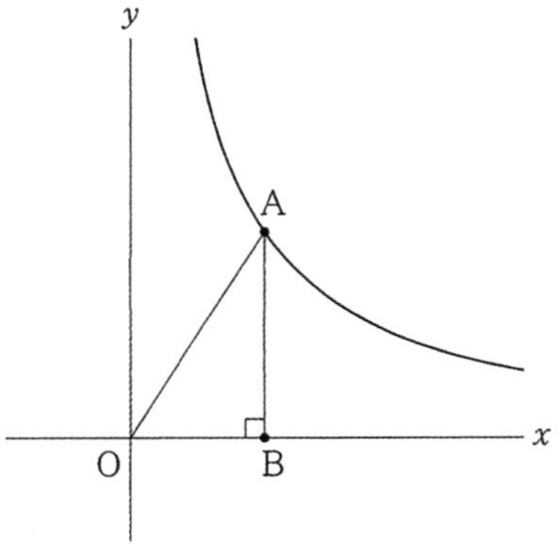

(2)　**図3**は、関数$y=\frac{8}{x}$のグラフ上に、点Cのx座標と点Dのy座標が等しくなるように点C、Dをとったもので、点Dのx座標は2である。点Eは、直線ODと双曲線の交点のうち、点Dと異なる点である。

①　△CDEの面積を求めなさい。

②　点Cを通り、△CDEの面積を2等分する直線の式を求めなさい。

図3

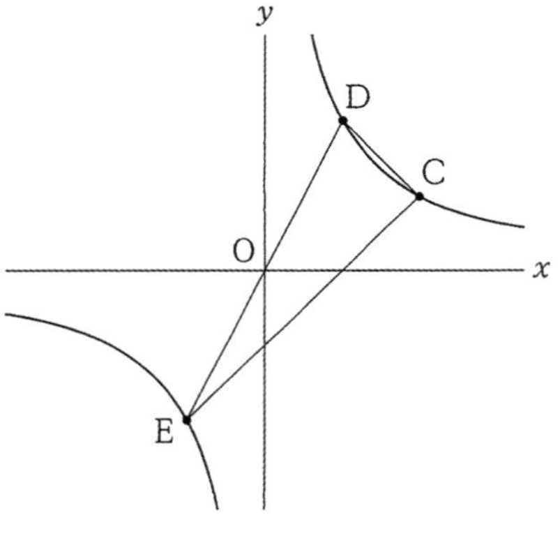

【問 4】 図形をかいたり、移動させたりすることができる数学の作図ソフトがある。歩さんと進さんは、次の**手順**で作図ソフトを操作し、図形を観察した。各問いに答えなさい。

〔**手順**〕

❶ AB = 6 cm、AD = 3 cm の長方形 ABCD をかく。

❷ 長方形ABCDを、**図1**のように点Bを中心に回転移動させる。

❸ 回転移動後の長方形を、長方形 EBFG とし、点 A と点 E、点 C と点 F をそれぞれ結ぶ。

図 1

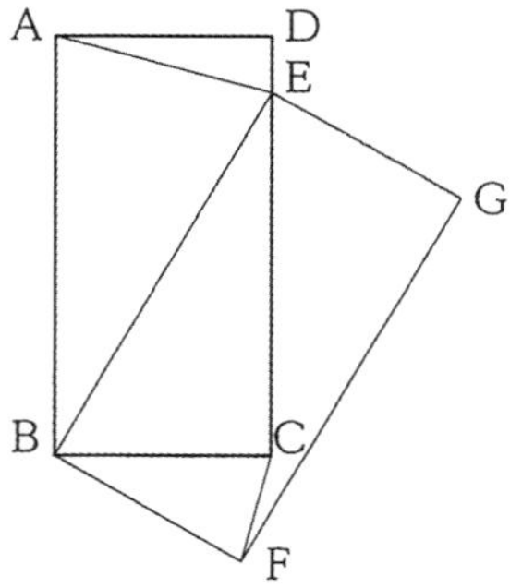

(1) ❷で、時計回りに 30° 回転移動させたとき、∠AEB の大きさを求めなさい。

(2) 歩さんは、長方形 ABCD を回転移動させているうちに、△ABE ∽ △CBF が成り立つと考え、**図 2** をもとに次のように証明のすじ道をまとめ、仮定や仮定から導かれることがらを整理した。

図 2

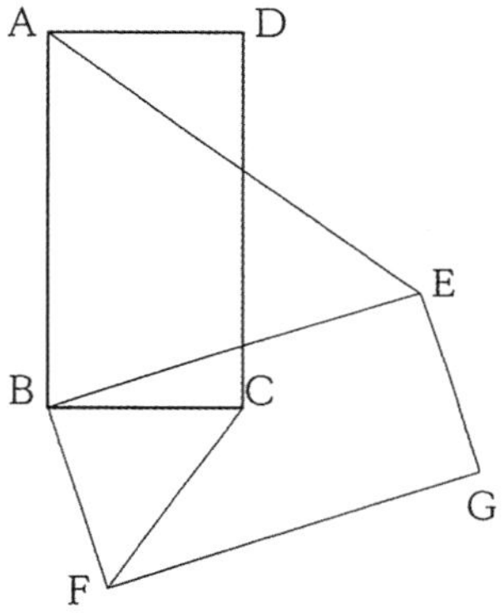

〔**歩さんの証明のすじ道**〕

△ABE と △CBF で、

∠ABE = ∠CBF → ∠BAE = ∠BCF

← 2 組の角が、それぞれ等しい

△ABE ∽ △CBF

〔**仮定や仮定から導かれることがらの整理**〕

∠ABE と ∠CBF について

∠ABE と ∠CBF はどちらも 90° − ∠ **あ**

よって、∠ABE = ∠CBF

∠BAE と ∠BCF について

∠ABE = ∠CBF ……①

また、長方形 ABCD を点 B を中心に回転移動させた図形が長方形 EBFG なので、対応する辺は等しいから、BA = BE、BC = BF

よって、△ABE と △CBF は 2 つの辺が等しいので、それぞれ二等辺三角形である。

二等辺三角形の **い** は等しいので、

∠BAE = ∠BEA ……②

∠BCF = ∠BFC ……③

三角形の内角の和が 180°であることと、①、②、③から、

$\frac{1}{2}$(**う** ° − ∠ABE) = ∠BAE、$\frac{1}{2}$(**う** ° − ∠CBF) = ∠BCF ……④

①、④より、∠BAE = ∠BCF

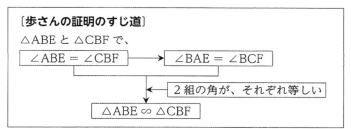

① **仮定や仮定から導かれることがらの整理**の、[**あ**] には最も適切な角を記号を用いて、[**い**] には当てはまる適切な語句を、[**う**] には当てはまる適切な数を、それぞれ書きなさい。

進さんは、**図2**をもとに次のように、歩さんとは異なる証明の方針を立てた。

〔**進さんの方針**〕
2組の辺の比とその間の角の大きさに着目する。

② **進さんの方針**にもとづき、$\triangle ABE \backsim \triangle CBF$ を証明しなさい。ただし、$0° < \angle ABE < 90°$ とする。

歩さんと進さんは、**手順**に次の❹を加え、さらに図形を観察した。

❹ 点Bと点D、点Bと点G、点Dと点Gをそれぞれ結ぶ。

(3) **図3**は、時計回りに90°回転移動させたものである。このとき、CF : AE ＝ 1 : [**え**] 、CF : DG ＝ 1 : [**お**] である。[**え**] 、[**お**] に当てはまる適切な数を書きなさい。

図3

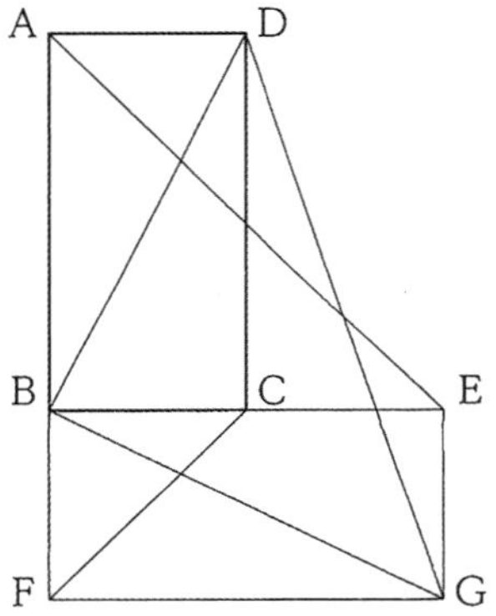

(4) **図4**は、**図3**をさらに回転移動し、線分CFとBEの交点をHとしたものである。EH ＝ 5 cm のとき、△BDG の面積を求めなさい。

図4

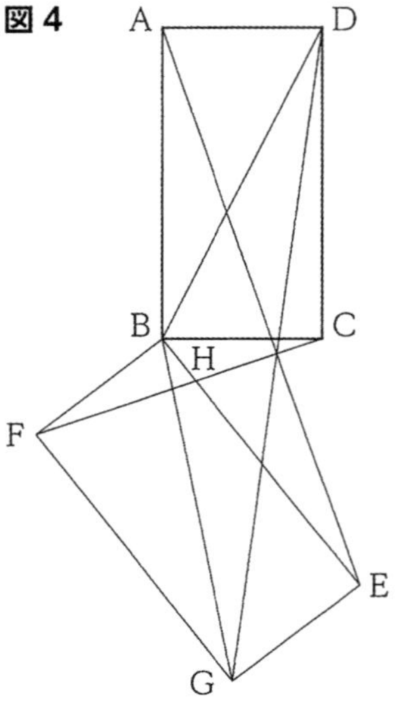

これより先に問題はありません。

下書きなどが必要なときには、自由に使ってかまいません。

これより先に問題はありません。

下書きなどが必要なときには、自由に使ってかまいません。

2024(R6) 長野県公立高
K 教英出版

(1)　下線部①の(　　　)に当てはまる最も適切な英語を、次の**ア**～**エ**から１つ選び、記号を書きなさい。

〔 **ア**　but　　**イ**　if　　**ウ**　because　　**エ**　or 〕

(2)　下線部②の(　　　)に当てはまる最も適切な英語を、次の**ア**～**エ**から１つ選び、記号を書きなさい。

〔 **ア**　Then　　**イ**　However　　**ウ**　These days　　**エ**　By the way 〕

(3)　レポートの **あ** 、 **い** に当てはまる最も適切な英文を、次の**ア**～**エ**から１つずつ選び、記号を書きなさい。

〔
ア　He tried different ways to make a lot of coil-shaped *Katori-Senko*.
イ　It will also be difficult to help all the people who have health problems.
ウ　It wasn't grown in Japan then, so he had to study how to grow it.
エ　He had to find another way which had less smoke without a charcoal fire.
〕

(4)　次の英文は、下線部③の内容を表したものである。下線部**う**、**え**の(　　　)に当てはまる最も適切な英語を、それぞれ１語ずつ書きなさい。ただし、(　　　)内に示されている文字で書き始めること。

> The *Katori-Senko* stick broke easily because of its **う**(s＿＿＿). Also, the burning time was too **え**(s＿＿＿) for people sleeping at night.

(5)　次の**メモ**は、純がレポートを書くときに使ったものである。 **お** 、 **か** に当てはまる西暦を算用数字で書きなさい。

メモ

Ueyama Eiichiro	In 1890
In January, 1886	・made the stick-shaped *Katori-Senko*
・got the seeds from a trader	In 1895
In May, **お**	・made the coil-shaped *Katori-Senko*
・made a powder	In **か**
・burned it with sawdust	・started to sell the coil-shaped *Katori-Senko*

(6)　レポートの内容と合っている英文を、次の**ア**～**オ**から２つ選び、記号を書きなさい。

〔
ア　Eiichiro didn't know that smoke was used to get rid of mosquitos in a traditional way.
イ　The first *Katori-Senko* in the world was a stick-shaped one.
ウ　Eiichiro didn't have to improve the first *Katori-Senko* in the world.
エ　Eiichiro made the coil-shaped *Katori-Senko* without any problems.
オ　Jun wants to help people by creating new medicines.
〕

(7)　レポートにつけるタイトルとして最も適切なものを、次の**ア**～**エ**から１つ選び、記号を書きなさい。

Ueyama Eiichiro — A Person Who
〔
ア　Did a Great Thing as a Trader in America
イ　Kept Trying to Create a Great Thing
ウ　Brought *Katori-Senko* from America
エ　Found a Unique Flower in Japan
〕

【問 4】 純(Jun)は英語の授業で、蚊取り線香(*Katori-Senko*)を発明した上山英一郎(Ueyama Eiichiro)について、調べたことをレポートにまとめた。レポートを読んで、各問いに答えなさい。

現在の蚊取り線香

The history of *Katori-Senko* goes back to 1886. In January of that year, Ueyama Eiichiro received the *seeds of a unique flower from a *trader living in America. At that time, the *powder of the flower was used abroad ①(　　　) it could *get rid of *bugs. So he thought growing the flower would help farmers in Japan.

One year and four months after getting the seeds, making a powder from the flower he grew was successful. The powder was useful for farmers to protect their *crops from bugs. Then one day, a man asked him to make something that would get rid of *mosquitos. He remembered a traditional way which used *smoke for that. He tried burning the powder with *sawdust, but this had problems. He had to make a *charcoal fire to burn the powder even in the hot summer, and it made too much smoke. [　あ　]

After that, he got an idea from the shape of an *incense stick. ②(　　　), he invented the *stick-shaped *Katori-Senko* in 1890. It was the first *Katori-Senko* in the world. People could use it without a charcoal fire, and less smoke was made. However, it burned for only 40 minutes. There were some reasons for that. For example, it was 20 *centimeters long and *thin. So it broke easily. Also, the burning time wasn't enough to use while people were sleeping at night. He had to solve ③these problems.

Five years later, he got his *wife's idea and made a *coil-shaped *Katori-Senko*. This new *Katori-Senko* became longer and burned for about six hours. It also became stronger than before. He could solve the problems above by changing the shape, but there was another problem. It wasn't easy to *mass-produce the coil-shaped *Katori-Senko*. [　い　] So it took seven years to start selling the coil-shaped *Katori-Senko* after he heard his wife's idea.

He had more problems to solve but never stopped making something useful for people. Like Mr. Ueyama, I want to create new medicines to help people who have health problems. It won't be easy, but I will do my best.

*(注) seed(s) 種子　trader 貿易業者　powder 粉　get rid of 追い払う　bug(s) 小さな昆虫
crop(s) 農作物　mosquito(s) 蚊　smoke 煙　sawdust 木のくず　charcoal fire 炭火
incense stick 線香　stick-shaped 棒状の　centimeter(s) センチメートル　thin 細い　wife 妻
coil-shaped 渦巻き型の　mass-produce 大量生産する

次の英文は、鈴の白根大凧《おおたこ》合戦(the Shirone Giant Kite Battle)についての発表である。なお、[1] ～ [4] は段落の番号を表している。

[1] Do you know the Shirone Giant Kite Battle? People of the Shirone area in Niigata City have enjoyed this festival for a long time. This is an important festival for me, so I hope it'll be held for many years. Let me introduce this festival.

[2] Two teams stand on *opposite sides of a river and fly their own kite. It's exciting to fly a large kite with team members. They *entangle and drop their kites into the river. Then, they pull the *rope like a game of *tug-of-war. One team must cut the other team's rope to win.

[3] The kites flown at this festival are made by hand. The large kites are about five meters wide and seven meters tall, so making new ones is not easy. People need a lot of time to prepare for the five-day festival.

[4] I love working with my friends to fly kites at the festival. Tourists can also fly kites and pull the rope together. In my opinion, everyone can become one big team through the festival.

*(注) opposite 反対側の　entangle 絡《から》ませる　rope ロープ　tug-of-war 綱引き

(4) 次の**ア**～**ウ**は、鈴が [2] と [3] で使用した３枚のスライドである。話の順になるように、記号を左から並べて書きなさい。

ア
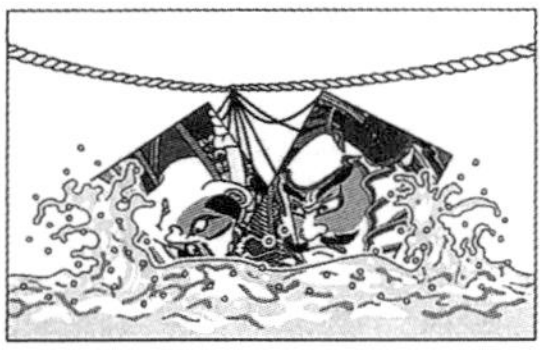

イ

ウ

(5) 鈴の発表の内容と合っている英文として最も適切なものを、次の**ア**～**エ**から１つ選び、記号を書きなさい。

ア Suzu believes that people can be as one with each other through the festival.
イ Suzu thinks that it is easy to make new large kites by hand.
ウ Suzu says that only local people can fly kites at the festival.
エ Suzu tells us that the team which drops their kite into the river wins.

鈴は発表後、聞いていた人に次のように問いかけた。

I want to introduce our festival to many people. I have two ideas to do so - drawing paper posters or making festival videos. I don't know which idea is better. ①Can you tell me your opinion?

(6) 下線部①の質問に対して、鈴が述べている２つのアイデアのうち、どちらかを選んで、あなたの考えと、その理由を書きなさい。語の順番や使い方に注意して、20語以上の正確な英語で書きなさい。ただし、英文の数は問わない。なお、コンマ、ピリオドなどの符号は語数に含めない。短縮形は１語と数えること。

令和６年度入学者選抜学力検査問題　英語リスニングテスト台本

※教英出版注
音声は，解答集の書籍ＩＤ番号を教英出版ウェブサイトで入力して聴くことができます。

(三点チャイム)

〔アナウンス　3〕

これから英語の学力検査を始めます。問題冊子を開き、問題が２ページから９ページに印刷されていることを確認してください。(間５秒)次に、解答用紙に受検番号と志望校名を書いてください。受検番号は算用数字です。解答は、すべてこの解答用紙に書いてください。

(間 15 秒)

それでは、**【問 1】**リスニングテストを行います。問題冊子の２ページ、３ページを開きなさい。

問題は、(1)、(2)、(3)、(4)があります。(1)から(3)は英語を聞いて、質問の答えとして最も適切なものを、**ア**から**エ**の中から１つずつ選び、記号を書きなさい。(4)は、放送の指示に従って英語を書きなさい。英語は、(1)では１度、(2)、(3)、(4)では２度読みます。メモをとってもかまいません。

(1)は、No. 1 から No. 3 のそれぞれの絵を見て答える問題です。それでは、始めます。

No. 1　Emi is my sister. She is wearing a hat and is sitting now. Which picture shows Emi?

No. 2　If you hold this above your head on rainy days, you will not get wet. Which picture shows this?

No. 3　Last Sunday, a boy wanted to go fishing, but he couldn't because the weather was terrible. So, he read a book and then played the piano at home on that day. What did the boy do first and second last Sunday?

これで(1)は終わります。

(2)では、No. 1 と No. 2 で２人が会話をしています。No. 3 では電車の車内アナウンスが流れます。それぞれの会話とアナウンスの後、"**Question**" と言ってから、内容についての質問をします。それでは、始めます。

No. 1　※　**A**：Can I get two tickets for the movie at three p.m., please?

B：We're sorry, but we don't have any more tickets for that time. Instead, we have three tickets for the show at five p.m. and more tickets for the seven-p.m. show.

A：I'll take two tickets for the five-p.m. show.

Question：What is the man going to buy?

繰り返します。※　略

No. 2　※　**A**：Hi, Tom. Our favorite singer is going to have a concert next month. Why don't we go together?

B：That sounds good, Yumi. What is the date of the concert?

A：It's July tenth at the Music Hall.

Question：Why did Yumi talk to Tom?

繰り返します。※　略

No. 3　※　This is the West Line. This train is ten minutes late because of the snow. We will arrive at Chuo Park Station soon. Please be careful when you get off the train.

Question：What information did you hear?

(4) **表2**から、**A**では砂や泥のたまり方は横に広がらず、**B**～**D**では、波が陸に打ち寄せる方向によって広がりに違いが見られた。また、広がった端のところには、粒の小さな砂や泥が多く見られた。砂や泥のたまり方への波の影響について、砂や泥の沈む速さをふまえ、運ばれる方向を示し、簡潔に説明しなさい。

(5) **図1**の安倍川河口から三保半島の海岸地形において、南からの波が影響しているとすると、最も似ている地形モデルと考えられるのはどれか、**表1**の**A**～**D**から1つ選び、記号を書きなさい。

Ⅱ　**図4**は前線**F**が日本列島を通過した日の3時と15時の天気図である。また、**表3**は同じ日の松本市の1時間ごとの気象記録である。

図4

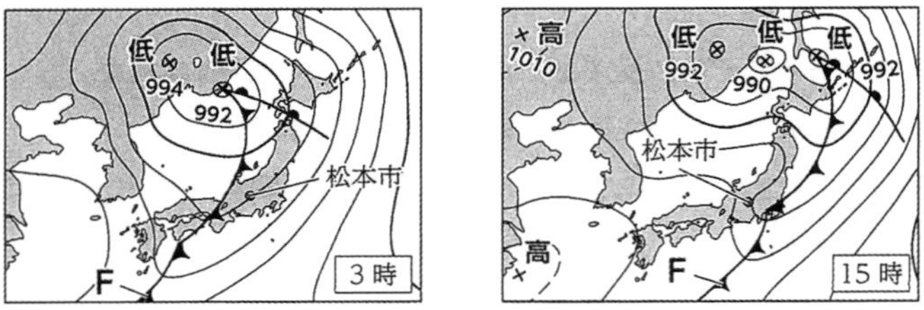

表3

時刻	3	4	5	6	7	8	9	10	11	12	13	14	15
気温〔℃〕	16.6	16.7	17.5	19.1	16.2	16.0	15.5	16.0	16.9	19.8	21.3	21.3	21.4
風速〔m/s〕	7.7	7.5	3.3	4.7	3.2	0.9	1.6	1.1	1.8	2.3	5.6	6.9	5.8
風向	南	南	南南東	南	西北西	南南東	南西	南南西	南南西	西南西	南南西	南	南
天気	雨	雨	雨	雨	雨	雨	雨	くもり	くもり	くもり	くもり	くもり	くもり

(1) **図4**で松本市を通過した**F**の名称を書きなさい。

(2) この日、**F**が松本市を通過し始めたと考えられる時刻として最も適切なものを、次の**ア**～**オ**から1つ選び、記号を書きなさい。また、そのように判断した理由を、**表3**の気象記録をもとに2つ書きなさい。

〔 **ア**　4～ 6時の間　　**イ**　6～ 8時の間　　**ウ**　8～10時の間
　エ　10～12時の間　　**オ**　12～14時の間 〕

(3) **図5**は翌日9時の天気図である。高気圧が東に移動してきていることをふまえ、松本市は、この後どのような天気になっていくと予想されるか。高気圧の気流が雲のでき方におよぼす影響とともに、簡潔に書きなさい。

図5

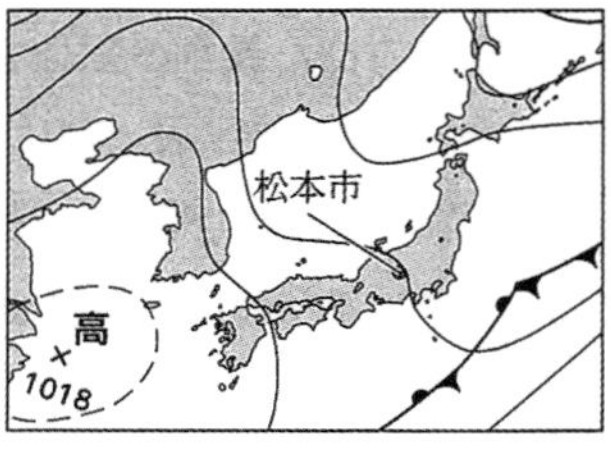

【問 4】 各問いに答えなさい。

Ⅰ 長い橋では、**図 1** のように、高い塔から張られたケーブルで橋げたを支える構造が多い。塔の間にあるケーブルが橋げたを引く力と塔の間隔や高さとの関係を調べるため、次の実験を行った。ただし、実験で用いた糸やばねの質量は考えないものとし、質量 100 g の物体にはたらく重力の大きさを 1 N とする。

図 1

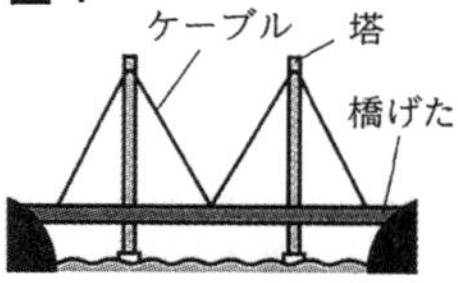

〔実験 1〕

① おもりをつるしていないときの長さが 6.0 cm で、10 g のおもりをつるすごとに 1.0 cm ずつのびる、ばね**A**、**B**を用意した。

② 支柱を 2 本用意し、高さを 30 cm に固定した。

③ **A**、**B** にそれぞれ糸をつけ、**図 2** のように、200 g のおもりをつるした。糸の長さを調整し、支柱と支柱の中間点で、床から 10 cm の高さになるようにした。

図 2

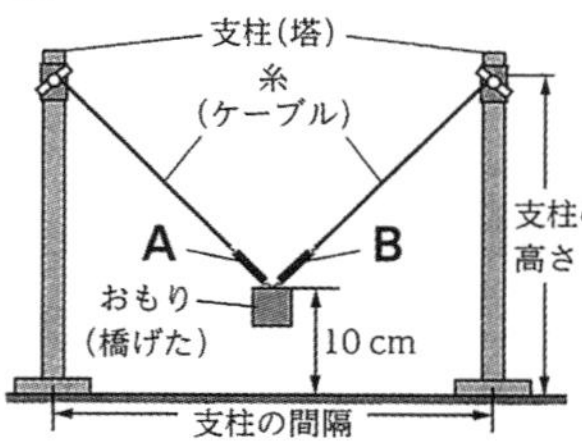

④ おもりが静止したときの**A**、**B**それぞれの長さと、**A**と**B**の間の角度をはかった。

⑤ 支柱の間隔を変えて、③、④と同様の操作を行い、結果を**表 1** にまとめた。

〔実験 2〕 **図 2** で、支柱の間隔を 70 cm に固定し、支柱の高さを変えて、**実験 1** の③、④と同様の操作を行い、結果を**表 2** にまとめた。

表 1

支柱の間隔〔cm〕	40	50	60	70
Aの長さ〔cm〕	20.1	22.0	24.0	26.2
Bの長さ〔cm〕	20.1	22.0	24.0	26.2
Aと**B**の間の角度〔°〕	90	103	113	121

表 2

支柱の高さ〔cm〕	30	50	70	90
Aの長さ〔cm〕	26.2	19.3	17.6	16.9
Bの長さ〔cm〕	26.2	19.3	17.6	16.9
Aと**B**の間の角度〔°〕	121	82	61	47

(1) **実験 1** で、つるしたおもりが静止しているとき、重力の逆向きにはたらく 2 N の力をかきなさい。ただし、1 目盛りを 1 N とし、力の大きさと向きを矢印でかき、作用点は●でかくこと。

(2) **表 1** で、支柱の間隔が 40 cm のとき、**A**がおもりを引く力の大きさは何 N か、小数第 2 位を四捨五入して、小数第 1 位まで書きなさい。

(3) 長い橋では、塔の間隔が広くなると、塔を高くして橋げたを支えていることが多い。その理由を**表 1**、**2** から考えた。

ⅰ ケーブルが橋げたを引く力の大きさは、塔の間隔が広くなることと、塔の高さが高くなることについて、それぞれどのような関係になっているか、簡潔に書きなさい。

ⅱ 支柱の間隔や高さを変えたとき、**A**と**B**のおもりを引く力の大きさが小さくなる条件に共通していることは何か、簡潔に書きなさい。

(4) 支柱の高さを、**図 3** のようにした。このとき、**A**がのびた長さと、**B**がのびた長さの関係を説明したものとして最も適切なものを、次の**ア**～**ウ**から 1 つ選び、記号を書きなさい。

図 3

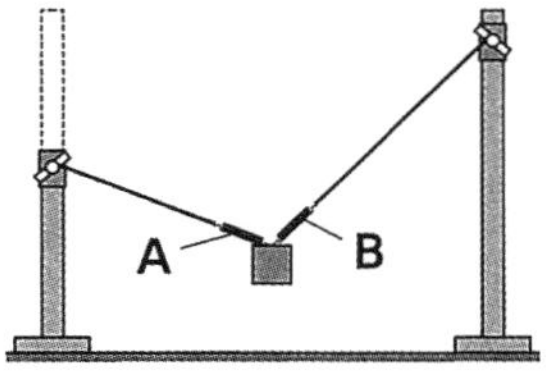

ア **A**がのびた長さは、**B**がのびた長さよりも短い。
イ **A**がのびた長さは、**B**がのびた長さよりも長い。
ウ **A**がのびた長さと、**B**がのびた長さは等しい。

Ⅱ　**図4**は、自転車の反射板である。反射板は、鏡と鏡を90°に組み合わせたものが並んでおり、斜めから光を当てても、光源の方向に光を反射する特徴がある。反射板の反射のしくみを調べるため、次の実験を行った。

図4

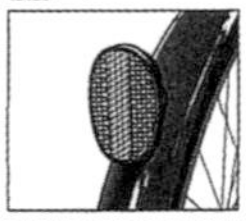

〔**実験3**〕

①　水平な机に置いた方眼紙の上に、鏡の面が90°になるように組み合わせた同じ大きさの2枚の鏡を垂直に立て、鏡1、鏡2とした。

②　2枚の鏡を真上から見ながら、光源装置の位置を変え、**図5**のように、鏡1の中心に向けて、様々な角度で光を当てた。

③　鏡1の入射角**C**、鏡2の反射角**D**を記録し、**表3**にまとめた。

図5

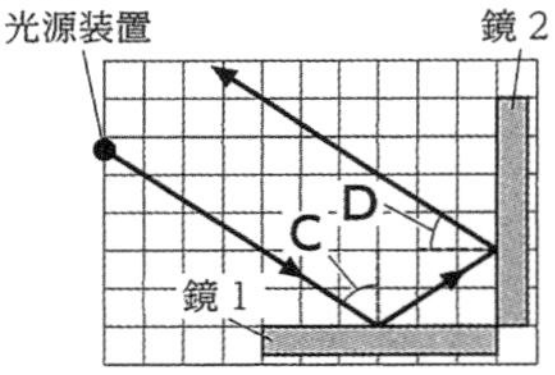

表3

C[°]	40	50	60	70
D[°]	50	40	30	20

〔**実験4**〕

①　大、中、小の3種類の大きさの鏡をそれぞれ**実験3**の①のように置いた。

②　鏡1の中心に入射角が45°になるようにそれぞれ光を当て、光の道筋を真上から見て記録し、結果を**表4**にまとめた。

表4

鏡の大きさ	大	中	小
光の道筋	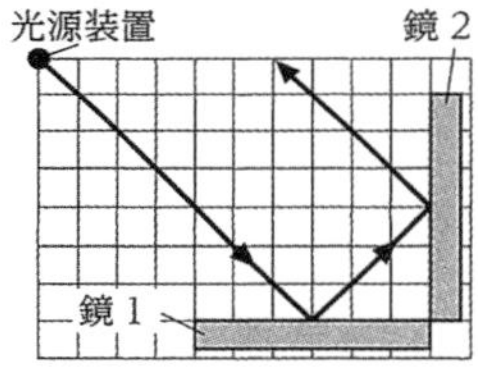	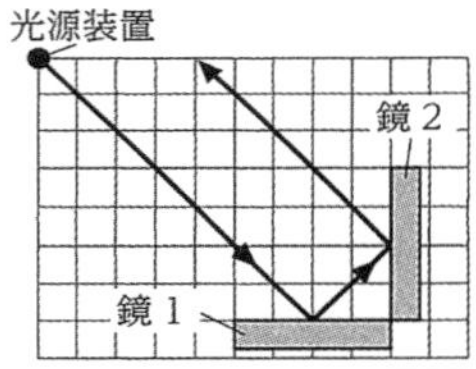	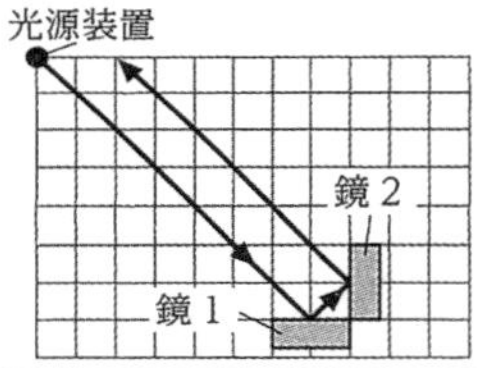

(1)　**表3**から、**C**が40°のとき、鏡2の入射角の大きさは何度か、書きなさい。

(2)　**表3**の結果についてまとめた次の文の **あ** に当てはまる値を書きなさい。また、 **い** に当てはまる適切な言葉を書きなさい。

> **C**が変わっても、鏡1の入射角と反射角、鏡2の入射角と反射角のすべての合計は **あ** °となる。このことより、鏡1に入射した光の道筋に対して、鏡2で反射した光の道筋は、常に平行で **い** 向きとなる。

(3)　**表4**から、光源の近くに光を戻す反射板の構造として適切なものを、次の**ア**、**イ**から1つ選び、記号を書きなさい。また、そのように判断した理由を、**光の道筋の間隔**という語句を使って簡潔に書きなさい。

〔 **ア**　より大きな鏡を組み合わせた構造　　**イ**　より小さな鏡を組み合わせた構造 〕

(4)　反射板は、月面にも設置されている。地球から月面上の反射板へ光を発射すると、発射から約何秒後に光が地球へ戻ってくるか、小数第1位を四捨五入して、整数で書きなさい。ただし、地球と月面の間の距離は38万km、光の速さを30万km/sとする。

これより先に問題はありません。

下書きなどが必要なときには、自由に使ってかまいません。

これより先に問題はありません。

下書きなどが必要なときには、自由に使ってかまいません。

Ⅱ　要さんのクラスでは、授業で、長野県の一人一日当たりのごみの排出量が全国で２番目に少ないが、さらにごみの削減に取り組んでいるという記事を見て、家庭から出される可燃ごみの削減に着目して話し合った。

(1)　要さんのクラスでは、家庭から出される可燃ごみを削減するために自分たちにできることはないかと考え、Ａ市が行っている取組について、**資料７**、**８**を見つけた。**資料７**の取組が、家庭から出される可燃ごみを削減することにつながると考えられる理由を、**資料７**、**８**を関連付けて、簡潔に書きなさい。

資料７　Ａ市における生ごみ３キリ運動

・使いキリ
（食材を必要な分だけ買い、正しい保存でムダなく活用しましょう。）
・食べキリ
（残り物の上手な保存やアレンジレシピで残さず食べましょう。）
・水キリ
（生ごみの約８割を占める水分をできるだけ切ってごみを減量しましょう。）

資料８　Ａ市における家庭の可燃ごみの内訳

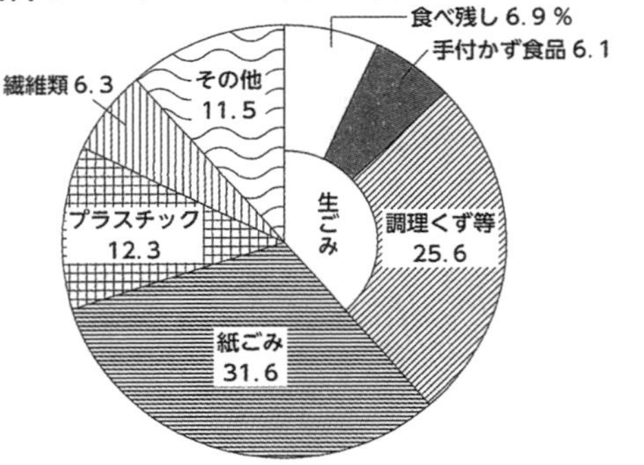

※四捨五入の関係で合計値が 100 %にならない場合がある
（**資料７**、**８**はＡ市資料より作成）

(2)　要さんのクラスでは、家庭から出される可燃ごみを削減する取組について話し合う中で、「すべての市町村が家庭から出される可燃ごみの処理にかかる手数料を徴収（有料化）すれば、家庭から出される可燃ごみがさらに減少するのではないか」という意見が出された。そこで、その意見について、**資料９**～**11**を集めて考えた。有料化することで、家庭から出される可燃ごみを今後さらに減らすことができると考えられる理由（**理由**）と、有料化する取組をすすめるうえでの課題（**課題**）について、**条件１**、**２**に従って書きなさい。なお、数字の場合は１字１マス使うこと。

条件１：**理由**と**課題**の根拠となる資料を、**資料９**～**11**から２つずつ選び、その資料の番号を書くこと。ただしすべての資料を必ず１回は選ぶこと。

条件２：選んだ資料にふれて、**理由**と**課題**を、それぞれ 40 字以上 60 字以内で書くこと。

資料９　Ｂ市における有料化前後の家庭から出される可燃ごみの総排出量と手数料負担額の試算

	有料化前	有料化後
Ｂ市で１年間に家庭から出される可燃ごみの総排出量	16080 t	14082 t
一人一日当たりの家庭から出される可燃ごみの排出量	512 g	450 g

１世帯１か月当たりの手数料負担額の試算
300 円

※一人一日当たりの家庭から出される可燃ごみの排出量は、小数第１位を四捨五入している
（Ｂ市資料等より作成）

資料10　可燃ごみの有料化を導入している市区町村の割合

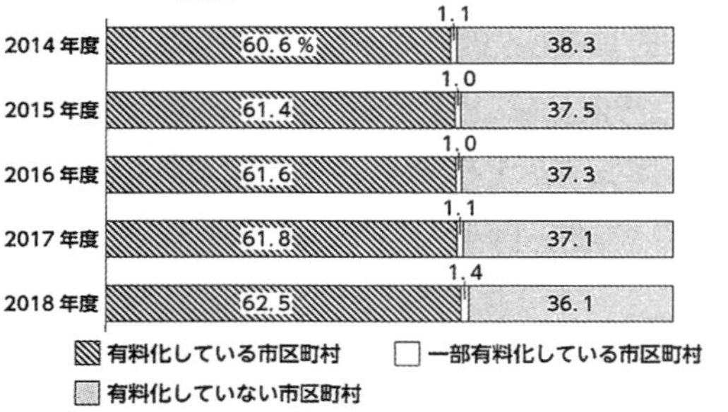

※四捨五入の関係で合計値が 100 %にならない場合がある
（環境省資料等より作成）

資料11　Ｃ市における有料化後のごみの減量・リサイクル意識の変化

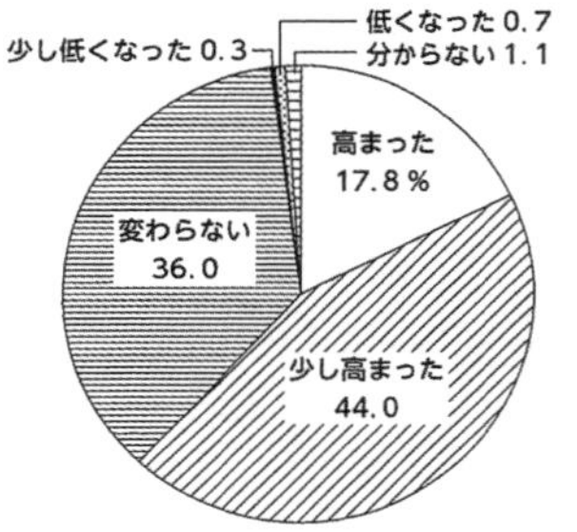

※四捨五入の関係で合計値が 100 %にならない場合がある
（Ｃ市資料より作成）

(3) 要さんは、人口が減少すると消費が落ち込むと考え、景気について調べた。

① 物価が下がり続ける現象を何というか、カタカナ７字で書きなさい。

② 不景気のとき、日本銀行が行う金融政策について次のようにまとめた。**う**～**お**に当てはまる最も適切な語句を、下の**ア**～**カ**から１つずつ選び、記号を書きなさい。

> 日本銀行が、一般の銀行から**う**などを買い取ることで、一般の銀行は貸し出しとして使えるお金が**え**、金利を**お**るので、企業はお金を借りやすくなり生産が活発になることで、景気の回復につなげる。

〔 **ア** 増え　**イ** 日本銀行券　**ウ** 下げ　**エ** 減り　**オ** 国債　**カ** 上げ 〕

(4) 要さんは、人口が減少すると働く人が減ってしまうと考え、調べたことを**ノート２**にまとめた。

> **ノート２**　生産年齢人口が減少しているにもかかわらず、a *労働力人口は必ずしも減っていない。しかし、今後は減少が予想されているので、労働力を確保するための１つとして、b 高年齢者等の雇用の安定等に関する法律が改正され、70歳までの就業機会の確保が努力義務となった。

＊労働力人口：15歳以上の働く能力と意思をもつ人口

① 下線部**a**にかかわって、**資料４**から読み取れることとして適切なものを、次の**ア**～**エ**から２つ選び、記号を書きなさい。

ア 男性の20～59歳の各年齢階級別就業率は、2000年と2022年のいずれも、90％を超えている。

イ 男性、女性の各年齢階級別のすべてで、2022年と比べて2000年の就業率は上回っている。

ウ 男性の60～64歳の2022年の就業率は、2000年より10％以上、上回っている。

エ 女性の30～34歳、35～39歳の就業率は、2000年は50％台だったが、2022年は70％を超えている。

資料４ 男女別・年齢階級別就業率の変化

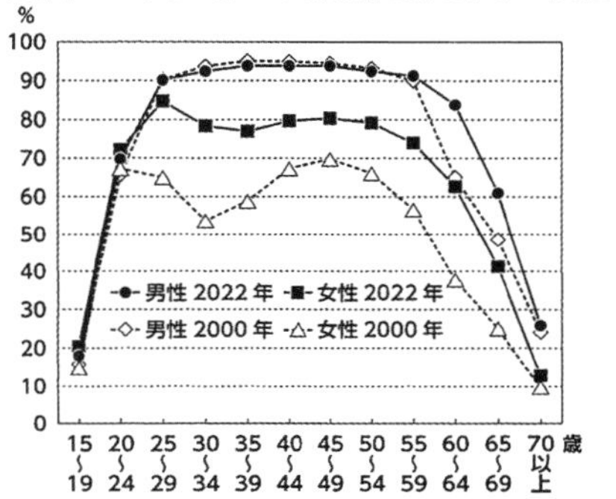

（総務省資料より作成）

② 下線部**b**にかかわって、法律ができるまでについて述べた文として最も適切なものを、次の**ア**～**エ**から１つ選び、記号を書きなさい。

ア 法律案は、国会議員だけが作成し、国会に提出することができる。

イ 国会に提出された法律案は、衆議院が先に審議する。

ウ 法律案は、委員会での審議、採決を経て本会議で議決される。

エ 衆議院と参議院で法律案の議決が異なった場合には、衆議院の議決が優先される。

③ 要さんは、労働力人口が減少しても先端技術を活用することで、労働力不足を解消することができると考えた。例えば農業で、ドローンやＡＩ、自動運転技術などを活用することで得られる効果の１つとして考えられることを、**資料５**、**６**からそれぞれ読み取れることにふれて、簡潔に書きなさい。

資料５ ドローン、ＡＩを活用した10a《アール》当たりの作業時間

農薬散布		水管理	
*慣　行	0.95時間	慣　行	1.55時間
ドローン使用	0.18時間	ＡＩ使用	0.20時間

＊慣行：一般的に行われている方法

（**資料５**、**６**は農林水産省資料等より作成）

資料６ １時間当たりの作業面積

有人トラクタのみ	30.3a
自動運転トラクタと有人監視トラクタの協調作業	41.1a

【問 3】 各問いに答えなさい。

Ⅰ 要さんは、日本の人口減少が進むことによる様々な影響について調べた。

(1) 日本では、少子化により人口減少が進む一方で、高齢化も進んでいる。要さんは、日本における高齢者の割合の特徴を**ノート1**にまとめた。**資料1**から読み取れることをもとに、［あ］、［い］に当てはまる適切な語句を、それぞれ2字で書きなさい。

> **ノート1** 2020年を見ると、日本は他の2か国に比べて高齢者の割合が［あ］。さらに、高齢者の割合が15％から20％に達するまでの期間は最も［い］。

資料1 3か国の人口に占める＊高齢者の割合の推移

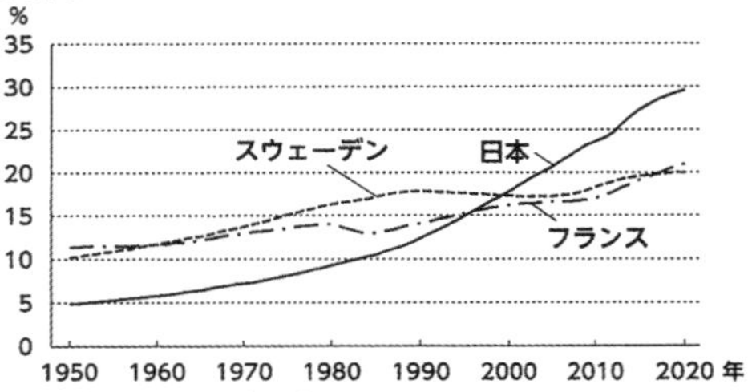

＊高齢者：65歳以上

（国際連合資料より作成）

(2) 要さんは、高齢化が進むことは、社会保障制度に大きな影響をおよぼすのではないかと考えた。

① 社会保障の1つである社会保険は、**自助**、**公助**、**共助**のどれにあたるか、最も適切なものを1つ選び、書きなさい。

② 社会保障の財源の1つとなっている消費税について述べた文として適切なものを、次の**ア**～**エ**から2つ選び、記号を書きなさい。

ア 税金を納める人と負担する人が同じ。 **イ** 税金を納める人と負担する人が異なる。
ウ 所得が高い人ほど税率が高くなる。 **エ** 所得の低い人ほど負担の割合が大きくなる。

③ 今後の社会保障において、課題の1つとして考えられることを、**資料2**、**3**を関連付けて、**高齢人口**、**生産年齢人口**の2語を使い、一人当たりの負担に着目して、簡潔に書きなさい。

資料2 年齢3区分別人口の推移と予測

※2020年までは実績値。2021年以降は推計値

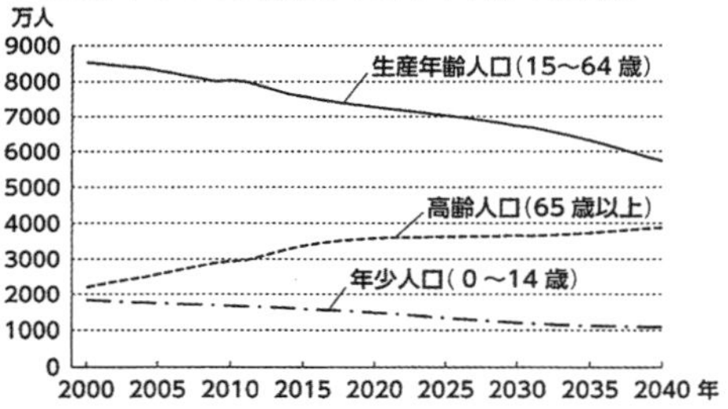

資料3 社会保障給付費の推移

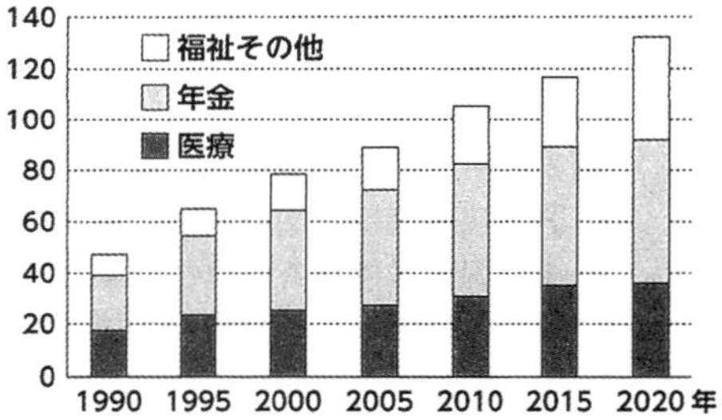

（**資料2**、**3**は国立社会保障・人口問題研究所資料より作成）

④ 要さんは、現在の日本の社会保障のあり方を**図**の●に位置づけたとき、今後は**図**の**B**の範囲に位置づけることがよいと考えた。そのように考えた理由として最も適切なものを、次の**ア**～**エ**から1つ選び、記号を書きなさい。

ア 政府による社会保障を充実させつつも、国民の負担は軽くなることがよいから。

イ 政府による社会保障を充実させていくためには、国民の負担が重くなることはやむを得ないから。

ウ 国民の負担を軽くするためには、社会保障をしぼりこんでいく必要があるから。

エ 国民の負担が重くなることはやむを得ないが、社会保障をしぼりこんでいく必要があるから。

図

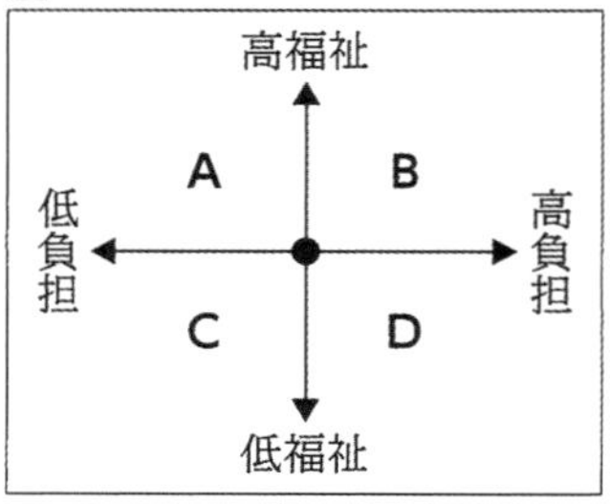

国語解答用紙

受検番号

志望校名

6 国

【問一】

(1) ① ん ② れ ③ ④ ⑤ ⑥

(2) A B 品詞

(3)

(4)

(5)

(6) 10 20 30 40 50 60 70 80 90

(1) 1点×6
(2) 2点×3
(3) 3点
(4) 4点
(5) 4点
(6) 8点

問一 計

【問二】

(1)

(2)

(3) i ii iii 10 20 30 40 50 55 60 65

(1) 3点
(2) 3点
(3) i. 3点
ii. 3点
iii. 6点

問二 計

【解答

数学解答用紙

受検番号		志望校名	

6　数

【問 1】

(1)	
(2)	
(3)	
(4)	
(5)	$x =$
(6)	$x =$
(7)	$\angle x =$　　　°

(8)

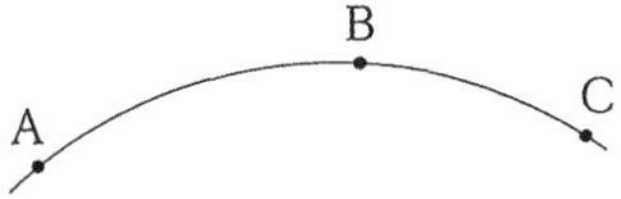

(9)	①	
	②	(　　,　　)
(10)		
(11)		

3点×12

問1 計

【問 2】 I

(1)	①		
	②	i	
		ii	
(2)	①		
	②		
	③	4月	人
		7月	人

(1)① 3点
② i． 2点
ii． 3点
(2)① 2点
② 3点
③完答 3点

II

(1)	cm^3
(2)	倍

3点×2

問2 計

【解答用

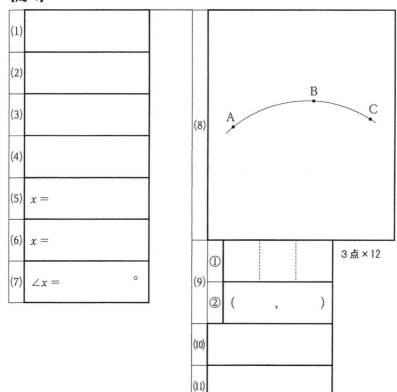

英語解答用紙

受検番号		志望校名	

6 英

【問 1】

	No. 1	No. 2	No. 3
(1)			
(4)			

	No. 1	No. 2	No. 3
(2)			

	No. 1	No. 2
(3)		

(1) 2 点 × 3
(2) 2 点 × 3
(3) No. 1 … 2 点
No. 2 … 3 点
(4) 3 点

問 1 計

【問 2】

I

(1)	(a)		(b)	
(2)	(a)	Well, (　　　) in Kyoto for four years.		
	(b)	(　　　) English?		
(3)	①	(　　　) to our English club last week.		
	②	We (　　　) about school life in the U.K.		

(1) 3 点 × 2
(2) 3 点 × 2
(3) 4 点 × 2

問 2 計

II

(1)		
(2)		

3 点 × 3

【解答

理科解答用紙

受検番号		志望校名	

【問 1】

Ⅰ

(1)		
(2)	i	
	ii	
(3)		
(4)	i	
	ii	

Ⅱ

(1)	
(2)	
(3)	

Ⅰ．(1)２点
(2)３点×２
(3)３点
(4)２点×２
Ⅱ．(1)３点
(2)３点
(3)４点

問 1 計

【問 2】

Ⅰ

(1)	
(2)	
(3)	%
(4)	
(5)	

Ⅱ

(1)	i	
	ii	
(2)	気体	
	体積	cm^3

(3)

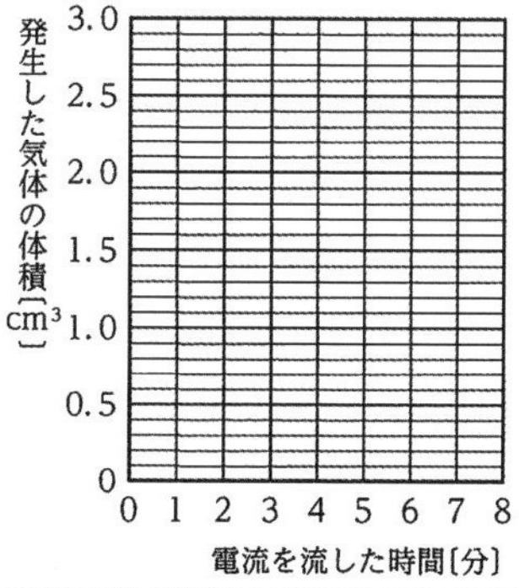

Ⅰ．(1)２点
(2)３点
(3)３点
(4)２点
(5)３点
Ⅱ．(1)３点×２
(2)完答３点
(3)３点

問 2 計

【解答用

社会解答用紙

受検番号		志望校名	

6　社

【問 1】

(1)		
(2)	あ	位置
(3)		
(4)		

	選択肢X	選択肢Y
(5)		
(6)		
(7)		
(8)		

(9)			
(10)	え	お	か

(1)２点　(2)３点　(3)３点　(4)３点
(5)完答３点　(6)３点　(7)３点
(8)３点　(9)３点　(10)完答３点

問１計

【問 2】 Ⅰ

(1)	①	市	
	②	い	う
	③		
(2)			

(3)	①		
	②	え	
		お	

(3)	③	長野県は　(50)　(70)

Ⅰ．(1)①２点　②完答３点　③３点　(2)３点
(3)①２点　②２点×２　③４点

【問 2】 Ⅱ

(1)	
(2)	
(3)	

	き	く	け
(4)			

(5)	5　10

Ⅱ．(1)２点　(2)３点　(3)３点
(4)完答３点　(5)３点

問２計

【解答用

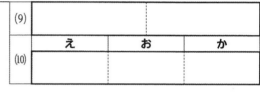

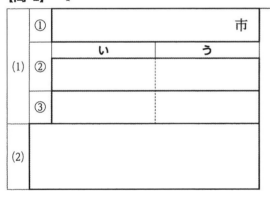

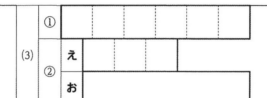

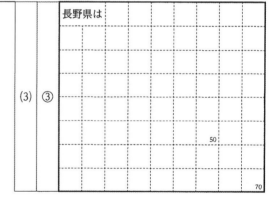

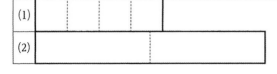

		あ	い
(1)			
(2)	①		
	②		
	③		
	④		

(3)	①			
		う	え	お
	②			
(4)	①			
	②			

(4)	③	

Ⅰ. ⑴完答３点　⑵①２点　②３点　③３点　④３点
⑶①２点　②完答３点　⑷①３点　②２点　③３点

【問 3】　Ⅱ

(1)			
(2)	理由	選んだ資料の番号	
		10　20　30　40　50　60	
	課題	選んだ資料の番号	
		10　20　30　40　50　60	

Ⅱ. ⑴３点　⑵６点

問３　計

得　点　合　計

※100点満点

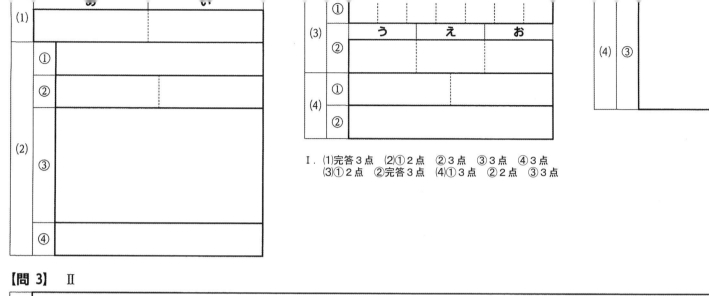

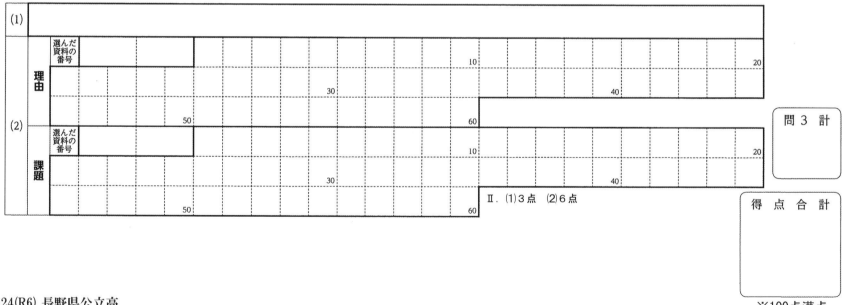

(2)	
(3)	
(4)	
(5)	

(2)	記号	
	理由	

(3)	

Ⅰ．(1)３点
(2)３点
(3)２点
(4)４点
(5)３点
Ⅱ．(1)２点
(2)４点（記号のみ正答で１点）
(3)４点

問３　計

【問 4】

Ⅰ

(1)		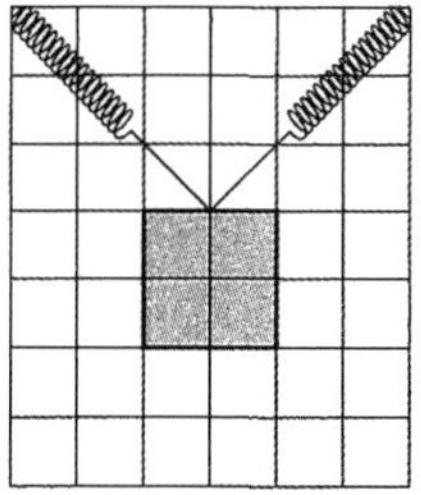
(2)		N
(3)	i	
	ii	
(4)		

Ⅱ

(1)		°
(2)	あ	い
(3)	記号	
	理由	
(4)	約	秒後

Ⅰ．(1)３点
(2)３点
(3)３点×２
(4)２点
Ⅱ．(1)２点
(2)完答３点
(3)３点（記号のみ正答で１点）
(4)３点

問４　計

得　点　合　計

※100点満点

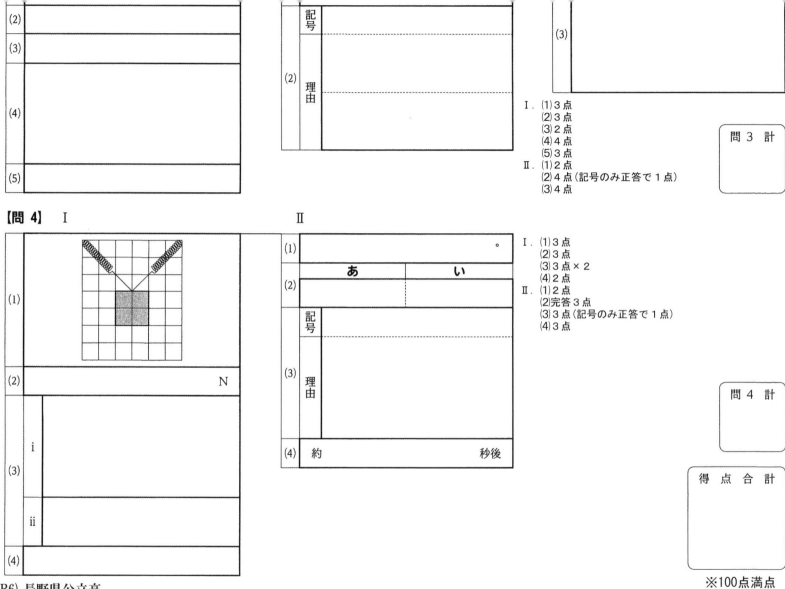

【問 3】

(1)						
(2)	あ	い	う			
				(3)		
(4)	→ →				(5)	
(6)						

(1) 3 点
(2)完答 4 点
(3) 3 点
(4) 3 点
(5) 3 点
(6) 8 点

問 3 計

【問 4】

(1)		(2)			
(3)	あ		い		
(4)	う		え		
(5)	お		か		
(6)			(7)		

(1) 2 点
(2) 2 点
(3) 2 点 × 2
(4) 3 点 × 2
(5) 2 点 × 2
(6) 3 点 × 2
(7) 3 点

問 4 計

得 点 合 計

※100点満点

【問3】 Ⅰ

(1)	あ		
	い		
(2)	式	$y =$	
	変域	$\leqq x \leqq$	
(3)			m
(4)			分後

(1)完答２点
(2)式…２点
　変域…１点
(3)３点
(4)３点

Ⅱ

(1)	①		個
	②		cm
(2)	①		cm^2
	②	$y =$	

３点×４

問３ 計

【問4】

(1)			°
(2)	①	あ	∠
		い	
		う	°
	②		

(3)	え	
	お	
(4)		cm^2

(1)３点
(2)①あ．２点
　　い，う．完答３点
　②５点
(3)完答３点
(4)３点

問４ 計

得点合計

※100点満点

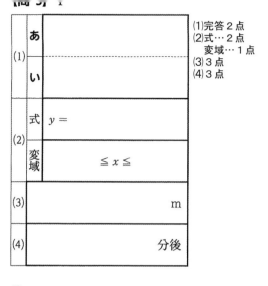

【問三】

①　誤　正

②　誤　正

③　誤　正

3点×3
（誤のみ正答は1点）

【問四】

(1)　①　②

(2)

(3)　i　ii　iii　C　D

(4)

(1) 1点×2
(2) 2点
(3) i．5点
ii．3点
iii．3点
(4) 3点

【問五】

(1)

(2)

(3)

(4)

(5)

(6)

(7)

(1) 2点
(2) 2点
(3) 3点
(4) 3点
(5) 5点
(6) 3点
(7) 6点

※100点満点

得点合計	問五　計	問四　計	問三　計

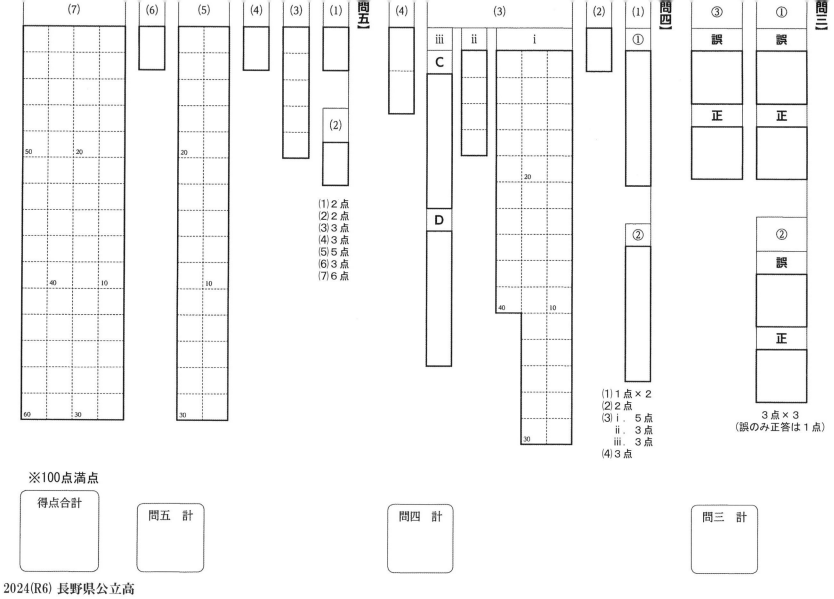

令和６年度　公立高等学校入学者選抜

学力検査問題

社　　　会

（50分）

注　　　意

1　検査係員の指示があるまで、問題冊子と解答用紙に手をふれてはいけません。

2　問題は**【問 1】**から**【問 3】**まであり、問題冊子の２～９ページに印刷されています。10ページ以降に問題はありません。

3　問題冊子とは別に、解答用紙があります。**解答は、すべて解答用紙の □ の中に書き入れなさい。**

4　漢字で書くように指示されている場合は、漢字で書きなさい。そうでない場合は、漢字の部分をひらがなで書いてもかまいません。

5　字数を指定された解答については、句読点、カギ括弧(「や『)なども１字に数え、指定された字数で答えなさい。

【問 1】 桜さんは木材と人々の営みについて興味をもち、**カード1～4**にまとめた。

カード1 原始 古代	人々は木の道具を作り、生活の様々な場面で使用した。仏教が伝来すると、木材は a 寺院にも使用されるようになった。また、b 都を移すたびに建築用の木材が必要になると、近畿地方の巨木が枯渇した。そのため、近畿地方では伐採を規制する森林保護政策が実施された。

(1) 下線部**a**にかかわって、聖徳太子が建てたとされる、現存する世界最古の木造建築物として最も適切なものを、次の**ア～エ**から１つ選び、記号を書きなさい。

〔 **ア** 法隆寺 **イ** 東大寺 **ウ** 延暦寺 **エ** 円覚寺 〕

(2) 下線部**b**にかかわって、**略年表**の あ に当てはまる最も適切な語句を、漢字２字で書きなさい。また、 あ 京の位置として最も適切なものを、**略地図１**の**ア～エ**から１つ選び、記号を書きなさい。

略年表

年	できごと
694	藤原京に都を移した
710	平城京に都を移した
784	長岡京に都を移した
794	あ 京に都を移した

略地図１

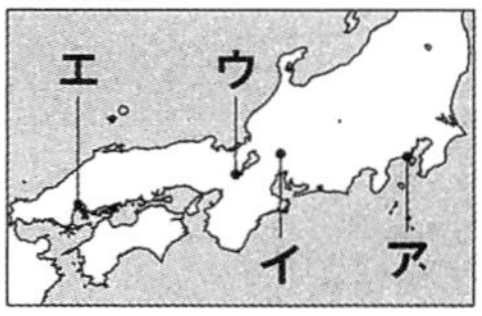

カード2 中世	c 鎌倉時代になると、東国で都市開発が進み、近畿地方以外でも建築用の木材の需要が高まった。室町時代に入ると、d 問《とい》などにより、木材など物資の流通が活発になった。また、行き過ぎた伐採を防ぐために、e 惣が森林を管理した地域もあった。

(3) 下線部**c**について、鎌倉時代におきたできごとについて述べた文として最も適切なものを、次の**ア～エ**から１つ選び、記号を書きなさい。

ア 幕府は勘合を用いて、朝貢形式の日明貿易を始めた。
イ 平将門が関東地方で乱を起こしたが、平定された。
ウ 道元が座禅によって悟りを得る禅宗を伝え、曹洞宗を開いた。
エ 坂上田村麻呂が東北に拠点をつくり、蝦夷《えみし》と戦った。

(4) 下線部**d**にかかわって、桜さんは**資料１**から考えたことを**ノート**にまとめた。 い 、 う に当てはまる数値と語句の組み合わせとして最も適切なものを、下の**ア～エ**から１つ選び、記号を書きなさい。

ノート 木材取扱量の上位２者の問が、全体の木材取扱量の約 い ％を占めており、寡《か》占の状態であることが読み取れる。物資の移動がさかんになると、室町幕府や寺院などは う を設けて収入を得ようとした。

資料１ ある港での問の取扱記録

（表）
お詫び：著作権上の都合により，掲載しておりません。
教英出版

＊石：体積を表す単位
(「『兵庫北関入舩納帳』の一考察」より作成)

ア い 60 う 株仲間 **イ** い 60 う 関所
ウ い 80 う 株仲間 **エ** い 80 う 関所

(5) 下線部**e**にかかわって、**資料２**から読み取れることとして最も適切なものを、次の**選択肢X**の**ア～ウ**から１つ選び、記号を書きなさい。また、惣の説明として最も適切なものを、下の**選択肢Y**の**エ～カ**から１つ選び、記号を書きなさい。

資料２ ある惣のおきて(一部)

一、村の集会の開始の合図を２回行っても出席しない者は50文《もん》の罰金に処す。
一、森林木苗を取ったり、木を切った者は500文ずつの罰金に処す。

(「滋賀の農業水利変遷史」より作成)

選択肢X

ア この惣では、村の集会へ参加しなければならない。
イ この惣では、50文払うと森林資源を自由に利用できる。
ウ この惣では、惣のおきてに違反した場合の罰則はない。

選択肢Y

エ 有力な農民を中心につくられた組織で、自治を行った。
オ 一族や家来を従えた地方の武士の集団で、反乱を起こすこともあった。
カ 同業者ごとにつくられた団体で、営業を独占した。

カード3 近世	江戸幕府が木材の伐採を制限したり、一部の藩が植林を行ったりするなど、f幕藩体制のもと森林保全策がとられた。また、多くのg文学作品が出版されるようになり、紙の生産がさかんになると、和紙の原料となる楮《こうぞ》の栽培を奨励する藩があらわれた。

(6) 下線部**f**にかかわって、江戸幕府による外様大名の配置の特徴を、**略地図2**をもとに、**江戸から**という語を使って、簡潔に書きなさい。

略地図2

※1664年ごろの外様大名の領地に着色してある

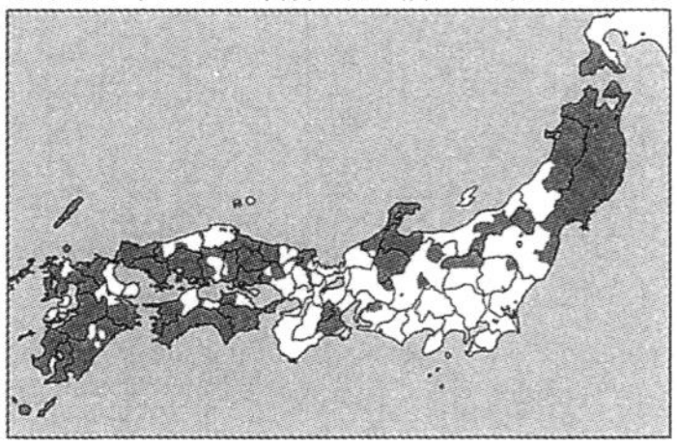

(7) 下線部**g**にかかわって、作者と作品名の組み合わせとして適切なものを、次の**ア**～**エ**から2つ選び、記号を書きなさい。

ア 近松門左衛門－「南総里見八犬伝」
イ 本居宣長－「古事記伝」
ウ 松尾芭蕉－「おくのほそ道」
エ 曲亭(滝沢)馬琴－「東海道中膝栗毛」

カード4 近代 現代	明治時代になると、人口増加や産業の発達により、木材の消費が一段と増えたため、h日本はドイツを参考に国家主導の森林保全のしくみをつくった。i高度経済成長期以降は木材の輸入が本格化した。近年は、j「持続可能な社会」の実現の観点から木材が注目されている。

(8) 下線部**h**にかかわって、明治時代における欧米諸国を手本とした近代国家体制の確立について述べた文として適切なものを、次の**ア**～**エ**からすべて選び、記号を書きなさい。

ア 明治政府は、太陽暦を廃止し、太陰暦を採用した。
イ 大日本帝国憲法の制定にあたり、伊藤博文は君主権の強いドイツの憲法を調査した。
ウ 明治政府は、一定の直接国税を納める25歳以上の男女に選挙権を与えた。
エ 明治政府は、学制を公布し、学校制度を定めた。

(9) 下線部**i**について、日本の高度経済成長期におきたできごとについて述べた文として適切なものを、次の**ア**～**エ**から2つ選び、記号を書きなさい。

ア 日本では初めての開催となる、東京オリンピックが行われた。
イ 公害問題に取り組むため、公害対策基本法が制定された。
ウ 日本の国民総生産(GNP)が、資本主義国のなかでアメリカを抜いて第1位になった。
エ GHQにより、日本の経済を支配してきた財閥が解体された。

(10) 下線部**j**にかかわって、桜さんは**資料3**をもとに友達と話した。 **え** ～ **か** に当てはまる言葉として最も適切なものを、下の**ア**～**カ**からそれぞれ1つずつ選び、記号を書きなさい。

資料3 国内での主な木材消費内訳の割合の推移

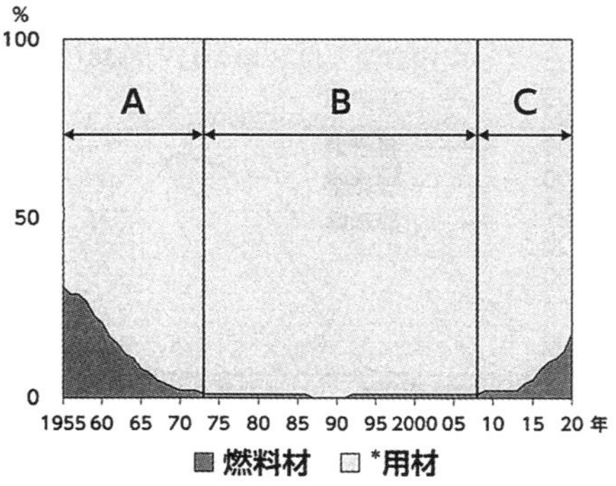

＊用材：燃料以外の用途の木材

(林野庁資料より作成)

会話文

桜：燃料材の割合がBの期間にとても **え** なっているね。他の期間ではどう使っていたのかな。
花：Aの期間の燃料材は主に薪《まき》や炭で、Cの期間は主に燃料用の木材チップなんだって。
桜：エネルギー資源は、明治時代には、九州の筑豊地域や北海道で採掘された **お** に移行し、現代は多様化が進んだと授業で学んだけれど、木も燃料として使われていたんだね。
花：木材チップは、 **か** ために切り出された間伐材も原料として利用しているから、木材の有効活用の観点からも、注目されているんだ。

ア 高く　**イ** 低く　**ウ** 石炭　**エ** 石油
オ 森を切り開いて大規模な工業用地にする　**カ** 適切な樹木の量を保って健全な森林を育てる

【問 2】 各問いに答えなさい。

Ⅰ 長野県に住む和男さんは、長野県と沖縄県が交流連携する記事を見て、両県について考えた。

(1) 和男さんは、**雨温図**、**資料 1** 、**2** を用意し、沖縄県の気候について考えた。

雨温図

沖縄県 あ 市

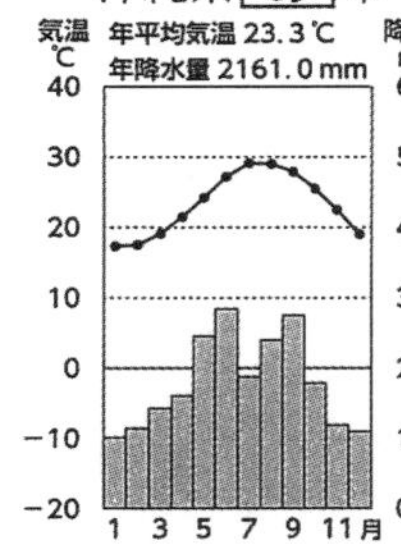

長野県長野市

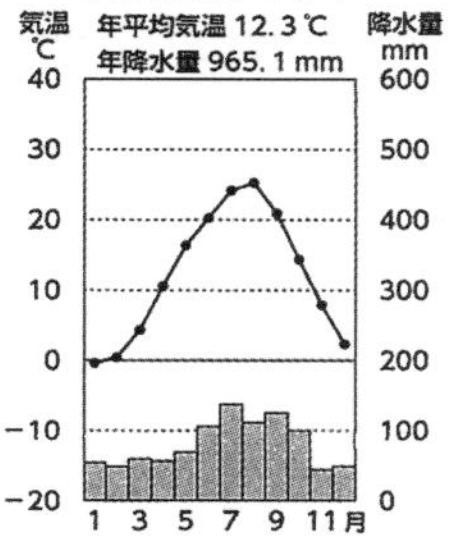

資料 1 台風の主な経路

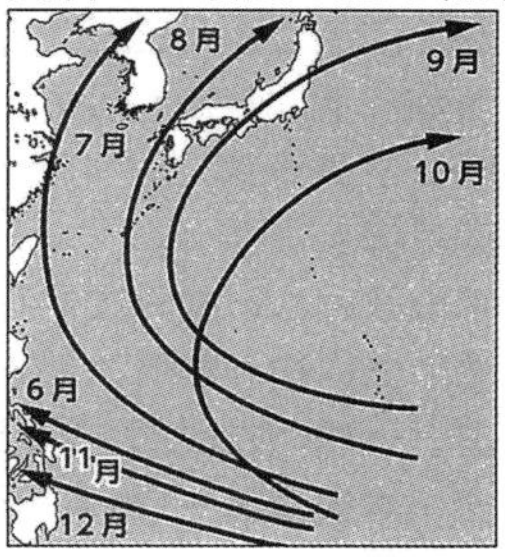

資料 2 台風接近数(2019～2022 年)

	1月	2月	3月	4月	5月	6月	7月	8月	9月	10月	11月	12月
本土						1	4	8	9	4		
沖縄・奄美				1		1	5	10	10	3	1	

※「接近」とは、「本土」であれば、北海道、本州、四国、九州のいずれか、「沖縄・奄美」であれば、沖縄地方、奄美地方のいずれかの気象官署から300 km 以内に入った場合を指す。

(**雨温図**、**資料 1** 、**2** は気象庁資料等より作成)

① あ に当てはまる、沖縄県の県庁所在地である都市名を書きなさい。

② 和男さんは、２つの都市の**雨温図**を比較し、読み取ったことを**ノート 1** にまとめた。**ノート 1** の い 、 う に当てはまる適切な語句を、それぞれ２字で書きなさい。

> **ノート 1** 長野市と あ 市を比べると、 あ 市は年間を通した気温の変化が い く、降水量は、すべての月で う 。

③ 和男さんは、長野県と比べると、沖縄県の降水量は月による差が大きいことについて、梅雨だけでなく台風の影響が大きいのではないかと考えた。**資料 1** 、**2** から読み取れることとして適切なものを、次の**ア**～**エ**から２つ選び、記号を書きなさい。

ア 2019～2022 年の沖縄・奄美では、すべての月で台風が接近している。
イ 台風は、年間を通して、ほぼ同じ経路をたどっている。
ウ 2019～2022 年に台風が接近した数は、本土より沖縄・奄美が多い。
エ 沖縄・奄美に８、９月に接近する台風は、沖縄本島付近で進行方向が変わっている。

(2) 和男さんは、沖縄県と長野県の農業について、**資料 3** ～ **6** を用意して調べ、沖縄県では小菊、長野県ではレタスの栽培がさかんに行われていることを知った。出荷時期にかかわって、両県でみられる共通した特徴を、**資料 3** ～ **6** をもとに、**他の産地**という語を使って、簡潔に書きなさい。

資料 3 東京都中央卸売市場における小菊の取扱数量上位３県の月別推移(2021 年)

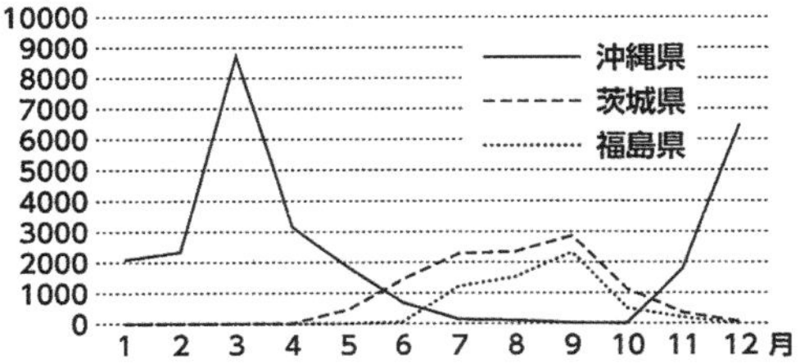

資料 4 東京都中央卸売市場におけるレタスの取扱数量上位３県の月別推移(2021 年)

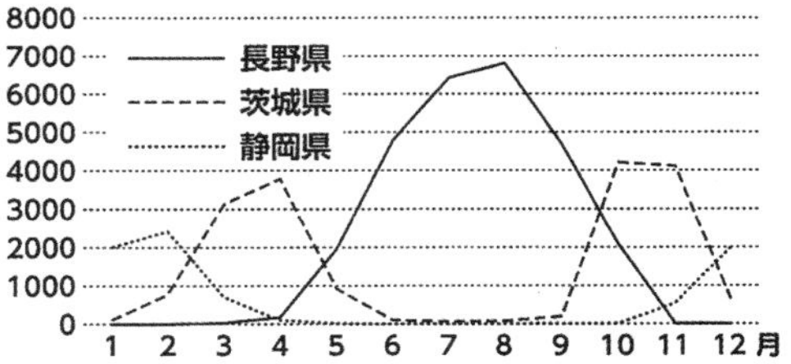

(**資料 3** 、**4** は東京都中央卸売市場資料等より作成)

資料 5 沖縄県の小菊と長野県のレタスの主な生産地の平均気温(℃)

	1月	2月	3月	4月	5月	6月	7月	8月	9月	10月	11月	12月
小菊の生産地	18.4	17.2	18.3	21.5	24.3	26.8	29.6	30.4	28.7	27.0	22.9	18.2
レタスの生産地	-4.3	-4.4	3.5	6.1	12.8	13.9	21.7	19.7	14.7	9.6	4.1	-2.3

(気象庁資料等より作成)

資料 6 小菊とレタスの生育に適した温度

小菊	15～25 ℃
レタス	15～20 ℃

(ＪＡ資料等より作成)

(3) 和男さんは、調べたことをもとに、両県の交流連携について、友達と話した。

会話文

> 和男：気候について調べたけれど、長野県と沖縄県では違いがあったね。
> 夏子：気候だけでなく、「a長野の山」と「沖縄の海」のように地形の違いもあるよ。違いがあるから、実際に行ってみたくなるし、交流連携ともかかわりそうだね。
> 和男：そうだね。それに、両県ともそのb気候や地形を生かした産業が発達しているね。c観光もそのひとつだね。

① 下線部**a**にかかわって、飛騨山脈、木曽山脈、赤石山脈を合わせて何というか、6字で書きなさい。

② 下線部**b**にかかわって、和男さんは、長野県の自然環境や産業について調べ、**ノート2**にまとめた。**図**をもとに、[え]に当てはまる、川が山間部から平野や盆地に流れ出た所に土砂がたまってできた地形を何というか、漢字3字で書きなさい。また、[お]に当てはまる語句として最も適切なものを、下の**ア**～**エ**から1つ選び、記号を書きなさい。

> **ノート2**　長野県内の盆地には、**図**のような[え]が多く広がっている。[え]は水を得にくく、おもに桑畑などとして利用された。諏訪盆地では、養蚕業や製糸業が衰退した後、この地域のきれいな水や空気が部品の生産に適していたこともあり、時計やカメラ、レンズなどをつくる[お]が発達した。

図

〔 **ア** 電気機械工業　**イ** 精密機械工業
　ウ 重化学工業　**エ** 輸送機械工業 〕

③ 下線部**b**、**c**にかかわって、あなたは、両県の交流連携について、今後どのようにすすめていくことが長野県にとって大切であると考えるか。あなたの提案を、気候や地形を生かした観光の面に着目し、**和男さんがまとめた表**、**資料7**、**8**からそれぞれ読み取れることにふれて、「長野県は」の言葉に続けて50字以上70字以内で書きなさい。

和男さんがまとめた表

	長野県と沖縄県で異なる特徴
長野県	・長野の山 ・山岳や高原が魅力だが、海には接していない ・夏でも比較的涼しい
沖縄県	・沖縄の海 ・美しい海に囲まれているが、標高600m以上の山はない ・年間を通して暖かい

資料7　両県への観光客の割合の比較(2010年度)

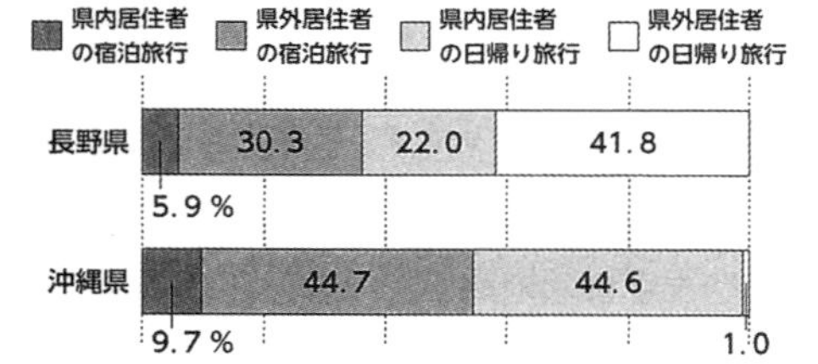

資料8　長野県と沖縄県の観光交流の実績

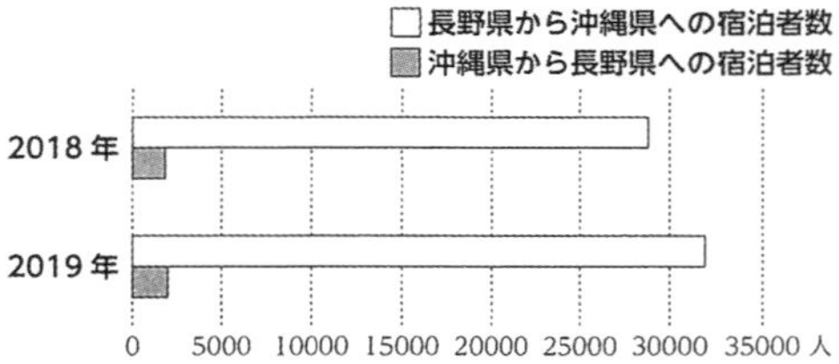

(**資料7**、**8**は長野県資料等より作成)

Ⅱ　和男さんは、オーストラリアの多文化社会に興味をもち、**資料９**、**10**、**略地図**、**資料 11** を用意した。

資料９　オーストラリアの略年表

18 世紀後半	イギリスの植民地となる
1850 年代	金鉱が発見され、移民が増加する
1901 年	オーストラリア連邦が成立する
	か 政策を制定する
1970 年代	か 政策を撤廃する

（オーストラリア大使館資料等より作成）

資料 10　オーストラリアの輸出相手国

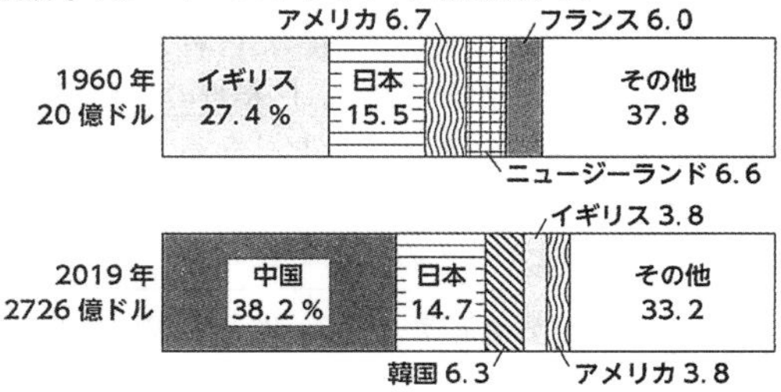

※輸出相手国は左から多い順に示している

（「日本国勢図会 2021/22」等より作成）

略地図　（中心からの距離と方位が正しい地図）

※・は、各国の首都を示している

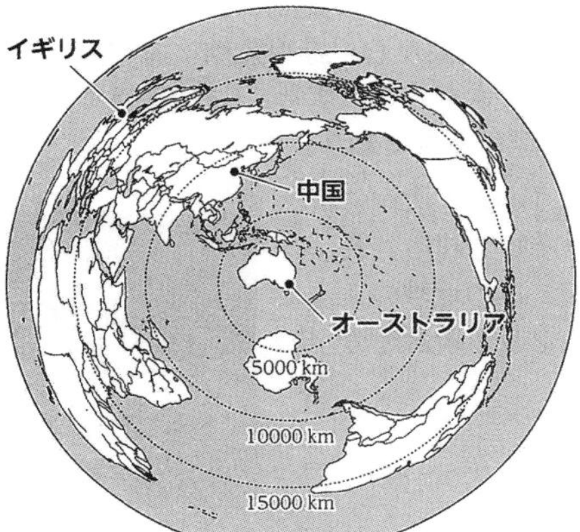

資料 11　オーストラリアに暮らす移民の出身州

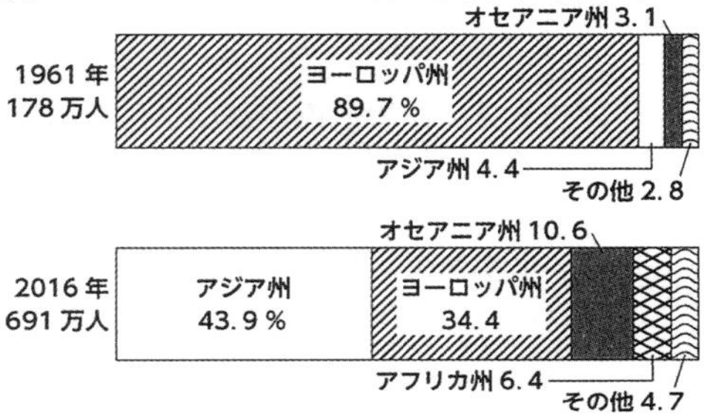

（オーストラリア統計局資料より作成）

(1)　か に当てはまる、ヨーロッパ系以外の移民を制限する政策を何というか、漢字４字で書きなさい。

(2)　オーストラリアの輸出相手国について、**資料 10** から読み取れることとして適切なものを、次の**ア**～**エ**から２つ選び、記号を書きなさい。

ア　1960 年と 2019 年の輸出上位５か国にオセアニア州の国は入っていない。
イ　日本への輸出額は、1960 年と比べて 2019 年のほうが少ない。
ウ　2019 年の輸出上位３か国は、すべてアジア州の国であり、輸出総額の５割以上を占める。
エ　2019 年の中国への輸出額は、1960 年の輸出総額より多い。

(3)　1960 年と 2019 年では、オーストラリアの輸出相手国１位の国が異なっている。どう異なるか、**資料 10**、**略地図**をもとに距離に着目して、簡潔に書きなさい。

(4)　和男さんは、オーストラリアに暮らす移民の出身州について、**資料 11** を見て**ノート３**にまとめた。 き ～ け に当てはまる最も適切なものを、下の**ア**～**カ**から１つずつ選び、記号を書きなさい。

ノート３　オーストラリアに暮らす移民の数は、2016 年は 1961 年と比べるとおよそ き 倍に増加している。ヨーロッパ州からの移民の割合は、2016 年は 1961 年と比べると く なっているが、移民の数はアジア州、オセアニア州とともに け している。

〔 **ア**　高く　　**イ**　低く　　**ウ**　4　　**エ**　8　　**オ**　増加　　**カ**　減少 〕

(5)　和男さんは、オーストラリアの多文化社会を次のようにまとめた。 こ に当てはまる適切な言葉を、**文化**という語を使って、５字以上 10 字以内で書きなさい。

現在、オーストラリアでは、先住民とともに、さまざまな地域からの移民が暮らしており、人々が共存し、それぞれの こ ことで多文化社会を築いている。

【問 3】 各問いに答えなさい。

Ⅰ 湯川さんは、**図 1** の点線で囲った三《み》保《ほ》半島の地形に興味をもち、この半島の形成について調べた。

図 1

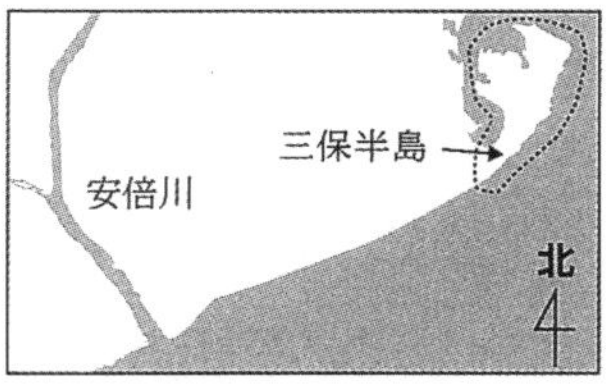

調べてわかったこと

○ 三保半島は、波の影響で安《あ》倍《べ》川などから a 砂や小石が運ばれてたまってできた地形である。

○ 三保半島やその周辺の海岸には、b 安倍川で見られる岩石と同じ種類の小石が見られる。

(1) 下線部 **a** について、平野や海岸などで見られる、運ばれた砂や小石などがたまることを何というか、書きなさい。

(2) 下線部 **b** について、安倍川の岩石には火山岩と深成岩の両方が見られた。火山岩を次の **ア**～**カ** からすべて選び、記号を書きなさい。

〔 **ア** はんれい岩 **イ** 凝灰岩 **ウ** 花こう岩 **エ** 玄武岩 **オ** れき岩 **カ** 安山岩 〕

土砂のたまり方と地形モデルによる波の影響を確かめるため、次の実験を行った。

〔**実験 1**〕 **図 2** のように、水、れき、砂、泥の入ったペットボトルを、激しくふって混ぜ、しばらく静かに置いた後、れき、砂、泥のたまり方を観察した。

図 2

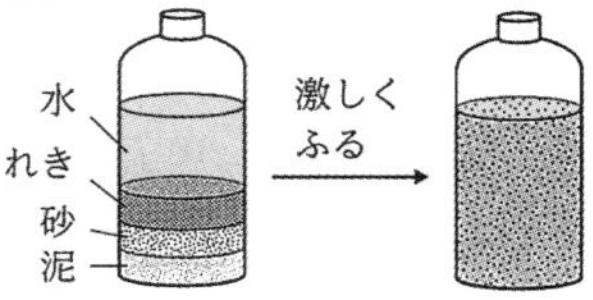

〔**実験 2**〕

① 海に見立てて水を張った容器に砂や泥が流れる枠をつけた板を入れ、**表 1** の **A**～**D** の条件で、水面に波が立つように扇風機で風を当て、河口に見立てた地形モデルを作成した。

② 枠の上部に砂や泥を置き、水をかけて流して、砂や泥のたまり方を観察し、**表 2** にまとめた。

表 1

地形モデル	A	B	C	D
条件	波なし	正面からの波	左からの波	右からの波
	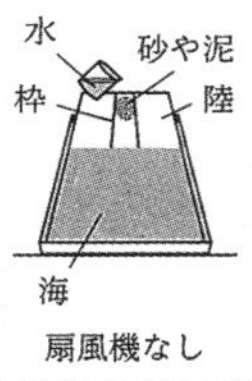	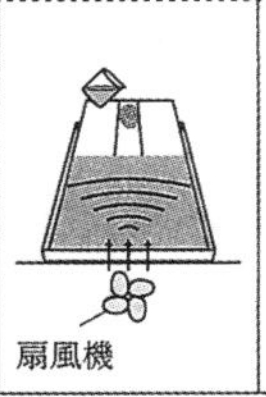	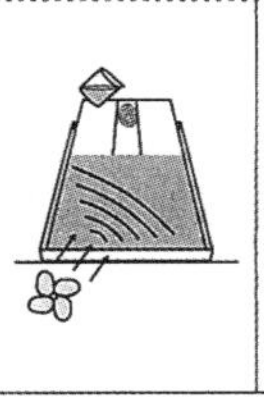	

表 2

地形モデル	A	B	C	D
砂や泥のたまり方	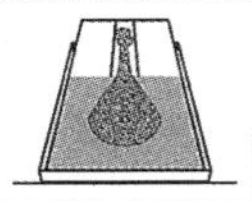	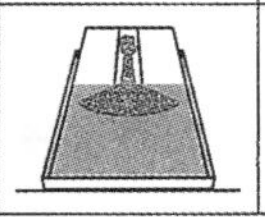	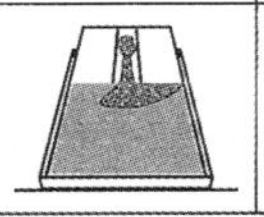	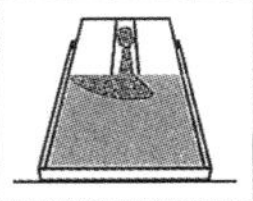

(3) **実験 1** で、れきが最も多くたまっているのは、**図 3** の **ア**～**エ** のどの部分か、適切なものを 1 つ選び、記号を書きなさい。

図 3

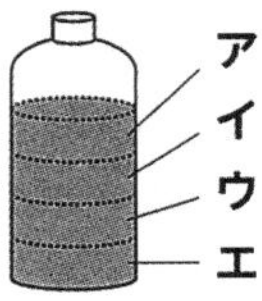

2024(R6) 長野県公立高
K 教英出版

下村さんは、鉄と硫黄が結びつく反応においても、木片の燃焼と同様に窒息消火と希釈消火の効果があるのかを確かめるため、次の実験を行った。

〔**実験３**〕

①　鉄粉 7.0 g と硫黄 4.0 g の混合物を２つ用意し、それぞれを加熱して反応させた。

②　①の一方には、砂をかけて完全におおい、20 秒後に砂を取り除き、ようすを観察した。もう一方は、二酸化炭素 60 cm^3 と空気 260 cm^3 とともに集気びんに入れ、ようすを観察した。

③　②の結果を**表３**にまとめた。

表３

	砂を取り除いた後のようす	集気びんに入れた後のようす
鉄粉と硫黄の混合物	反応は続いており、鉄と硫黄は過不足なく反応して、黒色の物質ができた。	反応はしばらく続き、鉄と硫黄は過不足なく反応して、黒色の物質ができた。

(4)　**実験３**で、反応からできた黒色の物質は、鉄と硫黄の混合物を試験管に入れ加熱してできる物質と同じであった。この反応の化学反応式を書きなさい。

(5)　**表３**から、どちらの消火方法でも鉄と硫黄の反応が続いた理由を、木片の燃焼にかかわる物質とともに、簡潔に書きなさい。

Ⅱ　水の電気分解で、電流を流した時間と発生した気体の体積の関係を調べるため、次の実験を行った。

〔**実験４**〕

①　２つの電極を**X**、**Y**とした電気分解装置に、水に少量の水酸化ナトリウムをとかした水溶液を入れ、電流を流した。

②　電流を５分間流した後、電流の向きを逆にして、さらに３分間電流を流した。

③　**X**について、電流を流した時間と発生した気体の体積を調べ、**図２**にまとめた。

図２

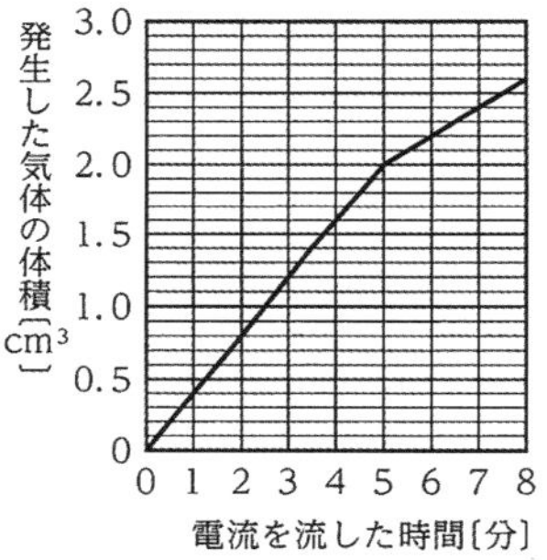

(1)　水を電気分解すると、水素と酸素が発生する。

ⅰ　水素の特徴として適切なものを、次の**ア**～**カ**からすべて選び、記号を書きなさい。

〔 **ア**　無色　　**イ**　刺激臭がある　　**ウ**　水にとけにくい　　**エ**　下方置換法で集める
オ　空気より密度が大きい　　**カ**　うすい塩酸と亜鉛の反応で発生する 〕

ⅱ　この化学変化を原子・分子のモデルで示したとき、最も適切なものを、次の**ア**～**エ**から１つ選び、記号を書きなさい。ただし、○は水素原子１個、●は酸素原子１個を示している。

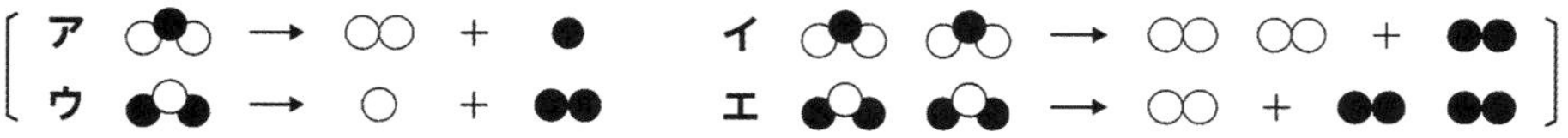

(2)　８分間電流を流した後、**X**に発生した気体を実験用の袋にすべて入れ、点火装置で火をつけて燃焼させると、反応しなかった気体が残った。反応しなかった気体の名称を書きなさい。また、反応しなかった気体の体積は何 cm^3 か、小数第１位まで書きなさい。

(3)　**Y**について、電流を流した時間と発生した気体の体積の関係を、**図２**から推測し、グラフに表しなさい。

【問 2】 各問いに答えなさい。

Ⅰ 下村さんは、窒息消火と希釈消火という消火方法があることに興味をもち、次の調査と実験を行った。ただし、空気中にふくまれる二酸化炭素の体積は考えないものとする。

〔**調査**〕 2つの消火方法を調べ、**表1**にまとめた。

表1

消火方法	例
窒息消火	火のついたものに砂をかけるなど、空気をさえぎって消火する。
希釈消火	火のついたものがある空間に、二酸化炭素などの気体を充満させ、空気中の気体の割合を変化させて消火する。

〔**実験1**〕

① 木片とスチールウールを2つずつ用意した。

② 木片とスチールウール1つずつに火をつけ、それぞれ燃えているところへ砂をかけて完全におおい、20秒後に砂を取り除き、木片とスチールウールのようすを観察した。

③ もう一方の木片とスチールウールに火をつけ、別々の集気びんに入れ、ふたをした。火が消えた後、木片とスチールウールを取り出し、それぞれの集気びんに石灰水を入れてふり、石灰水の変化を観察した。

④ ②、③の結果を**表2**にまとめた。

表2

	砂を取り除いた後のようす	石灰水の変化
木片	火は消えていた	白くにごった
スチールウール	火は消えていた	変化なし

〔**実験2**〕

① 空気が入った320 cm^3 の集気びんを用意した。

② 集気びんに火のついたロウソクを入れ、入れてから火が消えるまでの時間をはかった。

③ ①の集気びんに水上置換法で二酸化炭素10 cm^3 と空気310 cm^3 を入れ、②と同様の操作を行った。

④ 集気びんに入れる二酸化炭素と空気の体積を変えて、②と同様の操作を行った。

⑤ ②〜④の結果を**図1**にまとめた。

図1

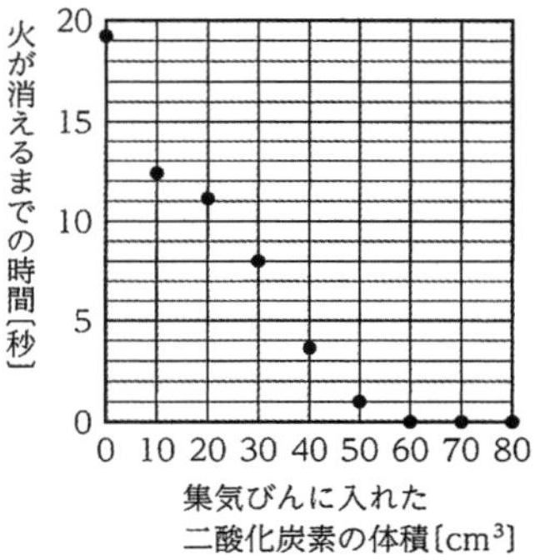

(1) **実験1**の③について、木片、スチールウールの代わりに別のもので同様の操作を行ったとき、石灰水が白くにごらないものを、次の**ア**〜**オ**から1つ選び、記号を書きなさい。

〔 **ア** 砂糖　**イ** エタノール　**ウ** マグネシウムリボン　**エ** 木炭　**オ** ポリエチレン 〕

(2) **図1**のようになる理由として最も適切なものを、次の**ア**〜**エ**から1つ選び、記号を書きなさい。

ア 集気びん中の酸素の量が変わったから　**イ** 二酸化炭素と酸素が反応したから
ウ 集気びん中の水蒸気の量が変わったから　**エ** 二酸化炭素とロウが反応したから

(3) **図1**から、集気びんに入れた二酸化炭素の体積が60 cm^3 以上ふくまれるときでは、燃焼が続かなかった。集気びんに二酸化炭素を60 cm^3 入れたとき、集気びん中の気体における酸素の体積の割合は何%か、小数第2位を四捨五入して、小数第1位まで書きなさい。ただし、空気中の体積の割合は窒素：酸素＝4：1とする。

(4) **表3**、**4**から、実験結果を次のようにまとめた。

表3

	X	Y
子葉の色	黄	緑

表4

		X		Y	
		色	間隔の平均〔cm〕	色	間隔の平均〔cm〕
軸	a～b	白	1.6	緑	1.4
	b～c	白	1.4	緑	1.2
	c～d	白	1.2	白	1.0
	d～e	白	1.0	白	1.0
	e～f	白	1.0	白	1.0
	f～g	白	1.0	白	1.0
	g～h	白	1.0	白	1.0

> 光を当てると、子葉の色が変わり、軸の一部だけ色が変わった。
> 軸は、［ **え** ］だけのびた。軸全体でのびた長さを比べると、光を［ **お** ］のびていた。

i ［**え**］に当てはまる最も適切なものを、次の**ア**～**エ**から１つ選び、記号を書きなさい。

ア 光の有無にかかわらず、根に近い部分
イ 光の有無にかかわらず、子葉に近い部分
ウ 光を当てないと、軸の色が変わった部分
エ 光を当てると、軸の色が変わらなかった部分

ii ［**お**］に当てはまる最も適切なものを、次の**ア**～**エ**から１つ選び、記号を書きなさい。

ア 当てたものより当てないものの方が約２倍　**イ** 当てないものより当てたものの方が約２倍
ウ 当てたものより当てないものの方が約３倍　**エ** 当てないものより当てたものの方が約３倍

Ⅱ 次の文を読み、食物連鎖について考えた。

> ある島に、外来生物である**図3**のような陸生ヒモムシの一種が侵入し、分解者として重要なはたらきをもつワラジムシやヨコエビなどの土壌動物を食べるようになり、土壌動物はほぼ全滅あるいは激減した。

図3

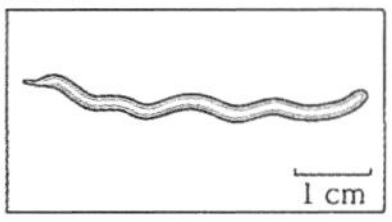

(1) ある地域に生息するすべての生物と、それらをとり巻く水や空気、土などの環境をひとつのまとまりでとらえたものを何というか、漢字３字で書きなさい。

(2) **図4**は、食物連鎖にかかわる有機物の流れの一部を ⟶ で模式的に示したものである。陸生ヒモムシの影響で弱まると予想される有機物の流れのうち、土壌動物がもつ分解者としてのはたらきが関係しているものを、**図4**の**ア**～**カ**からすべて選び、記号を書きなさい。

図4

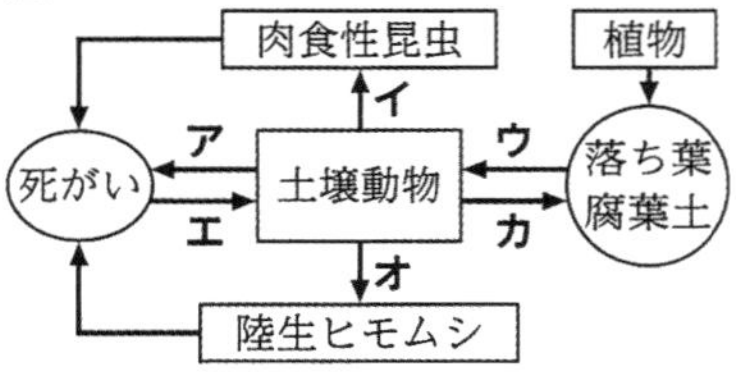

(3) **図5**は、食物連鎖のつながりがある土壌動物、肉食性昆虫、鳥について、数量的なつり合いがとれた状態を模式的に示したものである。陸生ヒモムシの侵入後、**図6**のように土壌動物が激減すると、その後、鳥は一時的に減ると予想される。土壌動物の減少が肉食性昆虫に与える影響と鳥に与える影響を、食物連鎖のつながりをもとに簡潔に書きなさい。

図5

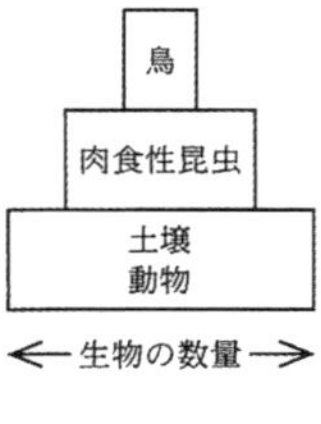

図6

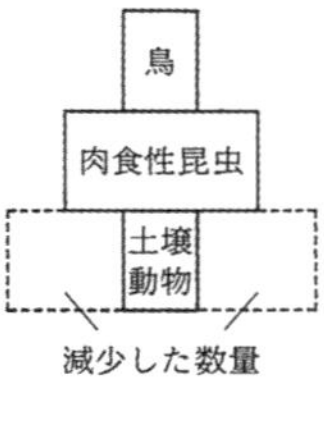

【問 1】 各問いに答えなさい。

Ⅰ 牧野さんは、暗い場所で種子を発芽させ、のびてきたら光を当てるというカイワレダイコンの育て方に興味をもち、光がどのような影響を与えるか調べるため、次の実験を行った。

〔実験 1〕

① **図 1** のように、ぬらしたキッチンペーパーに種子をまいたものを２つ用意した。**A**は光を当てないように、**B**は白色ＬＥＤの光を常に当てるようにし、温度変化の少ない室内に**A**、**B**を置いた。

② 種子をまいてから７日後、子葉と根の間の軸が十分に成長したものについて、**A**、**B**それぞれの子葉、軸、根の色と軸の長さを調べ、**表 1** にまとめた。

〔実験 2〕

① **実験 1** の②の**A**、**B**それぞれの子葉を切り取り、あたためたエタノールにしばらく入れ、その後、水でよくゆすいだ。

② ①でゆすいだ子葉と**A**、**B**それぞれの根をろ紙にはさんで木づちでたたき、ろ紙をヨウ素液にひたし、色の変化を観察し、結果を**表 2** にまとめた。

図 1

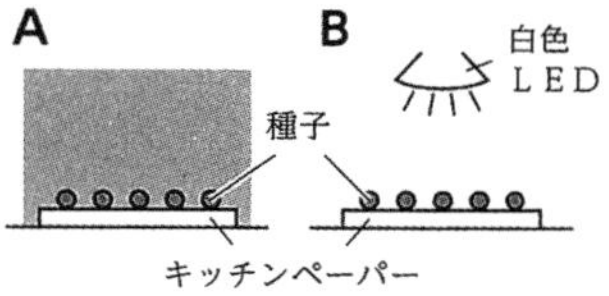

表 1

	A	B
子葉の色	黄	緑
軸の色	白	緑
根の色	白	白
軸の長さの平均〔cm〕	7.4	3.6

表 2

	A	B
子葉	変化なし	青紫色
根	変化なし	変化なし

(1) 発芽した根に見られる、白い綿毛のようなものを何というか、漢字２字で書きなさい。

(2) **表 2** から、光が当たることで子葉につくられた物質について考えた。

ⅰ あたためたエタノールに子葉を入れた理由を、簡潔に書きなさい。

ⅱ **B**の子葉につくられた物質は何か、名称を書きなさい。

(3) **実験 1** 、**2** の結果を次のようにまとめた。 あ ～ う に当てはまる語句の組み合わせとして最も適切なものを、下の**ア**～**エ**から１つ選び、記号を書きなさい。

> 光を当てずに成長させると軸は長くなり、 あ は緑色にならない。光を当てたまま成長させると軸は短くなり、 あ は緑色になる。光の有無にかかわらず、 い ではヨウ素液で色の変化が見られなかったので、 い では う を行っていないと考えられる。

ア あ 軸や根 い 子葉 う 光合成　**イ** あ 子葉や軸 い 根 う 呼吸
ウ あ 軸や根 い 子葉 う 呼吸　**エ** あ 子葉や軸 い 根 う 光合成

さらに、成長途中で光が当たることによる影響について調べるため、次の実験を行った。

〔実験 3〕

① 光を当てずに種子を発芽、成長させ、軸の長さが約７cm になったカイワレダイコンを 10 本用意し、**図 2** のように軸に**a**～**h**の印を１cm 間隔でつけた。光を当てないようにした５本を**X**、白色ＬＥＤの光を常に当てるようにした５本を**Y**とし、温度変化の少ない室内に**X**、**Y**を置いた。

② １日後、**X**、**Y**の子葉の色、軸の色、印の間隔を調べ、**表 3** 、**4** にまとめた。

図 2

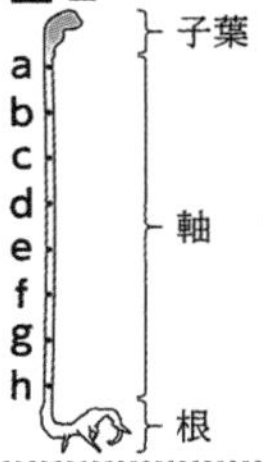

2024(R6) 長野県公立高
教英出版

令和６年度　公立高等学校入学者選抜

学力検査問題

理　　　科

（50分）

注　　意

1　検査係員の指示があるまで、問題冊子と解答用紙に手をふれてはいけません。

2　問題は**【問 1】**から**【問 4】**まであり、問題冊子の２～９ページに印刷されています。10ページ以降に問題はありません。

3　問題冊子とは別に、解答用紙があります。**解答は、すべて解答用紙の □ の中にかき入れなさい。**

4　漢字で書くように指示されている場合は、漢字で書きなさい。そうでない場合は、漢字の部分をひらがなで書いてもかまいません。

5　計算をしたり、図をかいたりすることが必要なときは、問題冊子のあいているところを使いなさい。

No. 1 と No. 2 の質問と答えの選択肢を、今から 20 秒間で確認しなさい。

（間 20 秒）

それでは、始めます。

※

Saki：Can I start the interview?
ALT：Sure.
Saki：First, please tell me why you came to Japan.
ALT：To learn about Japanese culture. I especially love kimonos.
Saki：Why do you like them?
ALT：Because they're beautiful.
Saki：I see. How do you spend your free time?
ALT：I often go to the city gym to play volleyball and basketball.
Saki：What do you want to do in Japan?
ALT：I came to Japan in August, so I haven't seen cherry blossoms yet. I'd like to see them.
Saki：Finally, what can we do for you?
ALT：I'm also interested in Japanese traditional music, so I will be happy if you can show me the way of playing the *koto*.

繰り返します。※　略

これで(3)は終わります。

(4)　ケンはクラスメイトと、農場で体験学習を行います。ケンはグループ 2 の責任者として、**メモ**を取りながら、これから行う活動について担当者の話を聞くところです。話を聞いた後、ケンが(　　)に書き入れた英語 1 語を書きなさい。**メモ**を今から 10 秒間で確認しなさい。

（間 10 秒）

それでは、始めます。

※

Welcome, everyone. I'm going to tell you about the activities you do in the morning. Group 1 and 3, please go to the North Area. Group 1 will give water to some vegetables, and the other group will pick tomatoes over there. In the East Area, Group 2 will cook some vegetables. In the afternoon, all of you can try the dish. Please tell your group members to bring everything with them and to move to each area.

繰り返します。※　略

〔アナウンス　4〕

これでリスニングテストを終わります。続いて、**【問 2】**へ進んでください。なお、声を出して読んではいけません。

（四点チャイム）

【問 3】 鈴(Suzu)は、「私たちの地域の祭り」というテーマで、海外から来た学生と祭りを紹介し合っている。各問いに答えなさい。

次の英文は、ブラジル出身であるベン(Ben)の、リオデジャネイロのカーニバル(the Carnival in Rio de Janeiro)についての発表である。

The Carnival in Rio de Janeiro is a very big festival in Brazil. You can enjoy watching *parades with big *floats. The streets are full of music. I wear special clothes and take part in the event with my friends. It's fun, so I want to keep joining the Carnival even when I get older.

The Carnival is *held for about five days, but it takes about a year to *prepare for it. For example, we create floats and practice dancing. These *efforts make the Carnival special to us. This is the thing I want to tell you the most.

*(注) parade(s) パレード float(s) 山車《だし》(豪華な飾りつけなどをした台車) held ← hold 開催する prepare 準備する effort(s) 努力

(1) ベンが発表の中で最も伝えたいことを表す英文として適切なものを、次のア～エから1つ選び、記号を書きなさい。

- **ア** The Carnival continues for about five days.
- **イ** People can enjoy music on the streets.
- **ウ** Ben joins the Carnival with his friends.
- **エ** The efforts for the Carnival are important to them.

次の英文は、台湾(Taiwan)出身であるメイリンの、ランタンフェスティバル(the Lantern Festival)についての発表である。

ランタン
フェスティバル

I'll tell you about the Lantern Festival in my area of Taiwan. ア This festival is held to celebrate *the Lunar New Year. People pray for *happiness and believe that the festival protects them from bad *spirits.

イ During the festival, people write their wishes or messages on colorful lanterns before *releasing them into the sky. The colors have different meanings. If you wish for good health, you can choose a red lantern. The lanterns flying in the night sky are very beautiful. ウ You should see them.

エ A website says the festival was only for local people many years ago. Now tourists can also join our festival, so it's getting popular.

I hope my favorite festival will continue every year.

*(注) the Lunar New Year 旧暦の正月 happiness 幸せ spirit(s) 霊 releasing ← release 放す

(2) 次の**メモ**は、メイリンが発表するにあたって、内容を順番に書いたものである。[あ] ～ [う] に当てはまる最も適切な英語を、次の**ア**～**エ**から1つずつ選び、記号を書きなさい。

メモ

The Lantern Festival	
1	あ
2	い
3	う

- **ア** People who can join the festival
- **イ** The things only local people do
- **ウ** Why people hold this festival
- **エ** Writing wishes or messages on colorful lanterns

(3) メイリンの発表内の下線部では、事実や考えが述べられている。メイリンの考えが述べられている英文を、下線部**ア**～**エ**から1つ選び、記号を書きなさい。

Ⅱ 各問いに答えなさい。

(1) ある生徒が、生徒の水筒(water bottle)利用の状況についてクラスで調査した。次の英文は結果をまとめたものである。その内容を最も適切に表しているグラフを、下の**ア**～**エ**から１つ選び、記号を書きなさい。

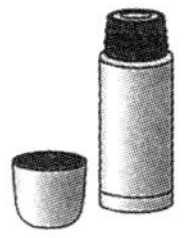

"Do you bring your own water bottle to school every day?" I asked this question to my classmates. Twenty-three students said that they bring their water bottles every day. Twelve students sometimes bring them. However, five students have their water bottles but leave them at home.

ア

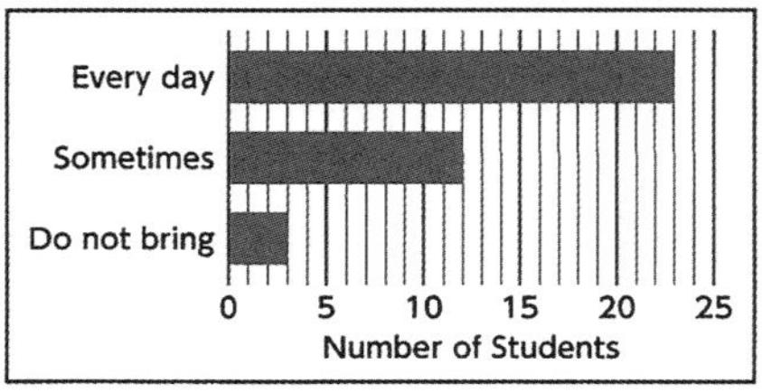

イ

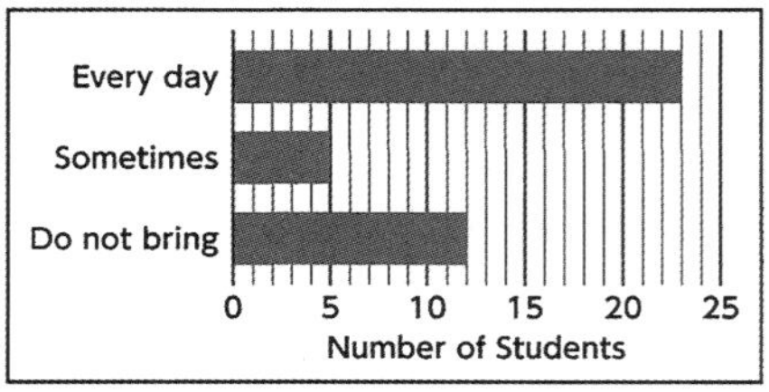

ウ

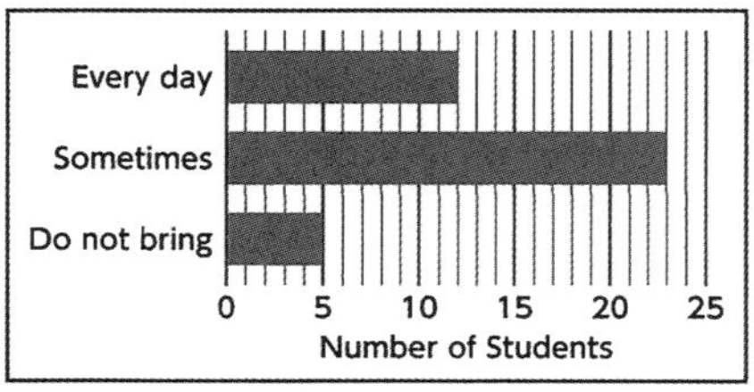

エ

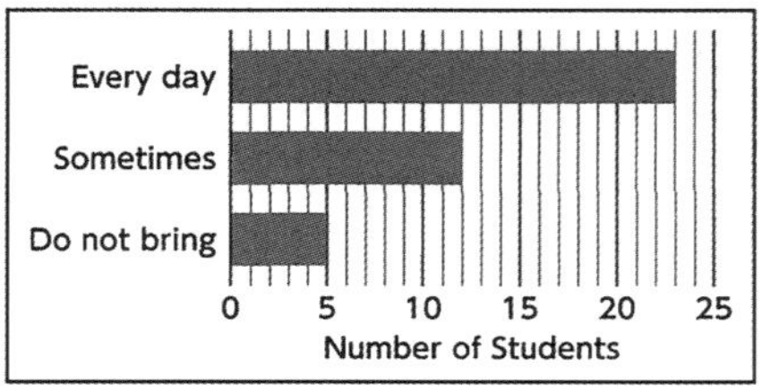

(2) 次のアウトドアイベントの**ポスター**の内容と合っている英文を、次の**ア**～**オ**から２つ選び、記号を書きなさい。

ポスター

Outdoor Event

Place : Green Tree Park

Date and Time

May 11th / 9:00 a.m. - 3:00 p.m.

Activities

Activity 1 : Mountain Bike Riding
You can ride a mountain bike in the forest. It is the most popular activity.

Activity 2 : River Boat Trip
Going down the river on a boat is exciting. (Your group must have more than four people.)

Activity 3 : Nature Walk
Our staff will show you some flowers on the mountain.

Price

Activity 1 : You do not need to pay.
(You can use a bike only for 2 hours.)
Activity 2 : 500 yen for each person
Activity 3 : 300 yen for each person

ア You can learn about plants on the mountain from the staff.

イ All three activities are only in the morning.

ウ There is an outdoor event at Blue Forest Park on May 11th.

エ If you are in a group of three people, you can join the River Boat Trip.

オ You can enjoy riding a mountain bike for two hours without paying for it.

【問 2】

Ⅰ　各問いに答えなさい。

(1)　(　　　)に当てはまる最も適切な英語を、(a)、(b)それぞれについて下の**ア**～**エ**から 1 つ選び、記号を書きなさい。

(a)　**＜野球場での会話＞**

Tom: I really enjoyed today's game. Your brother, Shin, played well.

Aki: He has practiced every day to become a better player, (　　　) he did very well.

〔 **ア** but　　**イ** so　　**ウ** because　　**エ** or 〕

(b)　**＜バス停での会話＞**

Tourist: Excuse me. Do you know (　　　) the City Museum is?

Nao: Yes. Take Bus No. 4 and get off at the third stop.

〔 **ア** what　　**イ** how old　　**ウ** where　　**エ** how big 〕

(2)　次の(a)、(b)について、(　　　)内の語を必要があれば適切な形に変えたり、不足している語を補ったりして、話の流れに合うように主語を含む英文を完成させなさい。

(a)　**＜生徒と ALT の会話＞**

Taku: You know a lot about temples in Kyoto. Why do you know so much about them?

ALT: Well, (　live　) in Kyoto for four years.

Taku: I see. And then, you moved to Nagano and became a teacher at our school.

(b)　**＜友達同士の会話＞**

Susan: I'm surprised your mother talked to me in English.

Junko: Yes. She takes an online English class.

Susan: She is busy, isn't she? (　study　) English?

Junko: After dinner.

(3)　次の英文は、イギリス出身のスミスさん(Mr. Smith)への**お礼の手紙の一部**である。友達からの**アドバイス**にしたがって、①、② の下線部を 3 語以上の英語で書き直しなさい。ただし、下線部を含む文がいずれも 1 文になるようにすること。

お礼の手紙の一部

Dear Mr. Smith,

① You came to our English club last week.

It was very interesting to hear about the U.K.

If you can come to our club again, could you tell us more about your country?

② We learn about school life in the U.K.

アドバイス

① は、来てくれたことに感謝を表現する文に修正した方がよいと思う。

② は、学びたいという気持ちを表現する文に修正した方がよいと思う。

(3) 中学生のサキ(Saki)は、先月学校に着任したALTのジャック(Jack)先生に、メモを取りながら、インタビューをしました。

No. 1 **Question**：Which one did Saki write when she was talking with Jack?

ア

Our ALT, Jack
Reason : Learn about Japanese culture
Free time : Play sports
Wants to : See cherry blossoms

イ

Our ALT, Jack
Reason : Learn about Japanese culture
Free time : Watch sports
Wants to : See cherry blossoms

ウ

Our ALT, Jack
Reason : Learn about Japanese culture
Free time : Play sports
Wants to : Study Japanese

エ

Our ALT, Jack
Reason : Enjoy Japanese food
Free time : Watch sports
Wants to : Study Japanese

No. 2 **Question**：What does Jack want his students to do?

He wants his students to

ア learn about kimonos.
イ talk to him in Japanese.
ウ tell him where he can see cherry blossoms.
エ show him how to play the *koto*.

(4) ケンはクラスメイトと、農場で体験学習を行います。ケンはグループ2の責任者として、**メモ**を取りながら、これから行う活動について担当者の話を聞くところです。

メモ

・Our group will (　　　) some vegetables in the morning.

※教英出版注
音声は，解答集の書籍ＩＤ番号を
教英出版ウェブサイトで入力して
聴くことができます。

【問 1】 リスニングテスト （英語は、⑴では１度、⑵、⑶、⑷では２度読みます。）

(1) No. 1

ア

イ

ウ

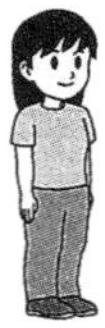

エ

No. 2

ア

イ

ウ

エ

No. 3

ア

イ

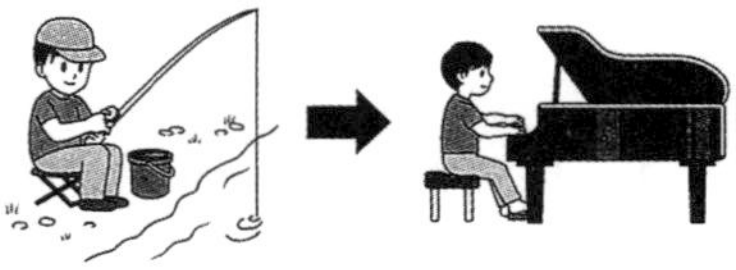

ウ

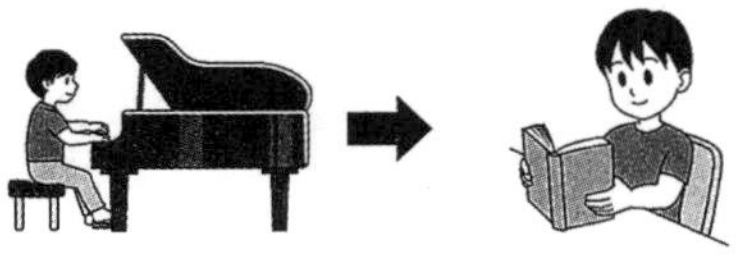

エ

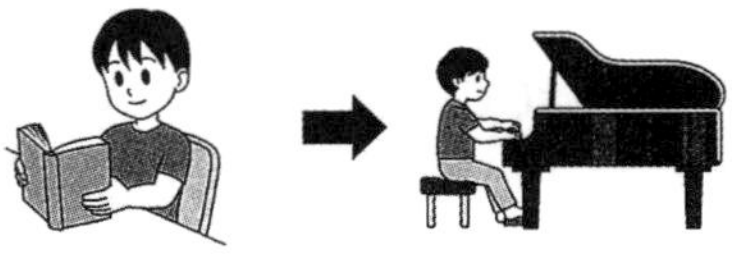

(2) No. 1 **＜映画館のチケットカウンターでの会話＞**

ア 午後５時からのチケットを３枚　　**イ** 午後７時からのチケットを３枚
ウ 午後５時からのチケットを２枚　　**エ** 午後７時からのチケットを２枚

No. 2 **＜友人との会話＞**

ア コンサートの出演者を知りたかったから　　**イ** コンサート会場を確認したかったから
ウ コンサートの感想を聞きたかったから　　**エ** コンサートに誘いたかったから

No. 3 **＜電車の車内アナウンス＞**

ア 中央公園の施設案内について　　**イ** この電車の運行状況について
ウ 明日の天気について　　**エ** 改札口の位置について

令和６年度　公立高等学校入学者選抜

学力検査問題

英　　　語

（50分）

注　　意

1　指示があるまで、問題冊子と解答用紙に手をふれてはいけません。

2　問題は**【問 1】**から**【問 4】**まであり、問題冊子の２～９ページに印刷されています。10ページ以降に問題はありません。

3　問題冊子とは別に、解答用紙があります。**解答は、すべて解答用紙の ［　　　］ の中に書き入れなさい。**

4　最初にリスニングテストがあります。リスニングテストは、すべて放送の指示に従って答えなさい。問題は⑴から⑷まであります。
英語は、⑴では１度、⑵、⑶、⑷では２度読みます。

5　メモをとる必要があるときは、問題冊子のあいているところを使いなさい。

【問 3】 各問いに答えなさい。

Ⅰ 桜さんと鈴さんは、放課後、学校から帰宅した後に図書館へ行き、一緒に勉強をしている。

図 1 は、2人が学校を出発して x 分後に、学校から図書館の方向に y m の地点にいるとして、x と y の関係を表したグラフである。

2人は学校を出発してから、それぞれ次のように図書館に向かう。

桜さん：歩いて8分後に帰宅し、帰宅してから3分後に家を出発し、歩いて図書館に向かう。 鈴さん：歩いて10分後に帰宅し、帰宅してから5分後に家を出発し、自転車で図書館に向かい、桜さんに追いついた後、桜さんと一緒に歩いて図書館に向かう。

2人の歩く速さは分速50 m である。また、鈴さんが自転車で進む速さは分速200 m である。なお、図書館、桜さんの家、学校、鈴さんの家は一直線上にあるものとする。

図 1

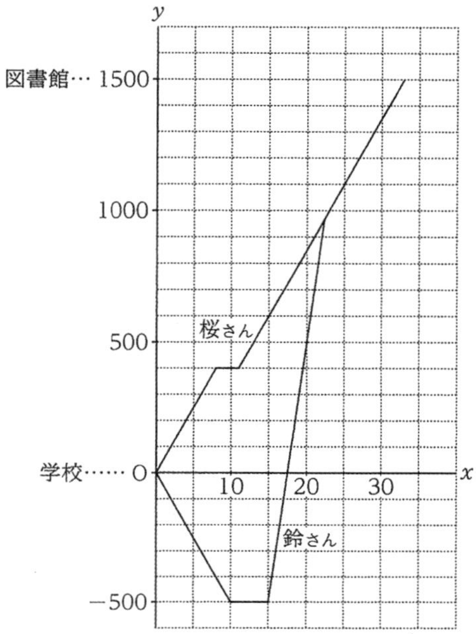

(1) 鈴さんの家の地点は、次のように説明できる。［あ］、［い］に当てはまる適切な数を、それぞれ書きなさい。

鈴さんの家は、学校から、図書館とは反対の方向に［あ］m の地点にある。 また、鈴さんの家は、桜さんの家から［い］m 離れた地点にある。

(2) 桜さんが、家を出発してから図書館に到着するまでの、x と y の関係を式に表しなさい。また、このときの x の変域も求めなさい。

(3) 桜さんが、家を出発してから5分後の、桜さんがいる地点と鈴さんがいる地点の間の距離を求めなさい。

(4) ある日、鈴さんはいつもより長く家で過ごし、その後自転車で図書館に向かった。すると、桜さんが図書館に着くときに、鈴さんも同時に図書館に着いた。このとき、鈴さんが帰宅してから何分後に家を出発したか、求めなさい。

(2) **図 3** は、図書委員会が「読書は好きですか？」の調査結果をまとめたポスターである。夏さんと冬さんはポスターを見て、「好き」と答えた生徒が何人いるのか、連立方程式をつくって、求めることにした。

図 3

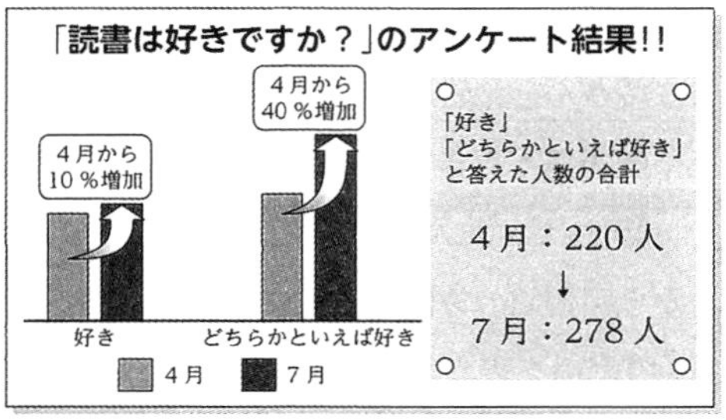

図 3 をもとに、2人はある数量を x 人、y 人として、次のような連立方程式をつくった。

〔**夏さんの連立方程式**〕

$$\begin{cases} x + y = 220 \\ \frac{110}{100}x + \frac{140}{100}y = 278 \end{cases}$$

〔**冬さんの連立方程式**〕

$$\begin{cases} x = 220 - y \\ \frac{10}{100}x = \boxed{\text{い}} \end{cases}$$

① **夏さんの連立方程式**の $x + y$ はどのような数量を表しているか、言葉で書きなさい。

② **冬さんの連立方程式**の $\boxed{\text{い}}$ に当てはまる適切な式を書きなさい。なお、分数を用いて式を書く場合には約分しなくてもよい。

③ 4月と7月に「好き」と答えた生徒数を、それぞれ求めなさい。

Ⅱ 守さんは、半円と直角三角形を回転させた立体について調べた。**図 4** は、点 O を中心とし線分 PQ を直径とする半円であり、OP = 3 cm である。**図 5** の △ABC は、AB = 6 cm、∠C = 90° の直角三角形である。

図 4

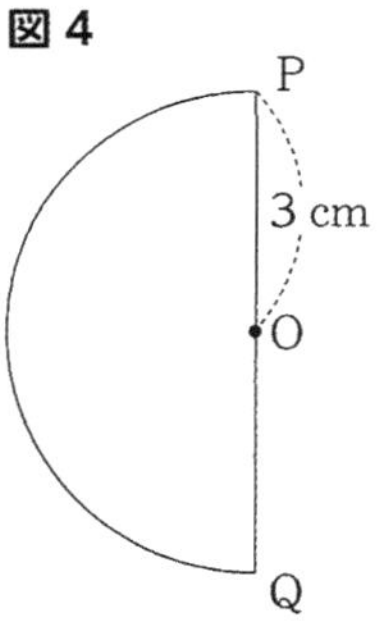

(1) **図 4** の半円を、線分 PQ を回転の軸として 1 回転させてできる立体の体積を求めなさい。ただし、円周率を π とする。

(2) 守さんが、**図 5** の △ABC を、辺 AC を回転の軸として 1 回転させてできる立体の展開図をかいたところ、側面の展開図が半円になった。

このとき、**図 4** の半円を、線分 PQ を回転の軸として 1 回転させてできる立体の表面積は、**図 5** の △ABC を、辺 AC を回転の軸として 1 回転させてできる立体の表面積の何倍か、求めなさい。

図 5

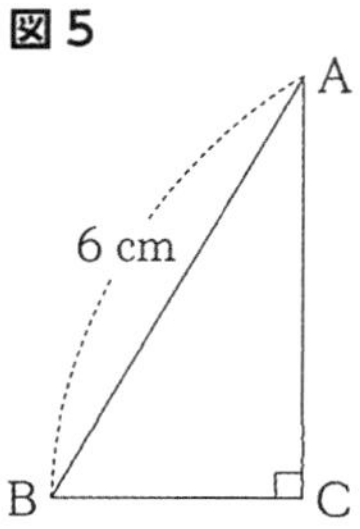

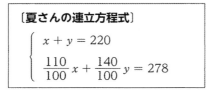

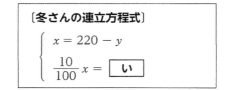

【問 2】 各問いに答えなさい。

I 春さんと秋さんの中学校では、図書委員会が全校生徒に対してアンケート調査を行った。

(1) 図書委員会3年生の春さんと秋さんは、アンケート調査の結果から、全校生徒の平日1日の平均読書時間のデータについて、表計算ソフトを使って整理した。**図1**は春さんが、**図2**は秋さんがデータをヒストグラムに表したものである。

図1 平日1日の平均読書時間と生徒数

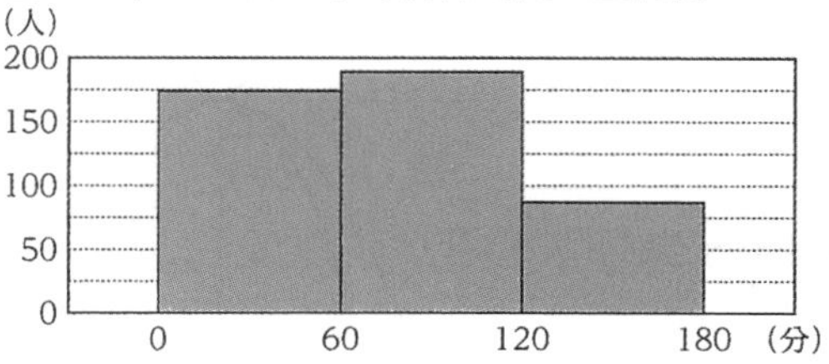

図2 平日1日の平均読書時間と生徒数

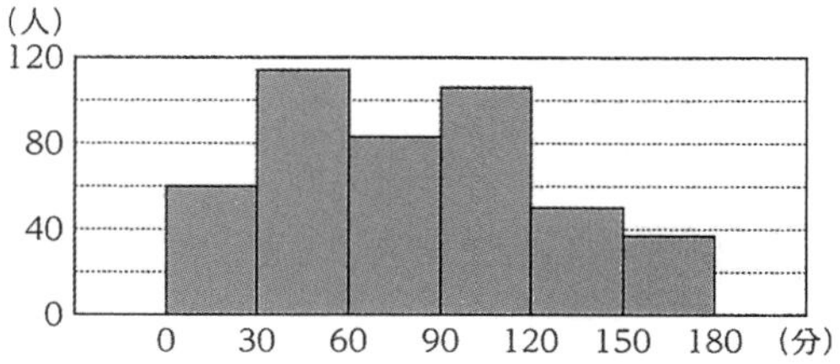

① **図1**と**図2**から読み取れることとして最も適切なものを、次の**ア**～**エ**から1つ選び、記号を書きなさい。

ア **図2**では、**図1**にくらべて、平日1日の平均読書時間が150分以上の生徒が少ない。
イ **図2**では、**図1**にくらべて、範囲が大きい。
ウ **図1**の最頻値は90分であるが、**図2**の最頻値は45分である。
エ **図1**の中央値は、60分以上120分未満の階級にふくまれているが、**図2**の中央値は30分以上60分未満の階級にふくまれている。

② 春さんと秋さんは、**図1**とくらべると**図2**には、山が2つあることに気づき、「1、2年生と3年生では、平日1日の平均読書時間に違いがあるのではないか」と予想した。そこで、全校生徒のデータを、1、2年生と3年生に分けて**度数分布表**に整理し、考えた。

度数分布表

平日1日の平均読書時間(分)	1、2年生	3年生
	度数(人)	度数(人)
0以上 ～ 30未満	37	23
30 ～ 60	57	57
60 ～ 90	58	25
90 ～ 120	88	18
120 ～ 150	38	12
150 ～ 180	24	13
計	302	148

〔**2人の考え**〕
度数分布表では、平均読書時間が60分未満の生徒数は、1、2年生が94人で3年生の80人より多い。しかし、このことから、1、2年生の方が平日1日の平均読書時間が短いとは言えない。それは、1、2年生と3年生のそれぞれの［**あ**］が違うからである。だから、相対度数を求めてくらべることが必要だ。

i **2人の考え**の［**あ**］に当てはまる言葉として最も適切なものを、次の**ア**～**エ**から1つ選び、記号を書きなさい。

ア 平日1日の平均読書時間の最小値　**イ** 度数の合計
ウ 平日1日の平均読書時間の最大値　**エ** 階級ごとの度数

ii 2人は、予想したことを、**2人の考え**をもとに、次のように調べようとした。

度数分布表をもとに1、2年生と3年生の各階級の相対度数を求め、その［**い**］をかき、［**い**］の形をくらべる。また、1、2年生と3年生それぞれのデータの［**う**］と［**い**］を組み合わせて、1、2年生と3年生のデータの傾向を調べよう。

［**い**］、［**う**］に当てはまる言葉の組み合わせとして最も適切なものを、次の**ア**～**ウ**から1つ選び、記号を書きなさい。

ア ［**い**］ 度数分布多角形　［**う**］ 代表値
イ ［**い**］ ヒストグラム　［**う**］ 最大値
ウ ［**い**］ 度数分布多角形　［**う**］ 最小値

(9) **図3**は、3つの関数 $y=ax^2$、$y=bx^2$、$y=cx^2$ のグラフを、同じ座標軸を使ってかいたものである。

また、2点A、Bは、関数 $y=ax^2$ のグラフ上に線分ABと x 軸が平行になるようにとったものである。

① 比例定数 a、b、c を大きい順に左から並べて書きなさい。

② $a=3$、AB $=4$ のとき、点Bの座標を求めなさい。

図3

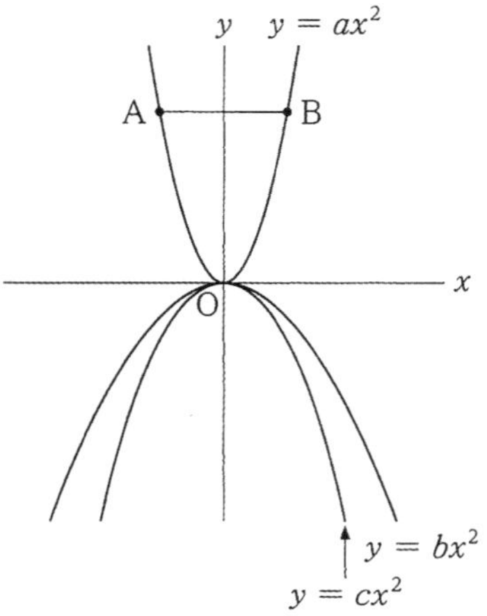

(10) 1、2、3の数が1つずつ書かれた3枚のカードがある。この3枚のカードを箱に入れて、箱から1枚ずつ取り出し、取り出した順番に左から右に並べて3けたの整数をつくる。この整数が奇数となる確率を求めなさい。ただし、どのカードが取り出されることも同様に確からしいものとする。

(11) **データ**は、生徒15人の握力を調べ、その結果を値の小さい順に並べたものである。

〔**データ**〕
24、26、26、26、28、30、32、34、36、38、40、42、44、48、50

(単位：kg)

この**データ**を表した箱ひげ図として正しいものを、次の**ア**～**エ**から1つ選び、記号を書きなさい。

ア

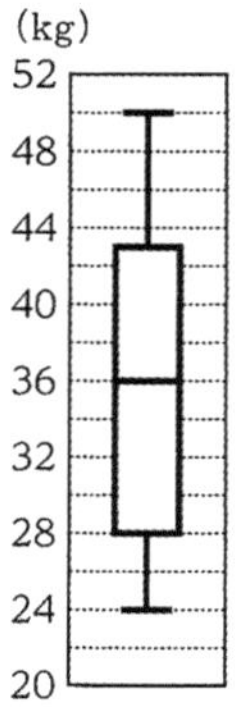

イ

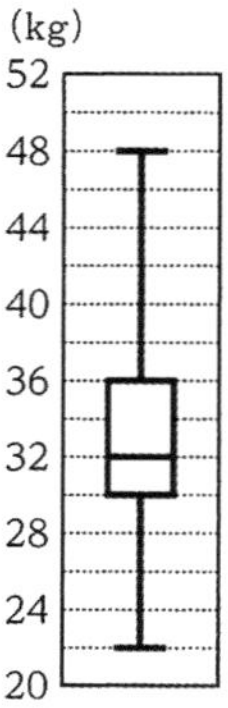

ウ

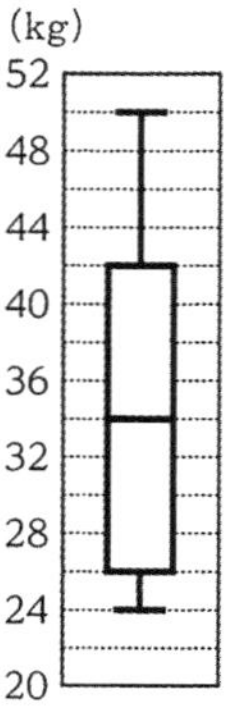

エ

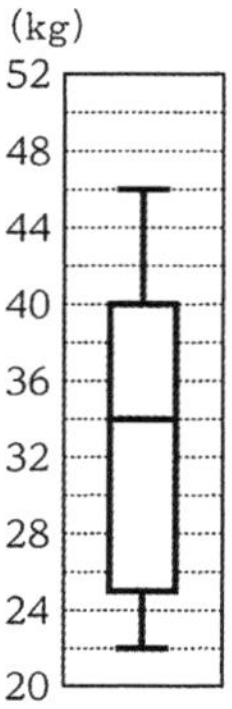

【問 1】 各問いに答えなさい。

(1) ３－（－５）を計算しなさい。

(2) $\frac{1}{6}xy^2 \div \frac{1}{12}xy$ を計算しなさい。

(3) n を自然数とするとき、式の値がいつでも８の倍数になる式として正しいものを、次の**ア**～**エ**から１つ選び、記号を書きなさい。

〔 **ア** $4n$　　**イ** $8n+4$　　**ウ** $n+8$　　**エ** $8n+16$ 〕

(4) $x=\sqrt{5}+\sqrt{3}$、$y=\sqrt{5}-\sqrt{3}$ のとき、x^2-y^2 の値を求めなさい。

(5) 二次方程式 $x^2-3x-10=0$ を解きなさい。

(6) 容器に薄力粉《はくりきこ》を132ｇと砂糖を12ｇ入れて混ぜた。ここに、薄力粉と砂糖を x ｇずつ加えて、薄力粉と砂糖の重さの比が７：２となるようにして、クッキーを作る。このとき、x の値を求めなさい。

(7) **図１**において、$\ell \parallel m$ のとき、$\angle x$ の大きさを求めなさい。

図１

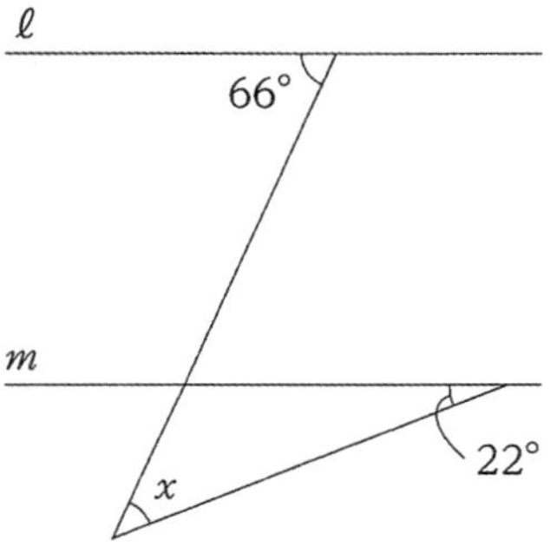

(8) **図２**は、１つの円周上に３点Ａ、Ｂ、Ｃがある円の一部である。この円の中心Ｏを、定規とコンパスを使って作図しなさい。ただし、中心Ｏを表す文字Ｏも書き、作図に用いた線は消さないこと。

図２

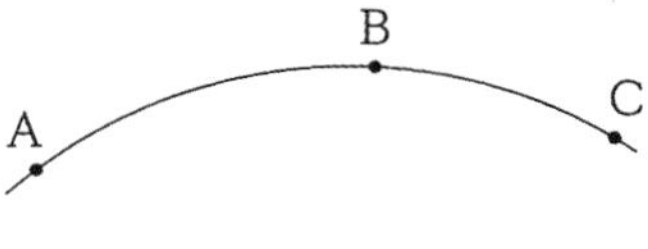

令和６年度　公立高等学校入学者選抜

学力検査問題

数　　学

（50分）

注　　意

1　検査係員の指示があるまで、問題冊子と解答用紙に手をふれてはいけません。

2　問題は**【問　1】**から**【問　4】**まであり、問題冊子の２～９ページに印刷されています。10ページ以降に問題はありません。

3　問題冊子とは別に、解答用紙があります。**解答は、すべて解答用紙の □ の中にかき入れなさい。**

4　分数で答えるときは、指示のない限り、それ以上約分できない分数で答えなさい。また、解答に $\sqrt{\quad}$ を含む場合は、$\sqrt{\quad}$ の中を最も小さい自然数にして答えなさい。

5　計算をしたり、図をかいたりすることが必要なときは、問題冊子のあいているところを使いなさい。

文章Ⅱ

卯月《うづき》のつごもり（月末）方に、*初瀬に詣でて、淀《よど》の渡りといふものをせしかば（したところ）、舟に車をかきすゑて行くに（置いて乗せて行くと）、*菖蒲《さうぶ》、菰《こも》などの末短く見えしを、取らせたれば、いと長かりけり。菰積みたる舟のありくこそ、いみじう（たいそう）をかしかりしか。*「高瀬の淀に」とは、これをよみけるなめりと見えて（よんだようだと見えて）。三日（五月三日に）帰りしに、雨のすこし降りしほど、菖蒲刈るとて、笠《かさ》のいと小さき着つつ、脛《はぎ》いと高き男《をのこ》（すねを長々と出している男）、童《わらは》などのあるも、屏風《びやうぶ》の絵に似て、いとをかし。

*（注）　初瀬＝奈良県の長谷《はせ》寺　菖蒲、菰＝水生植物

「高瀬の淀に」＝「菰枕高瀬の淀に刈る菰の刈るとも我は知らで頼まむ」という和歌

文章Ⅲ

節《せち》（節句）は、*五月にしく（及ぶ）月はなし。菖蒲、よもぎなどのかをりあひたる、いみじうをかし。

*（注）　五月＝五月五日の端午《たんご》の節句。菖蒲やよもぎを軒にさして飾る風習があった

i　[A] に当てはまる言葉を、**下**と**従者**の二つの言葉を使って、三十字以上四十字以内の現代語で書きなさい。

ii　――線部について、作者が目にした情景を次のようにまとめたとき、[B] に当てはまる最も適切な言葉を、**文章Ⅱ**から四字で抜き出して書きなさい。

> 作者は、初瀬詣での途中、「『高瀬の淀に』」という和歌や [B] から知識として知っていた「淀の渡り」の情景を、実際に目《ま》のあたりにし、「をかし」と感じている。

二班の話し合い

> 藤井　**文章Ⅰ**の最後の一文で作者は、ぐるっと回る車輪にくっついて上がってくる [C] を、目で見ておもしろがって「をかし」と表現しているようだね。
>
> 大田　五感をはたらかせて物事を捉える作者だから、**文章Ⅲ**を参考にすると、**文章Ⅰ**の最後の一文でも [C] の [D] に対して「をかし」と感じているかもしれないね。

iii　[C] に当てはまる最も適切な言葉を**文章Ⅰ**から抜き出して書き、[D] に当てはまる適切な言葉を現代語で書きなさい。

(4)　**文章Ⅰ**の表現の特徴として適切なものを、次の**ア**〜**エ**から二つ選び、記号を書きなさい。

ア　自然の中での作者一行の一連の行動を、自然物の動きのある場面とともに描くことで、映像のように鮮やかに表現している。

イ　体言止め、擬人法、係り結びを用いることで、作者の心情や情景を、読者の印象に深く残るように表現している。

ウ　作者にとって忘れられない自然の中での体験を、第三者の立場から、客観的に分析しながら表現している。

エ　山里で目にした情景を、作者の喜びや感動とともに、瞬間を見逃さない鋭い観察力によって表現している。

【問五】 次の文章を読んで、下の各問いに答えなさい。

全国大会常連の名晋《めいしん》高校吹奏楽部は、全国大会を目指す*座奏Aチームとパレードコンテストチーム(パレコン)、それらに入れなかった座奏Bチームに分かれていた。アリスは、三年間、座奏Bチームに所属し、チームリーダーとなる。そこへ、美森《みもり》、ガンちゃん、響《きょう》など多くの新入生が入部してきた。数週間後、保育園の園児たちを招いてのミニコンサートを行うことが決まった。それは、かつて幼いアリス自身も観客として参加したものだった。開演直前、座奏Bのメンバーは、演奏席に着座するが、美森は園児たちに手を引かれ観客席のマットに座り込んでしまう。そんな中、尾藤《びとう》先生の指揮のもと、ミニコンサートがはじまった。

1曲目の《どんぐりころころ》が始まると、子どもたちは誰にうながされたわけでもなく立ち上がり、体を揺らしながら歌い始めた。美森も一緒になって歌った。

途中で響がトランペット*ソロを奏《かな》でると、子どもたちは「うまーい!」「すごーい!」と声を上げた。トロンボーンパートのメロディでガンちゃんが派手に音を外すと「間違えた~!」と大声で笑った。①とにかく感じたことを素直に表現する、どこまでも正直な聴衆だった。

2曲目の《ちょうちょ》も子どもたちは演奏に合わせて一緒に歌い、3曲目の《ディープ・パープル・メドレー》は演奏の迫力と*スタンドプレイに口をあんぐり開けて圧倒されていた。

そして、いよいよ《シング・シング・シング》になった。座奏Bの演奏を見るために、Aやパレコンのメンバーも合奏室に入ってきて壁際《かべぎわ》に座った。

曲の冒頭、ドラムセットがソロで独特のリズムを奏で始めた。子どもたちはまた立ち上がってそれぞれに手拍子《てびょうし》を始めた。②きらきらした幼い目を見て、アリスは思った。

(あのとき、きっと私もあんな目をしてたんだ。ううん、あれは私自身だ)

アリスは幼いころに憧れていた場所に来た。けれど、自分が思うような存在にはなれなかった。座奏Aのメンバーとして、全国大会のステージでまぶしいライトを浴びながら演奏する――そんな夢はもう一生叶《かな》うことがない。それを認めたくなかった。

夢は破れた。なのに、部活をやめなかったのは、やっぱり名晋の音楽が好きだったからだ。あのころ、名晋に憧れ、寂しい心を名晋の演奏でいっぱいにした幼い女の子が、aまだアリスの中に住んでいる。

(私に聴かせてあげるんだ、名晋の音楽を!)

アリスは指揮をする尾藤先生の横に進み出ると、1回目のソロを奏でた。まったくミスのない見事なソロ。子どもたちと美森は拍手喝采《かっさい》を送った。アリス自身、ホッとしていた。

(問題は2回目のほうだ。52小節ミスなく吹いて、最後の超高音をちゃんと出せるかな……)

踊りながら手拍子する子どもたちの前で演奏は続いていった。

途中、トランペットのソロが始まった。前に出て演奏するのは響だ。とても1年生とは思えない落ち着き払った様子できらびやかな音を響かせる。ときに強く、ときに繊細に音を吹き分ける抑揚も見事で、「天才少年」と呼ばれたその実力を見せつけた。

(こんラッパもんは本当《ほんなこつ》にうまかばい。*ばってん、なんでいつも音が泣きよーっちゃろう……)

子どもたちと一緒に拍手をしながら美森は思った。

響がソロを終えて元の場所に戻ると、ドラムセットのソロとともに再びアリスが前に出た。その表情は明らかに緊張していた。

(1) 文章中の〰〰線部「抑揚」と同じ構成の熟語を、次のア~エから一つ選び、記号を書きなさい。

〔**ア** 摩擦　**イ** 佳作　**ウ** 凹凸　**エ** 観劇〕

(2) ――線部①と同様の意味をもつ慣用句として最も適切なものを、次のア~エから一つ選び、記号を書きなさい。

〔**ア** 頭をひねる　**イ** 歯に衣《きぬ》着せぬ
ウ 鼻にかける　**エ** 目が高い〕

(3) ――線部②とあるが、きらきらした幼い目を見たアリスに生まれた決意とはどのようなものか。それがわかる言葉を、本文に示されている、アリスが心の中で思っている言葉からさがし、最初の五字を抜き出して書きなさい。

(4) アリスが1回目のソロ演奏を終えた場面から、アリスのソロ演奏に美森が加わるまでの場面におけるアリスの心情の変化について、次のようにまとめた。［A］に当てはまる言葉として最も適切なものを、あとのア~エから一つ選び、記号を書きなさい。

安堵《あんど》 → ［A］ → 緊張 → 自己嫌悪《じこけんお》 → 困惑

〔**ア** 感謝　**イ** 陶酔　**ウ** 激高　**エ** 不安〕

(5) ――線部③の比喩表現の効果について、次のようにまとめた。［B］に当てはまる言葉を、「小さなロウソクの炎」が何をたとえているかを明確にして、三十字以内で書きなさい。

この部分は、「まるで~ように」という比喩表現を使うことで、アリスを応援する［B］がイメージしやすくなっている。

まるで囁《ささや》き声で話すように静かな音でソロの冒頭が始まった。アリスは何度も繰り返し練習してきたフレーズを奏でていった。*スウィングジャズならではの奏法やノリを維持しながら、次々と音を繰り出す。伴奏はドラムセットの*リフレインだけだ。緊張感から手に汗がにじみ、キーを押さえる指が滑った。

(ダメだ！　やっぱりダメだ！　なんで私はうまくできないんだろう！)

徐々にテンポが遅れ始め、焦《あせ》ると指が絡《から》まった。

(いままで本気で練習してこなかった罰だ。私は自分に罰せられてるんだ……)

いくつも音符が飛び、いまにもクラリネットの音が止まりかけた。

と、どこかから「がんばれ～！」という声が聞こえてきた。アリスの様子に気づいたひとりの子どもが声を上げたのだ。すると、③まるで小さなロウソクの炎が次々とまわりのロウソクを灯《とも》していくかのように「がんばれ～！」の声が子どもたちの間に広がり、やがて大合唱になった。

「がんばれ～！」

「お姉ちゃん、がんばれ～！」

(頑張《がんば》れって言われたって……指は動かないし、b頭の中はもう真っ白なんだよ……！)

アリスは目を閉じて現実から逃げようとした。もう少しで「本気で頑張っていないスイッチ」を押しそうになった。

そのときだ。不意に響き始めたのは——トランペットの音だった。

マットの上で美森が立ち上がり、楽器を奏で始めていた。それは、クラリネットソロそのものだった。美森はアリスの練習を聴きながらソロをすべて覚えてしまっていたのだ。

園児たちはもちろん、響や水月《みづき》、その場にいる部員たちも美森の突然の演奏に驚いていた。

いちばん驚いていたのはアリスだった。

(あの美森って子……！)

美森はトランペットを吹きながらアリスのほうへ歩み出ていった。すると、まるでその音に手を引かれるかのように、アリスの音に力が戻ってきた。美森のトランペットにアリスのクラリネットが重なる。ふたりの目が合い、かすかに微笑《ほほえ》み合った。音はぴたりと揃《そろ》って、美しい*ユニゾンを描いた。

残り18小節。高音へと駆け上がるフレーズの途中で美森はトランペットの音を小さくしていき、吹くのをやめた。再びソロはクラリネットだけになった。運指の難しい複雑な8分音符を、アリスの指と息が的確にとらえる。そして、最後の4小節、超高音の*ロングトーン。アリスは13年間の思いを込めてその音を吹き鳴らした。

アリスが両手を広げ、お辞儀をすると、子どもたちがワッと歓声を上げた。目の前で星のようにまたたく笑顔の数々。④幼いアリス自身もその中で拍手していた。

(オザワ部《ぶ》長《ちょう》「空とラッパと小倉《おぐら》トースト」問題作成上ふりがなをつけた箇所がある)

*(注)　座奏＝椅子に座っての演奏　　ソロ＝単独の演奏者が演奏する独奏のこと

スタンドプレイ＝曲中で目立つように立って演奏すること

ばってん、なんでいつも音が泣きよーっちゃろう＝でも、なんでいつも音が泣いているんだろう

スウィングジャズ＝ふりこのように規則正しくゆれながら躍動するリズム感覚で演奏するジャズ

リフレイン＝繰り返し　　ユニゾン＝いくつかの楽器が、同じ音符や同じ旋律、またはオクターブの音や旋律を奏でること

ロングトーン＝一定の高さの音や声を長く伸ばすこと

(6)　美森は、アリスにとってどのような人物として設定されているか。最も適切なものを、次の**ア**～**エ**から一つ選び、記号を書きなさい。

ア　アリスに立ち直るきっかけを与える存在。

イ　アリスの音楽に対する好奇心を増幅する存在。

ウ　アリスが、安心して演奏をやめられるようにする存在。

エ　アリスに友情の大切さを伝え、他の部員に演奏を促す存在。

(7)　この文章を読んだ田中さんは、——線部④に着目し、このときのアリスの気持ちを考えるために、関係すると思われる部分から読み取ったことを**付せん1**、**2**に書いた。**付せん1**、**2**を踏まえて、——線部④に表れているアリスの気持ちを、五十字以上六十字以内で書きなさい。

付せん

1

----線部**a**から、名晋の音楽に対する憧れを再認識したアリスの様子がわかる。

2

----線部**b**から、課題から逃げようとするアリスの様子がわかる。

これより先に問題はありません。
下書きなどが必要なときには、自由に使ってかまいません。

※下書き用の枠

【問二】(6)

(6)

【問二】(3)

iii

【問五】(7)

(7)

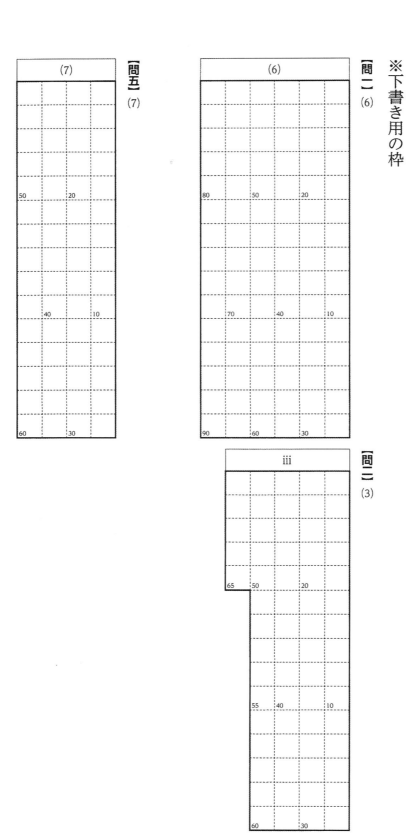

長野県公立高等学校

令和５年度　公立高等学校入学者選抜

学力検査問題

国　　語

（50分）

注　意

1　検査係員の指示があるまで、問題冊子と解答用紙に手をふれてはいけません。

2　問題は**【問一】**から**【問五】**まであり、問題冊子の2〜9ページに印刷されています。10ページには、下書き用の枠があります。

3　問題冊子とは別に、解答用紙があります。**解答は、すべて解答用紙の□の中に書き入れなさい。**

4　解答用紙にマスがある場合は、句読点、カギ括弧《かっこ》（「や『）なども それぞれ一字と数えて書きなさい。

5　下書きが必要なときは、問題冊子のあいているところ、または10ページの下書き用の枠を使いなさい。

【問一】 次の文章を読んで、下の各問いに答えなさい。

カクレクマノミは、小さくて弱い魚だが、毒のあるイソギンチャクと共生して外敵から身を守っている。クマノミの体表にある粘液はイソギンチャクの免疫と成分が近く、毒はクマノミを攻撃しない。イソギンチャクのなかにいれば外敵は攻撃してこないため、弱いクマノミにとってイソギンチャクは安全な住処《すみか》になっている。その一方で、クマノミはイソギンチャクに発生する寄生虫を食べてあげたり、イソギンチャクの体を揺らして代謝を助けている。お互いの弱さを支え合う、何とも良い関係性が育まれている。

同様の例としては、獰猛《どうもう》な肉食魚のウツボと、通称クリーナーシュリンプと呼ばれるエビたちとの共生関係があげられる。ソリハシコモンエビやベンテンコモンエビなどのクリーナーシュリンプは、ウツボの大きな口に自ら喜んで入っていく。一口でウツボに食べられてしまいそうなひ弱なエビだが、捕食されることはない。ウツボは大きな口を開けてそのエビを口のなかに招き入れ、口の奥まで入ってもそのエビを食べようとはしない。

クリーナーシュリンプはその名の通り、ウツボの口のなかにいる寄生虫などを食べて掃除をしてくれる、ありがたい存在なのだ。①こうした親密な共生関係は、昆虫による花の受粉や、乳酸菌と私たち人間など、さまざまな場所で観察されるが、生態系のなかで見ると、かなり特殊な関係だと言える。なぜなら共生は一般的な関係ではなく、固い絆《きずな》で結ばれた特定の種間にだけ起こる現象だからだ。また、それらのほとんどが相手に合わせて進化しているのも注目に値する。お互いが提供できる余剰を相手に分け与えることで、共生系はまさに一体の存在になるのだ。

私たちの創造性を考えるうえで、こうした共生関係から学べることは何だろう。それは、真に強固な共生関係は、お互いを深く理解した特殊な個と個のあいだに起こるということではないか。たとえば、個人的な痛みに訴えかけない反戦の歌や、特定の誰かに寄り添えないデザインは、感動に乏しいことがある。逆に、きわめて個人的な痛みや経験に寄り添う声が、強い共感を生むこともある。「みんな恋愛頑張れよ」という歌は共感のしどころが難しいが、「香水のせいで思い出しちゃったよ」という個人的体験による歌が共感を集めてヒットしたりするのはこのためだ。

(1) 文章中の〰〰線部のよみがなを、ひらがなで書きなさい。

① 粘液　② 通称　③ 余剰
④ 乏しい　⑤ 賃金　⑥ 匂い

(2) ‖線部a、bの品詞を、次のア～エから一つずつ選び、記号を書きなさい。

〔ア 副詞　イ 連体詞　ウ 形容詞　エ 形容動詞〕

(3) ——線部①について、本文の内容を踏まえ次のように説明するとき、［A］、［B］に当てはまる最も適切な言葉を、本文中からそれぞれ指定された字数で抜き出して書きなさい。

> 特定の種同士がお互いの［A（七字）］関係のことであり、多くの場合、双方が［B（九字）］していることも見逃せない特徴である。

(4) 本文における筆者の論理の展開についての説明として適切なものを、次のア～エから二つ選び、記号を書きなさい。

ア 自然界の共生と人間社会の製品流通の仕組みの共通性に着目し、役割の違いの重要性を中心に考察している。
イ 自然界の共生に関する科学的な知識を手がかりに、人間社会における共生の意味と可能性を考察している。
ウ 自然界の二つの例を対比的に用い、その相違点から、科学的な知識をもとに人間社会の問題を考察している。
エ 科学的な知識を利用するだけでなく、デザインや歌などを例として挙げ、共生についての考察を進めている。

人間は社会的な動物として、人間同士の共生関係を生み出せるように進化してきた。相手の考えがわかるように*ミラーニューロンが発達したり、利他性のある行動をとれば幸福感が増したりする。実際に、私たちは誰かの役に立つことで賃金をもらったり、共に生きていける社会を作ろうとする。製品を流通するような場面でも、開発者、製造者、販売者、ユーザー、アフターサポートなど、多様な*ステークホルダーが助けあう繋《つな》がりができていて、それぞれがお互いを活かす生態系を形成しているのだ。しかし本当の意味で共生関係を強固に構築するには、役割の違いを生み出すだけでなく、お互いのことを深く理解する必要があるのだ。大企業ではエンジニアと*マーケティングの担当者がぶつかったりすることがよくあるが、お互いを深く理解しない関係は脆弱《ぜいじゃく》だ。

社会には、それぞれの立場の人ごとに違う観点があり、誰に寄り添うのかによって、創造のフィールドが無限に広がっている。特定の相手を深く理解し、寄り添うことで初めて、深い適応関係が生まれる。自然界の共生と同じように、創造では、それが限られた特定の相手にどう響くかという観点が、つねに問われているのだ。作り手の自覚を超えて、個の共感を得られるかどうかによって共生的な価値を発揮する。この特殊な価値は、②単純な機能としての価値だけでなく、むしろ感性的な価値を多分に含んでいるといえるだろう。ある香水の匂いが誰かに切ない気持ちを与えるかもしれないし、浜辺の夕焼けが遠いあの日の記憶を呼び覚ますかもしれない。まさにきわめて個人的な価値観、私たちの心に訴える特殊な価値観は、誰かと創造の関係における*自然選択を生み出している。相手の心によりそって、その特殊性に共感しよう。そこから二つのものは一つになるのかもしれない。

(太刀川英輔《たちかわえいすけ》「進化思考　生き残るコンセプトをつくる「変異と適応」」　問題作成上ふりがなをつけた箇所がある)

*(注)　ミラーニューロン＝脳内にあり、他人がしていることを見て我がことのように共感する力をつかさどっていると考えられている神経細胞
ステークホルダー＝利害関係者
マーケティング＝商品などを消費者に効率的に提供するための活動
自然選択＝自然的な原因によって特定の個体が選択的に生き残ること

(5) 本文の内容を次のようにまとめた。[C]～[E]に当てはまる最も適切な言葉を、あとの**ア～ク**から一つずつ選び、記号を書きなさい。

> 特定の相手の心に寄り添い、その[C]を深く理解することで形成される強固な[D]が、より多くの人々に感動と強い共感を与える[E]の起点となる。

ア 提供　**イ** 創造　**ウ** 自覚　**エ** 流通
オ 幸福感　**カ** 利他性　**キ** 特殊性　**ク** 関係性

(6) 筆者は本文の最後を「かもしれない」という言葉で締めくくっている。このことの説明として適切なものを、次の**ア～エ**から二つ選び、記号を書きなさい。

ア 遠回しな表現を最後まで続けることで、読み手の考えを誘導しようとしている。
イ 自然界の例とは異なり、実証できる事柄ではないので、断定的な表現を避けている。
ウ 筆者による一方的な主張という印象を和らげ、読み手に考えさせる効果を生んでいる。
エ 文末表現に変化を与えることで抑揚をつけ、読み手の感情移入を促し、内容の理解を助けている。

(7) ――線部②とあるが、筆者が述べている「機能としての価値」、「感性的な価値」のそれぞれについて、**自転車**、**手袋**、**絵本**のうち一つを具体例に用いて、対比的に説明することになった。次の〈条件1〉～〈条件3〉に従って書きなさい。

〈条件1〉自分が取り上げた例を明確に示し、「機能としての価値」、「感性的な価値」の言葉を用いて、それぞれの説明を具体的に書くこと。
〈条件2〉「感性的な価値」については、どのような感情が呼び起こされるのかを含めて書くこと。
〈条件3〉七十字以上九十字以内で書くこと。

【問二】　東山さんの中学校では、例年、文化祭で各学級の地域貢献活動について発表している。清掃活動に取り組んでいる東山さんの学級では、今年度の発表に向け、学級全体で話し合う中で、発表テーマが決まり、扱う発表内容が挙げられた。それを受け、東山さんは、発表を担当する係の仲間と、発表の構成などについて話し合っているところである。次のⅠ～Ⅳを読んで、下の各問いに答えなさい。

Ⅰ　学級全体で話し合った【発表テーマ】と【発表内容】

【発表テーマ】

小さな積み重ねが、地域のみんなの喜びへ

【発表内容】

〈活動を決めた経緯〉
道路のごみを拾っている方や公園の管理をしている方を見て、役に立ちたいと思ったから。

〈活動の内容〉
・週1回、学校周辺のごみ拾い。
・月2回、駅前公園の清掃。

〈活動の感想(主な内容)〉
・清掃中に地域の方から励ましの言葉をもらい、地域の一員として認められたように感じてうれしくなった。
・活動を重ねるにつれ、徐々にきれいになっていくのを見て、大切な活動だと改めて感じた。

〈活動の目的〉
地域をきれいにして、地域のみんなの住み心地をよくする。

Ⅱ　発表全体の構成を決める話し合いの様子

西川　発表全体の構成を決めていきたいのだけれど、発表内容をどの順番で発表していけばいいかな。

南原　活動を決めた経緯から、時間の流れに沿って発表すれば、私たちの活動を知らない他の学級の人にも、取り組みの流れが分かりやすくなると思う。昨年度の発表のときに、時間の流れに沿って活動を説明してくれた学級があって、活動について知らなかった私にも、分かりやすかったよ。

北野　a〔活動の内容から発表するのはどうかな。小学生の頃、地域の方々に総合的な学習の時間の発表をしたのだけれど、そのときに、活動の内容から紹介したら、私たちの活動についてよく知らなかった方にも「最初に活動の内容の紹介があって発表が分かりやすかった」という感想をもらったよ。〕だから、①活動の内容から伝えると分かりやすいと思うな。

東山　南原さんと北野さんの発言で共通することは、［A］だね。どちらも分かりやすさを大事にしている。

南原　私たちの思いがより伝わるという点からも、活動を決めた経緯から発表することは、活動を始めた理由や思いが分かった上で、活動の目的や内容、感想を聞いてもらえるからいいと思うよ。

北野　そうか。私たちなりに考えて、思いをもって取り組んできたことだから、それを踏まえて発表を聞いてほしい。活動を決めた経緯から発表するのがいいかもしれないね。

西川　では、活動を決めた経緯から発表することにしようか。

（…話し合いは続く）

(1)　Ⅱの――線部①について、北野さんのaの発言を踏まえ、このように考えられる理由として最も適切なものを、次のア～エから一つ選び、記号を書きなさい。

ア　聞き手が、どのような活動だったのかという疑問を抱きやすくなるから。
イ　聞き手が、どのような活動だったのか想像しやすくなるから。
ウ　聞き手に、新たな活動を始める決意を伝えられるから。
エ　聞き手に、なぜ清掃活動を選んだのか知ってもらえるから。

(2)　Ⅱの［A］に当てはまる最も適切な言葉を、次のア～エから一つ選び、記号を書きなさい。

ア　経験をもとに、活動について知らない相手を想定し、聞き手の立場から発表の順番を考えていること
イ　様々な相手を想定し、自分たちの活動に協力してもらえるように発表の順番を考えていること
ウ　経験にとらわれることなく、柔軟な発想で発表の順番を考えていること
エ　聞き手の立場から新しい視点を取り入れ、予定にないことも発表しようとしていること

Ⅲ 最後の感想の発表方法を決める話し合いの様子

東山さんたちは、発表方法を考える手がかりとして、これまでの国語の学習内容をⅣのようにノートにまとめ、参考にすることにした。そして、話し合いの中で、それぞれの発表内容の発表方法が決まってきた。

西川　では、発表の最後に扱う、活動の感想の発表方法を考えよう。

南原　ノートにあるように、素直な表現で思いを伝えるために、話すときの表情や身振りを大切にしたいよ。だから、話し手へ注目を集めるように、あえてスライドを見せずに話すのもいいよね。

北野　b そうかな。私は反対に、感想の文章をスライドで見せて発表するのがいいと思う。聞き手が必要に応じて文章を読み返すことで、内容を理解しやすくなると思うよ。

南原　文章を読み返せるけれど、その分、聞き手の視線が話し手に集まりにくくなるよ。それよりも、話し手に視線が集まれば、話し方を工夫する効果も高まって、思いがより伝わりやすくなると思うな。

北野　なるほど。②話し方の工夫の効果を高めることは大事かもしれない。でも、私は、話した内容は消えていくから、印象に残りにくいと思うよ。

南原　北野さんの言うこともわかるけれど、感想だからこそ思いを伝えることを大切にしたい。c それに、聞き手に思いが伝わっていないと感じたら、表現を選んで話す工夫ができるよ。そんなときに文章全部が映してあると、違う表現を選びにくいと思う。

東山　二人の意見を組み合わせたらどうかな。情報が多くならないようにしながら、読み返してもらったり、中心となることを強調したりできるように、［　B　］と思うよ。（…話し合いは続く）

Ⅳ これまでの国語の学習内容をまとめたノートの一部

【話すときのポイント】

・自分の思いを飾らず素直に表現し、視線、表情、身振り手振りなども工夫する。
・聞き手の反応によって、言葉や表現を選んだり、内容を補ったりする。
・話した内容は、音声のままだとその場限りで消えてしまうので、伝え方を工夫する。

【スライドを見せるときのポイント】

・内容を映すと読み返してもらえることなどを踏まえ、視覚的に伝わりやすくなるよう工夫する。
・伝えたいことの中心となることを強調できるので、キーワードなどを映す。
・映す情報が多いと伝わりにくいことがあるので注意する。

(3) Ⅲの――線部②の北野さんの発言を説明したものとして最も適切なものを、次の**ア**～**エ**から一つ選び、記号を書きなさい。

ア 相手の意見と自分の意見との共通点に注目し、納得できた理由を伝えている。
イ 相手の意見と自分の意見との相違点に注目し、納得できないことについて相手に質問している。
ウ 相手の意見の納得できる部分に共感して、自分の意見が変わったことを伝えている。
エ 相手の意見の納得できる部分を受け止めつつ、違う角度から自分の意見を伝えている。

(4) Ⅲの［　B　］に当てはまる適切な言葉を、北野さんのbの発言と南原さんのcの発言を踏まえ、Ⅳの**【話すときのポイント】**と**【スライドを見せるときのポイント】**のそれぞれの中にある言葉を使って、四十字以上五十字以内で書きなさい。

(5) 発表方法を決める話し合いの後、発表原稿を作って推敲《すいこう》したところ、活動の感想について、Ⅰの**【発表テーマ】**に直接つながる内容のものを増やすことになった。増やす感想として最も適切なものを、次の**ア**～**エ**から一つ選び、記号を書きなさい。

ア ごみを拾っていると、通学路にある危険な場所にも気づくようになった。
イ 自分ががんばって清掃をした分だけ、駅前公園を大事に使いたい気持ちが大きくなった。
ウ きれいになった駅前公園を見て多くの人が喜んでいる姿から、達成感を覚えた。
エ ごみ拾いをしていたら、自然を守るためにもっと様々な活動がしたいと思うようになった。

【問三】 次の①～③から、誤って使われている漢字一字をそれぞれ抜き出して書き、同じ読みの正しい漢字を楷書でそれぞれ書きなさい。

① 昔ながらの共同浴場が点在する温泉街を訪れる機会を設け、辺りを参策してみたい。

② 沖縄に転勤した知人へ、畑でとれた梨を高空便で送ったところ、礼状が届いた。

③ かぜの予忘に努めていたが、朝、寒気がして熱もあったので、かかりつけ医に薬を処方してもらった。

【問四】 次に示すのは、**文章Ⅰ**が『伊曾保《いそほ》物語』の一節、**文章Ⅱ**が『荘子』の一節を書き下し文に改めたものである。これらを読んで、下の各問いに答えなさい。

文章Ⅰ

ある時、鹿《かのしし》《しか》、河のほとりに出でて水を飲みける時、汝《なんぢ》《自分の》が角《つの》の影、水に映つて見えければ、この角の有様《ありさま》を見て、「さても、我が頂《いただ》きける《頭にのせている》角は、万《よろづ》の《すべての》獣《けだもの》の中に、また並ぶものあるべからず《いるはずがない》」と、かつ《一方では》は①高慢《かうまん》の思ひをなせり《もった》。また、我が四つ足の影、水底に映つて、いと頼りなく細くして、しかも蹄《ひづめ》二つに割れたり。また、鹿《しし》《しか》、心に思《おも》ふやう、「角はめでたうはべれど《立派だが》、我が四つの足はうとましげなり《嫌気がさす感じだ》」と思ひぬるところに、心より《気のせいだろうか》、人の声、ほのかに聞こえ、その外《ほか》、犬の声もしけり。これによつて、かの《その》鹿《しし》、山中に逃げ入り、あまりに慌て騒ぐほどに、ある木のまたに、おのれ《自分の》が角を引きかけて、下へぶらりと下がりにけり。抜かん《抜こう》抜かんとすれどもよしなし《どうしようもない》。鹿《しし》、心に思ふやう、「よしなきただ今の我が心や。いみじく《たいそう》誇りける角は、我が仇《あた》《あだ》になつて、

(1) **文章Ⅰ**、**文章Ⅱ**の〰〰線部の言葉を現代仮名遣いに直して、すべてひらがなで書きなさい。

① おもふやう　② なほ

(2) ――線部①「高慢の思ひをなせり」と同様の意味で用いられている言葉を**文章Ⅰ**の本文中から八字で抜き出して書きなさい。

(3) ――線部②とあるが、鹿がそのことに気づいたのはなぜか。最も適切なものを、次の**ア**～**エ**から一つ選び、記号を書きなさい。

ア 足の力によって木から角を抜いて逃げることができるから。
イ 足のはたらきによって、ここまで逃げてくることができたから。
ウ 他のどの動物よりも速く走ることができたから。
エ 自分の足が細いわけではないことに気づいたから。

(4) **文章Ⅰ**の内容として適切なものを、次の**ア**～**カ**から二つ選び、記号を書きなさい。

ア 何が自分の強みとなり、弱みとなるかは自分ではわからないので、自己評価よりも他者からの評価を大切にすべきである。
イ 自分自身に対する過大評価が失敗の原因となることがある一方、自分自身に対する過小評価が成功の要因となることがある。
ウ 強みだと思っていた所が自分の弱みとなることがある一方、弱みだと思っていた所が自分の強みだったと後から気づくことがある。

これより先に問題はありません。

下書きなどが必要なときには，自由に使ってかまいません。

(3) 桜さんは，作図ソフトで何度も点 P を線分 AB 上で動かしているうちに，次の 2 つのことが成り立つのではないかと**予想**を立てた。

図 3

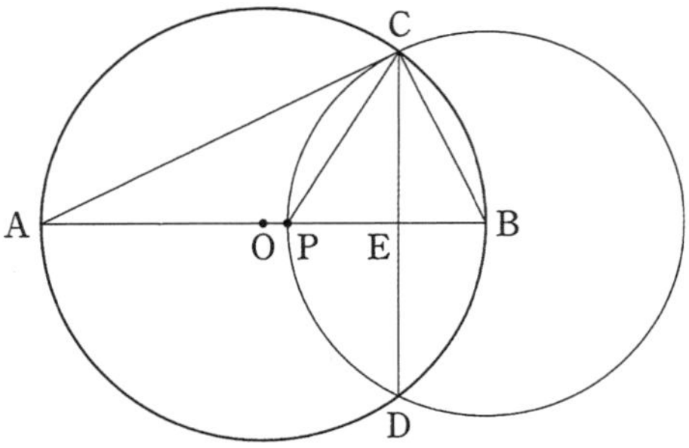

〔**予想**〕
点 P を線分 AB 上のどこにとっても，
❶ △ABC と △CBE は相似である。
❷ 線分 CP は ∠ACE を二等分する。

桜さんの**予想**は，**図 3** を用いて，次のようにそれぞれ証明することができる。

〔**予想❶の証明**〕
△ABC と △CBE で，
［ **あ** ］ だから，∠ACB = 90°
AB ⊥ CD だから，　∠CEB = 90°
よって，∠ACB = ∠CEB　……①

［ **い** ］

〔**予想❷の証明**〕
［ **あ** ］ だから，∠ACB = 90°
∠ACB = ∠ACP + ∠PCB より
∠ACP = 90° − ∠PCB　……①
AB ⊥ CD だから，△CPE は
∠CEP = 90° の直角三角形であり，
∠PCE = 90° − ∠CPE　……②

［ **う** ］

よって，∠PCB = ∠ ［ **え** ］　……③
①，②，③より，∠ACP = ∠PCE
したがって，線分 CP は ∠ACE を二等分する。

① ［ **あ** ］ に当てはまる，∠ACB = 90° の根拠となることがらを書きなさい。ただし，**予想❶の証明**の ［ **あ** ］ と**予想❷の証明**の ［ **あ** ］ には共通なことがらが入る。

② ［ **い** ］ に証明の続きを書き，**予想❶の証明**を完成させなさい。

③ **予想❷の証明**において，［ **う** ］ には③の根拠となることがらを，［ **え** ］ には最も適切な角を記号を用いて，それぞれ書きなさい。

(4) **図 4** は，点 P を，AP = 4 cm の位置まで動かしたものである。このとき，線分 DP を延長した直線と円 O の交点を G とし，点 A と点 G を結ぶ。

図 4

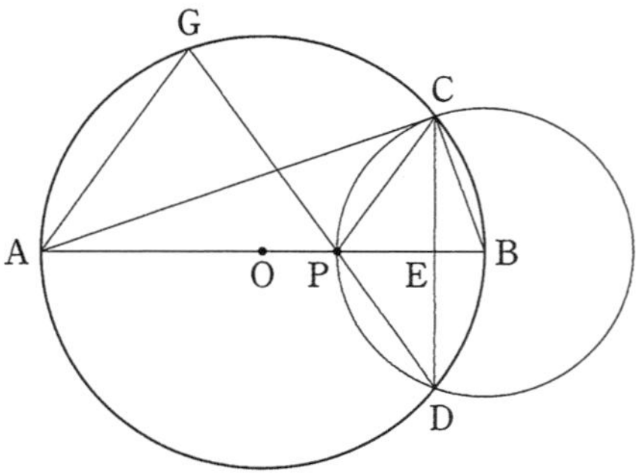

① △CEP の面積を求めなさい。

② △BCP と △GAP の面積の比を求め，最も簡単な整数の比で表しなさい。

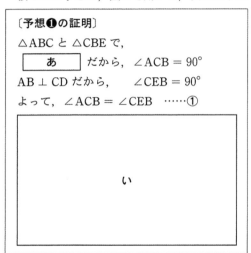

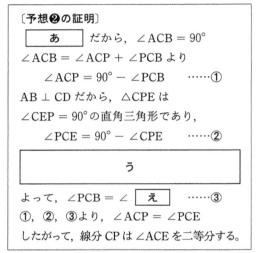

【問 4】 各問いに答えなさい。

点を動かしたり，図形の大きさを変えたりすることができる数学の作図ソフトがある。桜さんは，その作図ソフトを使って，次の**作図の手順**に従って**図1**をかき，点Pを線分AB上で，点Aから点Bの向きに動かしたときの図形を観察した。

〔**作図の手順**〕

❶ 長さが6 cmの線分ABを直径とする円Oをかく。

❷ 線分AB上に点Pをとる。ただし，点Pは点A，Bと重ならないものとする。

❸ 点Bを中心として，線分BPを半径とする円Bをかく。

❹ 円Oと円Bの交点をそれぞれC，Dとする。

❺ 点Cと点Dを結び，線分ABと線分CDの交点をEとする。

❻ 点Cと3点A，P，Bをそれぞれ結ぶ。

図1

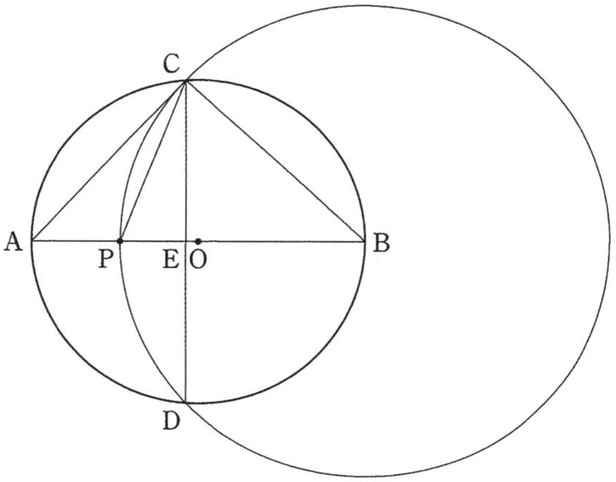

なお，「点Pを線分AB上のどこにとっても，線分ABと線分CDは垂直に交わる。」
このことは，(1)〜(4)の解答において，証明せずに用いてよい。

(1) **図1**において，点Pを，AP = 2 cmの位置にとったとき，BCの長さを求めなさい。

(2) **図2**は，**図1**において，点Pを円Oの中心と重なるように動かしたものである。ただし，円Oの中心を表す文字Oを省いて表している。

① ∠ACPの大きさを求めなさい。

② CDの長さを求めなさい。

図2

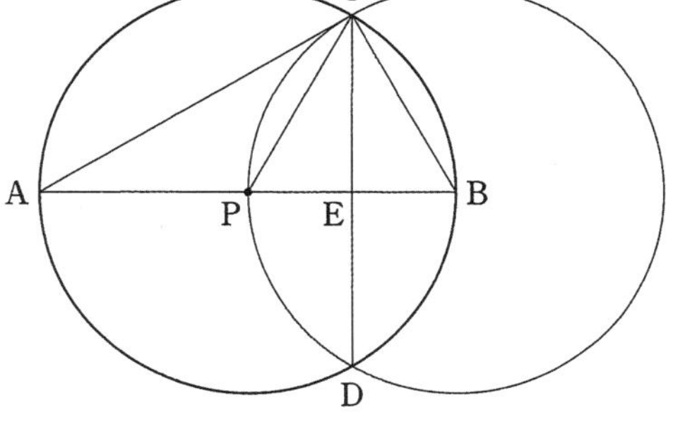

II　**図3**は，関数 $y=\frac{1}{4}x^2$ のグラフ上に，x 座標が正の数 a である点Aをとり，関数 $y=\frac{1}{2}x^2$ のグラフ上に，点Aと x 座標が等しい点Bと，点Bと y 軸について対称な点Cをとり，△ABCをつくったものである。

図3

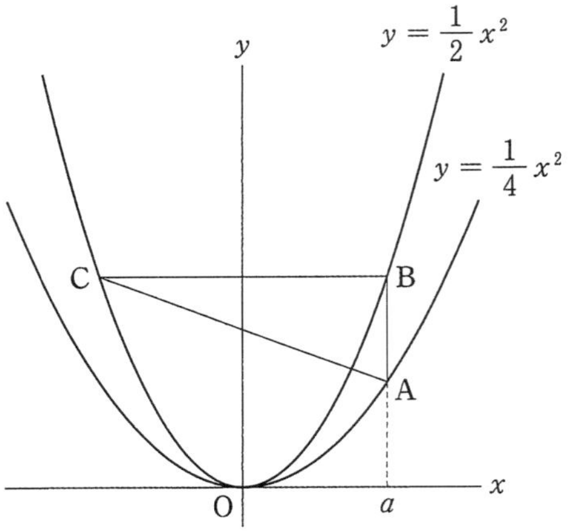

(1)　$a=4$ のとき，ABの長さを求めなさい。

(2)　ABとBCの長さが等しくなるとき，a の値を求めなさい。

(3)　**図4**は，**図3**において $a=2$ とし，y 軸上に，y 座標が2より大きい点Pをとったものである。

①　△BCPの面積が，△ABCの面積と等しくなるとき，点Pの座標を求めなさい。

②　△ACPの面積が，△ABCの面積と等しくなるとき，点Pの座標を求めなさい。

図4

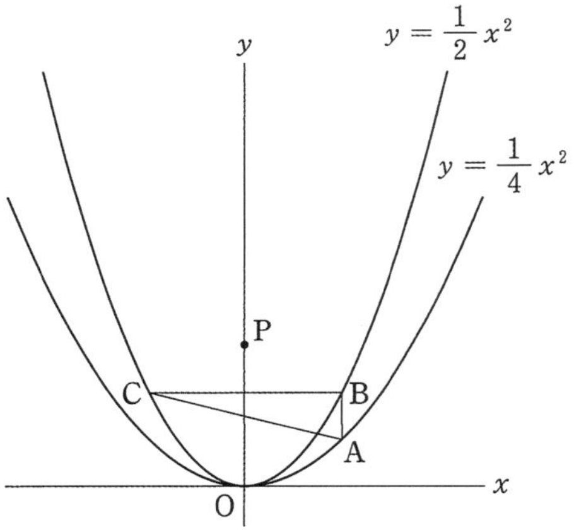

これより先に問題はありません。

下書きなどが必要なときには，自由に使ってかまいません。

海，知恵，メイは，宅配ロッカー(delivery lockers)について調べ，次の**ウェブサイト2**を見つけた。3人が，それを見ながら，下のようにやり取りしていると，途中からリー先生が加わった。

〔ウェブサイト2〕

Get Your Packages at the Delivery Lockers *for Free!

You can see delivery lockers at many places like stations, supermarkets, and *drug stores. Delivery drivers put your packages in the locker. When you buy things on the Internet, you can choose the locker. At that time, you will get the *password. When you open the locker, please use it and take your packages out by yourself *within three days.

Chie: Delivery drivers just visit the lockers. I think their job will be easier.

May: Customers can choose the best delivery locker to get packages. I think they can go there when they are free. These lockers have some good points for customers.

Kai: I agree with you.

Ms. Lee: I'd like to know what Chie and May said.

Kai: [③]

Ms. Lee: I see. These lockers are very useful. Do you want to try to use them?

Kai: Yes, however, there are not enough such lockers around us, so we need more. Also, I want to know ④(　　　) because it isn't written on this website.

*(注) **for Free** 無料で　drug store(s) ドラッグストア　password パスワード　within ～以内で

(4) 次の英語は，[③]で海が話した内容である。下線部**あ**，**い**の(　　)に当てはまる最も適切な英語を，それぞれ1語で書きなさい。ただし，(　　)内に示されている文字で書き始めること。

> Chie and May hope many people use the delivery lockers because the lockers あ(w　　) well for both delivery drivers and customers. They make the job of drivers い(e　　) than before.

(5) 下線部④の(　　)に当てはまる英語として最も適切なものを，次の**ア～エ**から1つ選び，記号を書きなさい。

ア how much I pay to use the delivery lockers　**イ** what time I can use the delivery lockers
ウ what the delivery lockers are　**エ** how to take packages out

翌日の授業で，海，知恵，メイの3人は調べたことをクラスで発表した。リー先生は，それを聞いて次のように3人とやり取りした。

〔**やり取り**〕

Chie: We learned about delivery lockers, and it's good for both delivery drivers and customers.

Ms. Lee: Thank you, Chie. Do you remember Kumi's newspaper letter? She got a letter from one delivery driver who read her idea. He said, "It is difficult to work when I don't have information for re-delivery." If we could tell him when we would be at home, he could easily bring our packages.

Chie: If he doesn't, he has to visit the same customer several times. That won't make the rate of re-delivery less. So, we should tell the re-delivery plan to delivery drivers.

May: I didn't do it before. Now, I know what I have to do for delivery drivers.

Kai: There are some useful ways to receive packages, so I'll choose the best way every time. We learned a lot of things about ⑤using the re-delivery system through these classes.

(6) 下線部⑤についてのあなたの考えと，その理由を書きなさい。語の順番や使い方に注意して，20語以上の正確な英語で書きなさい。ただし，英文の数は問わない。なお，コンマ，ピリオドなどの符号は語数に含めない。短縮形は1語と数えること。

(7) メイは，授業を通して感じたことを次のようにまとめた。下線部⑥，⑦の(　　)に当てはまる最も適切な英語を，翌日の授業での**やり取り**から抜き出して書きなさい。ただし，下線部⑥は連続する4語，下線部⑦は連続する3語で抜き出すこと。

> I realize it's important to ⑥(　　)(　　)(　　)(　　) to delivery drivers. I'll help them ⑦(　　)(　　)(　　) easily because I respect their work.

【問 4】 各問いに答えなさい。

ALTのリー先生(Ms. Lee)は，英語の授業で，ある新聞に掲載されていた**投書**(newspaper letter)を配付した。海(Kai)は，その**投書**を読んだ後，下のようにリー先生の問いかけに答えた。

〔投書〕

How do you receive your *packages?

Most of us receive packages at home. If we are not at home, *delivery drivers leave a *delivery notice. We ask for *re-delivery to get the packages with this notice. I hear there are many people who use the re-delivery system. As a result, many re-deliveries make delivery drivers busier. What can we do for this problem?

I don't think we should ask for re-delivery. I want to be a person who is kind to delivery drivers.

(Kumi, Tokyo, Junior high school student)

Ms. Lee: What is the problem Kumi says in her newspaper letter?
Kai: The problem is ①(　　　　).
Ms. Lee: That's right. Let's think about this problem in this class.

*(注) **package**(s) 荷物　delivery driver(s) 宅配ドライバー　delivery notice 不在連絡票
re-delivery(re-deliveries) 再配達

(1) 下線部①の(　　　)に当てはまる英語として最も適切なものを，次の**ア**～**エ**から1つ選び，記号を書きなさい。

ア many people don't ask for re-delivery to get packages
イ delivery drivers are busier because of many re-deliveries
ウ she wants to be a person who is kind to delivery drivers
エ she doesn't think we should ask for re-delivery

宅配便の再配達について興味をもった海，知恵(Chie)，メイ(May)は，次の**ウェブサイト1**を見つけた。3人は，それを見ながら，下のようにやり取りした。

〔ウェブサイト1〕

The re-delivery *rate is checked by the Japanese *government twice a year. When re-deliveries *increase, delivery drivers must work more. The government has set the goal for the rate to be about 7.5%. The re-delivery rate went down once, but it is *gradually increasing.

宅配便の再配達率

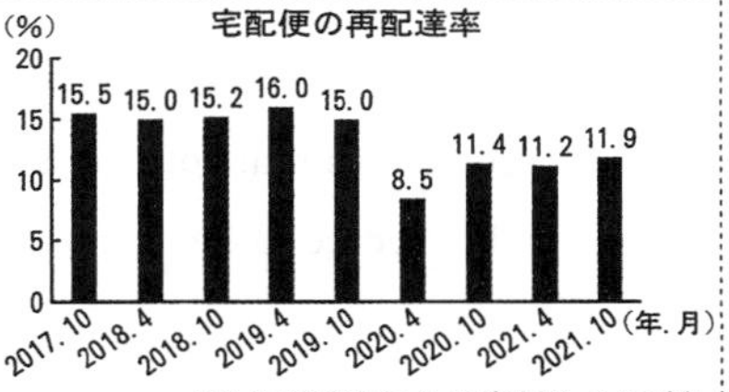

(国土交通省による資料から作成)

Kai: I think delivery drivers visit the same *customers a few times.
Chie: It *wastes the time of drivers. What can we do to get to the goal?
May: I don't want to make troubles for delivery drivers, so ②(　　　　).
Kai: I know that, but I can't always be at home. How can I do without asking for re-delivery to my house?

*(注) rate 比率　government 政府　increase 増加する　gradually 徐々に　customer(s) 客
waste(s) 無駄にする

(2) **ウェブサイト1**が伝えている内容として最も適切なものを，次の**ア**～**エ**から1つ選び，記号を書きなさい。

ア The re-delivery rate didn't go down after April 2019.
イ The Japanese government set the goal at about 15% for the re-delivery rate.
ウ The Japanese government checks the re-delivery rate once a year.
エ The re-delivery rate has not gotten to the goal set by the government.

(3) 下線部②の(　　　)に当てはまる英語として最も適切なものを，次の**ア**～**エ**から1つ選び，記号を書きなさい。

ア I'll be at home to get packages　　**イ** we must get to the goal
ウ we can help the job of delivery drivers　　**エ** I don't receive packages

(1) 下線部①，⑤の（　　　）に共通して当てはまる最も適切な英語1語を書きなさい。

(2) 下線部②が表す内容として最も適切な英語を，次の**ア**～**エ**から1つ選び，記号を書きなさい。

〔
ア to bake delicious bread in Hiroshima
イ to get enough food when we need
ウ to give people an idea of eating insects
エ to be very friendly to the environment
〕

(3) 下線部③とは具体的にどのようなことか。原稿の第3段落の内容に即して日本語で書きなさい。

(4) 下線部④の（　　　）に当てはまる最も適切な英語を，次の**ア**～**エ**から1つ選び，記号を書きなさい。

〔 **ア** arrangement　**イ** presentation　**ウ** amusement　**エ** population 〕

(5) 原稿の □ に当てはまる英文が自然な流れになるように，次の**ア**～**エ**を左から並べて，記号を書きなさい。

〔
ア By doing so, he can save time to get ready for baking bread and *reduce waste.
イ The second way is to bake just a few kinds of hard bread which keeps for a long time.
ウ One of the ways is to bake only the bread the *order needs.
エ He knows that soft and sweet bread sells well, but he doesn't bake it.
〕

*（注） reduce 減らす　order 注文

(6) 原稿の内容と合っている英文を，次の**ア**～**カ**から2つ選び，記号を書きなさい。

〔
ア Sae understands that we can wait to take action for food problem until 2050.
イ It takes more time to grow insects than pigs and cows, so the FAO doesn't recommend it.
ウ Sae believes now that we are connected to the world by thinking about food.
エ A baker in Hiroshima thinks that throwing away some bread is sometimes necessary.
オ 2030 is the year we set as the goal of stopping hunger all over the world.
カ People don't throw away much food because they often buy only the food they need.
〕

(7) 原稿につけるタイトルとして最も適切なものを，次の**ア**～**エ**から1つ選び，記号を書きなさい。

〔
ア The Problem We Must Realize Now　**イ** The Only Food to Save People
ウ The Right Actions to Select Bread　**エ** The Insects Attacking the World
〕

令和５年度入学者選抜学力検査問題　　英語リスニングテスト台本

※教英出版注
音声は，解答集の書籍ＩＤ番号を教英出版ウェブサイトで入力して聴くことができます。

（三点チャイム）
〔アナウンス　3〕

これから英語の学力検査を始めます。問題冊子を開き，問題が２ページから９ページに印刷されていることを確認してください。(間５秒)次に，解答用紙に受検番号と志望校名を書いてください。受検番号は算用数字です。解答は，すべてこの解答用紙に書いてください。

(間 15 秒)

それでは，**【問 1】**リスニングテストを行います。問題冊子の２ページ，３ページを開きなさい。

問題は，(1)，(2)，(3)，(4)があります。(1)から(4) No. 1 は，英語を聞いて，質問の答えとして最も適切なものを，**ア**から**エ**の中から１つずつ選び，記号を書きなさい。(4) No. 2 は，問題冊子に書かれた指示に従って，英語を書きなさい。英語は，(1)では１度，(2)，(3)，(4)では２度読みます。メモをとってもかまいません。

まず，(1)から始めます。(1)は，No. 1 から No. 3 のそれぞれの絵を見て答える問題です。英語は１度読みます。それでは，始めます。

No. 1　Look at No. 1. We are at the park now. We look at this when we want to know the time. Which picture shows this?

No. 2　Look at No. 2. We usually use this when we carry things on a hiking trip. Which picture shows this?

No. 3　Look at No. 3. The boy wanted to watch TV after doing his homework. When he finished his homework, his grandmother called him. It was his birthday, so he talked a lot on the phone with her and he could not watch TV. Which picture shows what the boy did first and second?

これで(1)は終わります。

次の(2)では，No. 1 と No. 2 で２人が会話をしています。No. 3 では館内放送が流れます。それぞれの会話と館内放送の後，“**Question**” と言ってから，内容についての質問をします。英語は２度読みます。それでは，始めます。

No. 1　※　**A**：Hello, this is Sally.
B：Hi, Sally. This is Koji. Thank you for inviting me to your party yesterday. I'm calling you because I lost my camera. Did you see it anywhere?
A：No, I didn't. I'll look for it.
B：Thanks. Please call me if you find it.
Question：Why did Koji call Sally?

繰り返します。※　略

No. 2　※　**A**：What are you going to do this afternoon?
B：My friends will come tomorrow, so I'm going to clean my room.
A：How many friends will come?
B：Two. Later, another friend may come.
Question：Why will the boy clean his room?

繰り返します。※　略

No. 3　※　（図書館の館内放送）The Wakaba City Library has an event called “Picture Book Reading for Children.” We have this event on the first Thursday of each month from 4:00 p.m. to 5:00 p.m. In this event, English picture books are introduced each time. If your children want to join this event, please come to the entrance of the library next Sunday at 2:00 p.m. Thirty children can join this event and we will give a picture book to each of them.
Question：Which is the information you don't have now?

繰り返します。※　略

これより先に問題はありません。

下書きなどが必要なときには，自由に使ってかまいません。

(3) 大村さんは，**実験1**，**2**からわかったことを次のようにまとめた。 あ ～ お に当てはまる最も適切なものを，下の**ア～キ**から１つずつ選び，記号を書きなさい。ただし， え ， お の順序は問わない。

> 音の高さは， あ によって変化する。これは， い から発生した音の振動数を比べることでわかる。また，音の高さは， う によって変化しない。これは， え や お から発生した音の振動数を比べることでわかる。

〔 **ア** 空気の部分の長さ　　**イ** 水の部分の長さ
ウ BとC　　**エ** BとD　　**オ** BとE　　**カ** CとD　　**キ** DとE 〕

Ⅱ **図4**のような電気ケトルは，電熱線に電流を流して水をあたためており，水量によって，沸騰するまでにかかる時間が異なる。このことに興味をもち，次のような実験を行った。ただし，室温は一定であり，回路には電熱線以外に抵抗はなく，電熱線で発生した熱はすべて水の温度上昇に使われるものとする。

図4

〔**実験3**〕

① **図5**のように，発泡ポリスチレンのコップの中に電熱線，温度計，室温と同じ25.0℃の水50gを入れた。

② スイッチを入れ，電圧計が5.0Ｖを示すように電圧を調整した。このとき，電流計の値は1.25Ａであった。

③ ときどき水をかき混ぜながら，スイッチを入れてから水温が30.0℃，35.0℃になるまでの時間をはかった。

④ ①で，水の質量を100g，200gに変えて，②，③と同様の操作を行い，結果を**表3**にまとめた。

図5

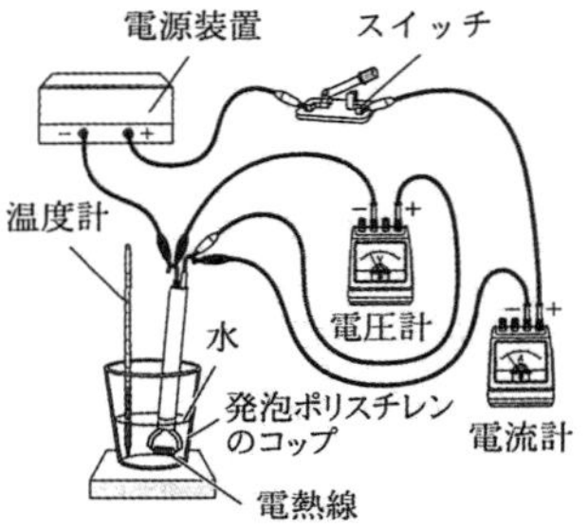

表3

水の質量〔g〕	50	100	200
水温が30.0℃になるまでの時間〔秒〕	170	340	680
水温が35.0℃になるまでの時間〔秒〕	340	680	1360

(1) **実験3**で，電熱線から１秒間に発生した熱量は何Ｊか，小数第２位まで書きなさい。

(2) **実験3**の ―― 線部について，水をかき混ぜる理由を，簡潔に書きなさい。

(3) **実験3**の①で，水の質量を150gにして，**実験3**の②，③と同様の操作を行ったとき，水温が30.0℃から35.0℃になるまでに要した時間は何秒か，**表3**をもとに求め，整数で書きなさい。

(4) 1250Ｗの電気ケトルで，水500gを１分間あたためると，水温が25.0℃から55.0℃まで上昇した。このとき，水が得た熱量は，電気ケトルで１分間に消費した電力量の何％か，整数で書きなさい。ただし，水１gを１℃上昇させるために必要な熱量を4.2Ｊとする。

【問 4】 各問いに答えなさい。

Ⅰ　大村さんは，水道の蛇口から水筒に水を注いでいるとき，水筒から聞こえる音の高さが次第に変化することに興味をもち，次のような実験を行った。ただし，**表 1**，**2** は，水を注ぎ始めたときの音の波形を模式的に表したものであり，縦軸と横軸の目盛りのとり方はすべて等しく，縦軸は振動のはばを，横軸は時間を表し，横軸の 1 目盛りは 0.0004 秒である。

〔**実験 1**〕

①　3 本の同じペットボトルを，長さが同じになるように上部を切り，**図 1** のように，100 mL の水を入れたものを **A**，150 mL の水を入れたものを **B**，200 mL の水を入れたものを **C** とした。

図 1

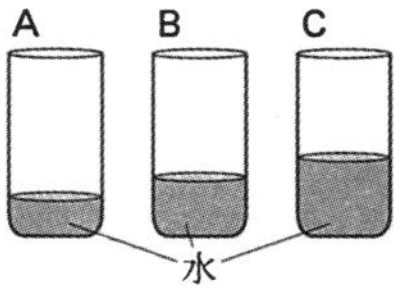

図 2

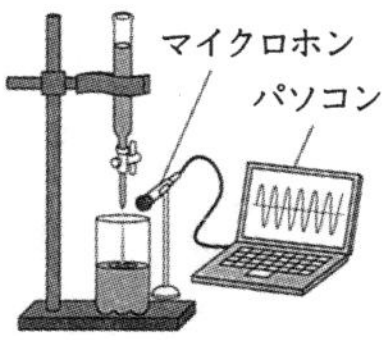

②　**図 2** のように，水を注いだとき，**A**～**C** から発生した音を，マイクロホンを通してそれぞれパソコンに記録し，波形で表したものを，**表 1** にまとめた。

表 1

	A	B	C
音の波形	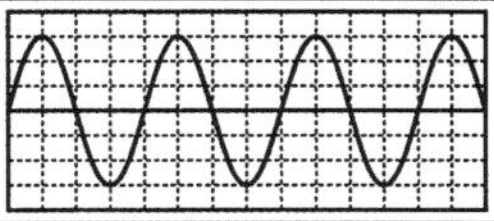	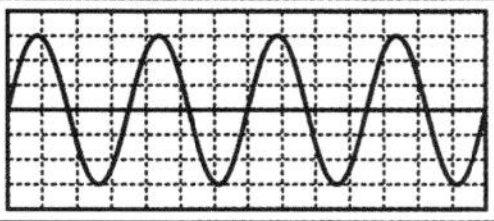	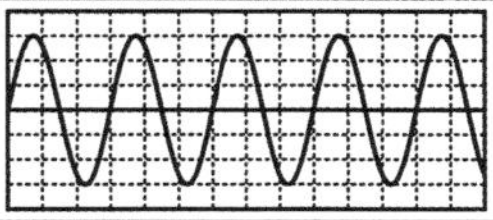

(1)　**実験 1** で，水を注いで発生した音の振動は，何の振動によってマイクロホンに伝えられたか，書きなさい。

(2)　**表 1** をもとに，音の大きさや高さについて考えた。

ⅰ　音の大きさに関係がある，振動の中心からのはばを何というか，書きなさい。

ⅱ　**表 1** の **A**～**C** のうち，音の高さが最も高いものはどれか，記号を書きなさい。また，そのように判断した理由を簡潔に書きなさい。

ⅲ　**A** から発生した音の振動数は約何 Hz か，最も適切なものを，次の **ア**～**エ** から 1 つ選び，記号を書きなさい。

〔 **ア**　約 420 Hz　　**イ**　約 625 Hz　　**ウ**　約 835 Hz　　**エ**　約 1250 Hz 〕

大村さんは，**実験 1** で，音の高さが，「空気の部分の長さ」，「水の部分の長さ」のどちらに関係して変化するのかを調べるために，次のような実験を行った。

〔**実験 2**〕

①　**図 3** のように，2 本の同じペットボトルに，それぞれ 100 mL の水を入れ，空気の部分の長さが **実験 1** の①の **C** と同じものを **D**，空気の部分の長さが **実験 1** の①の **B** と同じものを **E** とした。

②　**図 2** のように，水を注いだとき，**D**，**E** から発生した音を，マイクロホンを通してそれぞれパソコンに記録し，波形で表したものを，**表 2** にまとめた。

図 3

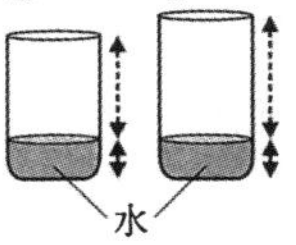

↕（点線）：空気の部分の長さ

↕（実線）：水の部分の長さ

表 2

	D	E
音の波形	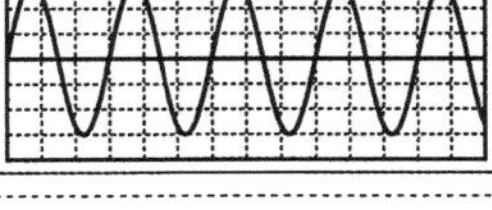	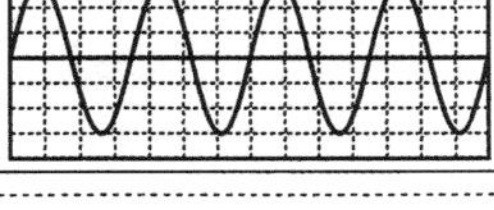

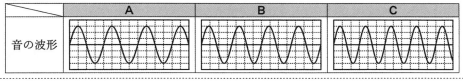

(3) **実験2**で，空気中の水蒸気量が多いと霧ができやすくなることは，**A**とどのビーカーの結果を比べればわかるか。また，空気が冷やされると霧ができやすくなることは，**A**とどのビーカーの結果を比べればわかるか。**B**～**D**から1つずつ選び，記号を書きなさい。

(4) **実験1**，**2**の結果を得た田中さんは，海面上に霧が発生する現象を再現するために，**図4**の装置をつくった。容器の中に線香のけむりを少量入れると，湯の上に湯気のようなものができたことから，海面上に霧が発生する理由について，次のようにまとめた。［あ］に当てはまる適切な言葉を，**陸上**，**あたたかい**の2語を使って簡潔に書きなさい。

図4

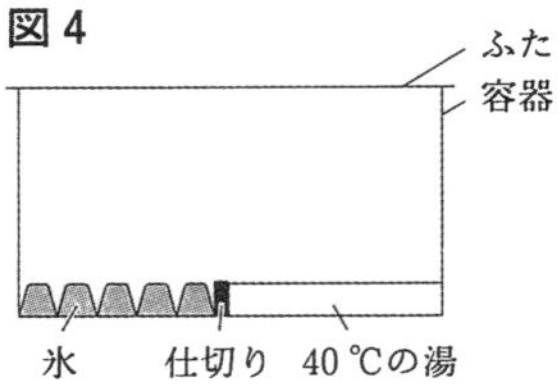

> 海面上に霧が発生するのは，［ あ ］に流れ込むことで，海面上の水蒸気が冷やされるからであると考えられる。

Ⅱ 晴れた夜，空を見上げると，ゆっくり移動していく光の点が突然消えた。調べたところ，光の点は，**図5**のＩＳＳ(国際宇宙ステーション)であることがわかった。ＩＳＳについてさらに調べると，次のようなことがわかった。

図5

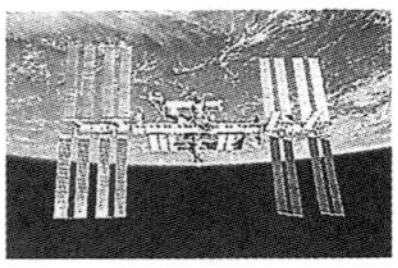

> ＩＳＳは，a月と同じように，自ら光を出しているわけではなく，太陽の光を反射することで明るく光って見え，b一定の速さで，地球のまわりを回っている。

(1) 下線部**a**について，月のように，惑星のまわりを公転する天体を何というか，書きなさい。

(2) 下線部**b**について，ＩＳＳは，約90分で地球のまわりを1周している。

ⅰ ＩＳＳが地球のまわりを1周する間に，地球は約何度自転するか，最も適切なものを，次の**ア**～**エ**から1つ選び，記号を書きなさい。

〔 **ア** 約15度　**イ** 約22.5度　**ウ** 約30度　**エ** 約37.5度 〕

ⅱ ＩＳＳが地球のまわりを回る速さは何km/hか，最も適切なものを，次の**ア**～**エ**から1つ選び，記号を書きなさい。ただし，ＩＳＳは，地球の400km上空を，地球の中心を中心とする円軌道上を90分で1周しているものとし，地球の直径を12800kmとする。また，円周率を3とする。

〔 **ア** 25600km/h　**イ** 26400km/h　**ウ** 27200km/h　**エ** 28800km/h 〕

(3) ＩＳＳが突然消えた理由を次のようにまとめた。［い］に当てはまる最も適切なものを，**図6**の**E**～**I**から1つ選び，記号を書きなさい。また，［う］に当てはまる適切な言葉を，ＩＳＳと地球の位置関係にふれて簡潔に書きなさい。ただし，**図6**は，観測者の上空をＩＳＳが通過していくようすを模式的に示したものであり，ＩＳＳは，**E**→**F**→**G**→**H**→**I**へ動いているものとする。

> 観測者のいる場所が夜でも，地上約400km上空にあるＩＳＳには，太陽の光が当たっている場合がある。しかし，**図6**で，ＩＳＳが［い］の位置にきたときには，ＩＳＳには太陽の光が当たらなくなっている。［ う ］ことで，ＩＳＳには太陽の光が当たらなくなり，観測者からは，ＩＳＳが突然消えたように見えた。

図6

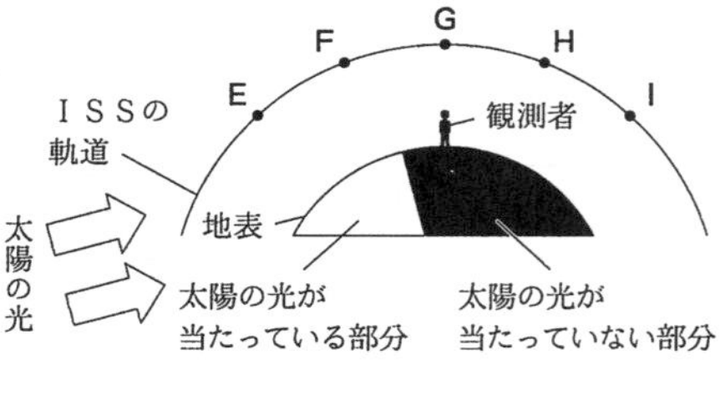

これより先に問題はありません。

下書きなどが必要なときには，自由に使ってかまいません。

Ⅱ　誠さんは，日本のエネルギー源(電源)について興味をもち，再生可能エネルギーについて考えた。

会話文2

誠：g日本は，いくつかのエネルギー源を組み合わせて，電力を確保しているね。
光：化石燃料による発電は，二酸化炭素の排出量が多いから，再生可能エネルギーを利用した発電をもっと増やしたらいいと思うな。
春：ドイツでは，年間を通じて発電に適した風がふき，再生可能エネルギーによる発電のうち，およそ5割が風力で発電されているよ。でも，h日本とヨーロッパでは，ふく風の特徴が違うから，同じようにはできないね。
誠：i日本では，どのような再生可能エネルギーを利用した発電を増やしていくのがいいのかな。

(1)　**会話文2**の下線部gにかかわって，誠さんは，日本のエネルギー源の組み合わせについて，年代の古い順に**A～D**を並べたものを**ノート2**にまとめた。東日本大震災による変化は，**ノート2**のどの間に起こったものか，下の**ア～ウ**から最も適切なものを1つ選び，記号を書きなさい。

ノート2

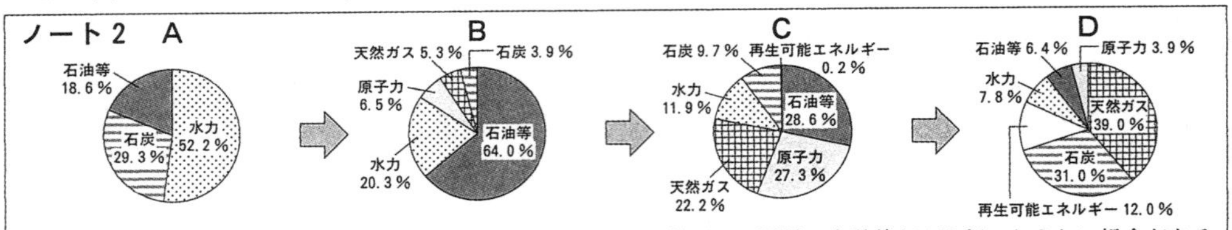

※四捨五入の関係で合計値が100％にならない場合がある

〔 **ア**　**AとBの間**　　**イ**　**BとCの間**　　**ウ**　**CとDの間** 〕

(2)　**会話文2**の下線部hにかかわって，日本では，ほぼ半年ごとに北西向きと南東向きに，風向きが大きく変わる風がある。その風を何というか，漢字3字で書きなさい。

(3)　**会話文2**の下線部iにかかわって，誠さんは，火山の活動が活発な日本では，地下にある高温の熱水や蒸気を資源として利用する，地熱発電を増やすことがよいのではないかと考えた。地熱発電を増やすことがよいと考えられる理由(**理由**)と，地熱発電を増やすうえでの課題(**課題**)について，他の電源と比較して，**条件1～3**に従って書きなさい。なお，数字の場合は1字1マス使うこと。

条件1：**資料5，6**から，それぞれ読み取れることにふれて，**理由**について書くこと。
条件2：**資料5，6**から，それぞれ読み取れることにふれて，**課題**について書くこと。
条件3：「地熱発電は，」に続け，**理由**は，「ため，地熱発電を増やすことがよい。」，**課題**は，「ため，地熱発電を増やすことには課題がある。」という文末に続くように，それぞれ30字以上50字以内で書くこと。

資料5　おもな再生可能エネルギーによる発電の特徴(2015年集計)

※小水力は出力1000 kW以下の小規模な水力発電，太陽光は出力1000 kW以上の大規模な太陽光発電，風力は陸上風力をさしている

電源	*1設備利用率	*2発電費用	発電設備の設置にかかる期間	発電設備の稼働年数
小水力	60％	23.3円/kWh	3～5年程度	40年
太陽光	14％	24.2円/kWh	1年程度	20年
風力	20％	21.6円/kWh	5～8年程度	20年
地熱	83％	16.9円/kWh	11～13年程度	40年

＊1設備利用率：発電所の設備能力を100％利用できると仮定したときに得られる電力量に対する実際の発電量の割合で，数値が高いほど，発電所の設備を有効に利用できている
＊2発電費用：新たな発電設備を建設・運転した際のkWhあたりの費用

資料6　地熱発電の特徴

○*1地熱資源量の世界上位5か国(2021年集計)

	国名	地熱資源量	*2地熱発電設備容量
1位	アメリカ	3000万kW	372万kW
2位	インドネシア	2779万kW	186万kW
3位	日本	2347万kW	61万kW
4位	ケニア	700万kW	68万kW
5位	フィリピン	600万kW	193万kW

*1地熱資源量：地熱発電に使える資源量
*2地熱発電設備容量：既存の地熱発電所で最大限発電したときの電力量

○日本の地熱資源の開発可能地域・不可能地域の割合(2019年集計)

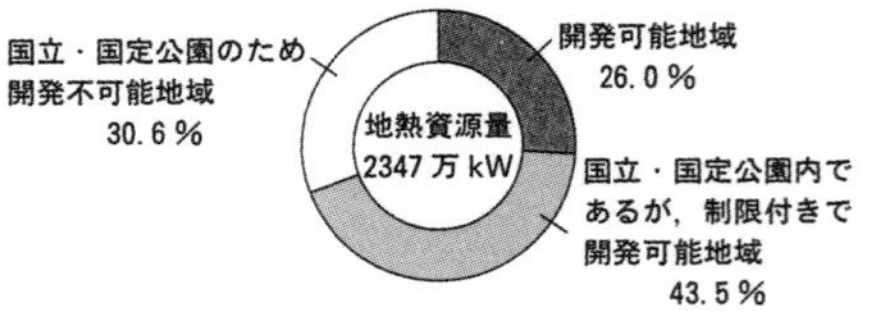

※四捨五入の関係で合計値が100％にならない場合がある

(**資料5，6**は資源エネルギー庁公表資料等より作成)

(3) **会話文1**の下線部**c**にかかわって，誠さんは，「働き方改革」に関わる法律があることを知った。そこで，**資料3**を集め，その内容や成立までの過程を，国会の働きとかかわらせて調べた。

資料3　働き方改革関連法(概要)と審議の行程

働き方改革関連法(概要)
1　働き方改革の総合的かつ継続的な推進
2　長時間労働の是正，多様で柔軟な働き方の実現等
3　雇用形態にかかわらない公正な待遇の確保

期日	内容
平成30年4月6日	国会へ法律案提出
平成30年5月31日	衆議院本会議にて審議終了，可決
平成30年6月29日	[え]院本会議にて審議終了，可決
平成30年7月6日	公布

(厚生労働省資料，衆議院資料より作成)

① 労働時間や休日といった，労働条件の最低限の基準を定めた法律を何というか，漢字5字で書きなさい。

② **資料3**の「働き方改革関連法」のように，法律を国会で制定できるのは，日本国憲法で次のように国会の地位が定められているからである。次の条文中の[X]に当てはまる最も適切な語句を，漢字で書きなさい。

第41条　国会は，国権の最高機関であって，国の唯一の[X]である。

③ **資料3**の[え]に当てはまる最も適切な語句を，漢字2字で書きなさい。また，日本の国会で二院制が採られている理由を，**意見**，**審議**の2語を使って，簡潔に書きなさい。

(4) **会話文1**の下線部**d**にかかわって，誠さんは，日本の税金を含めたお金の流れや，財政の仕組みについて調べ，**図**にまとめた。

図　政府と家計，企業の関係

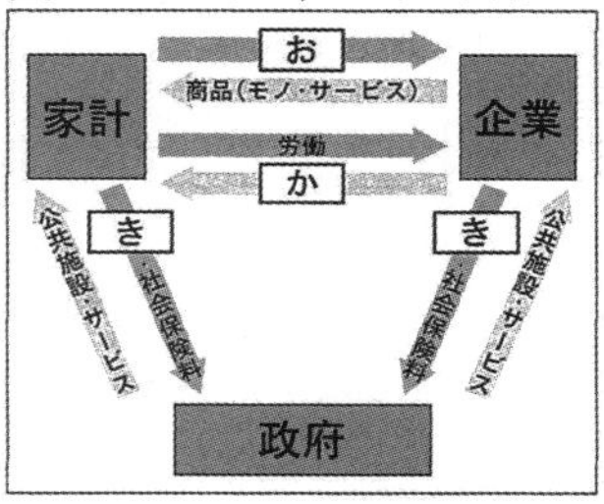

① **図**の[お]～[き]に当てはまる最も適切な語句を，次の**ア**～**カ**から1つずつ選び，記号を書きなさい。ただし，[お]～[き]にはそれぞれ異なる記号が入る。

ア　利子　　**イ**　税金　　**ウ**　利潤
エ　賃金　　**オ**　資本　　**カ**　代金

② 日本の財政について述べた文として適切なものを，次の**ア**～**エ**から2つ選び，記号を書きなさい。

ア　税金には，所得税や法人税のような直接税と，消費税や酒税のような間接税がある。
イ　所得税においては，収入にかかわらず税金の割合を同じにすることで公平性を保っている。
ウ　歳入や歳出を通じて景気の安定を図る政府の役割を財政政策という。
エ　政府は，財政政策として，好景気のときに公共事業を増加させ，民間企業の仕事を増やす。

(5) 誠さんは，「働くこと」についてわかったことや考えたことを，**振り返りカード**にまとめた。

振り返りカード e働くうえで大切に考えることや，働き方は多様であり，働くことで，より社会とつながることになるのだということがわかった。f自分が何を大切にして働いていきたいのか，考えながら生活していきたい。

① 下線部**e**にかかわって，「仕事と生活の調和」と訳され，国民一人一人がやりがいや充実感をもちながら働き，仕事上の責任を果たすとともに，家庭や地域生活などにおいても，人生の各段階に応じて多様な生き方が選択，実現できることを何というか，カタカナで書きなさい。

② 下線部**f**にかかわって，誠さんは**資料4**の2社の求人広告を集め，働き先として仮にどちらの企業を選択するか考え，B社を選択した。誠さんが働き先を選択するうえで重要視したこととして適切なものを，次の**ア**～**エ**から2つ選び，記号を書きなさい。

ア　収入がより多い。
イ　勤務時間がより短い。
ウ　自分のやりたい職種を選択できる。
エ　より能力を高めることができる。

資料4　求人広告

A社	B社
スタッフ募集	スタッフ募集
内容：ソフト開発(パソコン使用)	内容：ソフト開発(パソコン使用)，営業から選択
給与：22万4000円	給与：21万8000円
時間：1日8時間 週休2日	時間：1日8時間 週休2日
待遇：社員食堂あり	待遇：資格取得に向けた研修制度あり

【問 3】 各問いに答えなさい。

Ⅰ 誠さんは，職場体験学習の後，友達と次のような会話をした。

会話文 1

誠：職場体験学習を通して，a働くことについて考えるようになったよ。僕は，b大きな企業に就職して，お金をかせぎたいな。
光：僕は，自分の好きなことを仕事にしたい。音楽が好きだから，音楽に関わる仕事をしたいな。
春：私は，仕事もしっかりしたいし，趣味などの自分の時間も大切にしたい。国も「c働き方改革」を進めているというニュースを見たよ。
誠：職場体験学習を通して，d消費者や納税者の立場に立って考えることもできたな。自分の将来も見すえて，「働くこと」について，調べたり考えたりしたいな。

(1) **会話文 1** の下線部 a にかかわって，誠さんは，若い人が仕事を選択する際に重要視することについて，**資料 1** をもとに考え，**ノート 1** にまとめた。

資料 1 若者が仕事を選択する際に重要視する観点

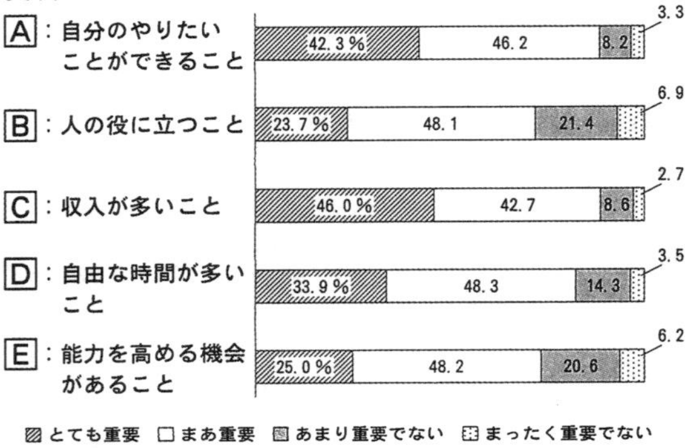

※16～29 歳の男女にインターネットを通して実施されたアンケート
各観点について，4つの選択肢から1つを選ぶ形式
※四捨五入の関係で合計値が 100％にならない場合がある
（H29 年度内閣府資料より作成）

ノート 1 僕は，仕事を選択する際には，［あ］を重要視していた。**資料 1** の「とても重要」と答えた人の割合を見ると，やはり，その観点の割合が1番高い。しかし，光さんや春さんが話していたように，**資料 1** を見ると，仕事を選択する際には，他にも様々な観点があることに気づいた。**資料 1** の観点［い］は，光さんが話していたこととつながると考えられ，「とても重要」と答えた人の割合は，2番目に高かった。**資料 1** の観点［う］は，春さんが話していたこととつながると考えられ，「とても重要」と答えた人の割合は，3番目に高かった。

① **ノート 1** の［あ］に当てはまる語句として最も適切なものを，次の**ア～ウ**から，**ノート 1** の［い］，［う］に当てはまる観点として最も適切なものを，次の**エ～ク**から1つずつ選び，記号を書きなさい。
〔 **ア** 収入　**イ** 時間　**ウ** 能力　**エ** A　**オ** B　**カ** C　**キ** D　**ク** E 〕

② 勤労の権利が含まれる権利として最も適切なものを，次の**ア～エ**から1つ選び，記号を書きなさい。
〔 **ア** 平等権　**イ** 社会権　**ウ** 自由権　**エ** 参政権 〕

(2) **会話文 1** の下線部 b について，誠さんは，企業の分類について調べた。

① **資料 2** から読み取れる大企業の特徴を，中小企業と比較し，**企業数**，**製造品出荷額等**の2語を使って，簡潔に書きなさい。

② 新たに起業し，新しい技術や独自の経営ノウハウをもとに革新的な事業を展開する企業のことを何企業というか，7字で書きなさい。

資料 2 製造業に占める企業の分類の割合（2019 年）

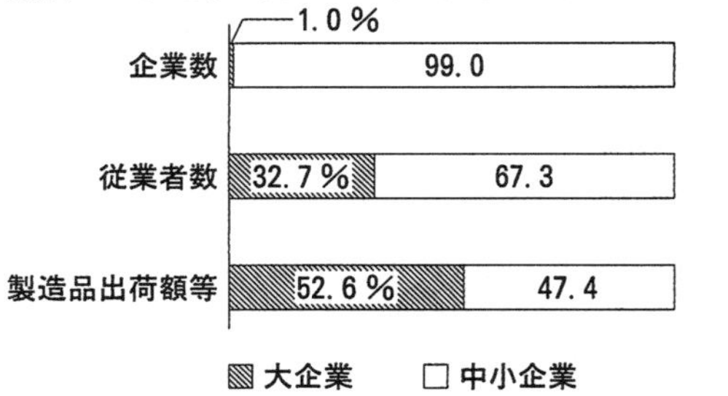

（「日本国勢図会 2022/23」より作成）

国語解答用紙

受検番号		志望校名	

5 国

【問一】

(1) ①　②　③　④ しい　⑤　⑥ い

(2) a　b

(3) A　B

(4)

(5) C　D　E

(6)

(7)

(1) 1点×6
(2) 1点×2
(3) 3点×2
(4) 3点
(5) 2点×3
(6) 3点
(7) 8点

問一　計

【問二】

(1)

(2)

(3)

(4)

(5)

(1) 3点
(2) 3点
(3) 3点
(4) 6点
(5) 3点

問二　計

【解答

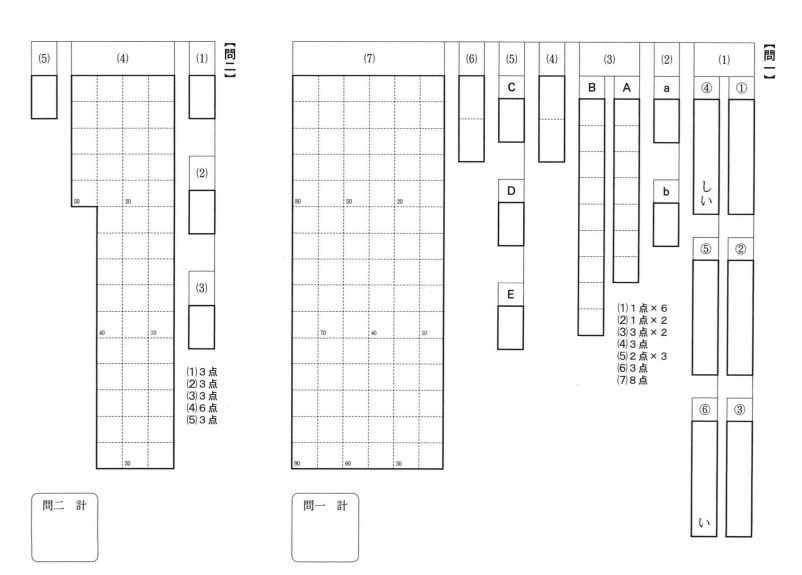

数 学 解 答 用 紙

受検番号		志望校名	

5　数

【問 1】

(1)	
(2)	
(3)	
(4)	
(5)	$x =$
(6)	
(7)	
(8)	
(9)	

(10)

図 1

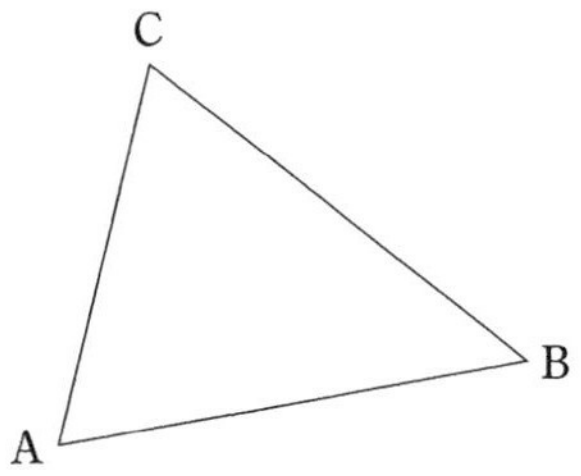

(11)	°
(12)	cm

3 点×12

問 1 計

【問 2】 I

(1)		年
(2)	①	
	②	

	あ	い
(3)		

(1) 2 点
(2) 2 点×2
(3) 3 点

II

(1)

$a + b + c$

$=$

したがって，$a + b + c = 3b$ が成り立つ。

(2)	う	
	え	
	お	

(1) 4 点
(2) う・え．3 点
　お．3 点

問 2 計

【解答用

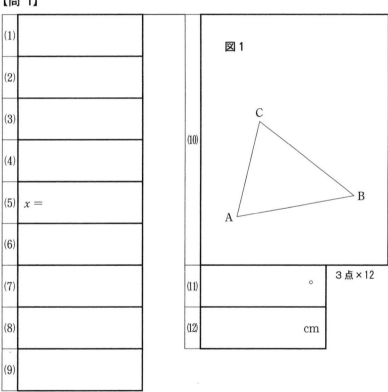

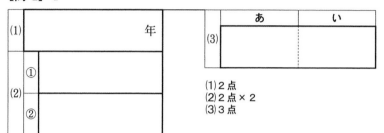

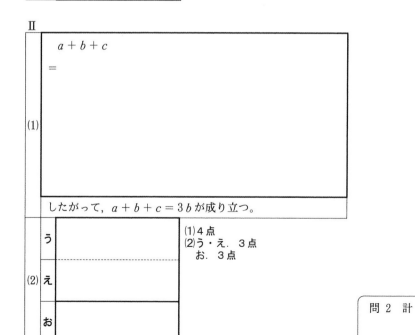

英語解答用紙

受検番号		志望校名	

5　英

【問 1】

	No. 1	No. 2	No. 3
(1)			

	No. 1	No. 2	No. 3
(2)			

	No. 1	No. 2
(3)		

	No. 1	No. 2
(4)		

2点×10

問 1 計

【問 2】

I

(1)	(a)		(b)	
(2)	(a)			
	(b)			
(3)	①			
	②	the concert (　　　) 10:30 a.m.		
	③	Please (　　　) you can come		
	④	We (　　　) three months.		

(1) 2点×2
(2) 3点×2
(3) ① 2点
② 3点
③ 3点
④ 3点

問 2 計

II

(1)		(2)	(a)	→ → →	(b)	

3点×3

【解答用

理 科 解 答 用 紙

受検番号		志望校名	

5 理

【問 1】

I

(1)		
(2)		
(3)	あ	い

(4)	i		
	ii	う	え
	iii		

II

(1)					
(2)	i	か	き	く	け
	ii	秒			
(3)					

I．(1)2点
(2)2点
(3)2点
(4)i．3点
ii．3点
iii．3点
II．(1)2点
(2)i．2点
ii．3点
(3)3点

問 1 計

【問 2】

I

(1)	i		
	ii		
(2)	i	g	
	ii		
(3)	濃度	%	%
	理由		

II

(1)		
(2)	記号	
	化学反応式	
(3)		

I．(1)2点×2
(2)i．3点
ii．2点
(3)濃度…2点
理由…3点
II．(1)2点
(2)3点×2
(3)3点

問 2 計

【解答用

社 会 解 答 用 紙

受検番号		志望校名	

5　社

【問 1】

(1)		
(2)	選択肢A	選択肢B
(3)		
(4)		

(5)		
(6)		
(7)	記号	
	特徴	5 15

(8)			
(9)	時期	原因	
(10)	→	→	→

(1) 3点　(2) 3点　(3) 3点　(4) 2点
(5) 3点　(6) 2点　(7) 3点　(8) 3点
(9) 3点　(10) 3点

問 1 計

【問 2】 Ⅰ

(1)	①	選択肢A	選択肢B
	②		
	③	島名	
		総称	

(2)	①	
	②	

(3)	①	い	う	え	お	か	
	②	i					
		ii					
		iii					

Ⅰ (1)① 3点　② 2点　③ 3点　(2)① 3点　② 2点
(3)① 3点　② i．2点　ii．3点　iii．3点

【問 2】 Ⅱ

(1)	A	
	B	
(2)		

(3)	①	
	②	

(4)	10 15

問 2 計

(1)	①	あ	
		い	
		う	
	②		
(2)	①		
	②		

(3)	①		
	②		
	③	え	
		理由	

Ⅰ (1)① 2 点　② 2 点　(2)① 3 点　② 2 点
(3)① 2 点　② 2 点　③ 3 点　(4)① 3 点　② 3 点
(5) 2 点 × 2

(4)	①	お		
		か		
		き		
	②			
(5)	①			
	②			

【問 3】　Ⅱ

(1)		(2)	

(3)	理由	地熱発電は， 10 20　30 40　50 ため，地熱発電を増やすことがよい。
	課題	地熱発電は， 10 20　30 40　50 ため，地熱発電を増やすことには課題がある。

(1) 2 点　(2) 2 点　(3) 6 点

問 3 計

得　点　合　計

※100点満点

(1)	i	
	ii	℃
(2)		
(3)	水蒸気量が多い場合	Aと
	空気が冷やされる場合	Aと
(4)		

(1)		
(2)	i	
	ii	
(3)	い	
	う	

Ⅰ. (1) i. 2点
ii. 3点
(2) 2点
(3) 2点×2
(4) 3点
Ⅱ. (1) 2点
(2) 2点×2
(3) い. 2点
う. 3点

問3 計

【問 4】 Ⅰ

(1)			
(2)	i		
	ii	記号	
		理由	
	iii		

(3)

あ	い

う	え	お

Ⅱ

(1)	J
(2)	
(3)	秒
(4)	%

Ⅰ. (1) 2点
(2) i. 2点
ii. 記号…1点
理由…2点
iii. 3点
(3) あ・い. 2点
う～お. 2点
Ⅱ. (1) 2点
(2) 3点
(3) 3点
(4) 3点

問4 計

得点合計

※100点満点

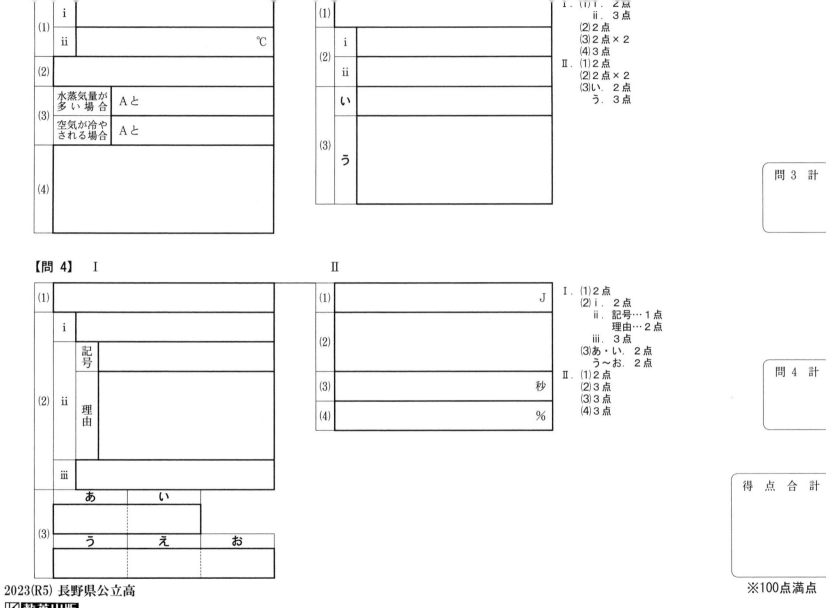

【問 3】

(1)		(2)	
(3)		(4)	
(5)	→ → →		
(6)			
(7)			

(1) 2 点
(2) 3 点
(3) 3 点
(4) 2 点
(5) 4 点
(6) 3 点 × 2
(7) 3 点

問 3 計

【問 4】

(1)		(2)		(3)	
(4)	あ		い	(5)	
(6)					
(7)	⑥	( )( )( )( )			
	⑦	( )( )( )			

(1) 3 点
(2) 2 点
(3) 2 点
(4) 2 点 × 2
(5) 2 点
(6) 8 点
(7) 3 点 × 2

問 4 計

得 点 合 計

※100点満点

(1)	①		L
	②	$y =$	
(2)	①	い	
		う	
		え	座標
	②	時間	分後

(1) 2点×2
(2) ① い. 3点
う・え. 3点
② 3点

II

(1)		
(2)		$a =$
(3)	①	(　　　,　　　)
	②	(　　　,　　　)

(1) 2点
(2) 3点
(3) ① 2点
② 3点

問 3 計

(1)			cm
(2)	①		°
	②		cm
(3)	①		
	②		△ABC と △CBE で, [あ] だから, ∠ACB = 90° AB ⊥ CD だから, ∠CEB = 90° よって, ∠ACB = ∠CEB ……①
	③	う	
		え	∠
(4)	①		cm^2
	②		△BCP と △GAP の面積の比は　　：

(1) 2点
(2) ① 2点
② 3点
(3) 3点×3
(4) 3点×2

問 4 計

得点合計

※100点満点

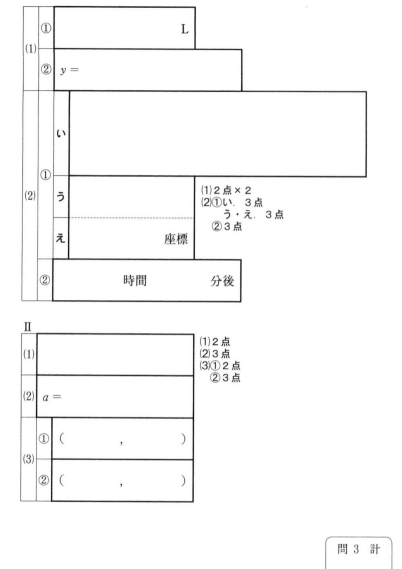

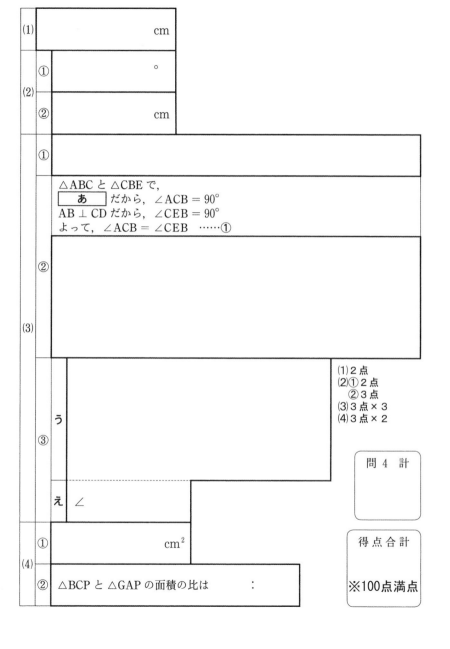

【問三】

① 誤 正

② 誤 正

③ 誤 正

完答２点×３

【問四】

(1) ① ②

(2)

(3)

(4)

(5) 謂荘子曰、子言無用

(6) A

(7) B

⑴１点×２
⑵２点
⑶２点
⑷２点×２
⑸３点
⑹４点
⑺２点

【問五】

(1) ① ②

(2) あ い

(3)

(4)

(5)

(6)

⑴２点×２
⑵１点×２
⑶３点
⑷４点
⑸４点
⑹６点

※100点満点

得点合計

問五　計

問四　計

問三　計

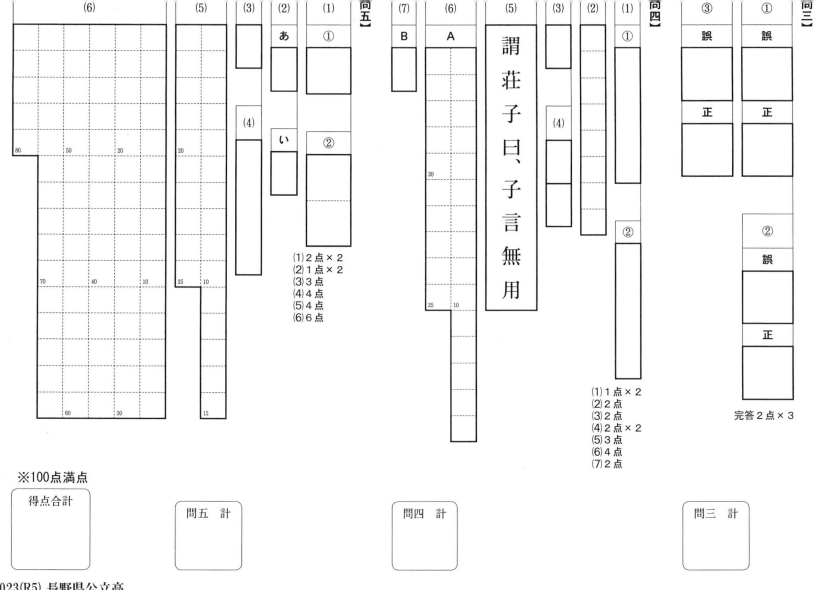

Ⅱ　夏さんは，ブラジルで大豆の生産がさかんであることに興味をもち，調べた。

(1)　**資料8**の**A**，**B**に当てはまる国名を，**略地図2**をもとに，それぞれ書きなさい。

資料8　大豆の生産量上位4か国の大豆の生産量，人口，面積(2018年)

	国名	大豆の生産量(千t)	人口(千人)	面積(千km²)
1位	A	123664	326767	9834
2位	ブラジル	117888	210868	8516
3位	アルゼンチン	37788	44689	2796
4位	B	14189	1415046	9600

略地図2　大豆の生産量上位4か国

※大豆の生産量の上位4か国に着色してある

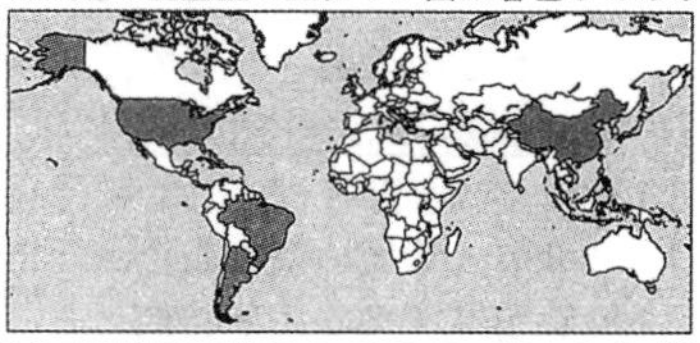

（資料8，略地図2は「世界国勢図会 2020/21」等より作成）

(2)　ブラジルの輸出品の変化について，**資料9**から読み取れることとして適切なものを，次の**ア**～**エ**から2つ選び，記号を書きなさい。

ア　1965年に輸出品として最も多かったコーヒー豆は，2007年，2018年の上位5品に入っていない。
イ　2007年の輸出品のうち上位5品は，1965年と比べて，すべて工業製品に変化した。
ウ　2018年の大豆の輸出額は，2007年の機械類と自動車を合わせた輸出額よりも多い。
エ　2018年の輸出総額は，1965年の輸出総額の100倍以下である。

資料9　ブラジルの輸出品の変化

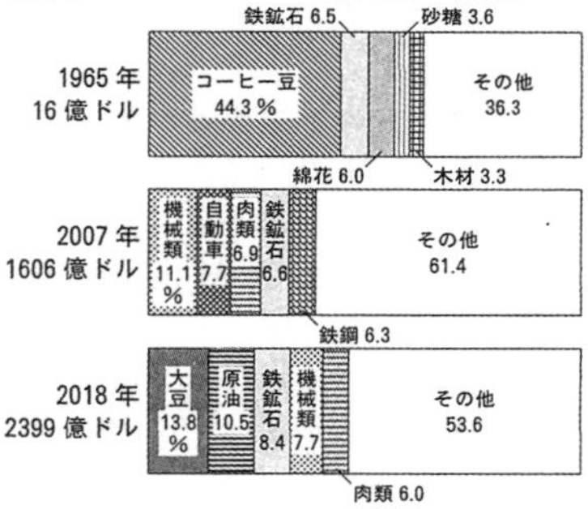

※輸出品は左から多い順に示している
（「世界国勢図会 2020/21」等より作成）

(3)　夏さんは，ブラジルの大豆の輸出について調べ，**資料10**，**11**を用意し，考えたことを**ノート4**にまとめた。

ノート4　**資料10**から，ブラジルの大豆の[き]は，2007年から2018年にかけて増え続け，[く]も，この間におよそ2倍に増加していることがわかる。**資料11**からは，2007年と2018年を比べると，ブラジルにおける大豆の輸出量が[け]し，その大部分が中国へ輸出されていることがわかる。このことから，ブラジルの大豆の生産と，中国への輸出には関係があると考えられる。

①　**ノート4**の[き]～[け]に当てはまる語句の組み合わせとして最も適切なものを，**資料10**，**11**をもとに，次の**ア**～**エ**から1つ選び，記号を書きなさい。

ア	[き] 収穫面積	[く] 生産量	[け] 増加
イ	[き] 収穫面積	[く] 生産量	[け] 減少
ウ	[き] 生産量	[く] 収穫面積	[け] 増加
エ	[き] 生産量	[く] 収穫面積	[け] 減少

②　中国では，輸入した大豆を，おもに豚の飼料として利用している。中国が多くの大豆を輸入する理由の1つとして考えられることを，**資料12**から読み取れることをもとに，大豆と豚肉の生産量の変化に着目して書きなさい。

資料10　ブラジルにおける大豆の生産量と収穫面積の推移

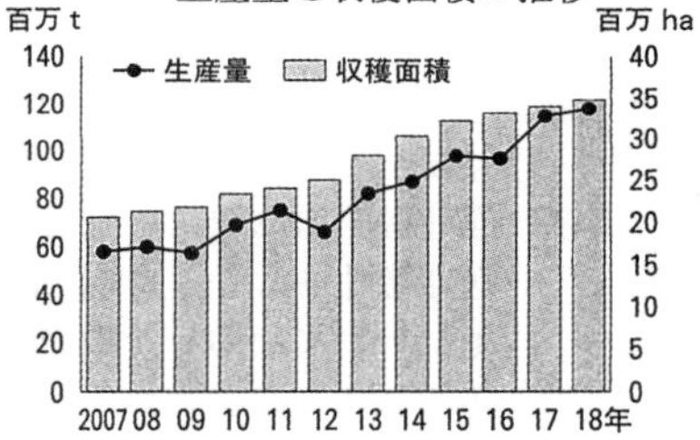

資料11　ブラジルにおける大豆の輸出量の推移

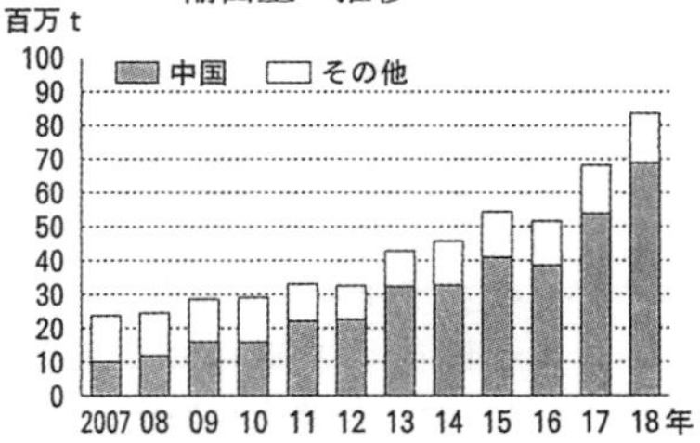

資料12　中国における大豆と豚肉の生産量の推移

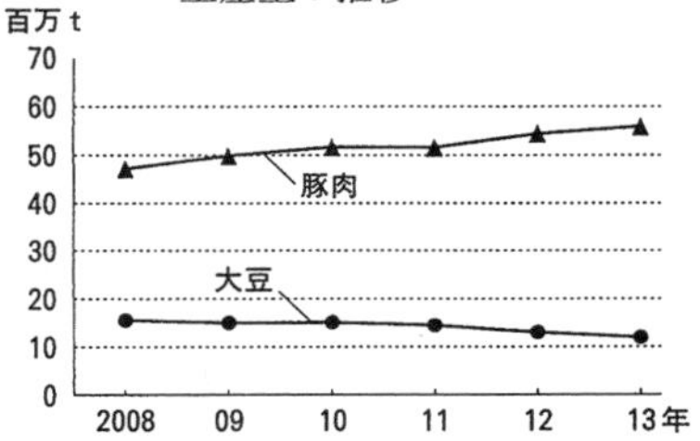

（資料10～12はFAOSTAT資料より作成）

(4)　夏さんは，ブラジルの大豆の生産について，**ノート5**にまとめた。[こ]に当てはまる適切な言葉を，**自然環境**，**経済**の2語を使って，10字以上15字以内で書きなさい。

ノート5　ブラジルでは，大規模に大豆の生産が行われ，近年は中国への輸出が多くなっている。一方で，大規模な開発により，熱帯の森林が減少している。[こ]とを両立させる，持続可能な開発が求められている。

(3) **ノート1**の❷について，春さんは，**資料3**～**5**を見て，考えたことを**ノート3**にまとめた。

資料3 地方版図柄入りナンバープレートの目的

「走る広告塔」として，c地域の風景や観光資源を図柄とすることにより，地域の魅力を全国に発信することを目的としている。

（国土交通省資料等より作成）

資料4 苫小牧市の *観光入込客延数の推移（H26年度）

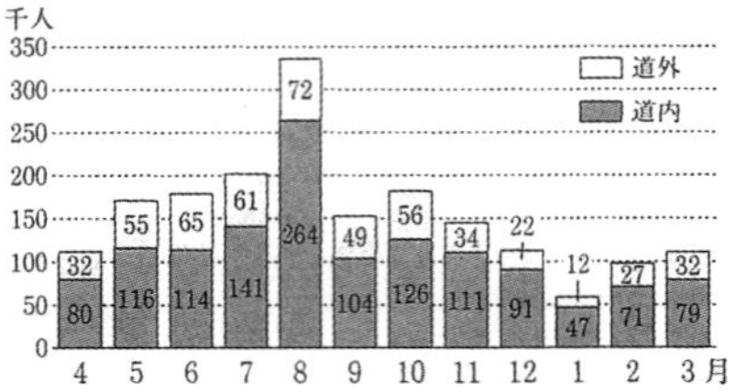

＊観光入込客：訪れた観光客

資料5 北海道の観光入込客のうち宿泊客延数（H26年度）

順位	市町村名	人口(万人)	宿泊客延数
1	札幌市	195	1110万人・泊
2	函館市	27	361万人・泊
3	釧路市	17	129万人・泊
4	登別市	5	121万人・泊
5	帯広市	17	102万人・泊
⋮	⋮	⋮	⋮
28	苫小牧市	17	16万人・泊

（**資料4**，**5**は苫小牧市資料より作成）

ノート3
- **資料3**の下線部**c**から，図柄と苫小牧市の観光の特徴には関係があると思う。
- 苫小牧市の観光入込客延数は月によって差があり，8月と1月では，およそ[い]倍の違いがある。[う]の季節に比べて，[え]の季節の観光入込客延数が少ない。また，道内客と道外客を比べると，[お]客の割合が高い。
- 人口が同規模の釧路市や帯広市と比較すると，観光入込客延数のうち，宿泊客延数が少ない。
- これらのことから，苫小牧市の観光入込客延数は季節による差が大きく，また，日帰り客が多いことから，[か]型の観光地であると考えられる。

① **ノート3**の[い]～[か]に当てはまる最も適切なものを，**資料4**，**5**をもとに，次の**ア**～**ク**から1つずつ選び，記号を書きなさい。ただし，[い]～[か]には，それぞれ異なる記号が入る。

〔 **ア** 3　**イ** 6　**ウ** 夏　**エ** 冬　**オ** 道外　**カ** 道内　**キ** 滞在　**ク** 通過 〕

② 春さんは，ここまで調べてきたことについて友達と話し合い，考えを深めた。

会話文

春：苫小牧市は工業がさかんだと調べてわかったけれど，苫小牧ナンバーの図柄には，ウトナイ湖やアイスホッケーなどが描かれているね。自然や冬のスポーツが使われているね。

優：苫小牧市ならではの雄大なd自然景観は観光資源として紹介できるもんね。工業がさかんな苫小牧市らしく，工場，煙突など様々なロケーションを生かした，映画やテレビ番組の撮影も行われているし，観光産業に力を入れていこうとしていることが感じられるね。

誠：冬のスポーツのさかんな地域で，交通アクセスも良いことから，大会や合宿の誘致もすすめられているよ。冬の観光客の増加も期待できるよ。

春：苫小牧ナンバーの図柄には，e市やf市民の思いがつまっているんだね。

i **会話文**の下線部**d**にかかわって，生態系の保全と観光の両立を目指した取組を何というか，カタカナ7字で書きなさい。

ii **会話文**の下線部**e**について，春さんは，地方版図柄入りナンバープレートの導入に向けた市長の期待を**ウェブサイト**で見つけた。**ウェブサイト**のように市長が期待する理由を，**資料6**から読み取れることをもとに，釧路市や帯広市と比較して，簡潔に書きなさい。

資料6 市町村別保有車両数（R4.3月末日現在）

	苫小牧市	釧路市	帯広市
人口	約17万人	約16万人	約16万人
貨物用	27954台	14954台	15544台
乗用	70969台	63706台	70173台

（国土交通省資料等より作成）

ウェブサイト

ナンバープレートの導入は，以前から市民や事業者，特にトラック協会などから要望があった。市長は，「苫小牧ナンバーの車が本州各地を走ることになるので，苫小牧の知名度の向上につながれば」と期待している。

（苫小牧市のウェブサイトより作成）

iii **会話文**の下線部**f**について，苫小牧の地方版図柄入りナンバープレートの申し込みの特徴の1つとして**資料7**から読み取れることを，**寄付**という語を使って，簡潔に書きなさい。

資料7 地方版図柄入りナンバープレート（苫小牧）の *1 申込件数（R2.6.22現在）

寄付の有無	*3 寄付あり	寄付なし
*2 登録車	582台	56台
軽自動車	289台	40台
合計	871台	96台

＊1 申込：令和2年4月13日開始
＊2 登録車：登録された普通車の自家用車・事業用車
＊3 寄付あり：1000円以上の寄付をすることで，フルカラー版を選択できる。寄付金は，当該地域の観光振興等にあてられる。

（国土交通省資料等より作成）

【問 2】 各問いに答えなさい。

Ⅰ　春さんは，学校帰りに図のような北海道の図柄が入った地方版図柄入りナンバープレートをつけたトラックを見かけ，疑問に思ったことをノート１に書き出した。

図

ノート１
❶「苫小牧」って，何て読むのかな？どこにあるのかな？
❷苫小牧ナンバーの図柄は何を表しているのかな？

(1)　**ノート１**の❶について，春さんはインターネットや地図で調べ，苫小牧《とまこまい》が北海道にあることがわかった。

①　**選択肢A**の**ア〜ウ**は，苫小牧市，高松市，金沢市のいずれかの都市の雨温図である。苫小牧市の雨温図として最も適切なものを**ア〜ウ**から１つ選び，記号を書きなさい。また，それを選んだ理由として最も適切なものを**選択肢B**の**エ〜カ**から１つ選び，記号を書きなさい。

選択肢A

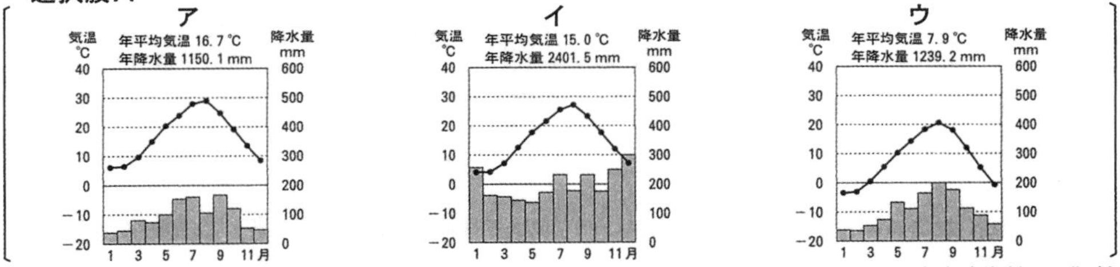

（気象庁資料より作成）

選択肢B

エ　冬は日本海から吹き込む湿気を含んだ風により，雨や雪の日が多くなるから。
オ　海からの風が山地にさえぎられるため，年間を通して降水量が少ないから。
カ　夏の平均気温を比べると，他の都市と比べて冷涼な気候であるから。

②　北海道には「トマコマイ」のように，アイヌ語が由来となったとされる地名が多くみられる。アイヌの伝統文化を振興させるため，1997年に施行された法律を何というか，書きなさい。

③　図柄を見ていた春さんは，北海道の東方にある島々に着目した。**略地図１**は，北海道の東方の島々を拡大したものである。**略地図１**の［あ］に当てはまる島名を，次の**ア〜エ**から選び，記号を書きなさい。また，点線で囲まれた島々を総称して何というか，漢字４字で書きなさい。

〔 **ア**　国後島　　**イ**　色丹島　　**ウ**　択捉島　　**エ**　歯舞群島 〕

略地図１

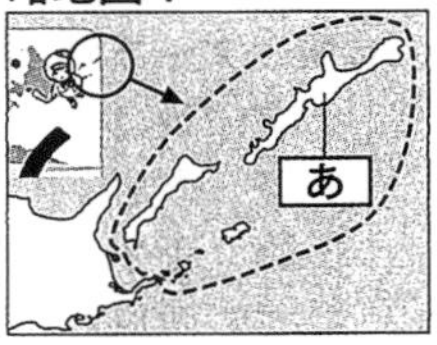

(2)　春さんは，苫小牧市について調べてわかったことを**ノート２**にまとめた。

ノート２
・北海道の海の玄関口である苫小牧港と，空の玄関口である新千歳空港を有し，また，鉄道や国道，高速自動車道など，北海道の海と空と陸の交通の要に位置している。
・道内最大の a工業都市であり，製造品出荷額などでは，人口で10倍以上を有する札幌市を上回り，北海道全体の20.6％を占めている。
・b近年，産業を生かした観光に力を入れ，産業集積都市として，産業観光を推進している。

①　**ノート２**の下線部aにかかわって，日本で行われてきた加工貿易とはどのような貿易か，**資料１**をもとに，**製品**，**木材チップ**の２語を使って，簡潔に書きなさい。

資料１　苫小牧港における外国貿易の主要貨物(R2)

	品目	貨物量(t)		品目	貨物量(t)
輸出	紙・パルプ	116412	輸入	石炭	4194033
	水産品	103397		原油	3992518
	重油	102190		*木材チップ	832602

＊木材チップ：木材を機械で小さく切り刻んだもの
（「苫小牧港統計年報(R2 港湾統計)」より作成）

②　**ノート２**の下線部a，bについて，苫小牧市における産業別就業者数の割合の変化を，**資料２**から読み取り，工業従事者数の割合に着目して，簡潔に書きなさい。

資料２　苫小牧市の産業別就業者数の割合の比較

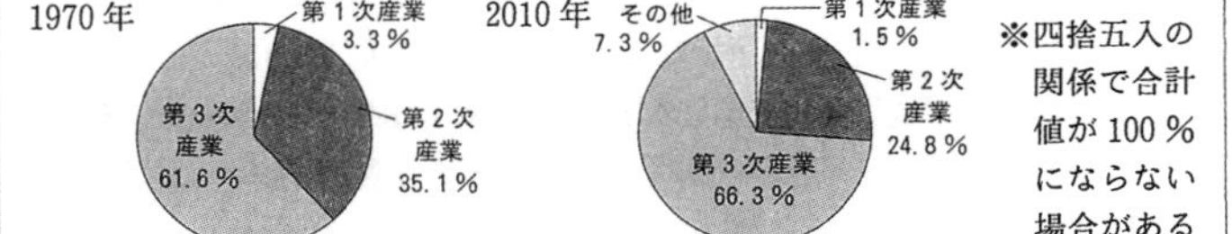

（「苫小牧市における現況・まちづくり上の課題」より作成）

カード3 近世	江戸時代，農民は，年貢を d幕府や藩に納め，武士の生活を支えた。18 世紀に入ると，e幕府は，財政難に対応するため，さまざまな政策を実施した。

(6)　**カード3**の下線部**d**にかかわって，江戸幕府のしくみについて述べた文として最も適切なものを，次の**ア**～**エ**から１つ選び，記号を書きなさい。

ア　執権を中心とする有力な御家人の話し合いで，ものごとが決定された。
イ　政治は，老中を中心に行われ，若年寄や三奉行などの役職が置かれた。
ウ　太政官が政策を決め，その下で八省などが実務に当たった。
エ　管領は，他の有力な守護大名とともに政治を行った。

(7)　**カード3**の下線部**e**にかかわって，**表**の**ア**～**ウ**は，徳川吉宗，田沼意次，松平定信のいずれかの人物が行ったおもな政策についてまとめたものである。徳川吉宗の政策について述べたものとして最も適切なものを，**表**の**ア**～**ウ**から１つ選び，記号を書きなさい。また，徳川吉宗が行った財政の立て直しの特徴として考えられることの１つを，**表**をもとに，**年貢**という語を使って，５字以上 15 字以内で書きなさい。

表

ア	イ	ウ
○商品作物の栽培を制限して，米などの穀物の栽培をすすめる。 ○江戸などの都市に出てきていた農民を故郷に帰す。	○商工業者による株仲間の結成を奨励し，営業税を納めさせる。 ○長崎からの銅や俵物とよばれる海産物の輸出を増やす。	○新田開発をすすめ，米の増産に努める。 ○参勤交代を軽減するかわりに，大名に幕府へ米を納めさせる。

カード4 近代 現代	明治時代になり，政府は，国家の財政を安定させるため，f税制の改革を行った。その後，大正時代に入り，富山県から始まった g米騒動が全国に広がった。第二次世界大戦後，米の品種改良がさらに進み，多くの品種が登場してきている。

(8)　**カード4**の下線部**f**にかかわって，明治時代の税制の改革について述べた文として適切なものを，次の**ア**～**エ**からすべて選び，記号を書きなさい。

ア　税は村ごとにかけられ，収穫した米の 40～50 %を米で納めた。
イ　政府は，地主が持つ小作地を強制的に買い上げて，小作人に安く売りわたした。
ウ　税率は，実施当初，地価の３%と定められ，土地の所有者が現金で納めた。
エ　政府は，土地の所有者と地価を定め，地券を発行した。

(9)　**カード4**の下線部**g**のできごとが起きた時期として最も適切なものを，**略年表**の**X**～**Z**から１つ選び，記号を書きなさい。また，このできごとが起きた原因の１つとして考えられることについて述べた文として最も適切なものを，次の**ア**～**ウ**から１つ選び，記号を書きなさい。

略年表

年	できごと	
1873	徴兵令が出される	↕ X
1894	日清戦争が始まる	↕ Y
1914	第一次世界大戦が始まる	↕ Z
1931	満州事変が始まる	

ア　義和団事件後も満州に軍隊をとどめるロシアとの対立が深まり，日露戦争が始まったから。
イ　ロシア革命が起き，その広がりをおさえるために，日本やアメリカなどが出兵することになったから。
ウ　西郷隆盛を中心に鹿児島の士族などが西南戦争を起こしたから。

(10)　桜さんは，日本において，稲作が人々の生活や社会に与えた影響について調べてきたできごとのうち，まだ取り上げていないことを４つ挙げた。その４つのできごとである次の**ア**～**エ**が，古い順になるように左から並べて，記号を書きなさい。

ア　能は猿楽や田植えの際に行われた田楽などから生まれ，観阿弥，世阿弥によって完成した。
イ　朝廷は，開墾を奨励するために，墾田永年私財法を出した。
ウ　北海道では，屯田兵を中心に開拓が行われ，稲作も本格的に始まった。
エ　諸藩は，蔵屋敷で年貢米や特産物の取り引きを行った。

【問 1】 桜さんは，日本において，稲作が人々の生活や社会に与えた影響について興味をもち，調べたことを**カード1～4**にまとめた。各問いに答えなさい。

カード1 原始 古代	a稲作は，中国や朝鮮半島から渡来した人々によって，九州北部に伝えられたと考えられている。やがて，稲作は東日本にまで広がった。その後，b朝廷は，人々を戸籍に登録し，戸籍にもとづいて口分田を支給した。

(1) **カード1**の下線部**a**にかかわって，稲作の伝来によって，人々の生活や社会が変化した。その変化について述べた文として適切なものを，次の**ア**～**エ**から2つ選び，記号を書きなさい。

ア 表面に縄目の文様をつけた土器の製作が始まった。 **イ** 銅鐸が祭りで使われるようになった。
ウ 小さなクニ(国)ができ，有力者や王が現れた。 **エ** 打製石器が初めて作られた。

(2) **カード1**の下線部**b**にかかわって，**資料1**は8世紀初めの戸籍である。この戸籍に記載されている人のうち，租を負担する対象となったのは何人か，最も適切なものを，次の**選択肢A**の**ア**～**エ**から1つ選び，記号を書きなさい。また，それを選んだ根拠として最も適切なものを，下の**選択肢B**の**オ**～**ク**から1つ選び，記号を書きなさい。

資料1 古代の戸籍

*筑前国嶋郡川辺里	大宝二年籍	
戸主	肥君猪手	年伍拾参歳(53歳)
妻	哿多奈売	年伍拾弐歳(52歳)
男	肥君与呂志	年弐拾玖歳(29歳)
婦	肥君方名売	年弐拾伍歳(25歳)
孫(女)	肥君阿泥売	年肆歳(4歳)

＊筑前国：現在の福岡県の一部
(「正倉院文書」等より作成)

選択肢A
〔 **ア** 1人 **イ** 2人 **ウ** 4人 **エ** 5人 〕

選択肢B
オ 口分田は，戸籍に登録されたすべての人に与えられ，その人たちが租を負担したから。
カ 口分田は，戸籍に登録された6歳以上の男女に与えられ，その人たちが租を負担したから。
キ 口分田は，戸籍に登録された男性のみに与えられ，その人たちが租を負担したから。
ク 口分田は，戸主のみに与えられ，戸主が租を負担したから。

カード2 中世	c中国から伝わった大唐米とよばれる品種の米が，西日本を中心に広がった。一年に同じ田畑で米と麦などを交互に作る あ も広がり，かんがい用の水車などが使われるようになった。また，有力な農民を中心に い が作られ，用水路の管理などについて，おきてを定めるなど自治的な運営を行った。

(3) **カード2**の下線部**c**にかかわって，歴史上のものの伝来や交易について述べた文として適切なものを，次の**ア**～**エ**から2つ選び，記号を書きなさい。

ア 正倉院宝物の中には，インドや西アジアから唐へもたらされたと考えられる品がある。
イ 南蛮貿易では，日本は中国へ生糸や絹織物などを輸出し，中国から銀を輸入した。
ウ アメリカで発明された火薬や羅針盤が，イスラム世界を通じて，中国に伝えられた。
エ 和人はアイヌの人々と交易を行い，鮭《さけ》や昆布，毛皮などが京都に運ばれた。

(4) **カード2**の あ ，い に当てはまる語句の組み合わせとして最も適切なものを，次の**ア**～**エ**から1つ選び，記号を書きなさい。

ア あ 二期作 い 惣 **イ** あ 二期作 い 五人組
ウ あ 二毛作 い 惣 **エ** あ 二毛作 い 五人組

(5) **資料2**，**3**は，豊臣秀吉が行ったある政策で用いられたものである。豊臣秀吉が行ったその政策によって，公家や寺社には，どのような変化がみられたか，**荘園領主**という語を使って，簡潔に書きなさい。

資料2 京ます

(東京国立博物館蔵)

資料3 検地尺

(尚古集成館蔵)

令和５年度　公立高等学校入学者選抜

学力検査問題

社　　　会

（50分）

注　　意

1　検査係員の指示があるまで，問題冊子と解答用紙に手をふれてはいけません。

2　問題は**【問 1】**から**【問 3】**まであり，問題冊子の２～９ページに印刷されています。10ページ以降に問題はありません。

3　問題冊子とは別に，解答用紙があります。**解答は，すべて解答用紙の □ の中に書き入れなさい。**

4　漢字で書くように指示されている場合は，漢字で書きなさい。そうでない場合は，漢字の部分をひらがなで書いてもかまいません。

5　字数を指定された解答については，句読点，カギ括弧（「や『）なども１字に数え，指定された字数で答えなさい。

【問 3】 各問いに答えなさい。

Ⅰ 田中さんは，**図1**のように，海面上に湯《ゆ》気《げ》のようなものが発生する「けあらし」という現象に興味をもった。調べたところ，けあらしは，放射冷却により冷え込みが強まった日に，海面上に霧が発生する現象であり，次のような**条件**のときに発生しやすいことがわかった。

図1

〔**条件**〕 陸上の気温と海水の温度の差が大きく，海面上の空気に多くの水蒸気がふくまれていること。

(1) 霧は，空気にふくまれている水蒸気の一部が凝結してできる。

ⅰ 空気にふくまれている水蒸気が凝結し始める温度を何というか，書きなさい。

ⅱ **表1**は，気温と飽和水蒸気量の関係を示したものである。気温 10 ℃，湿度 60 %の空気が冷やされたとき，この空気にふくまれている水蒸気が凝結し始めるのは何℃か，最も適切な値を，**表1**の気温から選び，整数で書きなさい。

表1

気温〔℃〕	1	2	3	4	5	6	7	8	9	10
飽和水蒸気量〔g/m^3〕	5.2	5.6	5.9	6.4	6.8	7.3	7.8	8.3	8.8	9.4

田中さんは，**条件**をもとに，海面上に霧が発生する現象を理科室で再現するための準備として，次のような実験を行った。なお，室温は 22 ℃であった。

〔**実験 1**〕

① **図2**のように，透明な容器の中央に線香を立てた仕切りを入れ，一方に砂を，他方に水を入れ，容器の上に透明なふたを置いて白熱電球を設置した。このとき，容器内の空気の温度，砂の温度，水温は，いずれも室温と同じであった。

図2

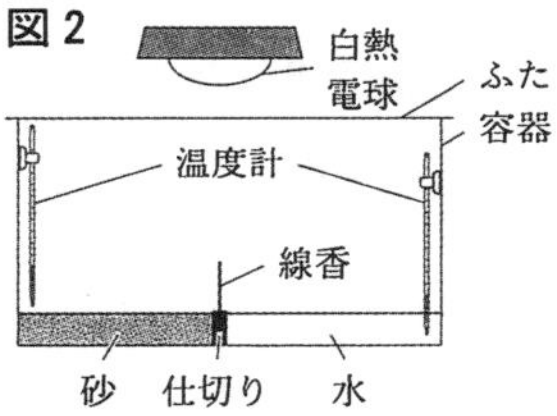

② 砂と水を白熱電球で照らし，線香に火をつけた。しばらくして容器内の低い位置で，線香のけむりが水から砂の方へ流れ，砂の上で上昇した。このとき，砂の上の空気の温度は 32℃，水温は 24℃であった。

③ 白熱電球で照らし続けたあと，白熱電球のスイッチを切った。しばらくして容器内の低い位置で，線香のけむりが②と逆の向きに流れた。このとき，砂の上の空気の温度は 22℃，水温は 26℃であった。

〔**実験 2**〕 4つの同じビーカー**A**～**D**を用意した。**図3**のように，ビーカーの内側を，**A**，**B**は 40 ℃の湯でしめらせ，**C**，**D**はかわいたままにし，**A**，**C**の上には氷を入れたペトリ皿を置き，**B**，**D**の上には室温と同じ温度の水を入れたペトリ皿を置いた。水蒸気が凝結しやすいよう，線香のけむりを**A**～**D**に少量ずつ入れ，ビーカー内の空気のようすを観察し，結果を**表2**にまとめた。

図3

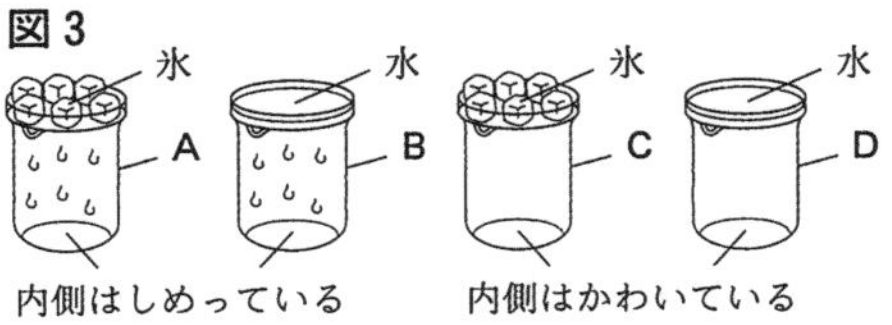

表2

	A	B	C	D
ビーカー内の空気のようす	白くくもった	変化なし	変化なし	変化なし

(2) **実験1**で，線香のけむりの流れから空気の動きがわかる。日本で観測される風のうち，**実験1**の②の空気の動きで説明できるものとして適切なものを，次の**ア**～**エ**から2つ選び，記号を書きなさい。

〔 **ア** 海風 **イ** 陸風 **ウ** 夏の季節風 **エ** 冬の季節風 〕

(3) 大村さんは，**図2**で，**C**，**D**，**E**のグラフの変化から，加える食塩水の質量パーセント濃度が９％以上では温度変化のようすに違いがみられないと考えた。そこで，温度変化のようすに違いがみられるのは，食塩水の質量パーセント濃度がおよそ何パーセントまでなのかを調べるために，質量パーセント濃度が異なる食塩水を新たに２つ用意することにした。この食塩水の質量パーセント濃度として適切な値を，整数で２つ書きなさい。また，そのように判断した理由を簡潔に書きなさい。

Ⅱ　金属のイオンへのなりやすさを比較するために，次のような実験を行った。

〔**実験２**〕　**図３**のように，マイクロプレートの横の列に，硫酸亜鉛水溶液，硫酸銅水溶液，硫酸マグネシウム水溶液をそれぞれ入れた。縦の列に，亜鉛片，銅片，マグネシウム片をそれぞれ入れ，金属片の変化のようすを観察し，結果を**表２**にまとめた。

図３

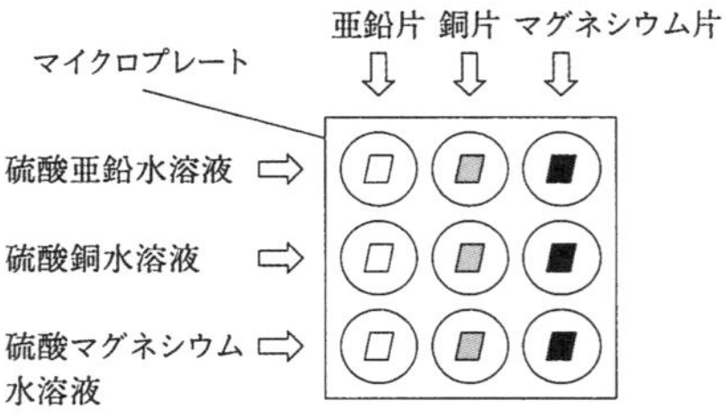

表２

	亜鉛片	銅片	マグネシウム片
硫酸亜鉛水溶液	反応しなかった	反応しなかった	a 金属が付着した
硫酸銅水溶液	b 金属が付着した	反応しなかった	金属が付着した
硫酸マグネシウム水溶液	反応しなかった	反応しなかった	反応しなかった

(1) **表２**の下線部**a**について，付着した金属の化学式を書きなさい。

(2) **表２**の下線部**b**について，亜鉛片の一部で起こる銅の化学変化として最も適切なものを，次の**ア**～**エ**から１つ選び，記号を書きなさい。また，このときに起こる銅についての化学反応式を書きなさい。ただし，電子をe^-とする。

ア　硫酸銅水溶液中の銅イオンが電子を受けとって，銅原子になる。
イ　硫酸銅水溶液中の銅イオンが電子を失って，銅原子になる。
ウ　硫酸銅水溶液中の銅原子が電子を受けとって，銅イオンになる。
エ　硫酸銅水溶液中の銅原子が電子を失って，銅イオンになる。

(3) **表２**より，亜鉛，銅，マグネシウムをイオンになりやすい順に，左から並べたものとして最も適切なものを，次の**ア**～**カ**から１つ選び，記号を書きなさい。

ア　亜鉛，銅，マグネシウム　　**イ**　亜鉛，マグネシウム，銅
ウ　銅，亜鉛，マグネシウム　　**エ**　銅，マグネシウム，亜鉛
オ　マグネシウム，亜鉛，銅　　**カ**　マグネシウム，銅，亜鉛

【問 2】 各問いに答えなさい。

I 大村さんは，化学カイロの成分である鉄粉，活性炭，食塩水を混ぜると熱が発生することを学習し，加える食塩水の濃度が，混合物の温度変化に関係するのではないかと考え，次のような実験を行った。

〔実験 1〕

① 5つの同じビーカー**A**～**E**を用意し，それぞれに鉄粉 5 g と活性炭の粉末 3 g を入れてかき混ぜた。

② **A**～**E**のそれぞれに加える食塩水の濃度を変えるため，**表 1**に示した質量パーセント濃度の食塩水を用意した。

表 1

	A	B	C	D	E
加える食塩水の質量パーセント濃度〔%〕	3	6	9	12	15

③ **A**～**E**のそれぞれに，**図 1**のように，食塩水 2 mL を加え，ガラス棒でよくかき混ぜてから，1分ごとに混合物の温度をはかった。

④ ③の結果を**図 2**のグラフに表した。

図 1

図 2

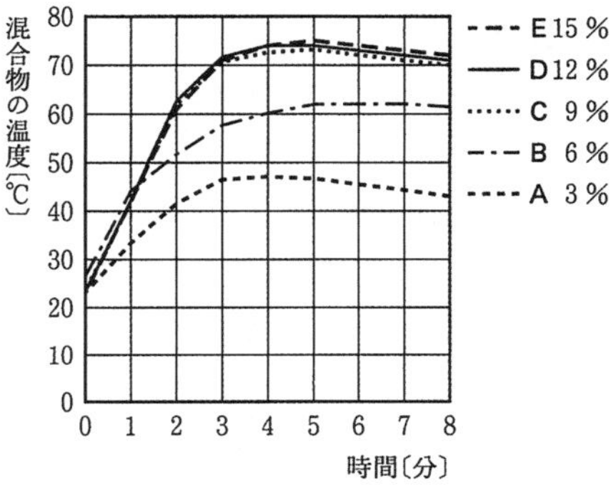

(1) 鉄粉と活性炭の混合物に食塩水を加えると，鉄が酸化して混合物の温度が上がる。

i 化学変化が起こるときに熱を周囲に出す反応を何というか，漢字 4 字で書きなさい。

ii 化学変化によって熱が発生するものとして最も適切なものを，次の**ア**～**エ**から 1 つ選び，記号を書きなさい。

〔 **ア** 白熱電球が点灯する。
イ 電磁調理器で水を加熱する。
ウ ドライヤーから温風を出す。
エ ストーブの石油が燃焼する。 〕

(2) 大村さんは，**実験 1**の②で，食塩水を用意するために，はじめに質量パーセント濃度が 15 %の食塩水をつくった。

i 質量パーセント濃度が 15 %の食塩水の一部を用いて，質量パーセント濃度が 12 %の食塩水 20 g をつくるとき，加える水の質量は何 g か，整数で書きなさい。

ii 溶質が完全にとけ，濃さが均一になった食塩水を室温で放置したとき，食塩水中の溶質の粒子のようすを模式的に示したものとして最も適切なものを，次の**ア**～**エ**から 1 つ選び，記号を書きなさい。

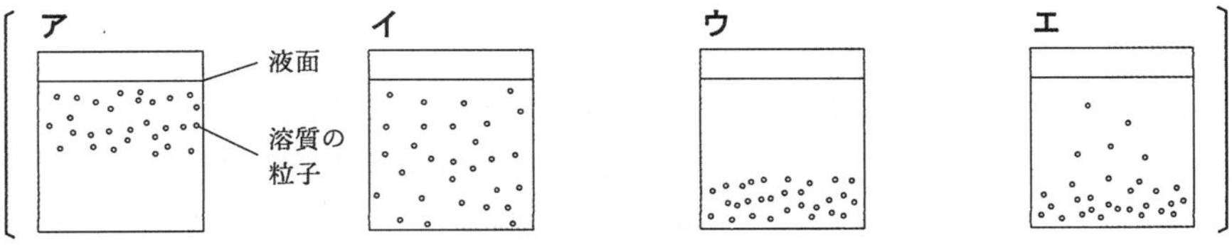

(4) 田中さんたちは，会話のように，フクジュソウの花が開く要因と，その要因を確かめるための実験や結果について考えた。

i 下線部bのように判断した理由を，**表**をもとに，日光と気温にふれて簡潔に書きなさい。

ii う，え に当てはまる最も適切なものを，次の**ア**～**エ**から１つずつ選び，記号を書きなさい。

〔 **ア** 開いて **イ** 閉じて **ウ** 日光が当たる明るい場所 **エ** 日光が当たらない暗い場所 〕

iii お に当てはまる最も適切なものを，次の**ア**～**エ**から１つ選び，記号を書きなさい。

ア **A**も**B**も花が開く
イ **A**の花は開いて，**B**の花は閉じたまま
ウ **A**の花は閉じたままで，**B**の花は開く
エ **A**も**B**も花が閉じたまま

II ヒトが刺激を受けとってから反応するまでの時間を調べるために，次のような実験を行った。

〔**実験**〕

① **図２**のように，タブレット型端末の画面に，丸い印が表示される。

② 丸い印が三角の印に切りかわったら，**図３**のように，三角の印を指で触れる。丸い印が三角の印に切りかわってから指で触れるまでの時間を計測する。

③ ①，②を５回繰り返したところ，丸い印が三角の印に切りかわってから指で触れるまでの時間の平均値は 0.27 秒だった。

図２

図３

(1) 目や耳のように，外界からの刺激を受けとる器官を何というか，書きなさい。

(2) **図４**は，目が光の刺激を受けとってから指の筋肉が反応するまでの信号の経路を，模式的に示したものである。

図４

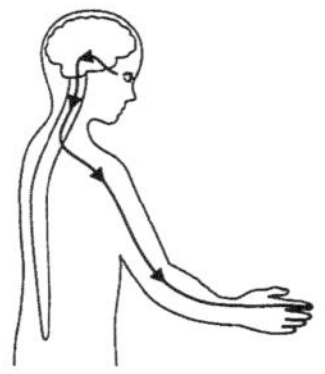

→は，信号の経路を表している

i **実験**で，目が光の刺激を受けとってから指の筋肉が反応するまでの信号の経路を，次のようにまとめた。か ～ け に当てはまる最も適切なものを，下の**ア**～**エ**から１つずつ選び，記号を書きなさい。

目が光の刺激を受けとり刺激を信号に変える ⇒ か ⇒ き ⇒ く ⇒ け ⇒ 信号が指を動かす筋肉に伝わり指の筋肉が反応する

ア 信号が運動神経を通る
イ 信号が感覚神経を通る
ウ 脳が「画面を指で触れる」という命令の信号を出す
エ 脳が丸い印から三角の印に切りかわったことを認識する

ii 目が刺激を受けとってから指の筋肉が反応するまでの時間を，刺激や命令の信号が経路を伝わる時間と，脳で判断や命令を行うのにかかった時間とを合わせた時間としたとき，**実験**において，脳で判断や命令を行うのにかかった時間は何秒であったか。**実験**の平均値をもとに求め，小数第２位まで書きなさい。ただし，目から指の筋肉まで信号が伝わる経路の長さを 1.0 m，信号が経路を伝わる速さを 50 m/秒とする。

(3) ヒトの刺激に対する反応には，**実験**のような意識して起こす反応と，熱い物にさわって手を引っこめるような意識と無関係に起こる反応がある。意識と無関係に起こる反応は，刺激を受けてから反応するまでの時間が，意識して起こす反応のときよりも短い。この理由を，**脳**，**せきずい**の２語を使って簡潔に書きなさい。

【問 1】 各問いに答えなさい。

Ⅰ　田中さんと大村さんは，フクジュソウが花をさかせたという記事に興味をもち，フクジュソウについて調べた。

調べてわかったこと

○ フクジュソウは，**図 1** のように，小さな花がさく。
○ 2月から4月に花がさき，園芸用としても栽培されている。
○ 双子葉類に分類でき，花の中心にaめしべとおしべが多数あり，花がさいた後に種子をつくる。
○ 花は，朝に開いて夕方に閉じ，開閉を約10日間くり返す。

図 1

(1) 下線部aについて，めしべの先端の部分を何というか，漢字2字で書きなさい。

(2) フクジュソウと同じ双子葉類に分類できる植物として適切なものを，次の**ア**～**オ**からすべて選び，記号を書きなさい。

〔 **ア** イネ　**イ** トウモロコシ　**ウ** タンポポ　**エ** イヌワラビ　**オ** ダイコン 〕

(3) **調べてわかったこと**から，フクジュソウの葉脈のようすと茎における維管束の並び方について次のようにまとめた。[あ]，[い]に当てはまる最も適切なものを，下の**ア**～**エ**から1つずつ選び，記号を書きなさい。

フクジュソウの葉脈は[あ]に通り，茎における維管束は[い]いる。

〔 **ア** 網目状　**イ** 平行　**ウ** 全体に散らばって　**エ** 輪の形に並んで 〕

田中さんたちは，ある日，昼間なのにフクジュソウの花が開いていないことに驚き，花が開く要因を調べるために，次のような観察を行い，会話をした。

〔**観察**〕 日当たりのよい場所にさいているフクジュソウを毎日正午に観察し，天気，日光，気温，花の開閉について調べ，**表**にまとめた。

表

観察日	2/1	2/2	2/3	2/4	2/5	2/6	2/7
天気	晴れ	晴れ	くもり	晴れ	くもり	晴れ	晴れ
日光	○	○	×	○	×	○	○
気温〔℃〕	12	5	2	6	11	12	5
花の開閉	開	閉	閉	閉	開	開	閉

○：日光が当たっていた
×：日光が当たっていなかった

田中：**表**から，bフクジュソウの花が開く要因は，日光が当たることではなく，気温が関係しているのかもしれないね。

大村：フクジュソウの花が開く要因は，日光が当たることではなく，気温が関係していることを確かめるためにはどうしたらいいかな。

田中：前日に花が開き夕方から閉じたままのフクジュソウA，Bを準備して，対照実験をすれば確かめられそうだね。

大村：なるほど。それなら，**表**で花が開いていたときの気温と同じ温度のままで，日光が当たる明るい場所にAを置き，花が[う]いたときの気温と同じ温度のままで，[え]にBを置けばいいね。

田中：[お]という結果になれば，フクジュソウの花が開く要因は気温であると確かめられるね。

令和５年度　公立高等学校入学者選抜

学力検査問題

理　　科

（50分）

注　　意

1　検査係員の指示があるまで，問題冊子と解答用紙に手をふれてはいけません。

2　問題は**【問 1】**から**【問 4】**まであり，問題冊子の２～９ページに印刷されています。10ページ以降に問題はありません。

3　問題冊子とは別に，解答用紙があります。**解答は，すべて解答用紙の □ の中にかき入れなさい。**

4　漢字で書くように指示されている場合は，漢字で書きなさい。そうでない場合は，漢字の部分をひらがなで書いてもかまいません。

5　計算をしたり，図をかいたりすることが必要なときは，問題冊子のあいているところを使いなさい。

選択肢を，今から10秒間で確認しなさい。
（間 10 秒）
英語は 2 度読みます。それでは，始めます。

※

Kana：Good morning, Mr. Smith.
Mr. Smith：Good morning, Kana. Could you tell me where to put this garbage bag?
Kana：Can you see the traffic light? Turn left at that corner. Then, you'll see a garbage station on your right.
Mr. Smith：It's next to the park, right? I just went there, but there was nothing there. So, I thought I was in the wrong place.
Kana：I don't think so. Let's check.

Kana：Oh, you're right. There are no garbage bags here, but I understand why.
Mr. Smith：What is it?
Kana：Look at this. Today isn't the day for collecting garbage.
Mr. Smith：Oh, I see. So, I should bring it tomorrow.
Kana：That's right. And the day after tomorrow will be a plastic day.
Mr. Smith：Thank you, Kana.

繰り返します。※　略
これで(3)は終わります。

次の(4)では，ある旅行客が駅前でコンサート会場までの行き方を街の人に尋ねています。会話の途中で，セリフの代わりに次のようなチャイムの音(チャイム音)が鳴るところがあります。内容に関する No. 1 の質問と答えの選択肢を，No. 2 の質問と英文を，今から 10 秒間で確認しなさい。
（間 10 秒）
英語は 2 度読みます。それでは，始めます。

※

visitor：Excuse me. How can I get to Shinshu Stadium?
man：Take bus No. 7, but you need to wait for about thirty minutes for the next bus.
visitor：Oh, that's too late. Are there any other ways?
man：Do you mean (　　　　　　　　　　　　)?
visitor：Yes, I'm in a hurry. The concert starts soon.
man：Well, just take a taxi. It takes maybe ten minutes.

繰り返します。※　略

〔アナウンス　4〕

これでリスニングテストを終わります。続いて，**【問 2】**へ進んでください。なお，声を出して読んではいけません。

（四点チャイム）

【問 3】 沙恵(Sae)は英語の授業で行うスピーチのための原稿を書いた。原稿を読んで，各問いに答えなさい。

A baker in Hiroshima never *throws away any of the bread he bakes. He thinks eating is taking the ①(　　　) from animals and plants. Also, the bread he makes cannot be baked without burning wood. The bread is ready because the wood gives its life to the bread. So, he thinks bread and wood are *connected. For these reasons, he decided to stop throwing away bread. What does "eating" mean to you?

All of us have the *right to have enough food. Eating is necessary for all of us. However, ②this right is not enjoyed by everyone. One report tells us that more than eight hundred million people all over the world cannot get enough food. Also, seventeen people die because of *hunger every minute. As you can see from these facts, we have a serious food problem in the world.

We have only seven years until 2030. Do you know what 2030 means? It is the *SDGs goal year to end world hunger. We must remember the idea ③"no one will be left behind." However, many people are still dying because of hunger every day around the world. I was very surprised to learn this.

A report from *the FAO in 2013 says that the ④(　　　) of the world may rise to about nine *billion in 2050. Problems of the environment like *global warming may create a food *shortage. We need to do something now, not in the future. The FAO says that eating *insects can be one of the answers to solve this food problem. Some people say that eating insects has a lot of good points. They have a lot of *protein like beef. They also need less water, *feed, and time to grow than pigs and cows.

What can we do for our future? For example, we must be careful about food *waste in our daily ⑤(　　　). A new report from *the U.N. says that more than a billion tons of food are *wasted each year. That is actually seventeen percent of the food made all over the world in one year. Most waste comes from home because people often buy too much and throw away a lot!

The baker in Hiroshima chose two ways to stop throwing away bread. [　　　　　　　　　　]

He is sure that making limited kinds is the best answer.

I really think "eating" not only helps us live but also connects us to the world. I also think each of us can do something. Thank you for listening.

*(注) throw(s) away 捨てる　connected ← connect つなぐ　right 権利　hunger 飢え
SDGs 持続可能な開発目標　the FAO 国連食糧農業機関　billion 10億　global warming 地球温暖化
shortage 不足　insect(s) 昆虫　protein タンパク質　feed えさ　waste ごみ　the U.N. 国際連合
wasted ← waste 無駄にする

Ⅱ　各問いに答えなさい。

(1)　留学生のデイビッドは，ある大学が主催したサイエンスデイ(Science Day)に参加し，学校新聞に**体験記**を書いた。デイビッドが参加した体験プログラム(program)として，最も適切なものを，**体験プログラムの一覧**の**ア**～**エ**から１つ選び，記号を書きなさい。

体験記

I went outside to join the program I wanted as my first choice, but I could not because there were already more than twenty people. Then, I decided to take part in another program about nature and the environment. I learned what to do on the beach and in the mountains during heavy rain and strong wind. Also, in that program, I experienced the shaking. The teacher told us how it happens in easy Japanese. I think you should join the Science Day next time.

体験プログラムの一覧

	内容	定員	場所
ア	**振り子の不思議を学ぼう** ・複数の振り子の動きを観察し，振り子の仕組みを学びます。	親子 15 組	実験室
イ	**ドローンを飛行させよう**　（雨天中止） ・ドローンをプログラミングし，裏山の自然を観察します。	20 名	運動場
ウ	**海のプラスチックごみを使って工作しよう** ・キーホルダーを作った後，海洋汚染の講義を聴きます。	30 名	講義室
エ	**台風や地震から身を守ろう**　（雨天決行） ・防災の講義を聴いて，地震体験車で地震を体験します。	40 名	中庭

(2)　翔(Sho)，結衣(Yui)，賢(Ken)の３人は，町が管理する空き家の活用方法について考える意見交換会に参加した。町に在住する外国人参加者がいると聞いて，３人はそれぞれ日本語に続き英語で自分の意見を発表した。

Hello, everyone. I am Sho. I need a place to study with friends. My friends and I like to teach children math and *kanji*. Playing some traditional games with people also sounds fun. What is your idea, Yui?

Hi, I am Yui. I like cooking. I sometimes cook at home. I hope to grow something in the garden and cook it with local people. How about you, Ken?

I am Ken. Nice to meet you. I like listening to music and taking pictures. I hope that there is a room to show pictures taken by local people. Thank you.

(a)　次の**ア**～**エ**は，３人が発表をする時にそれぞれ使用した絵である。３人の発表の中で示された順になるように，左から並べて記号を書きなさい。

［ **ア**

イ

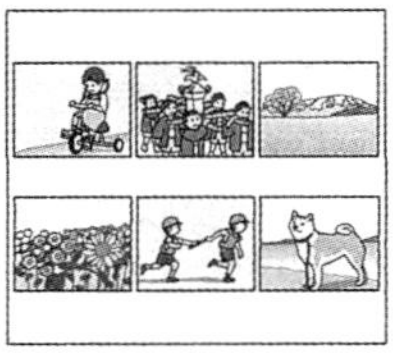

ウ

エ

］

(b)　意見交換会の参加者の１人が，アンケートに次のような感想を書いた。(　　　)に当てはまる最も適切なものを，下の**ア**～**エ**から１つ選び，記号を書きなさい。

I am from India. I started to live in this town five years ago. I work at a restaurant, and many people come to my restaurant. I enjoy learning Japanese culture from them. I often take photos of their happy faces. I want to show those photos to people living in this town. So, I agree with (　　　) the most.

〔 **ア**　Sho　　　**イ**　Yui　　　**ウ**　Ken　　　**エ**　Sho and Yui 〕

【問 2】

I　各問いに答えなさい。

(1)　(　　　)に当てはまる最も適切な英語を，(a)，(b)それぞれについて下の**ア〜エ**から1つ選び，記号を書きなさい。

(a)　**＜公園での会話＞**

Mike: I found this soccer ball over there. Is this yours?

Kei: Yes, it's (　　　). We finished playing soccer an hour ago. Thank you.

〔 **ア** me　　**イ** her　　**ウ** ours　　**エ** their 〕

(b)　**＜学校での会話＞**

Mao: I heard you visited Kyoto.

ALT: Well, actually, I had a fever (　　　) I stayed in the hotel for two days.

Mao: That's too bad.

〔 **ア** or　　**イ** and　　**ウ** that　　**エ** because 〕

(2)　次の(a)，(b)の(　　　)内の語を，例を参考にしながら，適切な形に変えたり，不足している語を補ったりなどして，話の流れに合うように英文を完成させなさい。

（例）　**＜登校中の会話＞**

Kate: How was your weekend?

Hana: (go) shopping with my family.　　（答え） I went

(a)　**＜体育祭での会話＞**

Tom: Six runners have just started. Which is Emi?

Ryo: The girl with long hair is Emi. (run) the fastest now. Her team will win!

(b)　**＜友達同士の会話＞**

Meg: This is my favorite bag.

Saki: You always use it, don't you? I like the color. (where) it?

Meg: I bought it at the department store near the station.

(3)　美緒(Mio)が所属する吹奏楽部は，演奏会を行うことになった。美緒は部員代表として，全校生徒へ配付する**お知らせ**をもとに，ALTのブラウン先生(Ms. Brown)に**招待状**を書いている。[①]には月名を表す英語1語を，また，[②]〜[④]には(　　　)に当てはまる3語以上の正確な英語を書きなさい。ただし，(　　　)を含む文はいずれも1文にすること。

お知らせ

吹奏楽部演奏会のお知らせ

開催日：2023年10月28日(土)

時間：午前10:30〜12:00

(開場10:00)

場所：体育館

曲目：日本のアニメソング他

・ご来場いただける場合は，入場整理券をお渡ししますので，部員にお知らせください。

・3か月間練習してきました。ぜひお越しください。

招待状

[①] 2, 2023

Dear Ms. Brown,

Our school band plans to have the concert in the gym on the 28th of this month. We would like to play Japanese anime songs you like. You can enter the gym at 10:00 a.m., and the concert [② (　　　)] 10:30 a.m.

Please [③ (　　　)] you can come because we will keep your ticket. We [④ (　　　)] three months. We will do our best. We hope you can enjoy our concert.

From Mio

(3) No. 1 **Question**：ごみステーション ◎ の位置を示している地図はどれですか。
(★は加奈とスミスさんが初めに会話をしている位置を示す。)

ア

イ

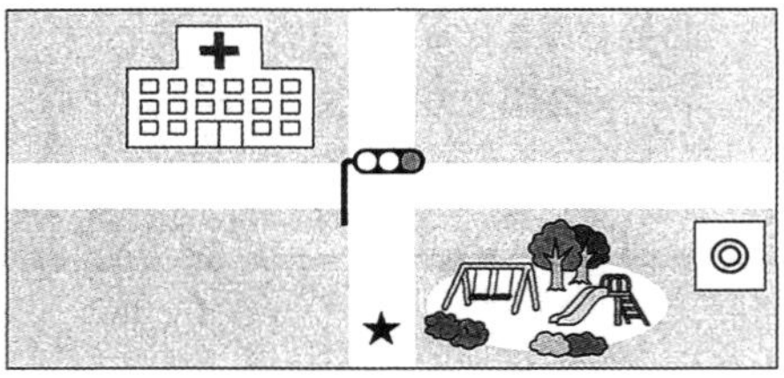

ウ

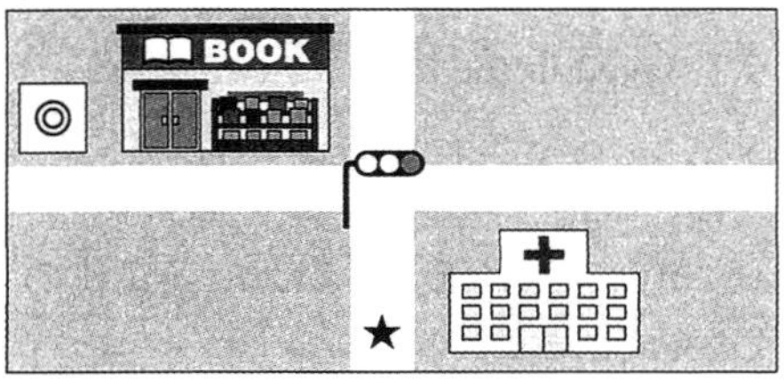

エ

No. 2 **Question**：ごみステーションに立っている看板に書かれていることはどれですか。

ア

日	月	火	水	木	金	土
	燃えるごみ		プラスチック	燃えるごみ	資源物(古紙)	

イ

日	月	火	水	木	金	土
	燃えるごみ	資源物(古紙)		燃えるごみ	プラスチック	

ウ

日	月	火	水	木	金	土
	資源物(古紙)	燃えるごみ	プラスチック		燃えるごみ	

エ

日	月	火	水	木	金	土
	プラスチック	燃えるごみ		資源物(古紙)	燃えるごみ	

(4) No. 1 **Question**：チャイムの部分で街の人が話した英語はどれですか。

- **ア** you can wait for the next bus
- **イ** you want to go there someday
- **ウ** you want to get there quickly
- **エ** you can tell me how to get there

No. 2 **Question**：2人の会話についてまとめた次の英文の(　　　)にはどのような英語が入りますか。適切な英語1語を書きなさい。

The man told the visitor to take a taxi because the visitor was in a hurry. It was (　　　) than any other ways from the station to Shinshu Stadium.

【問 1】 リスニングテスト （英語は，(1)では１度，(2)，(3)，(4)では２度読みます。）

(1) No. 1

ア
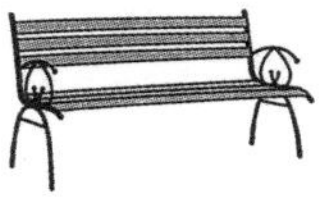
イ

ウ

エ
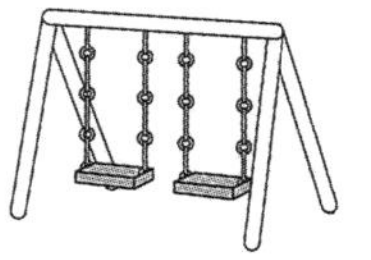

No. 2

ア

イ

ウ

エ

No. 3

ア

イ
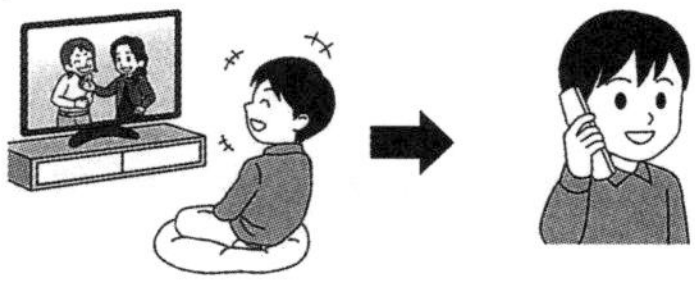
ウ

エ

(2) No. 1 ＜**電話の会話**＞

ア サリーにパーティーに来てほしいから　イ サリーにカメラを貸してほしいから
ウ サリーにパーティーに招待してほしいから　エ サリーにカメラがあるか確かめてほしいから

No. 2 ＜**週末の自宅のリビングでの会話**＞

ア 翌日に友達が来ることになったから　イ 飲み物をこぼしてしまったから
ウ 掃除するように母に頼まれたから　エ お菓子や飲み物がほしかったから

No. 3 ＜**わかば市立図書館の館内放送**＞

ア イベントが開催される日時　イ イベントに参加できる子供の年齢
ウ イベントの受付日時　エ イベントに参加できる子供の人数

令和５年度　公立高等学校入学者選抜

学力検査問題

英　　　語

（50分）

注　　　意

1　指示があるまで，問題冊子と解答用紙に手をふれてはいけません。

2　問題は【問 1】から【問 4】まであり，問題冊子の２～９ページに印刷されています。10ページ以降に問題はありません。

3　問題冊子とは別に，解答用紙があります。**解答は，すべて解答用紙の □ の中に書き入れなさい。**

4　最初にリスニングテストがあります。リスニングテストは，すべて放送の指示に従って答えなさい。問題は(1)から(4)まであります。
英語は，(1)では１度，(2)，(3)，(4)では２度読みます。

5　メモをとる必要があるときは，問題冊子のあいているところを使いなさい。

【問 3】 各問いに答えなさい。

Ⅰ 秋さんの家には，水の放出量が異なる２つの加湿器Ａ，Ｂがある。Ａ，Ｂにはともに「強」「弱」の２つの設定があり，各設定の１時間あたりの水の放出量は**表**のとおりである。ただし，Ａ，Ｂのどの設定もそれぞれ一定の割合で水を放出し，放出された水の量だけ水タンクから水が減るものとする。

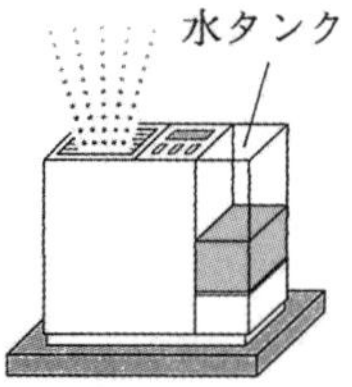

表 各設定の１時間あたりの水の放出量

	設定	
	強	弱
Ａ	0.4 L	［あ］ L
Ｂ	0.8 L	0.3 L

(1) 秋さんは，まずＡを使ってみた。水タンクに２Ｌの水を入れた状態から「弱」の設定で運転し，４時間後に「強」の設定に切り替えたところ，運転開始からちょうど７時間後に水タンクの水がなくなった。**図１**は，運転開始から x 時間後の水タンクの水の量を y L として，x と y の関係を表したグラフである。

図１

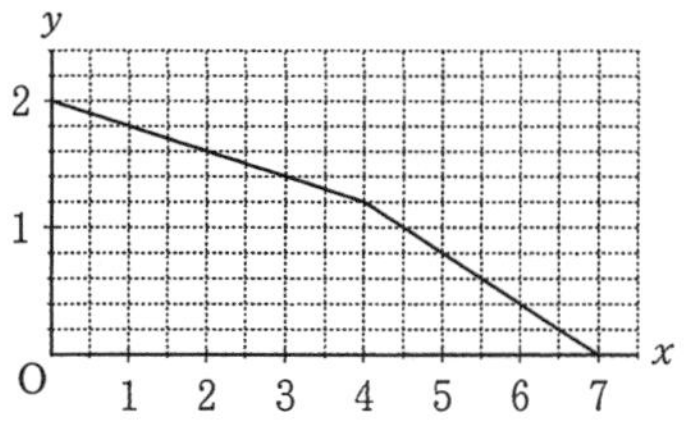

① **表**の ［あ］ に当てはまる適切な数を求めなさい。

② x の変域が $4 \leqq x \leqq 7$ のとき，x と y の関係を式に表しなさい。

(2) 秋さんは，次にＢを使った。Ｂには，室内が一定の湿度に達すると「強」から「弱」の設定に自動で切り替わる機能がある。水タンクに３Ｌの水を入れた状態から「強」の設定で運転し，途中で「弱」の設定に自動で切り替わり，そのまま「弱」の設定で運転を続けたところ，運転開始からちょうど８時間後に水タンクの水がなくなった。秋さんは，Ｂの運転開始からの時間と水タンクの水の量について，次のようにまとめた。

〔秋さんがまとめたこと〕

Ｂの運転開始から x 時間後の水タンクの水の量を y L として，**図２**に水の量の変化をかき入れる。

まず，y 軸上の<u>点(0，3)を通り，傾き -0.8</u> の直線をひく。

次に，［　い　］の直線をひく。

このとき，この２本の直線の ［う］ の ［え］ 座標は，「強」から「弱」の設定に切り替わった時間を表している。

図２

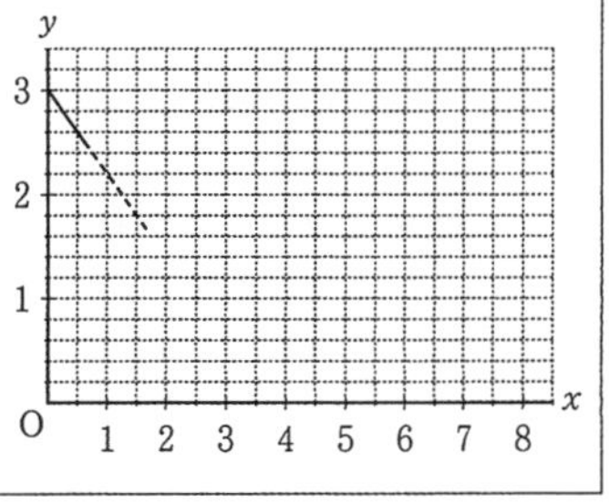

① **秋さんがまとめたこと**が正しくなるように，［い］ に当てはまる適切な言葉を，**秋さんがまとめたこと**の下線部のように座標と傾きを具体的に示して書きなさい。また，［う］ には当てはまる適切な語句を，［え］ には当てはまる適切な文字を，それぞれ書きなさい。

② Ｂの設定が「強」から「弱」に切り替わったのは，運転開始から何時間何分後か，求めなさい。

Ⅱ　春さんは，自然数をある規則に従って並べ，表にまとめた。**図3**はその一部である。春さんは咲さんに，表を用いて，次のような数あてマジックを行った。

図3

	1列目	2列目	3列目	4列目	5列目	…
1行目	1	2	3	4	5	…
2行目	2	4	6	8	10	…
3行目	3	6	9	12	15	…
4行目	4	8	12	16	20	…
⋮	⋮	⋮	⋮	⋮	⋮	

春：表の中から1つ数を選んでください。その数は表の何行目にありますか？
咲：3行目だよ。
春：選んだ数とその右隣の数，さらにその右隣の数の3つの数をたすといくつになりますか？
咲：27だよ。
春：最初に選んだ数は・・・，表の3行目の2列目にある6ですね。
咲：あたり！どうしてわかったの？

(1)　春さんは，**数あてマジックの仕組み**とその説明を咲さんに示すため，**ノート1**にまとめた。［　　　］に途中の過程を書き，正しい説明を完成させなさい。

〔**ノート1**〕

〔**数あてマジックの仕組み**〕
最初に選んだ数を a，a の右隣の数を b，b の右隣の数を c とする。
①　3つの数 a，b，c の和を3でわると b がわかる。
②　a が m 行目の数であるとき，b から m をひくと，最初に選んだ数 a がわかる。

数あてマジックの仕組みの①について，**図4**のように，a を m 行目，n 列目の数とし，$a+b+c$ と $3b$ が等しくなることを，m，n を用いて説明する。
$a=mn$，$b=m(n+1)$，$c=m(n+2)$ と表されるから，

［ $a+b+c$
$=$ 　　　　　　　　　　　　］

したがって，$a+b+c=3b$ が成り立つ。

図4

	…	n	$n+1$	$n+2$	…
⋮		⋮	⋮	⋮	
m	…	a	b	c	…
⋮		⋮	⋮	⋮	

数あてマジックの仕組みの②について，b から m をひくと，
$b-m=m(n+1)-m=mn+m-m=mn$ である。$a=mn$ より，$b-m=a$ である。

(2)　春さんは，表において，横に連続して並ぶ5つの数についても，同じような関係が成り立つことに気づき，**ノート2**にまとめた。**ノート2**が正しくなるように，［**う**］，［**お**］には当てはまる適切な数を，［**え**］には a，b，c，d，e のいずれかの文字1つを，それぞれ書きなさい。

〔**ノート2**〕　最初に選んだ数を a，a の右隣の数を b，b の右隣の数を c，c の右隣の数を d，d の右隣の数を e とする。5つの数 a，b，c，d，e の和を［**う**］でわると［**え**］がわかる。
表の11行目にある数のうち，横に連続して並ぶ5つの数の和が605である。このとき，最初に選んだ数 a は［**お**］である。

【問 2】 各問いに答えなさい。

Ⅰ 守さんは，A市について2005年，2010年，2015年，2020年の8月の日最高気温（その日の最も高い気温）を調べ，どのような傾向にあるか考えるため，図1の箱ひげ図に表した。

図1

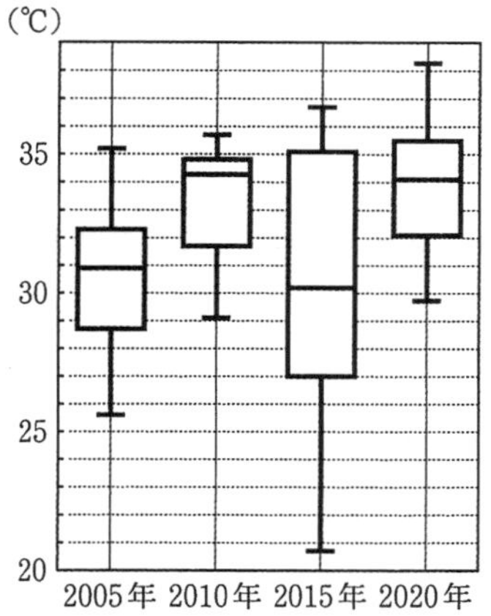

（気象庁データより作成）

(1) 図2は，図1のいずれかの年の箱ひげ図をつくる際にもとにしたデータを，ヒストグラムに表したものである。図2は，何年のヒストグラムか書きなさい。

図2

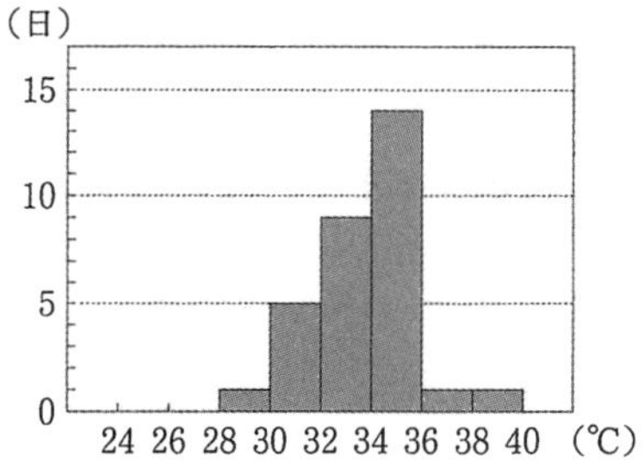

(2) 図1から読みとれることとして，次の①，②は，「正しい」，「正しくない」，「図1からはわからない」のどれか，最も適切なものを，下のア〜ウから1つずつ選び，記号を書きなさい。

① 2020年は，8月の日最高気温の散らばりが，4つの箱ひげ図の中で2番目に小さい。
② 2005年は，8月の日最高気温が35℃を超えた日は1日しかない。

〔 ア 正しい　　イ 正しくない　　ウ 図1からはわからない 〕

(3) 図1で，2010年と2015年の8月の日最高気温の分布を比較して次のようにまとめた。 あ ， い に当てはまる最も適切なものを，下のア〜エから1つずつ選び，記号を書きなさい。ただし， あ ， い には異なる記号が入る。

最大値を比べると，2015年は2010年よりも高いことがわかる。しかし，2015年は，全体の あ 以上の日が30℃を超えていたが，2010年は，全体の あ 以上の日が34℃を超えていた。また，2010年の最小値は約29℃であるが，2015年は，全体の約 い の日が27℃以下であり，2015年は2010年と比べて，日最高気温の低い日が多かったことがわかる。

〔 ア 25％　　イ 50％　　ウ 75％　　エ 100％ 〕

(8) 赤玉２個，青玉３個が入っている袋がある。この袋から，玉を１個取り出し，それを袋に戻さないで，続けて玉を１個取り出す。このとき，取り出した２個の玉の色が異なる確率を求めなさい。ただし，どの玉が取り出されることも同様に確からしいものとする。

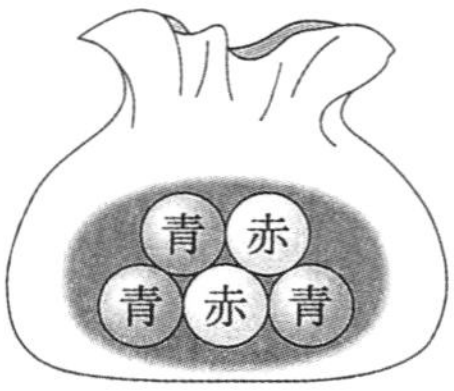

(9) **ノート**には，ある連立方程式とその解が書かれていたが，一部が消えてしまった。消えてしまった二元一次方程式はどれか，次の**ア**～**エ**から１つ選び，記号を書きなさい。

［ **ア**　$x-y=-1$　　**イ**　$3x-2y=10$
　 ウ　$x+4y=10$　　**エ**　$x-3y=11$ ］

〔ノート〕
連立方程式
$\begin{cases} x+y=-1 \\ \end{cases}$
その解
$x=2,\ y=$

(10) **図１**のように，△ABC がある。辺 BC 上に，BC ⊥ AP となる点 P を，定規とコンパスを使って作図しなさい。ただし，点 P を表す文字 P も書き，作図に用いた線は消さないこと。

図１

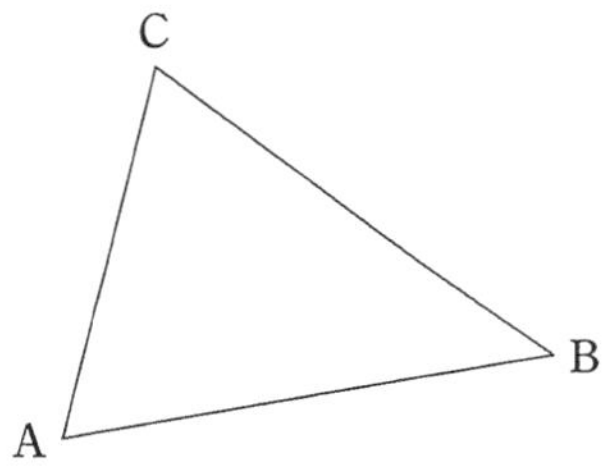

(11) **図２**において，$\angle x$ の大きさを求めなさい。

図２

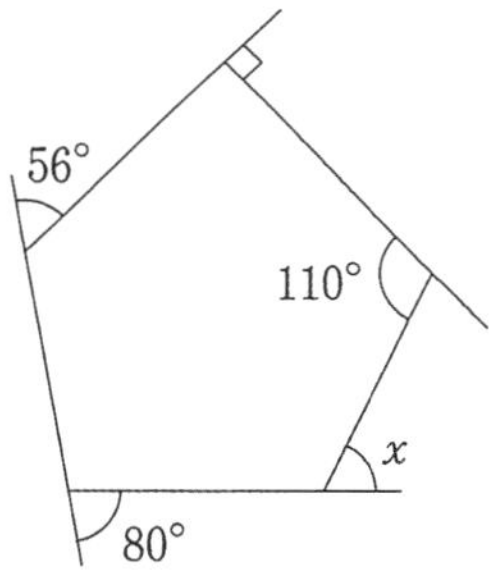

(12) **図３**は，半径が 3 cm の球**A**と底面の半径が 2 cm の円柱**B**である。**A**と**B**の体積が等しいとき，**B**の高さを求めなさい。

図３

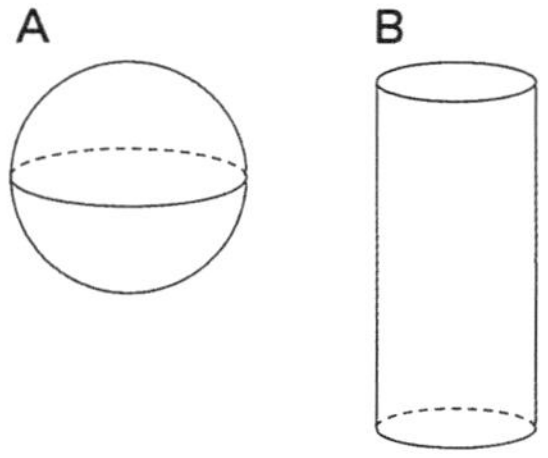

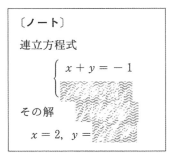

【問 1】 各問いに答えなさい。

(1) $-3+4$ を計算しなさい。

(2) nを負の整数としたとき，計算結果がいつでも正の整数になる式を，次の**ア**～**エ**から1つ選び，記号を書きなさい。

〔 **ア** $5+n$　　**イ** $5-n$　　**ウ** $5\times n$　　**エ** $5\div n$ 〕

(3) $\dfrac{3x-5y}{2}-\dfrac{2x-y}{4}$ を計算しなさい。

(4) $(x-3)^2+2(x-3)-15$ を因数分解しなさい。

(5) 二次方程式 $x^2+2x-1=0$ を解きなさい。

(6) 12 mのロープをx等分したときの，1本分のロープの長さをy mとする。xとyの関係についていえることを，次の**ア**～**エ**から2つ選び，記号を書きなさい。

ア xの値が2倍，3倍，4倍，……になると，yの値も2倍，3倍，4倍，……になる。
イ xの値が2倍，3倍，4倍，……になると，yの値は$\dfrac{1}{2}$倍，$\dfrac{1}{3}$倍，$\dfrac{1}{4}$倍，……になる。
ウ 対応するxとyの値の積xyは一定である。
エ 対応するxとyの値の商$\dfrac{y}{x}$は一定である。

(7) ある郵便物の重さをデジタルはかりで調べたところ，31 gと表示された。この数値は小数第1位を四捨五入して得られた値である。この郵便物の重さの真の値をa gとしたとき，aの範囲を不等号を使って表したものとして正しいものを，次の**ア**～**エ**から1つ選び，記号を書きなさい。

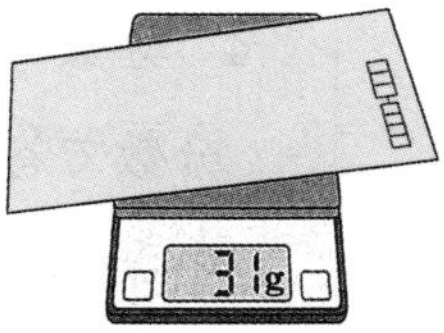

ア $30.5<a<31.5$　　**イ** $30.5\leqq a\leqq 31.5$
ウ $30.5\leqq a<31.5$　　**エ** $30.5<a\leqq 31.5$

令和５年度　公立高等学校入学者選抜

学力検査問題

数　　　学

（50分）

注　　　意

1　検査係員の指示があるまで，問題冊子と解答用紙に手をふれてはいけません。

2　問題は【問 1】から【問 4】まであり，問題冊子の 2 ～ 9 ページに印刷されています。10 ページ以降に問題はありません。

3　問題冊子とは別に，解答用紙があります。**解答は，すべて解答用紙の □ の中にかき入れなさい。**

4　分数で答えるときは，指示のない限り，それ以上約分できない分数で答えなさい。また，解答に $\sqrt{\ }$ を含む場合は，$\sqrt{\ }$ の中を最も小さい自然数にして答えなさい。

5　計算をしたり，図をかいたりすることが必要なときは，問題冊子のあいているところを使いなさい。

うとんずる《いやだと思っていた》四つの肢《えだ》《足》こそ我が助けなるものを」と、独言《ひとりごと》して思ひ絶えぬ《あきらめた》。

そのごとく、人もまたこれに変はらず。「いつきかしづきける《大切にしていた》ものは仇となつて、うとんじ退けぬるものは我が助けとなるものを」と後悔すること、これ、ありけるものなり。

文章Ⅱ

*恵子《けいし》、*③荘子に謂《い》ひて曰《いは》く、子《し》《あなた》の言、用無し《役に立たない》、と。荘子曰く、用無きを知りて《役に立たないということを理解して》、始めて与《とも》に用を言ふべし《役に立つということを論ずべきだ》。夫《そ》れ地は広く《そもそも大地は広く》且《か》つ大ならざるに非《あら》ざるなり《そしてまた大きいものだ》。人の用ふる所は《人が使う所は》足を容《い》るるのみ《足がついている地面だけだ》。然《しか》らば《そうであるならば》則《すなは》ち足を測《はか》りて之を塹《ほ》り《足の寸法を測り、その広さだけ残して周囲を》、黄泉《くわうせん》に致さば、人尚《な》ほ用ふる有りや《地の底まで掘り下げたとすると、それでもその立っている場所が人の役に立つだろうか》、と。恵子曰く、用ふる無し、と。荘子曰く、然らば則ち無用の用たるや《役に立っていることは》亦《また》明らかなり、と。

*（注）　恵子＝人名　　荘子＝人名

エ　親切が相手に思わぬ悪い結果をもたらすことがある一方、冷淡に接することが相手の助けとなることがある。
オ　重んじていた人が自分を害することがある一方、遠ざけていた人が実は自分を助けてくれる存在であったと悔いることがある。
カ　誰が自分の敵となり、誰が自分の味方となるかはわからないので、人と付き合う場合は相手の人柄を見極めるべきである。

(5)　――線部③は、「謂荘子曰、子言無用」を書き下し文に改めたものである。返り点を付けなさい。

(6)　**文章Ⅱ**の内容を次のようにまとめた。[A]に当てはまる適切な言葉を、二十字以上二十五字以内で書きなさい。

> 足がついている地面の周りの大地を掘り下げることは、次の一歩を踏み出す大地がなくなり、歩けなくなることを意味する。
> このように、役に立つと思われているものは、それだけで役に立っているのではなく、[A]成り立っているといえる。

(7)　**文章Ⅰ**と**文章Ⅱ**を授業で読んだ青木さんは、二つの文章の内容に共通するものの見方や考え方について、次のような感想を書いた。[B]に当てはまる最も適切な言葉を、あとの**ア**～**エ**から一つ選び、記号を書きなさい。

> 自分では[B]を見いだせなかったり、世の中で[B]がないと思われたりしているものが、実は大きな[B]をもっているることに気がついた。自分の性質や物事について決めつけた見方をしないことが、生きていく上で大切だと感じた。

〔**ア**　真実　　**イ**　理由　　**ウ**　希望　　**エ**　価値〕

【問五】 次の文章を読んで、下の各問いに答えなさい。

靖成《やすなり》は力士の*髷《まげ》を結う床山《とこやま》という仕事をしている床芝《とこしば》の姿に憧れ、十五歳で床山見習いとなった。床芝から入門祝いとして櫛《くし》を贈られ、よいスタートを切った靖成だったが、五か月がたち、徐々にうまくいかないことが増え、悩み始める。ある日、力士の一人である兄弟子の松岡の髷を結っているとき、松岡の髪を強く引っ張ってしまい、怒鳴られて押されたはずみで櫛を落とし、櫛の歯を折ってしまった。仕事が嫌になった靖成は、*部屋を飛び出した。実家に帰ろうと駅に行くが、ほとんどお金を持っていなかったことに気づく。途方に暮れた靖成は床芝に電話をかけていた。

およそ三十分後、床芝はやって来た。いつも部屋で着ているようなスーツ姿だったから、着替えずに駆け付けてくれたのだろう。心なしか、息も少し上がっているような気がする。

「すみません。わざわざ来ていただいて」

床芝は怒らなかった。ただ、「よほどのことがあったんだろ」と a軽く目を伏せた。たぶん、①逃げ出そうとしていたことはバレているのだろう。ごまかすのはやめて、靖成はこれまでのいきさつを洗いざらい打ち明けた。櫛の歯が折れてしまったことも、正直に話した。また涙がこみ上げそうになって、途中で何度も言葉に詰まった。床芝は黙って聞いていたが、靖成の話が終わると、

「で、どうしたいんだ？　お前は」と静かに尋ねた。

「……どうしたい、って」

そう聞かれて初めて、自分が何も考えていなかったことに気づく。勢いで部屋を飛び出したものの、実家に帰って、いったいどうするつもりだったのだろう。

「もし辞めるつもりなら、俺は反対しない。その兄弟子はやりすぎだと思うし、こういうのは最終的にお前が決めることだからな。だけど」

床芝はそこで一度、b言葉を切った。

「お前、いつだったか言ってなかったか？　*若関《わかぜき》が優しくなったのは俺のおかげだ、思いが伝わったからあの人は変わったんだって。お前はどうなんだ？　誰かを変えられるほどの仕事が、できているのか？」

「そ、それは」

できているか、と聞かれたら、できていなかった。だけど毎日怒鳴られていたら、仕事に見切りをつけたくもなるだろう。

「そりゃ、やる気なくすのもわかるけど」

靖成の考えを見透かしたかのように、床芝が cため息をついた。

「前にも言った通り、俺は若関を支えるつもりでずっと、髷を結ってきた。たとえきつく当たられてもな。だけど俺が一度もハラを立てなかったなんて、お前本気で思ってるのか？」

え、d と息を呑《の》む。あのとき靖成の瞳に映ったのは、どこまでも優しく、真面目な床芝だった。その床芝が若関に怒りを覚える姿など、想像できなかった。

「ふざけんな、昇進が早かったからってチョウシに乗るんじゃねえ、って何度も思ったよ。今のお前みたいに、逃げ出そうとしたこともあった。それなのになんで辞めなかったか、理由がわかるか？」

わからない。首を横に振ると、もうちょっと考えろよ、とたしなめられた。

「正解を言うとな、裏方の中でも床山が、力士に一番近い存在だからだ。俺たちは*行司や*呼出と違って、*土俵には上がらない。だけど唯一、力士と直《じか》に接する仕事だろ？」

「ああ、はい」

(1) 文章中の〰〰線部を漢字に直して、楷書で書きなさい。

① ハラ　② チョウシ

(2) 次の作品は、文章中にある漢字を行書で書いたものである。楷書で書いた場合と比較したとき、◯で囲まれた**あ**と**い**の部分に表れている行書の特徴として最も適切なものを、下の**ア**～**エ**から一つずつ選び、記号を書きなさい。

ア 点画の省略
イ 直線的
ウ 点画の連続
エ 筆順の変化

(3) ――線部①と同様の意味をもつ四字熟語として最も適切なものを、次の**ア**～**エ**から一つ選び、記号を書きなさい。

ア 単刀直入　**イ** 一部始終
ウ 清廉潔白　**エ** 徹頭徹尾

(4) ――線部**a**～**e**についての説明として適切なものを、次の**ア**～**オ**からすべて選び、記号を書きなさい。

ア aの「軽く目を伏せた」には、靖成が緊張せずに思いを語ることができるように思いやる床芝の気遣いが含まれている。
イ bの「言葉を切った」には、靖成の言葉を一旦さえぎり落ち着かせようとする床芝の冷静さが表れている。
ウ cの「ため息をついた」には、怒鳴りつけることで靖成のやる気を失わせた松岡に対する床芝の失望が含まれている。
エ dの「息を呑む」には、床芝に自分の考えを見抜かれ、その上、突然問い詰められて戸惑う靖成の驚きが表れている。
オ eの「声を荒らげた」には、自分の期待を素直に受け止めない靖成に対する床芝のいら立ちが表れている。

言われてみればその通りだが、正直まだピンと来ていない。そんな靖成を諭すように、床芝はじっと目を見て続けた。

「だんだん体がでかくなってるなとか、こんなにたくさんかすり傷ができるまで稽古したんだなとか、今緊張してるんだなとか……すぐそばで髷を結ってたら、わかるんだ。こいつらは懸命に、この世界で生きてるって。若関なんか、まさにそうだった。元々体格には恵まれてなかったけど、あの人なりに体を大きくしようとしていたし、いつ見てもどこかしらに生傷があった。何より、俺は絶対強くなるんだっていう闘志を、ばしばし感じた」

松岡はどうだったかなと思い出そうとしたが、できなかった。そこまで松岡に注意を向けたことは、一度もなかった。

床芝は相変わらず静かな、だけどいたって真剣な眼差《まなざ》しを、靖成に向けていた。

「若関のそういう姿を見てると、不満ばっか垂れてる自分がだんだん情けなくなってきて……せめて俺も、こいつと同じくらい必死でやんないと、って思ったんだよ」

靖成も、床芝から目を逸《そ》らすことができなかった。逸らしてはいけないと、頭の中で声がした。

「……床芝さん」

次の言葉を発しようとすると、唇が震えた。それでも息を深く吸い込み、はっきりと言い切った。

「俺、部屋に戻ります」

床芝は無表情で頷《うなず》くと、百円玉を二枚寄越《よこ》した。

「だったら早く帰れ。切符、これだけあれば足りるだろ?」

それから「ほら」と、何かを差し出した。見ると、髷結いのときに使う櫛だった。細かい傷がつき、歯の根元に髪が絡《から》まっている。いくぶんか使い込まれたもののようだ。

「それ、大事なものですよね? なんで俺に」

そこまで言いかけたら、「ああもう、お前って奴《やつ》は」と、珍しく床芝がe声を荒らげた。

「どうしてそこで遠慮するんだ。櫛、折れて使えないんだろ? 戻っても仕事にならねえから、黙って受け取れ。予備の櫛は、今後ちゃんと用意しておけばいいから」

無理やり櫛を押し付けてくる床芝の指を見て、ⓐはっとした。彼の指はたくましく、それでいて爪が短く切り揃《そろ》えられていた。以前、*巡業で見せてもらったときと同じ、職人の指だった。

一方、靖成の指は簡単に折れてしまいそうなくらい細くて、爪もずいぶん伸びていた。指の太さは仕方がないとはいえ、俺はこんな状態で髷を結っていたのかと、ⓑ愕然《がくぜん》とした。

床芝さん、ともう一度呼びかけると、②できるだけ深く頭を下げた。

「ありがとうございます。今度はちゃんと、大事にします」

「ああ。もう落とすなよ」

床芝はそれだけ言って、早々と自宅へ帰っていった。靖成も、もらった櫛を慎重にしまうと、百円玉二枚を握りしめて地下鉄の切符売り場へと急いだ。

（鈴村《すずむら》ふみ「大銀杏《おおいちょう》がひらくまで」問題作成上ふりがなをつけた箇所がある）

*（注）　髷＝髪をたばねて結ったもの
部屋＝床山として働いている相撲《すもう》部屋のことであり、床山も力士と同じように部屋に弟子入りする
若関＝床芝が髪を結っていた力士　　行司＝相撲の勝負の判定役
呼出＝取り組む力士の名を呼んで土俵に上がらせたり、土俵の整備をしたり、取組の進行などをしたりする役
土俵＝相撲を取る円形の場所　　巡業＝相撲の興行で各地を回ること

(5)　この文章を読んだ上野さんは、印象に残った場面について次のようにまとめた。［A］に当てはまる適切な言葉を、本文中の言葉を使い、十五字以上二十五字以内で書きなさい。

> 印象に残ったのは、靖成が部屋に戻る決意をした場面です。ここでは床芝が若い頃仕事を辞めなかった理由を語ります。そこで、靖成は、床山がどのような存在なのか、床芝がどのような思いで働いていたのかを聞き、自分の姿を重ねて振り返り、自分には床山にとって最も大切な、［A］という思いが欠けていたと気づくのです。靖成の心情が大きく変化した場面として心に残りました。

(6)　この文章を読んだ山下さんは、──線部②にある「できるだけ深く」という言葉に着目し、**付せん1**、**2**を踏まえて、このときの靖成の心情を次のようにまとめた。［B］に当てはまる適切な言葉を、あとの〈条件1〉、〈条件2〉に従って書きなさい。

> 「できるだけ深く頭を下げた」という行為には、櫛をもらった感謝以外にも、［B］が表れている。

付せん

1

> ══線部ⓐ「はっとした」という描写から、力士の髪を傷つけないように爪を短く切り揃えている床芝が、自分の目指す職人の姿であることに改めて気づいた様子がわかる。

2

> ══線部ⓑ「愕然とした」という描写から、爪が伸びていた自分の状態を振り返り、ひどく驚いた様子がわかる。

〈条件1〉**爪**という言葉を使って書くこと。
〈条件2〉六十字以上八十字以内で書くこと。

これより先に問題はありません。
下書きなどが必要なときには、自由に使ってかまいません。

※下書き用の枠

【問一】(7)

(7)

【問五】(6)

(6)

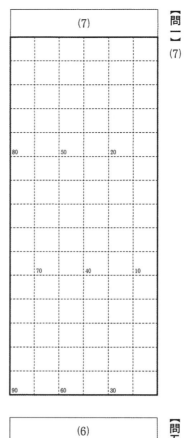

長野県公立高等学校

令和４年度　公立高等学校入学者選抜

学力検査問題

国　　語

（50分）

注　意

1　検査係員の指示があるまで、問題冊子と解答用紙に手をふれてはいけません。

2　問題は**【問一】**から**【問五】**まであり、問題冊子の2～9ページに印刷されています。10ページ以降に問題はありません。

3　問題冊子とは別に、解答用紙があります。**解答は、すべて解答用紙の□の中に書き入れなさい。**

4　解答用紙にマスがある場合は、句読点、カギ括弧《かっこ》（「や『）なども、それぞれ一字と数えて書きなさい。

5　下書きが必要なときは、問題冊子のあいているところを使いなさい。

【問一】 次の文章を読んで、下の各問いに答えなさい。ただし、1〜12は各段落の番号を示す。

1　わたしたちが見たり聞いたりしたものを言葉で表そうとして、うまくいかないという経験は多くの方がもっておられるのではないでしょうか。

2　たとえばわたしたちは自分の気持ちを「はればれとした」とか「うきうきした」といったことばで言い表したり、お茶の味を「まろやかな」とか、「うまみがある」といったことばで表現したりします。しかしそのような表現で、自分の実際の感情や、お茶の味を十分に言い表すことができるでしょうか。たとえば「まろやかな」という表現を、「味が穏やかで口あたりがよい、そして深い味わいが感じられる」といった言葉で説明することはできます。しかしその「深い味わい」がどのような味わいなのかをさらに説明しようとすると、言葉に窮することになります。

3　言葉は、たしかに、わたしたちが経験するものの一面を言い表し、他の人に伝えます。しかしそれはわたしたちが実際に経験していることの一部でしかありません。言葉による表現は、経験の具体的な内容をある断面で切り、その一断面で経験全体を代表させることに喩《たと》えられるかもしれません。その一断面からあらためて経験の全体を眺めたとき、両者のあいだに大きな隔たりがあります。そのあいだには無限な距離があると言ってもよいでしょう。

4　「言葉」の語源は、「言の端《は》」であったと言われます。古くは「事《こと》」と「言《こと》」とは通じるものと考えられていました(言葉には、そのなかで言われているものを具体化する霊的な力が宿っているという、いわゆる言霊《ことだま》思想はそこから生まれたものでした)。しかしやがて「事」と「言」とは同じではないということに人々は気づくようになりました。言葉は「事＝言」として事柄全体を言い表したものではなく、そのほんの一端を言い表したものにすぎないということが意識されるようになったのです。そのために「言の端」という言い方がされるようになったのだと考えられています。

5　言葉がそのまま経験であるとは言えないのは、それがわたしたちの具体的な経験を普遍的な概念によってひとくくりにしてしまうことと関わっています。*先ほど、言葉は個々のものを類に分けていくという働きと深く結びついていると言いました。類に分けるというのは、それらを、その共通する特徴によってひとまとめにすることにほかなりませんが、それは個々のものがもっている違いを無視することでもあります。

6　たとえば桔梗《ききょう》の青、露草《つゆくさ》の青、都忘れの青、それぞれの青は独特の色合いをもっていますが、言葉はその違いを無視して、それらすべてを同じ「青」ということばで表現してしまいます。そのことによって、個々のものがもっていた微妙な差異は一挙に背後に退いてしまいます。

7　言葉は、それぞれ独自のニュアンスをもっていたものを、既成の枠組み、言わば鋳型《いがた》のなかに押し込んでいくという役割を果たしていると言ってもよいかもしれません。わたしたちが

(1) 文章中の〰〰線部のよみがなを、ひらがなで書きなさい。

① 窮　② 普遍的　③ 既成
④ 抱　⑤ 削　⑥ 平板

(2) ‖‖線部a〜dのうち、品詞の種類が他と違うものを一つ選び、記号を書きなさい。

(3) 2段落で使われている表現の効果として最も適切なものを、次のア〜エから一つ選び、記号を書きなさい。

ア　1段落で話題提示した経験を、おおまかにとらえ、より抽象的に想起させる効果。
イ　1段落で話題提示した経験を、具体例をあげ、より明確に想起させる効果。
ウ　1段落で話題提示した経験を、すべて逆接にとらえ、異なる側面から想起させる効果。
エ　1段落で話題提示した経験を、比喩表現に置き換え、想起させる効果。

(4) ――線部①を次のようにまとめた。次の［A］〜［C］に当てはまる最も適切な言葉を、本文中からそれぞれ指定された字数で抜き出して書きなさい。

> 言葉には個々のものを［A(五字)］によって［B(四字)］に分け、［C(三字)］のなかに押し込む働きがあるが、その働きによって個々のものがもっていた微妙な差異がことばの影に隠れ、［C(三字)］のなかに入らなくなるという制約がある。

(5) ――線部②とあるが、この「鍵」について次のように説明するとき、［　］に当てはまる適切な言葉を、本文中の言葉を使い、二十五字以上三十字以内で書きなさい。

> ［　　　　　　　　］ための鍵。

そのときどきに抱く感情も、決して一つのことばで表現できるような単純なものではなく、さまざまな相《そう》がそこには絡《から》まりあっています。また固定したものではなく、大きな振幅をもちながら、止《や》むことなく動いていきます。言葉はその動きの振幅を削りとって、それをたとえば「悲しい」とか「寂しい」といった一つのことばで表現するわけですが、そのことによって感情のもっともいきいきとした部分がことばの影に隠れてしまうのではないでしょうか。

8 言葉によってわたしたちは多くのことを知り、多くのことを考えるわけですが、そこには制約もまたあるように思います。枠組みのなかに入らないものはとらえることができないわけですし、その枠組みに取り込まれたものは、その枠組みにあうように変形させられてしまいます。これは、①言葉にどこまでもつきまとう根本的な制約であると言ってよいでしょう。

（中略）

9 さて、言葉はこの具体的な経験とのあいだにある隔たりを乗りこえることができないのでしょうか。

10 言葉にはまず、先に述べたような、ものをグループ分けする働き、つまりカテゴリー化する働きがあります。そこでは、いま目の前にしているリンゴ、たとえば紅玉の独特の赤い色とか、それ特有の甘酸《あまず》っぱい味、あるいはそれが私の好みであるとかいったことは問題にされません。dむしろリンゴに共通の性質ですべてのものをひとくくりにすることがその場合の唯一の関心事です。

11 しかし、たとえば友人に「紅玉はおいしいよね」と語ったとき、この「紅玉」ということばは、その基礎的な意味を相手に伝えるだけでなく、相手がその味を知っている場合には、その人のなかに、紅玉独特の強い酸味のきいた甘さをありありとイメージさせることができます。それを言葉の喚起機能と呼んでよいと思いますが、わたしたちは、「紅玉」ということばを聞いたとき、その音声越しに基礎的な意味を聞くだけでなく、さらにその意味を越えて、このことばがもつ豊かな意味あいをも聞くことができるのです。②ここに鍵がありそうです。

12 たしかに、わたしたちはいくらことばを重ねても、紅玉の微妙な味をことばで表現し尽くすことはできません。そこに言葉の限界があります。しかし他方、いま言った機能によって、その味を直接相手のなかに喚起することができます。そのような働きがあるからこそ、わたしたちの会話は、平板な意味のやりとりに終始せず、いきいきとしたものになるのだと言えるのではないでしょうか。

（藤《ふじ》田《た》正勝《まさかつ》「はじめての哲学」岩波ジュニア新書
問題作成上一部省略した箇所、ふりがなをつけた箇所がある）

＊（注）先ほど＝筆者は、本文の前の章でも言葉の性質について論じている。

(6) 1～12段落は、「言葉は言の端」、「言葉は鋳型」、「言葉の可能性」の順で三つのまとまりに分けられる。その順に合う分け方として最も適切なものを、次のア～エから一つ選び、記号を書きなさい。

ア 1 2 3 4 5 6 - 7 8 9 10 - 11 12
イ 1 2 3 4 5 6 - 7 8 - 9 10 11 12
ウ 1 2 3 4 - 5 6 7 8 9 10 - 11 12
エ 1 2 3 4 - 5 6 7 8 - 9 10 11 12

(7) 本文において筆者が論じている「言葉の限界と可能性」について、「紅玉」に代わる例を用い、次の〈条件1〉～〈条件3〉と《注意》に従って説明しなさい。

〈条件1〉12段落における筆者の説明の仕方を踏まえて書くこと。
〈条件2〉食べ物や飲み物以外の例を用いて、具体的に書くこと。
〈条件3〉八十字以上百字以内で書くこと。
《注意》限界と可能性という言葉は使わなくてもよい。

※次の枠は、下書き用なので、使っても使わなくてもよい。
解答は、解答用紙に書きなさい。

【問二】 三人の中学生（赤井さん・青山さん・黒木さん）は、職場体験学習として動物愛護施設ティアハイム長野へ行く予定である。事前打ち合わせとして、青山さんと施設の獣医の佐藤さんがオンラインで打ち合わせた翌日、教室で三人の中学生が話し合いをしている。次のⅠ、Ⅱを読んで、下の各問いに答えなさい。

Ⅰ【事前打ち合わせの様子】

青山　こんにちは、三年A組の青山です。今日は、事前打ち合わせの機会をとっていただきありがとうございます。よろしくお願いします。

佐藤さん　こんにちは。ティアハイム長野で獣医をしている佐藤です。こちらこそよろしくお願いします。確認しておきたいことは何かな。

青山　はい。当日はどのようなことができるか教えていただけますか。

佐藤さん　当日は、動物の健康診断や検査、手術室の見学をしたり、習性や飼い方、ふれあい方、しつけ方について学んだりしてもらうことを考えていますよ。

青山　ありがとうございます。①動物の健康管理や育て方などについて学べるということですね。当日、佐藤さんのお仕事についての思いも②聞きたいのですが、よろしいでしょうか。

佐藤さん　たとえばどのようなことかな。

青山　はい。仕事の楽しさや大変さ、仕事をしていく上で大切にしていることなどです。

佐藤さん　楽しさや大変さは実際に体験して感じてほしいですね。仕事をしていく上で大切にしていることは、私が心がけていることでよいのかな。ところでどうしてそのことを知りたいと思ったのかな。

青山　③私は、将来、獣医になりたいからです。難しいかもしれませんが、少しでも獣医の仕事について学びたくて。以前、家で飼っている犬が病気になったときに獣医さんにみていただいて、元気になったんです。熱心に治療してくださった姿が忘れられません。

佐藤さん　そうだったんだね。私が大切にしているのは、動物の病気をみるだけではなく、施設を訪れた飼い主さんのお話もよく聞くことだよ。

青山　ありがとうございます。当日、もう少し詳しく教えていただいてもよろしいですか。

佐藤さん　もちろんだよ。当日までに、ティアハイム長野のホームページで目標を見ておいてね。私が大切にしていることは、この目標からも影響を受けているんだよ。

青山　はい。確認しておきます。今日はお忙しいところありがとうございました。当日もお世話になりますが、よろしくお願いします。それでは、失礼します。

(1) ——線部①の青山さんの発言は対話の中でどのような役割を果たしているか。最も適切なものを、次の**ア**～**エ**から一つ選び、記号を書きなさい。

ア　相手の発言の内容を要約する役割。
イ　相手に対話の目的を意識させる役割。
ウ　相手に話題の転換をうながす役割。
エ　相手の発言の根拠を確認する役割。

(2) ——線部②「聞きたい」を敬語を用いた表現に直して書きなさい。

(3) ——線部③の青山さんの発言の意図として最も適切なものを、次の**ア**～**エ**から一つ選び、記号を書きなさい。

ア　青山さんが質問しようとしたことが伝わらなかったので、佐藤さんにわかってもらえるように問い返している。
イ　佐藤さんの質問を聞いて、自分の質問の背景にある思いが伝わるように内容を補足して理由を説明している。
ウ　佐藤さんの質問を聞いて、飼っている犬のことを佐藤さんに説明するためにエピソードを紹介している。
エ　青山さんが質問しようとしたことが伝わらなかったので、佐藤さんに説明するために同じ内容を言い換えて説明している。

Ⅱ【事前打ち合わせ翌日の話し合いの様子】

赤井　青山さん、打ち合わせはどうだったかな。

青山　活動内容もわかったし、大切にしていることも教えてもらったよ。

黒木　それは何だったの。

青山　佐藤さんは、「動物の病気をみるだけでなく、施設を訪れた飼い主さんのお話もよく聞くことだ」とおっしゃっていたよ。でも、なぜ飼い主さんのことが出てきたのかな。ティアハイム長野の目標からも影響を受けているとおっしゃっていたから、ホームページも見てみようよ。

赤井　タブレットで検索するね……。あっ、目標ってこのことだね。こんなに目立つところに書いてあったのに、この前見たときには意識していなかったね。「私たちは、『人と動物が共生する潤い豊かな社会』を目標に様々な活動を行っています」とあるよ。

黒木　これってどういうことなんだろう。

赤井　「潤い」って、普通は水分や湿り気があることだけど……。検索してみるから、ちょっと待ってね……。あったよ、見て。三つ意味があって、一つ目は、ほどよい湿り気、水分を含むこと。二つ目は、金銭的に余裕があること、金銭的に豊かであること。三つ目が、生きていることの楽しさをしみじみと感じさせるような精神的な充足感、精神的に豊かであることだと書いてあるよ。

青山　ありがとう。調べた言葉の意味を参考にすると、ティアハイム長野は、［　A　］社会を目標にしているんだね。

黒木　うん。ティアハイム長野は、動物を扱う仕事をしているけど、動物だけでなく人とのつながりを大切にしていそうだね。働く人の考え方がわかると、もっと仕事のことがわかるよね。どんな質問をすればいいのかな。

青山　たとえば、「［　B　］」と聞いてみるのはどうだろう。

黒木　なるほど。つまり、佐藤さんがティアハイム長野の目標をどのように受けとめているか聞いてみるということだね。佐藤さんが、動物だけでなく飼い主さんのことをおっしゃっていたことの背景がわかりそうだね。

赤井　私も早く佐藤さんのお話を聞いてみたいな。当日が楽しみだね。

(4)　［Ⅱ］の中で、［　A　］に当てはまる適切な言葉を、赤井さんがタブレットで検索した意味を参考にして、二十五字以上三十字以内で書きなさい。

(5)　［Ⅱ］の中で、［　B　］に当てはまる適切な言葉を、次の**ア**～**エ**から一つ選び、記号を書きなさい。

ア　佐藤さんが大切にしていることは、ティアハイム長野の目標と同じということですか

イ　佐藤さんが大切にしていることとティアハイム長野の目標について、佐藤さん以外の人の考え方も教えてください

ウ　ティアハイム長野の目標は、佐藤さんが大切にしていることをもとにしてつくられたということですか

エ　ティアハイム長野の目標は、佐藤さんが大切にしていることにとって、どのような意味があるのですか

【問三】 次の①～③から、誤って使われている漢字一字をそれぞれ抜き出して書き、同じ読みの正しい漢字を楷書でそれぞれ書きなさい。

① 複数の実験結果を検当し、物体の素材を特定する。

② 緑化推進委員会では、全校生徒の創意工夫を収約し、生徒会活動に反映している。

③ 非常時に備えた防災バッグを自作するために、型紙に合わせながら布を断つ。

【問四】 次の文章は、『宇治拾遺物語』の一節「白河法皇北面、受領《ずりやう》の下《くだ》りのまねの事」である。これを読んで、下の各問いに答えなさい。

> 昔、白河法皇が鳥羽《とば》（現在の京都市南部）の御所にいらっしゃった時、ある催しをお開きになった。その催しとは、警護の者たちに、国司（地方の長官）が任命された国へ赴く時の行列のまねをさせて、ご覧になるというものであった。招集された者たちは、当日、それぞれが他の者に劣るまいと着飾った。

源《みなもとの》行遠《ゆきとほ》、心殊《こと》に出《い》で立《た》ちて（特に念入りに装いをこらして）、「人にかねて見えなば（前もって見られたら）、めなれぬべし（きっと見慣れてしまうだろう）」とて、御所近かりける人の家に入りゐて、従者《ずさ》を呼びて、「やうれ（おい）、御所の辺にて見て来《こ》」と①見て参らせてけり（見に行かせた）。無期《むご》に（いつまでたっても）見えざりければ、「いかに（どうして）かうは遅きにか」と、「辰《たつ》の時（午前八時）とこそ催し（招集の指示）はありしか、さがるといふ定《ちやう》（いくら遅れたにせよ）、午未《うまひつじ》の時には渡らんずらんものを（正午から午後二時には行列はやってくるはずだ）」と思ひて②待ちゐたるに、門の方《かた》に声して、「あはれ（ああ）、ゆゆしかりつるものかな（実に見事だった）、ゆゆしかりつるものかな」とアいへども、ただ参るものを（ただ御所に参上する者に）

(1) 文章中の〰〰線部の言葉を現代仮名遣いに直して、すべてひらがなで書きなさい。

① ゐて　② かうは

(2) ──線部①「見て参らせてけり」と主語が同じであるものを、══線部ア～エからすべて選び、記号を書きなさい。

〔ア いへ　イ 思ふ　ウ 語る　エ やりつる〕

(3) ──線部②「待ちゐたるに」とあるが、どこで待っているのか。本文中から十字で抜き出して書きなさい。

(4) ──線部③「あやしう覚えて」とあるが、なぜそう思ったのか。その理由として最も適切なものを、次のア～エから一つ選び、記号を書きなさい。

〔
ア 御所に参上する者たちの時間が遅れていたから。
イ 行列がやってくる時間が遅れていたから。
ウ 様子を見に行かせた者たちの声が聞こえたから。
エ 行列が通り過ぎたような話が聞こえたから。
〕

これより先に問題はありません。

下書きなどが必要なときには，自由に使ってかまいません。

Ⅱ　1辺の長さが6 cmの正方形ABCDがある。

(1)　**図4**は，正方形ABCDを，頂点Aが辺BCの中点Mに重なるように折り曲げたとき，折り目の線分をEFとし，頂点Dが移る点をG，CDとGMの交点をHとしたものである。

このとき，HCの長さは，次の**方針**にもとづいて求めることができる。

図4

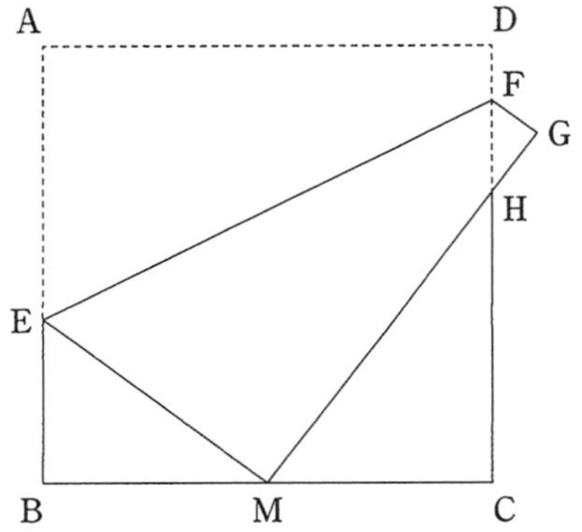

〔**方針**〕

❶　HCの長さを求めるために，△EBMと△MCHの相似に着目すればよさそうだ。

❷　△EBMでBEの長さをx cmとして，xについての方程式をつくれば，BEの長さを求めることができそうだ。

①　**方針**の❷にもとづいて，xについての方程式を書き，BEの長さを求めなさい。

②　**方針**にもとづいて，HCの長さを求めなさい。

(2)　**図5**は，正方形ABCDを，頂点Aが辺BCより下側にくるように折り曲げたとき，頂点Aが移る点をI，折り目の線分をEF，頂点Dが移る点をG，CDとGIの交点をH，BCとEI，IGの交点をそれぞれJ，Kとしたものである。

EB = $\frac{1}{4}$AB，EJ = JIのとき，4点E，B，I，Kを通る円の直径の長さを求めなさい。

図5

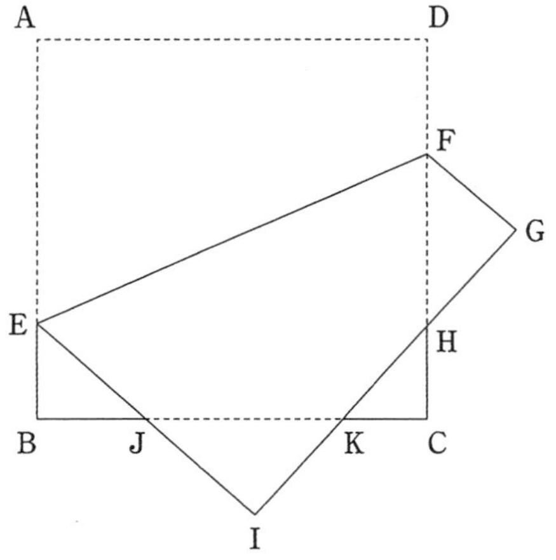

【問 4】 各問いに答えなさい。

I　1辺の長さが6 cmの正三角形ABCがある。

(1) **図1**は，正三角形ABCを，頂点Aが頂点Cに重なるように折り曲げたとき，折り目の線分をBDとしたものである。

このとき，BDの長さを求めなさい。

図1

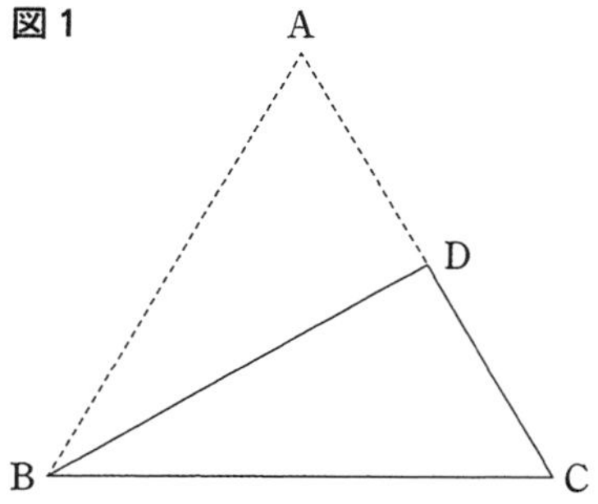

(2) **図2**は，正三角形ABCを，頂点Aが辺BC上にくるように折り曲げたとき，頂点Aが移る点をFとし，折り目の線分をEDとしたものである。

このとき，△EBF ∽ △FCDは，次のように証明することができる。［　　　］に**証明**の続きを書き，**証明**を完成させなさい。

図2

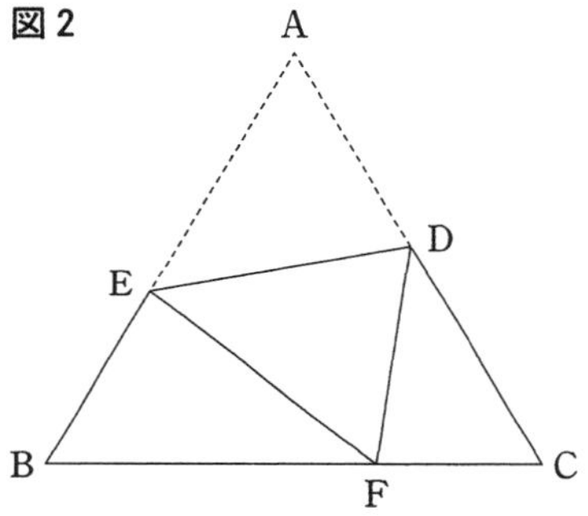

〔**証明**〕
△EBFと△FCDについて，
△ABCは正三角形で，正三角形の1つの内角は60°だから，
$\angle EBF = \angle FCD = 60^\circ$　……①

［　　　　　　　　　　　　　　　　］

(3) **図3**は，正三角形ABCを，頂点Aが辺BCより下側にくるように折り曲げたとき，頂点Aが移る点をG，折り目の線分をED，BCとEG，DGの交点をそれぞれH，Iとし，DC = 2 cm，$\angle GIC = 90^\circ$となるようにしたものである。

① ∠EDGの大きさを求めなさい。

② GIの長さを求めなさい。

図3

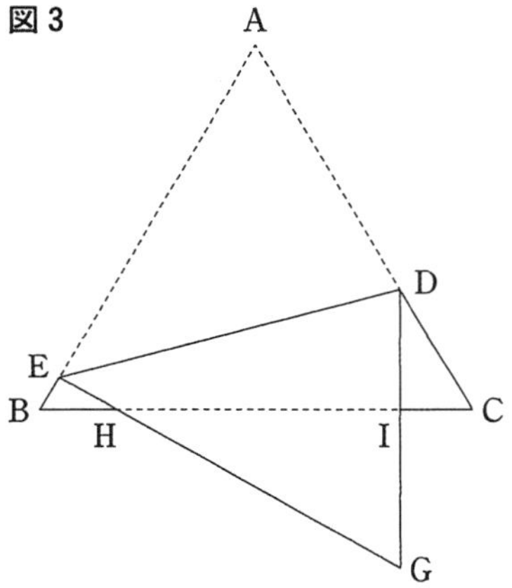

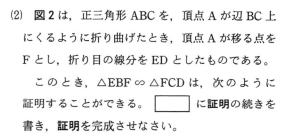

Ⅱ　関数の特徴やグラフについて考える。

(1)　関数 $y = ax^2$ の特徴やそのグラフについていえることとして，適切なものを次の**ア〜オ**からすべて選び，記号を書きなさい。ただし，a は 0 ではない。

ア　関数 $y = ax^2$ $(a > 0)$ について，x の値が 0 のとき，y の値は最小となる。
イ　比例定数 a の絶対値が大きくなると，グラフの開き方は大きくなる。
ウ　関数 $y = ax^2$ の変化の割合は，一次関数とは異なり，一定ではない。
エ　関数 $y = ax^2$ のグラフは，双曲線といわれる曲線である。
オ　2つの関数 $y = ax^2$ と $y = -ax^2$ のグラフは，x 軸について対称である。

(2)　**図3**は，関数 $y = ax^2$ のグラフと関数 $y = -2x + 6$ のグラフで，2つの交点のうち，x 座標が負の数である点を A としたものである。点 A の x 座標が -6 のとき，a の値を求めなさい。

図3

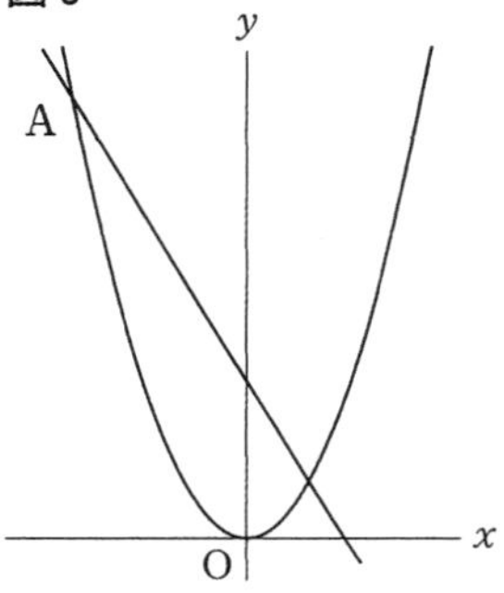

(3)　**図4**，**図5**は，関数 $y = ax^2$ のグラフと，点 B(0, 6) を通り，傾きが負の数である直線の2つの交点を，それぞれ A，C としたものである。また，直線と x 軸の交点を D とする。

①　**図4**について，$a = 1$，AB : BD = 1 : 3 のとき，点 A の座標を求めなさい。

②　**図5**について，直線の傾きが -1 で，OC と AC が垂直に交わるとき，△AOC の面積は 27 である。

　x 軸上に点 P をとり，△APC の周の長さが最も短くなるとき，点 P の x 座標を求めなさい。

図4

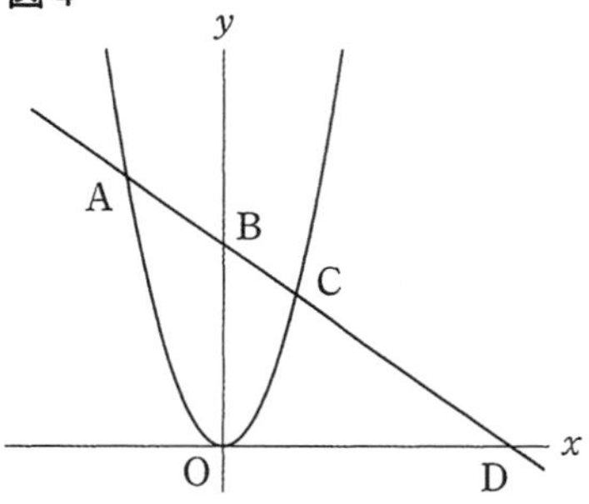

図5

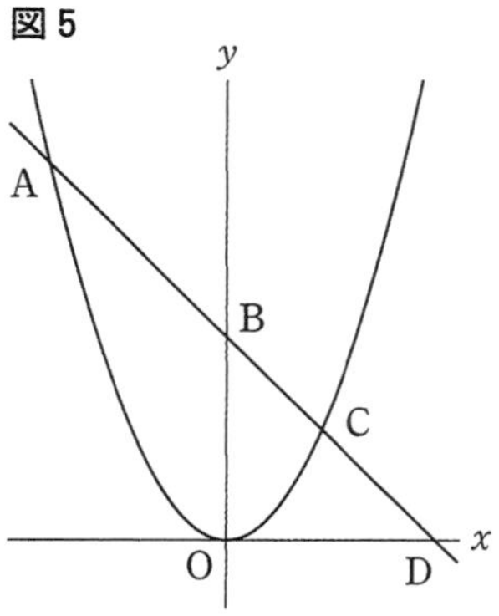

これより先に問題はありません。

下書きなどが必要なときには，自由に使ってかまいません。

次の英文は，悠真の発表である。

Do you know *tsukumogami*? When I was little, I thought it *would be *scary to see them. However, I learned a lot from them and my grandfather.

My grandfather is a *toy doctor. Toy doctors are *volunteers who repair broken toys. I'm proud of him because he never says, "I can't repair it." He helps children with *valuing their toys more. He gave me a bike as a birthday present and taught me how to care for it. I can repair it by myself now, and it is becoming more and more important to me.

My grandfather often says, "If you don't take care of things, *tool ghosts will come and do something bad." A traditional Japanese story says that things will get *spirits after a long time. We call them *tsukumogami*. They will become angry if people waste things. Some people have told children about *tsukumogami* to teach them "don't waste." This old story is interesting to me, and I want to tell younger people to keep using old things.

Look at this. These are ②the points of my speech. I would like to finish my speech by asking a question. ③What is an important thing to you? Thank you for listening.

*(注) would ～だっただろう scary 怖い toy(s) おもちゃ volunteer(s) ボランティア
valuing ← value 価値があると考える tool ghost(s) 道具のおばけ spirit(s) 魂

(4) 次の**ア～ウ**は，悠真が発表をするときに使用した絵である。**最初の絵**に続いて，話の順になるように記号を左から並べて書きなさい。

最初の絵

ア

イ

ウ

(5) 悠真の発表を聞いた姉妹校のロビンは，*tsukumogami* について次の［　　］にまとめた。下線部**あ**，**い**の（　　）に当てはまる最も適切な英語を，それぞれ連続する2語で，悠真の発表の中から抜き出して書きなさい。

It is said that *tsukumogami* may be seen if people **あ**(　　)(　　). Yuma was afraid to **い**(　　)(　　) when he was little, but now he is interested in *tsukumogami* and the old story.

(6) 下線部②について，悠真は**スライド**を見せながら話をした。**スライド**の中の［　　］に当てはまる英文を，次の**ア～オ**からすべて選び，記号を書きなさい。

スライド

The Points

［　　］

ア *Tsukumogami* can repair broken toys.
イ We should create something new.
ウ We should take good care of things around us.
エ Younger people should teach something to older people.
オ The traditional way of thinking is still important.

(7) 下線部③の質問に対するあなたの答えと，その理由を書きなさい。語の順番や使い方に注意して，20語以上の正確な英語で書きなさい。ただし，英文の数は問わない。なお，コンマ，ピリオドなどの符号は語数に含めない。短縮形は1語と数えること。

3人の発表を聞いた姉妹校のサラは，次のようにコメントをした。

Thank you for telling us your ways of thinking. I usually try to buy things that ④(　　). Many of them are a little expensive, but I will do things that are good for nature. The point of ⑤(　　) speeches is about valuing old things, so our way of thinking is similar.

(8) 下線部④，⑤の（　　）に当てはまる最も適切な英語を，次の**ア～キ**から1つずつ選び，記号を書きなさい。

ア can be used for a long time　**イ** we need to repair
ウ are repaired by my grandfather　**エ** are new and cheap
オ Mio's and Haruto's　**カ** Haruto's and Yuma's　**キ** Mio's and Yuma's

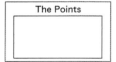

【問 4】 各問いに答えなさい。

美緒(Mio)，春斗(Haruto)，悠真(Yuma)のクラスでは，英語の授業で物を大切にすることをテーマに学習し，海外の姉妹校の生徒に向けて発表している。次の英文は，美緒の発表である。

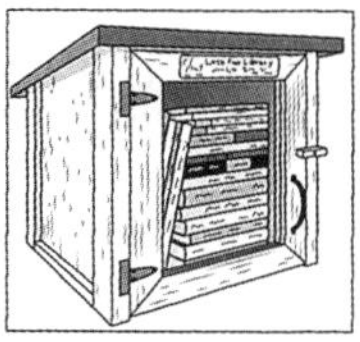

Look at this photo. It looks like a house for birds, but it's a kind of library known as a *Little Free Library*. This started in America in 2009. Now, we can see such libraries around the world. The only rule of these small open libraries is "Take a book, return a book." Some people build their own libraries and put their own books in them. People living near a *Little Free Library* can borrow the books for a very short time or even a long time. I think that *Little Free Libraries* are good ways to share different kinds of books and ideas. This year I will build my *Little Free Library* in front of my house.

(1) 美緒の発表を聞いた姉妹校のルークは *Little Free Library* に興味をもち，**発表でふれられていなかったこと**について質問をした。その質問として最も適切な英文を，次の**ア**～**エ**から１つ選び，記号を書きなさい。

ア Can people borrow books from *Little Free Libraries* for a long time?
イ When did the first *Little Free Library* start?
ウ Are there any rules for *Little Free Libraries*?
エ How many *Little Free Libraries* are there in the world?

次の英文は，春斗の発表である。

Have you ever heard the question, "DO YOU KYOTO?" I learned from some books how people in Kyoto don't waste things. I'll tell you about two of their projects.

The first one is a gym uniform *recycling project. If gym uniforms get old, people stop using them. So, some students in Kyoto started to collect and recycle them into new gym uniforms.

The second one is a website called *Moppen*. The word is used by people living in the area to say, "one more time." People can find *repair shops and *reuse shops easily on the website. By using these shops, things can be used again by their *owners or new owners who need them.

In these ways, many people in Kyoto think that old things *are worth using. Their actions *lead to a *zero-waste life. It's good for *nature. Now, you understand what the question means, right? It means, "Do you (　　　)①?" To say yes to the question, I want to start a school uniform recycling project at our school in Nagano.

*(注) recycling ← recycle リサイクル(する) repair 修理(する) reuse 再利用(する) owner(s) 所有者
are worth ～ing ～することに価値がある lead 導く zero-waste ごみゼロの nature 自然

(2) 春斗は，発表の始めに話の流れを示すスライドを提示した。提示したスライドとして最も適切なものを，次の**ア**～**エ**から１つ選び，記号を書きなさい。

ア
1 The books I read
2 How to collect a lot of old shoes
3 The project of my school

イ
1 An interesting question
2 Two examples of "DO YOU KYOTO?"
3 The new project in Kyoto

ウ
1 What is "DO YOU KYOTO?"
2 About two projects in Kyoto
3 My wish and idea

エ
1 The question I asked people in Kyoto
2 The best way to buy gym uniforms
3 My zero-waste life idea

(3) 春斗の話の内容に合うように，下線部①の(　　　)に当てはまる最も適切な英語を，次の**ア**～**エ**から１つ選び，記号を書きなさい。

ア have some gym uniforms at home　**イ** do good things for the environment
ウ want to visit Kyoto　**エ** use the internet to find flower shops

(1) 下線部①が表す内容として最も適切な英語を，次のア～エから１つ選び，記号を書きなさい。

〔 ア see the words　イ start the lesson　ウ hear about the street pianos　エ play the street pianos 〕

(2) 下線部②，⑤の（　　）に共通して当てはまる最も適切な英語１語を書きなさい。

(3) 下線部③が表す内容として最も適切な英文を，次のア～エから１つ選び，記号を書きなさい。

ア People could play the street pianos only in London.
イ Pianos gave people a place to communicate when they met.
ウ No one talked though they knew each other.
エ An artist in the U.K. spent a long time in the launderette.

(4) 下線部④の（　　）に当てはまる最も適切な英語を，次のア～エから１つ選び，記号を書きなさい。

〔 ア celebrate　イ practice　ウ repeat　エ rescue 〕

(5) 原稿の ［　　　］ に当てはまる英文が自然な流れになるように，次のア～オを左から並べて，記号を書きなさい。

ア She could not walk by the piano because she felt like it was crying for help and thought, "What can I do for the piano?"
イ One day she found a broken piano with other trash when she was doing *volunteer work.
ウ Finally, one *repair shop *accepted it and the piano came back to life in three months.
エ A musician visited Miyagi as a volunteer several times after the earthquake.
オ She asked many shops to repair it, but many of them said they couldn't because they thought it was too difficult to do it.

*（注） volunteer ボランティア　repair 修理（する）　accepted ← accept 受け入れる

(6) 原稿の内容と合っている英文を，次のア～カから２つ選び，記号を書きなさい。

ア Only a few people could play the street pianos when they were put in London.
イ Mai believes that street pianos have the power to bring people together.
ウ No one could repair the broken piano in Miyagi, so people cannot play it now.
エ A musician in Miyagi heard the sound of a piano when she was doing volunteer work.
オ The first street piano project in the world began more than ten years ago.
カ The Kyushu Shinkansen opened a line before the first two street pianos were seen in Kagoshima.

(7) 原稿につけるタイトルとして最も適切なものを，次のア～エから１つ選び，記号を書きなさい。

〔 ア The Beautiful Sound of a Great Artist　イ The Piano Traveling All Over the World　ウ The Great Tool for Connecting People　エ The Day to Enjoy Playing the Piano 〕

令和４年度入学者選抜学力検査問題　　英語リスニングテスト台本

※教英出版注
音声は，解答集の書籍ＩＤ番号を教英出版ウェブサイトで入力して聴くことができます。

（三点チャイム）
〔アナウンス　3〕

これから英語の学力検査を始めます。問題冊子を開き，問題が２ページから９ページに印刷されていることを確認してください。（間５秒）次に，解答用紙に受検番号と志望校名を書いてください。受検番号は算用数字です。解答は，すべてこの解答用紙に書いてください。

（間 15 秒）
それでは，**【問 1】**リスニングテストを行います。問題冊子の２ページ，３ページを開きなさい。
問題は，(1)，(2)，(3)，(4)があります。どの問題も，英語を聞いて，質問の答えとして最も適切なものを，**ア**から**エ**の中から１つずつ選び，記号を書きなさい。
英語は，(1)では１度，(2)，(3)，(4)では２度読みます。メモをとってもかまいません。

まず，(1)から始めます。(1)は，No. 1 から No. 3 のそれぞれの絵を見て答える問題です。No. 3 は２人の会話の後，"**Question**" と言ってから，内容についての質問をします。英語は１度読みます。それでは，始めます。

No. 1　Look at No. 1 . People use this to keep food and something to drink cool. Which picture shows this?
No. 2　Look at No. 2 . People go to this place to take a train. Which picture shows this?
No. 3　Look at No. 3 . **A** (f) : I hear that the lion in this zoo is popular. What do you want to see today?
B (m) : I want to watch the penguins before lunch. We can't watch them in the afternoon.
A (f) : OK. We'll watch them first.
B (m) : Then, we'll go to see the lion. After that, let's eat lunch.
Question (f) : Which picture shows what they are going to do first and second at the zoo?

これで(1)は終わります。

次の(2)では，No. 1 と No. 2 で２人が会話をしています。No. 3 ではアナウンスが流れます。それぞれの会話とアナウンスの後，"**Question**" と言ってから，内容についての質問をします。英語は２度読みます。それでは，始めます。

No. 1　※　**A** (f) : Hi, Ken. What are you doing?
B (m) : I'm looking for Ms. Smith.
A (f) : I saw her in the gym a few minutes ago.
Question (m) : What will the boy say next?

繰り返します。※　略

No. 2　※　**A** (f) : Thank you for making dinner, Mr. Tanaka.
B (m) : You're welcome. What did you like the best?
A (f) : Everything was good, but the *tonkatsu* was the best.
B (m) : I'm happy to hear that. Would you like some green tea?
Question (f) : What will the girl say next?

【放送

これより先に問題はありません。

下書きなどが必要なときには，自由に使ってかまいません。

Ⅱ　**図4**は，スマートフォンを電源に直接つながずに，電磁誘導を利用して充電しているようすを模式的に示したものであり，⋯⋯►は送電側コイルがつくるある瞬間の磁界の向きを表している。このしくみを考えるために，次のような実験を行った。

図4

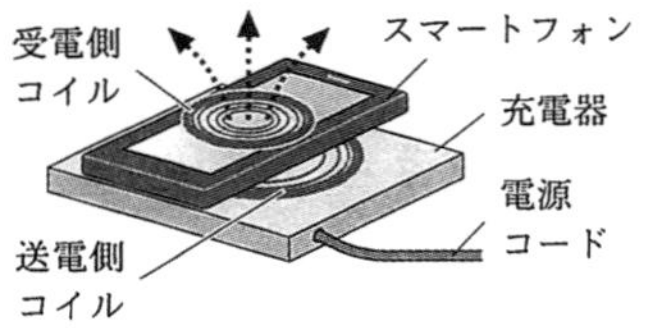

〔**実験2**〕

①　**図4**をもとに，**図5**のような装置をつくった。なお，磁界を強めるために，送電側コイルには鉄しんを入れた。

②　スイッチを入れると，検流計の針は＋に振れたが，すぐに0に戻った。

③　乾電池の＋極と－極を逆にして，②と同様の操作を行うと，検流計の針は振れたが，すぐに0に戻った。

図5

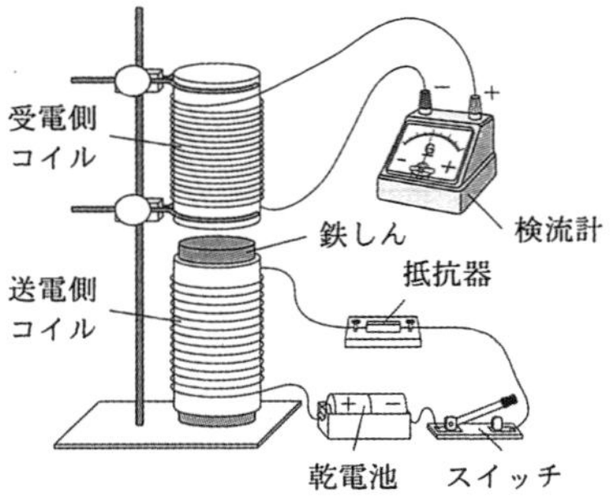

(1)　**実験2**の③で，送電側コイルを流れる電流がつくる磁界の向きは，**図6**の**ア**，**イ**のどちらか，記号を書きなさい。また，受電側コイルに流れた電流によって，**図5**の検流計の針は＋，－どちらに振れたか，記号を書きなさい。ただし，**図6**の⋯⋯►は送電側コイルがつくる磁界の向きを表している。

図6

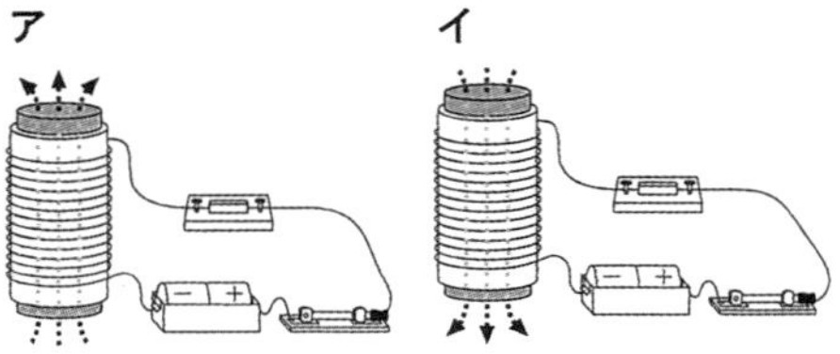

(2)　**図5**の装置において，乾電池を電源装置に変えてスイッチを入れ，交流を流したとき，コイルに起こる現象として適切なものを，次の**ア**～**エ**からすべて選び，記号を書きなさい。

ア　送電側コイルがつくる磁界の向きが周期的に変化する。
イ　送電側コイルがつくる磁界の強さが一定になる。
ウ　受電側コイルに流れる電流の向きが周期的に変化する。
エ　受電側コイルに流れる電流の大きさが一定になる。

(3)　ある充電器の消費電力は7.5 Wであった。スマートフォンの充電で消費した電力量が20 Whのとき，充電していた時間は何分か，書きなさい。

【問 4】 各問いに答えなさい。

Ⅰ 太郎さんは，**図1**のような石釣船《いしつりせん》という船で，巨大な石を水中に沈めて運んでいたことに興味をもち，船の浮力に関する次のような実験を行った。ただし，糸の質量や体積は考えないものとし，質量100 g の物体にはたらく重力の大きさを1 N とする。

図1

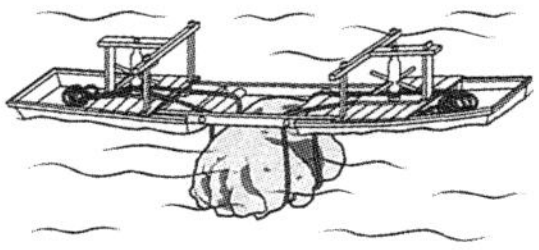

〔**実験1**〕

① **図2**のように，軽い材質でつくった質量20 g の船と，質量250 g のおもりを用意した。

② **図3**のように，水に，船だけを浮かべたものを**A**，船の上におもりをのせて浮かべたものを**B**，船底におもりをつるして浮かべたものを**C**とし，静止したときの水面から船底までの距離をはかり，**表1**にまとめた。ただし，水面と船底はつねに平行な状態を保っていたものとする。

図2

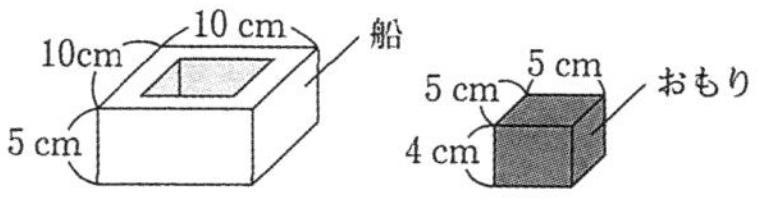

図3

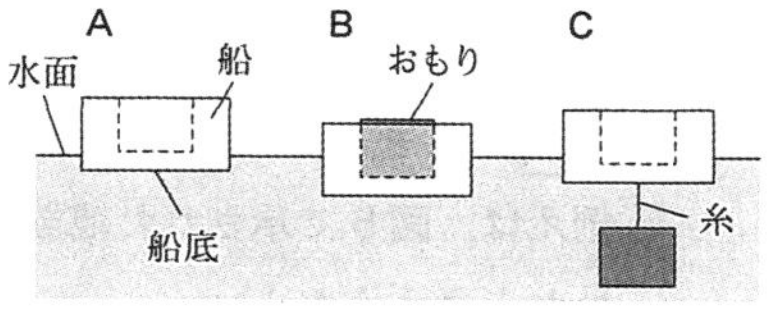

表1

水面から船底までの距離〔cm〕	A	B	C
	0.2	2.7	1.7

(1) **A**について，船にはたらく重力の大きさは何 N か，小数第1位まで書きなさい。

(2) **B**について，船にはたらく力はつり合っている。

ⅰ **船にはたらく重力**，**船にはたらく浮力**，**おもりが船を押す力**の3語を使って，船にはたらく力のつり合いの関係について，簡潔に説明しなさい。

ⅱ 船にはたらく浮力の大きさは何 N か，小数第1位まで書きなさい。

(3) **表1**で，水面から船底までの距離は**B**の方が**C**より大きくなった。**B**について，水面から船底までの距離を1.7 cm にするには，おもりを何 g のものに変えればよいか，整数で書きなさい。

(4) **C**について，船底につるすおもりの数を変えたときの水面から船底までの距離を調べたところ，**表2**のようになった。

表2

つるしたおもり〔個〕	0	1	2	3
つるしたおもり全体の質量〔g〕	0	250	500	750
つるしたおもり全体の体積〔cm^3〕	0	100	200	300
水面から船底までの距離〔cm〕	0.2	1.7	3.2	4.7

ⅰ **表2**をもとにまとめた次の文の あ ， い に当てはまる値をそれぞれ求め，整数で書きなさい。

> おもりを1個増やすごとに，水面から船底までの距離が1.5 cm ずつ増えるので，水面下にある船の体積は あ cm^3 ずつ増える。したがって，つるしたおもり全体の体積と水面下にある船の体積の和は，250 g のおもりを1個増やすごとに い cm^3 ずつ増える。

ⅱ 厚さ5 cm で船底の面積を広くした船**X**を準備し，**X**の船底におもりを4個つるしたところ，水面から船底までの距離は4.2 cm となった。**X**の質量が30 g であったとき，**X**の船底の面積は何 cm^2 か，**表2**からわかることをもとに面積を求め，整数で書きなさい。

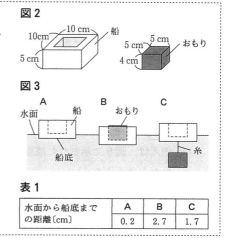

(4) **図5**は，ある地震における震央，観測点**A**および**B**，新幹線の位置関係を模式的に示したものであり，震源と**A**との距離は 4 km，震源と**B**との距離は 72 km であった。ただし，この地震のＰ波の速さは 6 km/s，Ｓ波の速さは 4 km/s であり，Ｐ波，Ｓ波の伝わる速さは，それぞれ一定とする。

図5

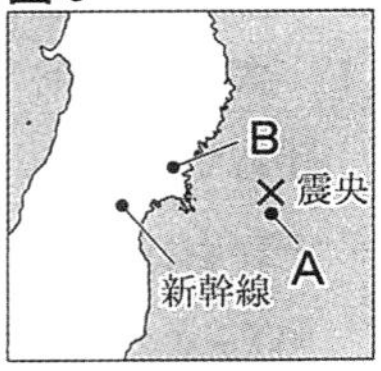

i　**B**における初期微動継続時間は何秒であったか，整数で書きなさい。

ii　太郎さんは，下線部**c**について，海底に地震計を設置する利点の１つを次のようにまとめた。 あ ～ う に当てはまる最も適切なものを，下の**ア**～**カ**から１つずつ選び，記号を書きなさい。また， え に当てはまる値を求め，整数で書きなさい。

> 日本列島付近には あ つのプレートが集まっていて，プレートの境界付近で巨大地震が発生している。東北地方では，太平洋沖を震源とする地震が多いため，沖合の い 周辺まで広範囲に地震計を設置することで，地震の発生をよりはやく検知できるようになる。その結果， う の大きなゆれが到達する前に新幹線の緊急ブレーキを作動させることが可能になる。例えば，**図5**で示された地震においては，**A**の方が**B**よりＳ波を え 秒もはやく検知していたと考えられる。

〔 **ア**　3　　**イ**　4　　**ウ**　海岸　　**エ**　海溝　　**オ**　初期微動　　**カ**　主要動 〕

Ⅱ　太陽光発電パネルの設置角度は，日本の各地で異なり，年間を通した発電量が最大に近づくように設定されている。設置角度と発電量の関係を調べるために，次のような実験を行った。

〔**実験**〕

① **図6**のように，太陽電池を南向きに設置した。

② 太陽が南中したときに，設置角度を変えて発電量を確認したところ，太陽電池を太陽光に対して垂直にしたとき，発電量はほぼ最大になった。

図6

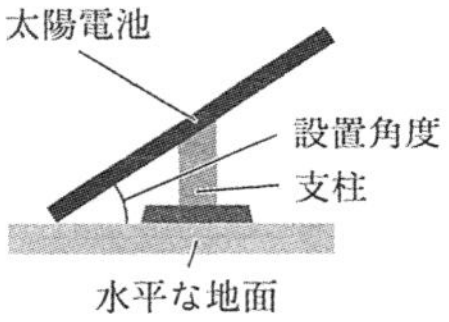

(1) **図7**のように，同じ太陽電池２個を用い，太陽電池に太陽光が斜めに当たるように設置したものを**C**，垂直に当たるように設置したものを**D**としたとき，次の文の お ， か に当てはまるのは，**C**，**D**のどちらか，それぞれ記号を書きなさい。また， き に当てはまる適切な言葉を３字以内で書きなさい。

図7

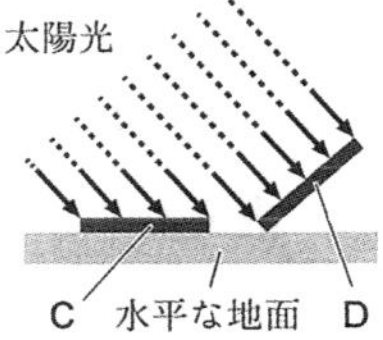

> 太陽から受けるエネルギーの量は， お よりも か の方が多くなる。よって，太陽の高度が低くなっていく場合は，設置角度の大きさを き していくことで，太陽から受けるエネルギーの量を多くすることができる。

(2) **実験**を行った場所で，**実験**と同様に，太陽電池に太陽光が垂直に当たる設置角度を季節ごとに調べ，**表**にまとめた。このように，季節によって設置角度が異なった理由を，**公転**，**南中高度**の２語を使って説明しなさい。

表

	春分	夏至	秋分	冬至
設置角度〔°〕	37	14	37	60

(3) 春分の日に，沖縄県那《な》覇《は》市(東経 127°，北緯 26°)で太陽が南中したとき，南向きに水平な地面に設置した太陽電池に太陽光が垂直に当たる設置角度は何度になるか，整数で書きなさい。

これより先に問題はありません。

下書きなどが必要なときには，自由に使ってかまいません。

(2) **会話文**の下線部hについて，夏さんは**資料6**に着目し，**資料7**，8を用意して考えた。

① 長野県が行っている**資料7**は，二酸化炭素排出量を減らす取組としてどのようなことが期待できるか，**資料7**，8を関連付けて，簡潔に書きなさい。

資料7 「長野県バス・電車ふれあいデー」の取組(一部)

○水曜日に使える「お得な回数券」の発行(バス)
○毎週水曜日は基本ポイントの3倍付与(バス)
○6枚つづりの回数券を5枚分の運賃額で販売(鉄道)

(長野県ホームページ資料より作成)

資料8 1人が1km移動する際の二酸化炭素排出量

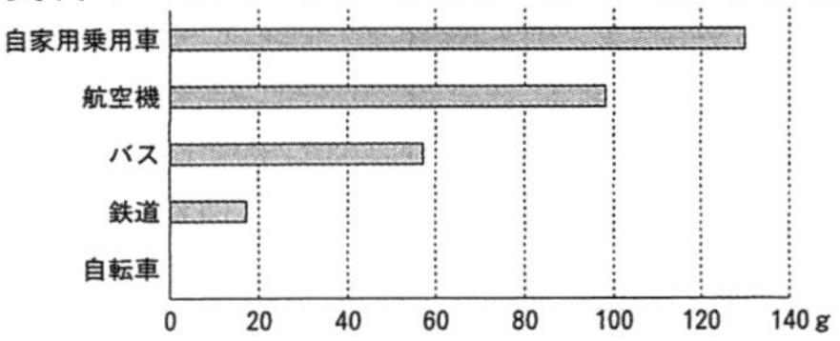

(国土交通省資料より作成)

② さらに夏さんのクラスでは，二酸化炭素排出量を減らす取組のうち，「地産地消」と「教室照明のＬＥＤ化」について話し合うため，資料を用意した。**資料9**または**資料10**から，二酸化炭素排出量を減らすことができる理由(**理由**)と，二酸化炭素排出量を減らす取組をすすめるうえでの課題(**課題**)について，**条件1**，2に従って書きなさい。なお，数字の場合は1字1マス使うこと。

条件1：**資料9**または**資料10**から，いずれか1つを選び，選んだ資料の番号を書くこと。

条件2：選んだ資料から読み取れることにふれて，**理由**は「ため，二酸化炭素排出量が減る。」，**課題**は「ため，取組がすすみにくい。」という文末に続くように，それぞれ30字以上50字以内で書くこと。

資料9 地産地消

○ある家庭の夕食メニュー

○上記のメニューに使用した食材の輸送にともなう二酸化炭素排出量の比較(4人分を作った場合)

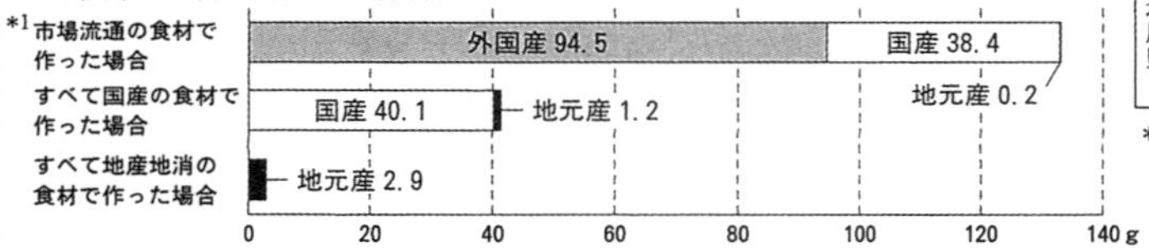

＊1 市場流通の食材：外国産食材と国産食材と地元産食材のうち，スーパーで最も流通量の多い食材

○ *2都道府県別食料自給率が高い都道府県と低い都道府県の人口と耕地面積(2018年)

	都道府県	食料自給率(%)	人口(千人)	耕地面積(km^2)
食料自給率が高い都道府県	北海道	196	5286	11450
	青　森	120	1263	1510
	秋　田	190	981	1476
	山　形	135	1090	1177
	新　潟	107	2246	1701
食料自給率が低い都道府県	埼　玉	10	7330	748
	東　京	1	13822	68
	神奈川	2	9177	191
	愛　知	11	7537	749
	大　阪	1	8813	128

＊2 都道府県別食料自給率
：各都道府県の人たちが消費する食料を，その都道府県で生産される食料でまかなえる割合で，カロリーベースで計算したもの

※食料自給率は2018年度の数値

(農林水産省資料等より作成)

資料10 教室照明のＬＥＤ化

○従来型蛍光管と蛍光管型ＬＥＤの比較

	従来型蛍光管	蛍光管型ＬＥＤ
価格(1本)	約700円～約2500円	約3800円～約5000円
寿命	約12000時間	約40000時間
*1明るさ	388 *2ルクス	712 ルクス
消費電力(1本)	36 W～40 W	14 W
*3二酸化炭素排出量	288.7 g	112.1 g

＊1 明るさ：教室で使われている照明の机上での明るさ
＊2 ルクス：明るさの単位で，数字が大きいほど明るいことを示す。
＊3 二酸化炭素排出量：教室で使われる18本を点灯させる電力を得る際の二酸化炭素排出量(1時間あたり)

○照明器具一式の交換費用の比較

	従来型蛍光管	蛍光管型ＬＥＤ
照明器具一式(蛍光管等2本含む)	24500円	41000円
古い照明器具撤去 新しい照明器具取付	3000円	3000円
計	27500円	44000円

○教室で使われている照明器具

(2019年電力会社Ａ社公表資料等より作成)

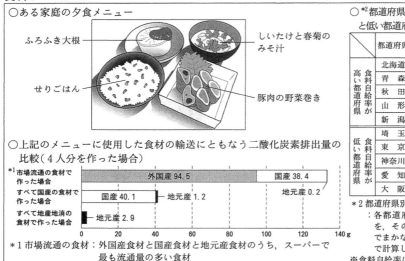

ノート2　日本では，1998年に$_{d}$地球温暖化対策推進法が成立した。2021年にこの法律の一部が改正されて，2050年までの$_{e}$脱炭素社会の実現を基本理念とした。また$_{f}$地球温暖化対策のための税を導入するなど，環境問題の解決に向けた取組が行われている。

(4)　**ノート2**の下線部**d**にかかわって，政策は法律に基づいて実行されるが，日本国憲法では法律案の議決について衆議院の優越が認められている。その理由を国民の意思とかかわらせて簡潔に書きなさい。

(5)　**ノート2**の下線部**e**にかかわって，**資料4**から日本の二酸化炭素排出量と経済成長率の推移について読み取れることとして最も適切なものを，次の**ア**～**エ**から1つ選び，記号を書きなさい。

ア　1990年代では毎年度，経済成長率がプラスであり，二酸化炭素排出量も前年より増えている。
イ　2000年代では，二酸化炭素排出量が前年より減っている年は，経済成長率もマイナスである。
ウ　二酸化炭素排出量が最も少ない年は，経済成長率も最も低い年度である。
エ　経済成長率がプラスであっても，二酸化炭素排出量が前年より減っている年がある。

資料4　日本の二酸化炭素排出量と経済成長率の推移

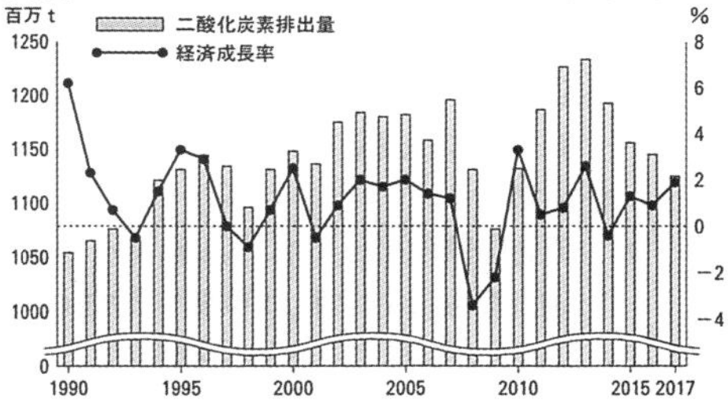

※二酸化炭素排出量は各年，経済成長率は各年度の数値
（「数字でみる日本の100年」等より作成）

(6)　**ノート2**の下線部**f**にかかわって，陽さんは日本の財政について**資料5**を用意し，考えたことを次のようにまとめた。[あ]，[い]に当てはまる語句として最も適切なものを，下の**ア**～**ク**から1つずつ選び，記号を書きなさい。また，[う]に当てはまる適切な語句を漢字2字で書きなさい。ただし，文中と**資料5**の[い]には，同じ語句が入る。

> 政府の歳入で一番大きな割合を占めている税は，地球温暖化対策のための税と同じ[あ]であり，所得にかかわらず税率が一定である。一方，歳出で一番大きな割合を占めているのは[い]であり，高齢化が進むとともに増加している。国民は，生活に必要なさまざまな仕事を政府に任せる代わりに，その費用として税金を負担しているが，歳入の約40％は公債であり，税収入が[う]していることが考えられる。

資料5　令和3年度 国の一般会計予算の割合

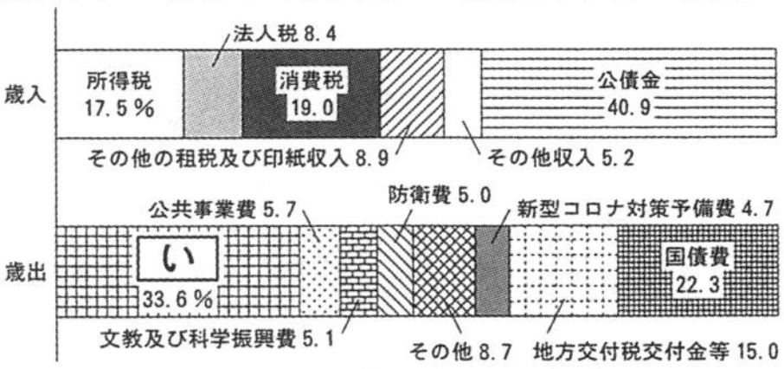

※四捨五入の関係で合計値が合わない場合がある。
（財務省資料より作成）

ア	間接税	**イ**	直接税	**ウ**	累進課税	**エ**	関税
オ	総務費	**カ**	民生費	**キ**	社会保障費	**ク**	歳費

Ⅱ　夏さんと陽さんは温室効果ガス削減について調べる中で，「信州ゼロカーボンＢＯＯＫ」を見つけた。

会話文

夏：気候変動は今や人類共通の話題となっているね。
陽：$_{g}$＊ゼロカーボンにしなければ，2100年の長野県の気温は4.6℃上昇するんだね。
夏：それは大変。長野県の美しい自然が変化してしまうかもしれないね。
陽：なんとなく耳にしてはいたけど，$_{h}$できることから始めないと手遅れになってしまうね。

＊ゼロカーボン：二酸化炭素排出量を実質ゼロにすること

(1)　**会話文**の下線部**g**について，陽さんは**資料6**を用意した。太陽光や風力，水力など自然の仕組みを利用した二酸化炭素を排出しないエネルギーを何というか。[え]に当てはまる適切な語句を，漢字4字で書きなさい。

資料6　どうしたらゼロカーボンにできる？

①　使うエネルギー量を7割減らす
②　[え]エネルギーを3倍以上に増やす

（「信州ゼロカーボンＢＯＯＫ」より作成）

【問 3】 各問いに答えなさい。

I 陽さんは，地球環境問題に興味をもち，調べたことを**ノート1，2**にまとめた。

> **ノート1** 地球環境問題を解決するためには国際協力が必要である。1992年の$_{a}$国連環境開発会議（地球サミット）で調印された$_{b}$気候変動枠組条約に基づく締約国会議が1995年から開催され，対策が話し合われている。$_{c}$1997年に採択された京都議定書では温室効果ガスの削減目標が定められたが，先進国と発展途上国の対立などが課題になり，新たな枠組みとして2015年にパリ協定が採択された。

(1) **ノート1**の下線部**a**にかかわって，国際連合について述べた文として適切なものを，次の**ア**～**エ**からすべて選び，記号を書きなさい。

〔**ア** 国際紛争の解決と平和維持を目的として，第一次世界大戦後に本部をジュネーブにおいて発足した。
イ すべての加盟国は総会の決定に加わり，主権平等の原則によって平等に1票の投票権をもっている。
ウ 安全保障理事会では平和維持に関する決定を行うが，すべての理事国が拒否権をもつため，1か国でも反対すれば重要な問題について決議することができない。
エ ＵＮＥＳＣＯなどの専門機関や，さまざまな国際機関と連携して，環境や人権などの分野で国際協力をすすめている。〕

(2) **ノート1**の下線部**b**について，この会議の略称として最も適切なものを，次の**ア**～**エ**から1つ選び，記号を書きなさい。

〔**ア** ＰＫＯ　**イ** ＷＴＯ　**ウ** ＣＯＰ　**エ** ＡＰＥＣ〕

(3) **ノート1**の下線部**c**にかかわって，陽さんは**資料1～3**を用意した。

資料1 主な国の二酸化炭素排出量の推移

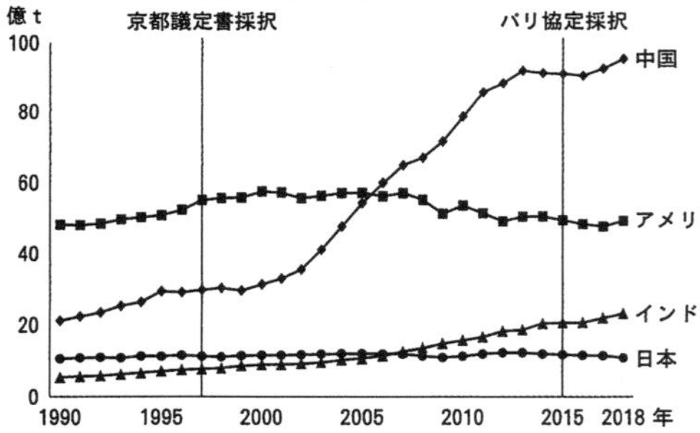

（ＩＥＡ資料より作成）

資料2 主な国の一人あたりの二酸化炭素排出量（2015年）

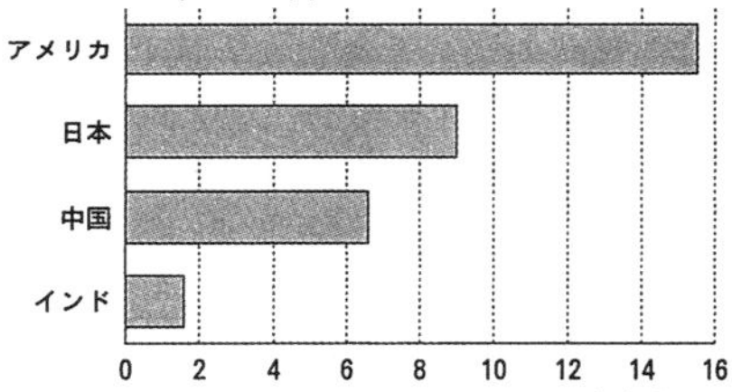

（環境省資料より作成）

資料3 京都議定書とパリ協定の概要

京都議定書	パリ協定
○38か国・地域が対象。 ○先進国に対しては，政府間交渉で決められた法的拘束力のある排出削減目標を義務付け。発展途上国の排出削減義務なし。	○196か国・地域が対象。 ○条約を締結したすべての国に，各国が自ら決定する削減目標の作成・維持・国内対策を義務付け。

（「平成28年度版環境・循環型社会・生物多様性白書」等より作成）

① 世界の二酸化炭素排出量が増加している中，京都議定書が採択されてからパリ協定が採択されるまでの間に先進国と発展途上国の間で対立が起こった。この間に，先進国が発展途上国に求めていた主張の1つと，発展途上国が先進国に求めていた主張の1つとして考えられることを，**資料1～3**をもとに，それぞれ簡潔に書きなさい。

② 京都議定書とパリ協定を比べた場合，パリ協定を肯定的に評価する意見がある。その理由の1つとして**資料3**から読み取れることを，京都議定書とパリ協定を比較しながら，簡潔に書きなさい。

国語解答用紙

受検番号		志望校名	

4 国

【問一】

(1) ①　②　③　④　⑤　⑥

(2)

(3)

(4) A　B　C

(5) ためのの鍵。

(6)

(7)

(1) 1点×6
(2) 2点
(3) 3点
(4) 3点×3
(5) 4点
(6) 3点
(7) 8点

問一　計

【問二】

(1)

(2)

(3)

(4)

(5)

(1) 2点
(2) 2点
(3) 2点
(4) 3点
(5) 3点

問二　計

【解答用

数学解答用紙

受検番号		志望校名	

4 数

【問 1】

(1)	
(2)	
(3)	$n=$
(4)	
(5)	
(6)	分
(7)	
(8)	
(9)	分　秒

(10)

図 2

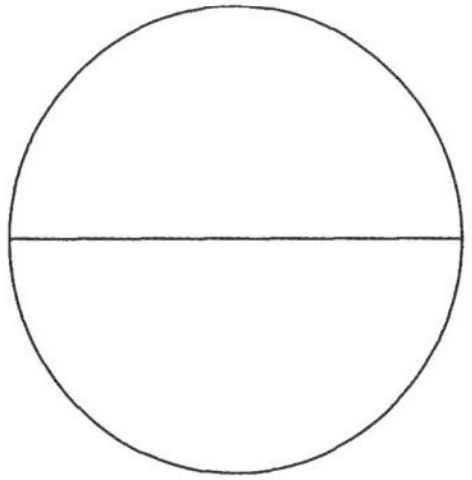

(11)	①	°
	②	cm^2

3 点 × 12

問 1 計

【問 2】

(1)	①	辺
	②	cm^3
(2)	①	およそ　匹
	②	
(3)	①	
	②	
	③ 記号	
	③ 理由	

(1) 2 点 × 2
(2) 3 点 × 2
(3) ① 3 点
② 3 点
③ 記号… 1 点
理由… 3 点

問 2 計

【解答用

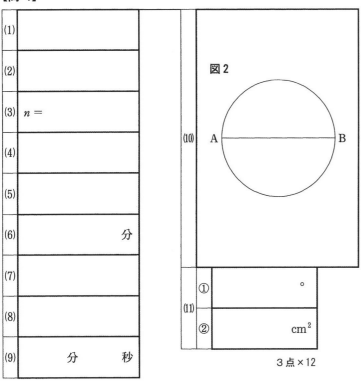

英 語 解 答 用 紙

受検番号		志望校名	

4 英

【問 1】

	No. 1	No. 2	No. 3
(1)			

	No. 1	No. 2	No. 3
(2)			

	No. 1	No. 2
(3)		

(4)	

(1) 2 点 × 3
(2) 2 点 × 3
(3) No. 1… 2 点
No. 2… 3 点
(4) 3 点

問 1 計

【問 2】

I

(1)	(a)		(b)	
(2)	(a)			
	(b)			
(3)	①	( ) very fun.		
	②	( ) members in our tennis club.		
	③	( ) to go to the city tennis court on foot.		

3 点 × 10

問 2 計

II

(1)		(2)	(a)		(b)	

【解答用

理科解答用紙

受検番号		志望校名	

4　理

Ⅰ．(1)２点
(2)２点×２
(3)２点
(4)５点（あのみは２点）
(5)完答３点
Ⅱ．(1)２点
(2)３点
(3)完答４点

【問 1】　Ⅰ

(1)		
(2)	i	
	ii	
(3)		

(4)	あ		
	い		
(5)	う	え	

Ⅱ

(1)		mL
(2)		%
(3)	植物名	
	理由	

問 1　計

【問 2】　Ⅰ

(1)	
(2)	g
(3)	
(4)	約　　%
(5)	
(6)	

Ⅱ

(1)	あ		
	い		
(2)		g	
(3)	i	方法	
		理由	
	ii		

Ⅰ．(1)２点
(2)３点
(3)２点
(4)３点
(5)２点
(6)３点
Ⅱ．(1)完答２点
(2)３点
(3)ⅰ．完答３点
ⅱ．２点

問 2　計

【解答用

社 会 解 答 用 紙

受検番号		志望校名	

4　社

【問 1】

(1)		
(2)		
(3)	選択肢W	選択肢X
(4)		
(5)		
(6)		
(7)		

	え	お	か
(8)			
(9)			
(10)	→	→ →	→

(1) 2 点　(2) 3 点　(3)完答 3 点　(4) 3 点
(5) 3 点　(6) 2 点　(7) 3 点　(8) 3 点
(9)完答 3 点　(10) 3 点

問 1 計

【問 2】 Ⅰ

(1)		
(2)		
(3)	①	
(3)	②	
(4)		
(6)	①	
(6)	②	

	あ	い	う
(5)			

	え	お	か
(7)			

【問 2】 Ⅱ

(1)	教徒	
(2)	高原	

		く	け	こ
(3)	①			

(3)	②	
(3)	③	
(3)	④	

Ⅰ(1) 2 点　(2) 2 点　(3) 3 点 × 2　(4) 3 点
(5)完答 2 点　(6)① 2 点　② 3 点　(7)完答 2 点
Ⅱ(1) 2 点　(2) 2 点
(3)①完答 2 点　② 2 点　③ 3 点　④ 3 点

問 2 計

【解答用

(1)			
(2)			
(3)	①	先進国の主張	
		発展途上国の主張	

(3)	②	
(4)		

(5)		
(6)	あ	い
	う	

Ⅰ(1)３点　(2)２点　(3)①３点×２　②３点　(4)３点
(5)２点　(6)あい．完答３点　う．３点
Ⅱ(1)２点　(2)①３点　②３点×２

【問 3】　Ⅱ

(1)	エネルギー

(2)	①	

(2)	②	番号	理由	10 20 30 40 50 ため，二酸化炭素排出量が減る。
			課題	10 20 30 40 50 ため，取組がすすみにくい。

問 3 計

得 点 合 計

※100点満点

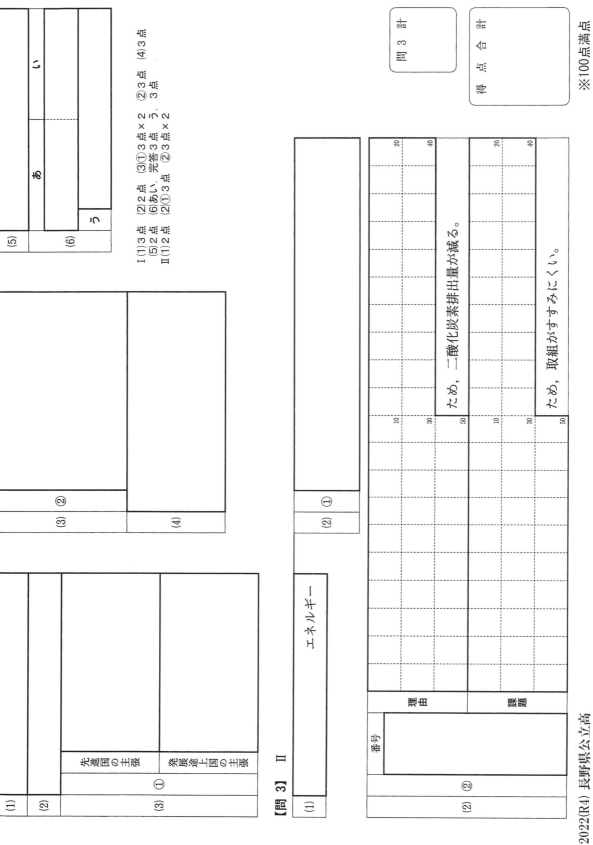

【問 3】 Ⅰ

(1)				
(2)	X	台	Y	台
(3)				
(4)	i	秒		
	ii	あ	い	う
		え	秒	

Ⅱ

	お	か	き
(1)			
(2)			
(3)	度		

Ⅰ．(1)２点
(2)完答３点
(3)３点
(4)ｉ．３点
ⅱ．あ〜う．完答３点
え．３点
Ⅱ．(1)完答２点
(2)３点
(3)３点

問 3 計

【問 4】 Ⅰ

(1)		N	
(2)	i		
	ii	N	
(3)		g	
(4)	i	あ	い
	ii	cm^2	

Ⅱ

	磁界の向き	検流計の針
(1)		
(2)		
(3)	分	

Ⅰ．(1)２点
(2)ｉ．３点
ⅱ．２点
(3)３点
(4)ｉ．完答２点
ⅱ．４点
Ⅱ．(1)完答３点
(2)３点
(3)３点

問 4 計

得 点 合 計

※100点満点

(1)		(2)	
(3)		(4)	
(5)	→ → → →		
(6)			
(7)			

(1) 2点
(2) 2点
(3) 3点
(4) 3点
(5) 4点
(6) 3点×2
(7) 3点

問 3 計

【問 4】

(1)		(2)		(3)		(4)	→ →
(5)	あ	( )( )	い	( )( )			
(6)							
(7)							
(8)	④	⑤					

(1) 2点
(2) 2点
(3) 2点
(4) 3点
(5) 2点×2
(6) 3点
(7) 8点
(8) 3点

問 4 計

得 点 合 計

※100点満点

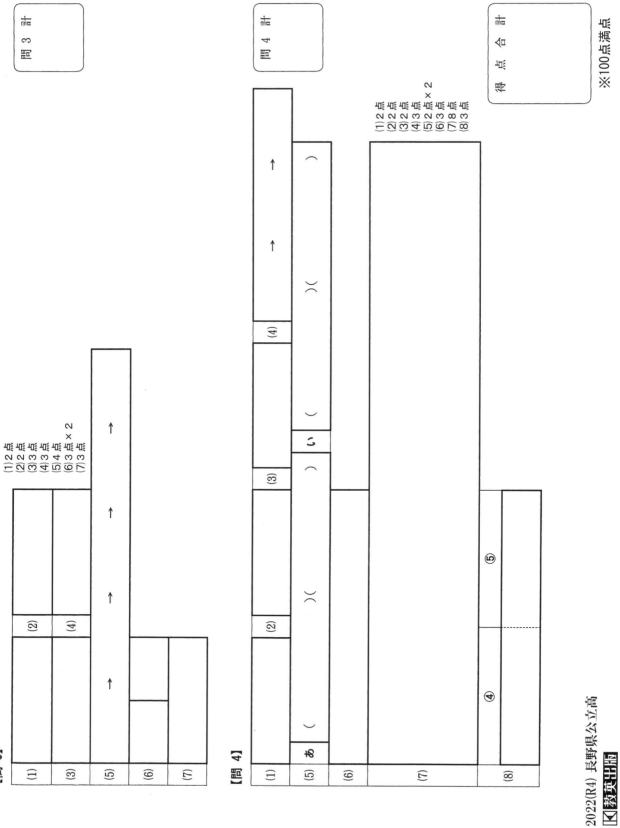

(1)		
(2)	記号	
	理由	
(3)	社	円安い

(2)記号…１点
　理由…３点
(3)３点

II

(1)		
(2)	$a =$	
(3)	①	（　　　，　　　）
	②	

３点×４

(1)	cm	
(2)	△EBF と △FCD について， △ABC は正三角形で，正三角形の１つの内角は 60° だから， ∠EBF = ∠FCD = 60°　　……①	
(3)	①	°
	②	cm

(2)４点
(3)３点×２

II

(1)	①	方程式	
			cm
	②		cm
(2)			cm

(1)①方程式…２点
　　長さ…１点
　②３点
(2)３点

問３　計

問４　計

得点合計

※100点満点

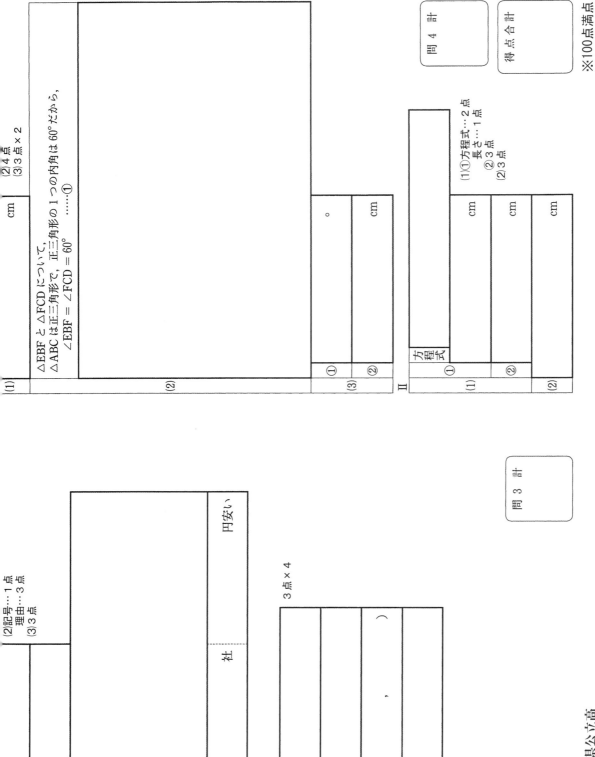

【問三】

① 誤って使われている漢字　正しい漢字

② 誤って使われている漢字　正しい漢字

③ 誤って使われている漢字　正しい漢字

完答２点×３

問三　計

【問四】

(1) ①　②

(2)

(3)

(4)

(5) i A　ii B　iii C

(1)１点×２
(2)３点
(3)２点
(4)３点
(5) i．３点
ii．４点
iii．３点

問四　計

【問五】

(1) ①　②

(2)

(3)

(4)

(5) i A B　ii C

(6) 「僕」は、

「頑張ります」と応じた。

(1)２点×２
(2)３点
(3)２点
(4)３点
(5) i．３点×２
ii．３点
(6)６点

問五　計

※100点満点

得点合計

Ⅱ　春さんは，ベンガルール(旧称バンガロール)が「インドのシリコンバレー」とよばれていることに興味をもち，インドについて調べたことを**ノート1**にまとめ，**略地図1**と**資料9**を用意した。

ノート1
【人口】 約13.8億人(2020年)
【宗教】 [き]教徒が約8割
【言語】 主要なもので22言語
【主要産業】 a農業　工業
　　　　　 bＩＴ産業

略地図1

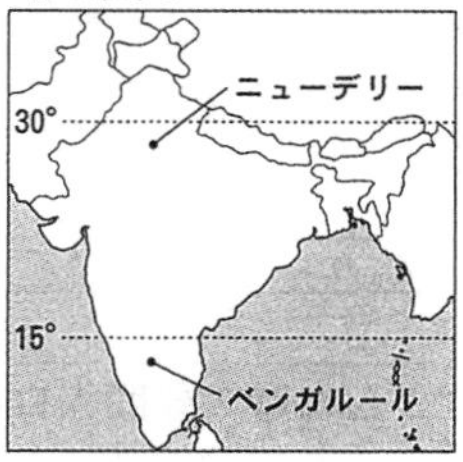

資料9　インドの略年表

1947年	イギリスより独立
1990年代	c経済自由化政策の推進
1991年	政府によるＩＴ振興策 ベンガルールで，通信環境の整備や優遇税制が適用

(外務省資料等より作成)

雨温図

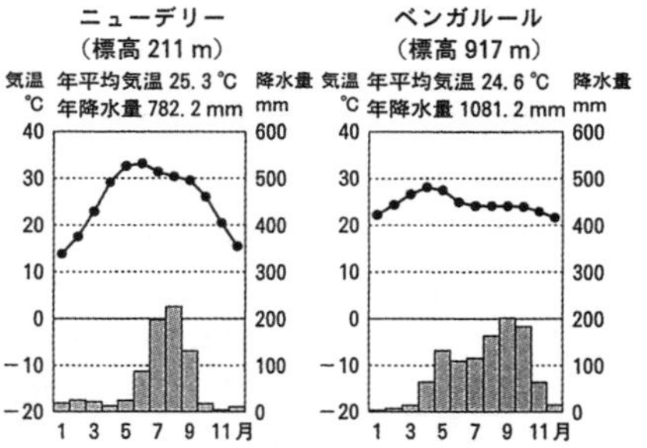

(気象庁資料より作成)

(1)　**ノート1**の[き]に当てはまる適切な語句を書きなさい。

(2)　**ノート1**の下線部**a**について，綿花の栽培がさかんなインド半島の大部分をしめる高原を何というか，書きなさい。

(3)　**ノート1**の下線部**b**と**資料9**の下線部**c**にかかわって，春さんは，アメリカのシリコンバレーと比較しながら，インドやベンガルールの特徴を次の**表**にまとめた。

表

インドやベンガルールの特徴	
言語の特徴	かつてイギリスの植民地であったため，英語を話せる人が多い。
気候の特徴	ベンガルールは，首都のニューデリーと比べると，標高が[く]く，緯度が[け]い。また，最も暖かい月と最も寒い月の平均気温の差が[こ]い。
経済政策	[さ]を設置。
賃金と人口の特徴	[し]
位置関係の利点	[す]を生かして，24時間の対応がしやすい。

資料10　製造業全雇用者の1時間あたりの賃金

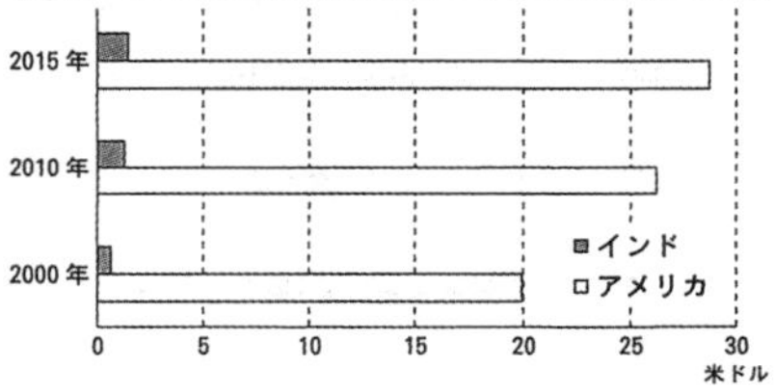

(「世界国勢図会 2020/21」より作成)

① **表**の[く]～[こ]に当てはまる語句として最も適切なものを，**略地図1**，**雨温図**をもとに，次の**ア～エ**から1つずつ選び，記号を書きなさい。ただし，[く]～[こ]には異なる記号が入る。

〔 **ア**　大き　　**イ**　小さ　　**ウ**　高　　**エ**　低 〕

② インドには，中国と同様に海外の資本や技術を導入するために，進出した海外企業が原材料の輸入や工業製品の輸出について，税金などの面で優遇される地域がある。**表**の[さ]に当てはまる，そのような地域を何というか，漢字4字で書きなさい。

資料11　インドとアメリカの年齢別人口構成

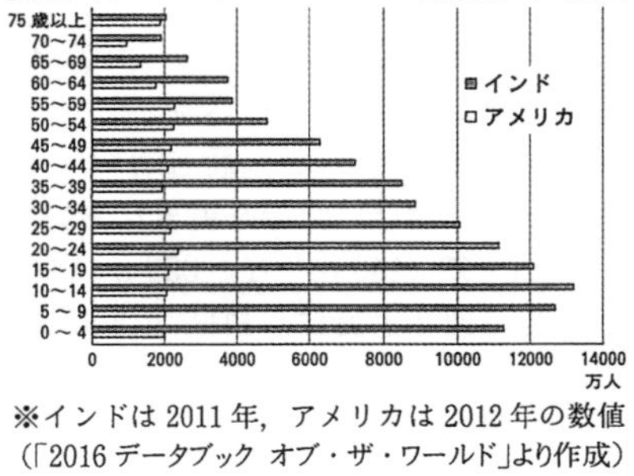

※インドは2011年，アメリカは2012年の数値
(「2016 データブック オブ・ザ・ワールド」より作成)

③ **表**の[し]に当てはまる，インドの賃金と人口の特徴の1つとして考えられることを，**資料10，11**からそれぞれ読み取れることにふれて，アメリカと比較して，簡潔に書きなさい。

④ アメリカのシリコンバレーの企業A社は，ベンガルールの企業B社と連携している。**表**の[す]に当てはまる内容を，**略地図2**から読み取れることをもとに，時差に着目して，簡潔に書きなさい。

略地図2

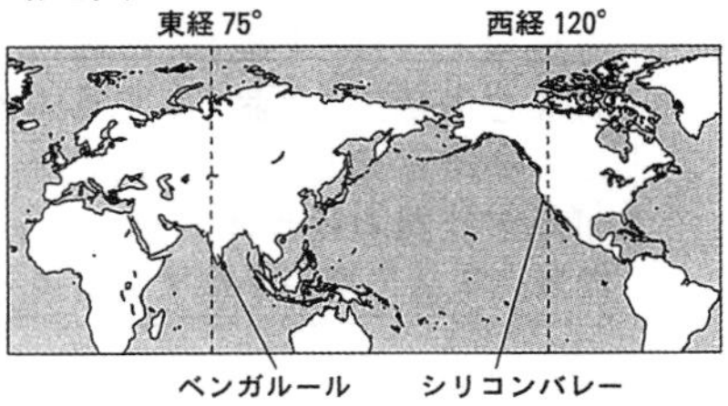

(5) 春さんは，**資料6**をもとに，東京都および埼玉県，千葉県，神奈川県の人の移動について，次のようにまとめた。

[あ]～[う]に当てはまる最も適切な語句を，下の**ア**～**カ**から1つずつ選び，記号を書きなさい。

資料6　東京都と隣接県との比較(2015年)※民営事業所数は2016年の数値

地域 ＼ 項目		夜間人口を100とした時の昼間人口の割合(%)	隣接県の県外通勤・通学者のうち23区へ通勤・通学する割合(%)	大学数(校)	民営事業所数	住宅地平均価格(万円/m^2)
東京都	23区	129.8		93	494337	49.1
	23区外	91.6		44	127334	18.3
埼玉県		88.9	78.6	30	240542	10.5
千葉県		89.7	84.1	27	188740	7.2
神奈川県		91.2	81.4	30	287942	17.4

(国勢調査等より作成)

> 東京都の23区では，夜間人口を100とした時の昼間人口の割合は，129.8％となっている。その理由として，東京都の23区には大学や民営事業所が[あ]ことから，隣接県から[い]に人が集まることが考えられる。また，住宅地平均価格が東京都より隣接県の方が[う]ことから，隣接県に住宅を求める人が多いことも考えられる。

〔 **ア** 昼間　**イ** 夜間　**ウ** 多い　**エ** 少ない　**オ** 高い　**カ** 安い 〕

(6) 春さんは，東京都が行った，中央区佃《つくだ》2丁目における再開発について調べた。**地形図1，2**の黒太線に囲まれた地域は，再開発が行われた佃2丁目である。**資料7**は，**地形図2**の矢印の向きから撮影した高層の共同住宅等の写真である。

地形図1　1976年の佃2丁目

(国土地理院発行2万5千分の1地形図「東京首部」「東京南部」より作成)

地形図2　2021年の佃2丁目

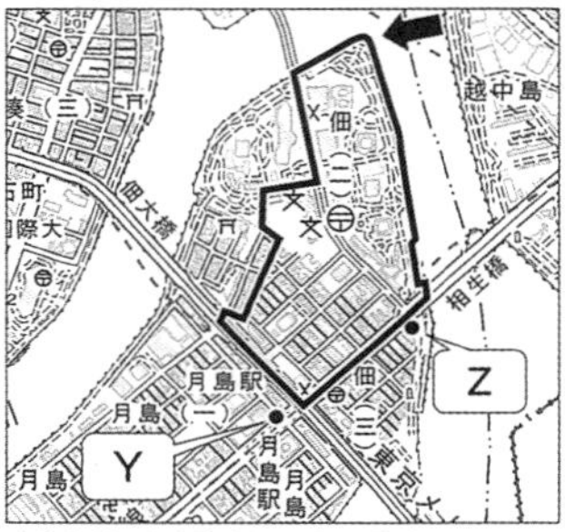

(国土地理院発行2万5千分の1地形図「東京南部」より作成)

資料7　2021年の佃2丁目の写真

※読み取りやすくするため，地図記号の表記の大きさを一部変更してある。

資料8　佃2丁目の人口と住居別世帯数

項目 ＼ 年	1980年	2015年
人口(人)	2674	9372
総世帯数(世帯)	1041	4477
*1 高層の共同住宅(世帯)	0	3420
*2 低層の共同住宅(世帯)	177	814
一戸建てほか(世帯)	864	243

＊1 高層の共同住宅：ここでは，11階建以上
＊2 低層の共同住宅：ここでは，10階建以下
(国勢調査等より作成)

① **地形図2**の地点**Y**から地点**Z**までは，2万5千分の1の地形図上で長さを測ると1.4cmである。実際の距離は何mか。最も適切なものを，次の**ア**～**エ**から1つ選び，記号を書きなさい。

〔 **ア** 140m　**イ** 350m　**ウ** 1400m　**エ** 3500m 〕

② 佃2丁目は，再開発によって**資料7**のようになっている。どのような場所が，どのように変化したか，**地形図1，2**および**資料7，8**からそれぞれ読み取れることを関連付けて，簡潔に書きなさい。

(7) 春さんは，関東地方の農業と人の動きを次のようにまとめた。[え]～[か]に当てはまる最も適切な語句を，下の**ア**～**カ**から1つずつ選び，記号を書きなさい。

> 関東地方では，[え]の整備により東京の中心部への移動が容易になり，遠くからの農産物などの輸送や[お]をする人が多く，面積の限られた東京の中心部では，人口や産業などの過度な集中が起こっている。そのため，都市機能の[か]が図られ，また，都市の再開発が計画的にすすめられている。今後はテレワークなどの普及により，東京から離れた地方へ生活の拠点を移す人も多くなることが考えられる。

〔 **ア** 通勤・通学　**イ** 分散　**ウ** 空洞化　**エ** 交通網　**オ** 集中　**カ** 労働環境 〕

【問 2】 各問いに答えなさい。

Ⅰ　春さんは，日本の総人口の約3分の1が集中している関東地方に興味をもち，関東地方の農業と人の動きについて調べた。

(1) 関東平野には，日本最大の流域面積をもつ河川が流れている。この河川を何というか，漢字3字で書きなさい。

(2) 関東地方の冬は，乾いた季節風がふき，晴天の日が続く。この季節風のふいてくる方位として最も適切なものを，次の**ア～エ**から1つ選び，記号を書きなさい。

〔 **ア** 北東　　**イ** 北西　　**ウ** 南東　　**エ** 南西 〕

(3) **資料1**の群馬県沼田市と茨城県坂東市では，レタス栽培を行っていることがわかった。

① 沼田市産の一部のレタスは，明け方の3時頃から収穫し，大田市場に向けて出荷され，その日の午後には店頭に並べられる。このような出荷，販売が可能となる理由の1つとして考えられることを，**資料1**から読み取れることをもとに，**短縮**という語を使って，簡潔に書きなさい。

資料1

沼田市から大田市場まで約170 km
高速道路　約150分
一般道路　約300分

（国土地理院資料等より作成）

② 沼田市と坂東市のレタス栽培を比較したとき，沼田市のレタス栽培の特徴として考えられることを，**資料2**，**3**からそれぞれ読み取れることと関連付けて，簡潔に書きなさい。

資料2　レタスの生育

レタスの生育に適切な温度は15～20 ℃で，25 ℃以上では強制休眠に入り，発芽しない。また，高温になりすぎると，葉がよじれたり，変形球になったりする。

（ＪＡ資料より作成）

資料3　沼田市と坂東市のレタスのおもな収穫時期と平均気温

		1月	2月	3月	4月	5月	6月	7月	8月	9月	10月	11月	12月
沼田市	収穫時期					■	■	■	■	■	■		
	平均気温(℃)	−0.1	0.7	4.4	10.4	15.9	19.8	23.7	24.6	20.4	14.1	7.8	2.5
坂東市	収穫時期		■	■	■	■					■	■	■
	平均気温(℃)	3.6	4.6	8.2	13.5	18.4	21.8	25.6	26.8	23.0	17.2	11.0	5.8

※おもな収穫時期に着色してある。　　（気象庁，ＪＡ資料より作成）

(4) 春さんは，市場におけるレタスの月別の取扱数量と平均価格について調べた。**資料4**，**5**から読み取れることとして適切なものを，下の**ア～オ**からすべて選び，記号を書きなさい。

資料4　東京都中央卸売市場におけるレタスの2016年～2020年の月別取扱数量の都道府県順位(上位)

	1月	2月	3月	4月	5月	6月	7月	8月	9月	10月	11月	12月
1位	静岡	静岡	茨城	茨城	長野	長野	長野	長野	長野	茨城	茨城	静岡
2位	香川	茨城	静岡	兵庫	群馬	群馬	群馬	群馬	群馬	長野	兵庫	兵庫
3位	長崎	香川	兵庫	群馬	茨城	岩手	岩手	北海道	茨城	栃木	静岡	長崎

〔
ア　12月から2月は，1年間の中でも取扱数量が多く，平均価格も高い時期で，四国地方産や九州地方産のレタスも取り扱われる。

イ　7月から9月の取扱数量は毎月7000 tをこえ，取扱数量1位，2位の県はそれぞれ同じであり，3位の県はすべて東北地方の県である。

ウ　茨城県が取扱数量1位である3月と10月においては，取扱数量は6000 t以上であり，平均価格は150円以上200円未満である。

エ　平均価格の最も高い月と最も低い月を比べると，その差は2倍以上であり，取扱数量についても，その差は2倍以上である。

オ　年間を通して毎月5000 t以上が取り扱われ，関東地方以外の産地のレタスの取扱もある。
〕

資料5　東京都中央卸売市場におけるレタスの月別の取扱数量と平均価格（2016年～2020年の平均）

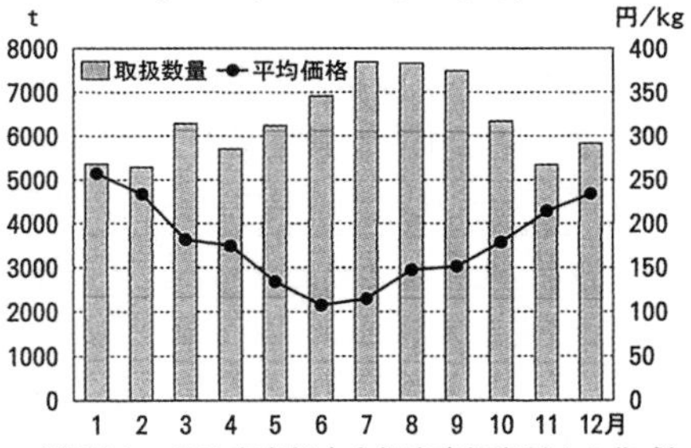

（資料4，5は東京都中央卸売市場資料より作成）

カード３ 近世	江戸幕府は，f陸上交通では五街道など主要な道路を整備した。また，g水上交通では航路や港町が整備された。産業と交通の発達は，h各地の都市の成長をうながした。

(6)　**カード３**の下線部**f**にかかわって，大名が１年おきに江戸と領地とを行き来した制度を何というか，漢字４字で書きなさい。

(7)　**カード３**の下線部**g**にかかわって，船による運送がさかんになった理由の１つとして考えられることを，**資料４**から読み取れることをもとに，運送の効率にふれて，簡潔に書きなさい。

資料４　米の運送方法の比較

	運送方法	作業人数（人）	運送量（俵）
陸	馬（１頭）	1	2
河川	川船（１隻）	4	200
海	廻船（１隻）	16	2500

（「山形県史」等より作成）

(8)　**カード３**の下線部**h**にかかわって，17世紀末から18世紀初めにかけて元禄文化が栄えた。この文化について述べた文は，次の文**Y**，**Z**のどちらか。また，この文化の中心地であり，「天下の台所」とよばれた都市は，**略地図**の**あ**～**う**のどれか。その組み合わせとして最も適切なものを，下の**ア**～**カ**から１つ選び，記号を書きなさい。

略地図

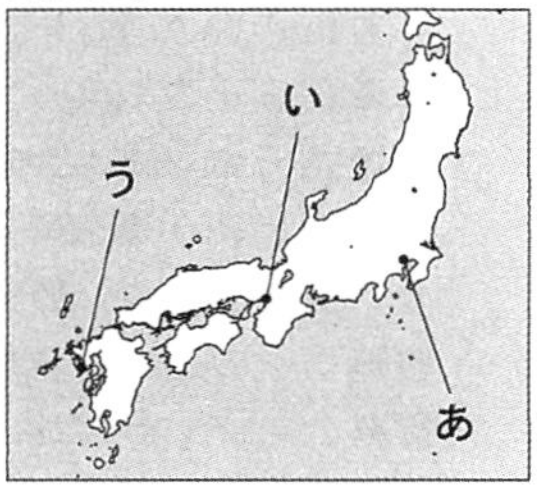

Y　十返舎一九の『東海道中膝栗毛』が多くの人に読まれた。
Z　松尾芭蕉は，東北地方などをまわって『おくのほそ道』を著した。

〔 **ア**　**Y**－**あ**　　**イ**　**Y**－**い**　　**ウ**　**Y**－**う**
　 エ　**Z**－**あ**　　**オ**　**Z**－**い**　　**カ**　**Z**－**う** 〕

カード４ 近代	明治時代になり，政府は交通の整備を進め，iイギリスの技術を導入して，鉄道を開通させた。その後，鉄道網が広がり，産業の発展を支えることになった。

(9)　**カード４**の下線部**i**にかかわって，桜さんは，産業革命によってイギリス社会がどのように変化したか，次の**図**にまとめた。**図**の［**え**］～［**か**］に当てはまる最も適切な語句を，下の**ア**～**カ**から１つずつ選び，記号を書きなさい。

図　18世紀後半から19世紀にかけてのイギリス社会の変化

［**え**］を燃料とする［**お**］で動く機械が使われ始め，綿織物が大量に生産されるようになった。
➡ 製鉄に必要な［**え**］や工業製品などの運搬のため，鉄道が利用されるようになった。
➡ 産業革命の進展にともない，資本家が労働者を雇い，利益の拡大をめざして生産活動をする［**か**］が広がった。

〔 **ア**　社会主義　　**イ**　資本主義　　**ウ**　蒸気機関　　**エ**　石油　　**オ**　鉄鉱石　　**カ**　石炭 〕

(10)　桜さんは，道路や交通の発達について調べたことを振り返り，考察したことを次のようにまとめた。

昔から陸上においても水上においても，人々が移動し，物が運ばれ，情報が行き交うところが道であった。交通網の拡大や交通機関の発達などによって，人々の活動が発展してきた。

桜さんのまとめにかかわって，次の**ア**～**オ**のできごとが，古い順になるように左から並べて，記号を書きなさい。

〔
ア　日宋貿易のため，瀬戸内海の航路が整えられ，兵庫の港が修築された。
イ　インドでおこった仏教が，シルクロードを通って，初めて中国に伝えられた。
ウ　岩倉使節団が横浜を出港して欧米諸国を回り，欧米諸国の政治や産業などを視察した。
エ　大航海時代に，ヨーロッパ人が新航路の開拓を行った。
オ　日本では，高度経済成長の時期に，高速道路がつくられ，新幹線が開通した。
〕

【問 1】 桜さんは，道路や交通の発達について興味をもち，調べたことを**カード1～4**にまとめた。各問いに答えなさい。

カード1 古代	日本の道路についての最初の文書記録はa「魏志」倭人伝であり，それには「道路は鳥やけものの通る小道のようである」と書かれている。その後，b律令国家のしくみが定まってくるなか，都と地方を結ぶ道路が整えられた。

(1) **カード1**の下線部**a**にかかわって，「魏志」倭人伝に書かれている当時の日本のようすについて述べた文として最も適切なものを，次の**ア～エ**から1つ選び，記号を書きなさい。

〔 **ア** 冠位十二階の制度が設けられた。 **イ** 邪馬台国の女王卑弥呼が約30の国々を従えていた。
ウ 鑑真が中国から来日した。 **エ** 墾田永年私財法が出され，荘園が広がっていった。 〕

(2) **カード1**の下線部**b**にかかわって，**資料1**から読み取れることをもとに，朝廷が道路を整備した目的の1つとして考えられる最も適切なものを，次の**ア～エ**から1つ選び，記号を書きなさい。

〔 **ア** 遣唐使が唐から持ち帰った品を都に運ぶため。
イ 琉球王国の使節が都に移動するため。
ウ 日明貿易を行う商人が輸入品を都に運ぶため。
エ 成人男性が絹や特産物などを都に運ぶため。 〕

資料1 平城京跡から出土した木簡に書かれていたこと

*紀伊国安諦《あて》郡幡陀《はた》郷戸主秦人《はたひとの》小麻呂《おまろ》
調塩三斗天平

＊紀伊国：現在の和歌山県と，三重県の一部
（奈良文化財研究所所蔵資料より作成）

カード2 中世	c鎌倉時代には，鎌倉を中心にした新たな道路がつくられた。d室町時代に入り，商業や手工業が発展するなか，交通がさかんになった。交通が発達する一方，幕府や寺社が関所をつくって通行税を取り立て，しだいにe流通経済のさまたげになっていった。

(3) **カード2**の下線部**c**にかかわって，鎌倉時代の武士について述べた文として最も適切なものを，次の**選択肢W**の**ア～エ**から1つ選び，記号を書きなさい。また，鎌倉時代につくられたきまりとして最も適切なものを，下の**選択肢X**の**オ～ク**から1つ選び，記号を書きなさい。

選択肢W

〔 **ア** 武士の領地は，男性のみに分割相続された。
イ 武士は自分の領地の石高に応じて，軍役を果たすことが義務づけられた。
ウ 御家人となった武士は，京都を警備する義務を負った。
エ 武士は防人として，九州地方の防備に派遣された。 〕

選択肢X

〔 **オ** 分国法 **カ** 公事方御定書 **キ** 御成敗式目 **ク** 武家諸法度 〕

(4) **カード2**の下線部**d**にかかわって，中世のできごとについて述べた文として適切なものを，次の**ア～エ**からすべて選び，記号を書きなさい。

〔 **ア** 京都では，町衆とよばれる富裕な商工業者が，自治的な都市運営を行った。
イ 朝廷によって，道路には駅が設けられ，乗りつぎ用の馬が用意された。
ウ 問屋が，原料や道具などを貸して製品を作らせ，それを買い取るようになった。
エ 馬借や問などの運送業者が，年貢などの物資を運んだ。 〕

(5) **カード2**の下線部**e**にかかわって，16世紀後半，ある戦国大名は，**資料2**の楽市令を出した。その目的の1つとして考えられることを，**資料2**，**3**をもとに，**自由**，**独占**の2語を使って，簡潔に書きなさい。なお，**資料2**の楽市令を出した戦国大名の人物名を主語として書くこと。

資料2 楽市令（1577年）

この安土の町は楽市としたので，いろいろな座は廃止し，さまざまな税や労役は免除する。

（「近江八幡市歴史浪漫デジタルアーカイブ」より部分要約）

資料3 京都の*1油座が幕府から命じられたこと（1397年）

*2摂津国や*3近江国に住んでいる住民らが，勝手に*4荏胡麻《えごま》を売買しているという。今後は，彼らの使用している油しぼり器を破壊しなさい。

＊1 油座：油の販売などを行った座 ＊2 摂津国：現在の大阪府・兵庫県の一部
＊3 近江国：現在の滋賀県 ＊4 荏胡麻：シソ科の一年草，油の原料
（「離宮八幡宮文書」より部分要約）

令和４年度　公立高等学校入学者選抜

学力検査問題

社　　　会

（50分）

注　　意

1　検査係員の指示があるまで，問題冊子と解答用紙に手をふれてはいけません。

2　問題は【問 1】から【問 3】まであり，問題冊子の 2 ～ 9 ページに印刷されています。10 ページ以降に問題はありません。

3　問題冊子とは別に，解答用紙があります。**解答は，すべて解答用紙の □ の中に書き入れなさい。**

4　漢字で書くように指示されている場合は，漢字で書きなさい。そうでない場合は，漢字の部分をひらがなで書いてもかまいません。

5　字数を指定された解答については，句読点，カギ括弧(「や『)なども 1 字に数え，指定された字数で答えなさい。

【問 3】 各問いに答えなさい。

I　太郎さんは，地震で新幹線が走行中に緊急停止したという記事に興味をもち，地震と新幹線早期地震検知システムについて調べた。

〔調べてわかったこと〕

○　記事にあった地震による$_{a}$ゆれの大きさは最大で6強，マグニチュードは7.3であった。また，震源は，東北地方の太平洋沖であった。

○　**図1**は，このシステムを模式的に示したものであり，観測点に設置された$_{b}$地震計が，地震のゆれを検知し，新幹線を停止させるしくみである。

○　このシステムにおける信号が伝わる速さは，地震のゆれが伝わる速さよりはるかに速い。

○　近年，**図2**のように，$_{c}$太平洋の海底に地震計を設置するようになった。

図1

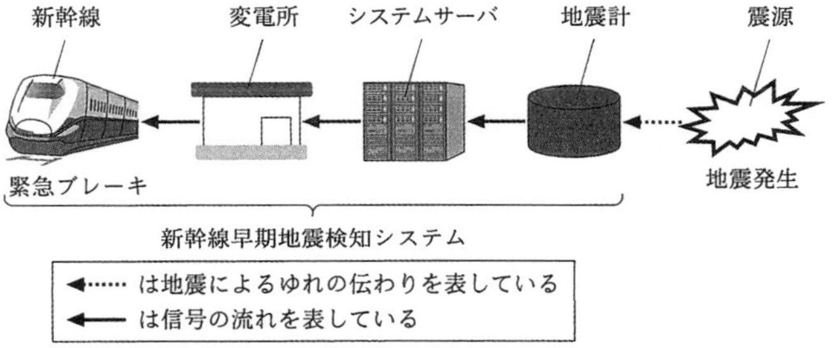

図2

(1)　下線部aについて，地震によるゆれの大きさを表すものを何というか，漢字2字で書きなさい。

(2)　下線部bについて，**図3**は，2種類の地震計X，Yを模式的に示したものである。東西方向，南北方向，上下方向の地震のゆれを記録するためには，1つの観測点に**X**と**Y**を，それぞれ最低何台設置する必要があるか，書きなさい。

図3

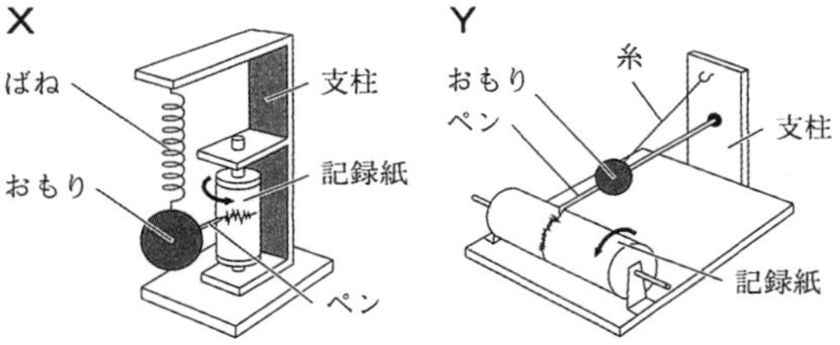

(3)　**図4**は，東北地方において，過去に起こったマグニチュード4以上の地震の震源分布である。**図4**から読み取れることとして最も適切なものを，次の**ア**～**エ**から1つ選び，記号を書きなさい。

図4

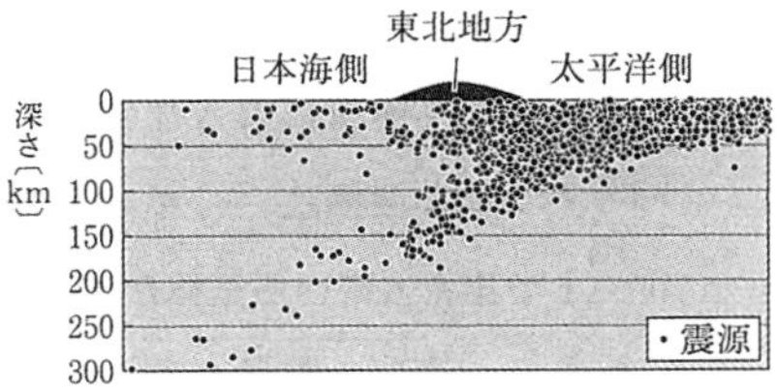

ア　日本海側では，震源が100 kmより浅いところのみに分布している。
イ　太平洋側では，震源が100 kmより深いところに多く分布している。
ウ　日本海側よりも太平洋側の方が，震源が100 kmより浅いところに多く分布している。
エ　日本海側と太平洋側では，震源の分布のようすは変わらない。

(6) **図5**は，蘭引の構造を模式的に示したものである。蘭引は**X部分**に水を入れ使用する。**図2**と**図5**を比較して，**X部分**の役割を**蒸気**，**液体**の2語を使って簡潔に書きなさい。

図5

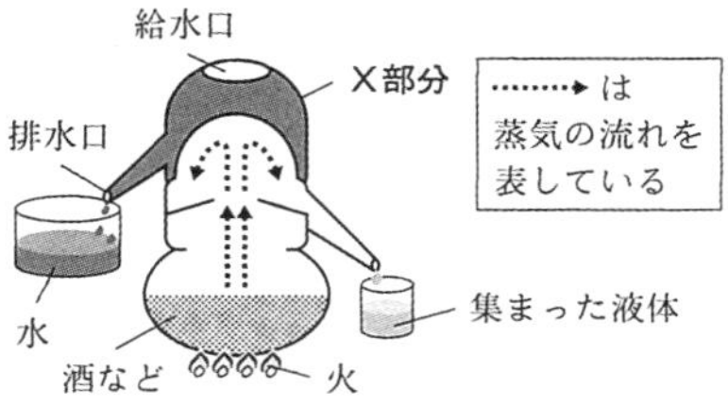

Ⅱ　重《じゅう》そうなどをふくむベーキングパウダーは，加熱することで物質が分解され，発生する気体によりお菓子などの生《き》地《じ》をふくらませることがわかった。そこで，重そうと2種類のベーキングパウダーA，Bについて調べ，**表1**にまとめた。

表1

調べたこと ＼ 粉末	重そう	ベーキングパウダー	
		A	B
見た目のようす	白色であらい粒子	白色で細かい粒子	白色で細かい粒子
粉末100gにふくまれる重そうの質量〔g〕	100	25	57
粉末を加熱したときに発生する気体	二酸化炭素	二酸化炭素	二酸化炭素，アンモニア

(1) **表1**より，重そう（$NaHCO_3$）を加熱すると二酸化炭素が発生する。この化学反応について，次の化学反応式の [あ] ，[い] に当てはまる物質の化学式を書きなさい。ただし，[あ] ，[い] の順序は問わない。

$2NaHCO_3 \rightarrow$ [あ] + [い] + CO_2

(2) **表2**は，重そうの質量と十分に加熱したときに発生する二酸化炭素の体積を示している。重そう1.0gを30秒間加熱したところ，66 cm^3の二酸化炭素が発生した。分解された重そうは何gか，小数第3位まで書きなさい。

表2

分解される重そうの質量〔g〕	2.1	4.2	6.3
発生する二酸化炭素の体積〔cm^3〕	280	560	840

(3) **表1**より，**B**を加熱すると二酸化炭素とアンモニアが発生する。

ⅰ　発生する気体から効率よくアンモニアを集める方法として最も適切なものを，次の**ア**～**ウ**から1つ選び，記号を書きなさい。また，その方法で集めると二酸化炭素はほとんどふくまれないが，その理由を簡潔に書きなさい。

〔 **ア**　水上置換法　　**イ**　上方置換法　　**ウ**　下方置換法 〕

ⅱ　ⅰで集まっている気体がアンモニアであることを確かめる方法として適切なものを，次の**ア**～**オ**から2つ選び，記号を書きなさい。

ア　気体の色やにおいを確かめる。
イ　気体を集めた容器に火のついた線香を入れ，燃え方を確かめる。
ウ　気体を集めた容器に塩化コバルト紙を入れ，色の変化を確かめる。
エ　気体を集めた容器に水でぬらした青色のリトマス紙を入れ，色の変化を確かめる。
オ　気体を集めた容器に純粋な水とＢＴＢ溶液を入れてよくふり，色の変化を確かめる。

【問 2】 各問いに答えなさい。

Ⅰ 花子さんは，江戸時代の医療について調べたところ，**図 1** の蘭引《らんびき》という陶器の器具を用いて，酒などを加熱することで消毒液がつくられていたことを知った。花子さんは，蘭引のしくみを考えるために，次のような実験を行った。

図 1

〔**実験**〕

① 水とエタノールの混合物 50.0 cm^3，48.5 g を，**図 2** のような装置を用いて 10 分間加熱し，加熱時間と枝つきフラスコ内の気体の温度を調べ，**図 3** のグラフに表した。

② 3 本の試験管に数 cm^3 ずつ液体を集め，集まった液体は全部で 13.6 cm^3，12.7 g であった。

図 2

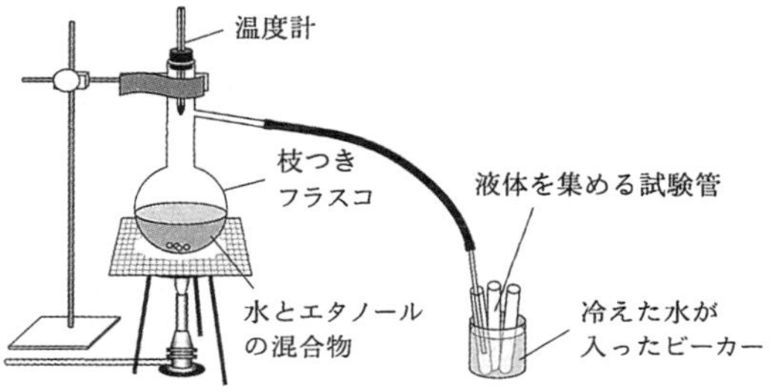

図 3

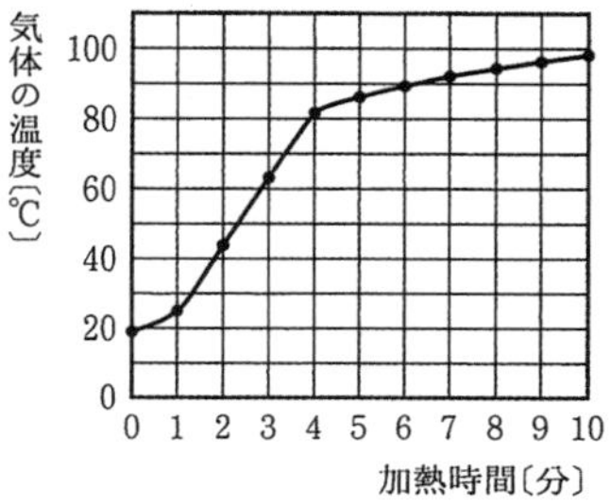

(1) **実験**のように，混合物を沸点のちがいでそれぞれの物質に分ける操作を何というか，書きなさい。

(2) **実験**の①において，混合物の質量パーセント濃度は 25.0 %であった。この混合物 50.0 cm^3 にふくまれるエタノールの質量は何 g か，小数第 1 位まで書きなさい。

(3) **図 3** より，加熱時間が 3 分～ 5 分の間で，温度の上がり方に変化が見られた。このとき，フラスコ内の混合物のようすはどのようであったか書きなさい。

(4) **図 4** は，水とエタノールを混ぜた液体について，密度と質量パーセント濃度との関係を示している。**実験**で集まった液体の質量パーセント濃度は約何%か，**図 4** から求め，整数で書きなさい。

図 4

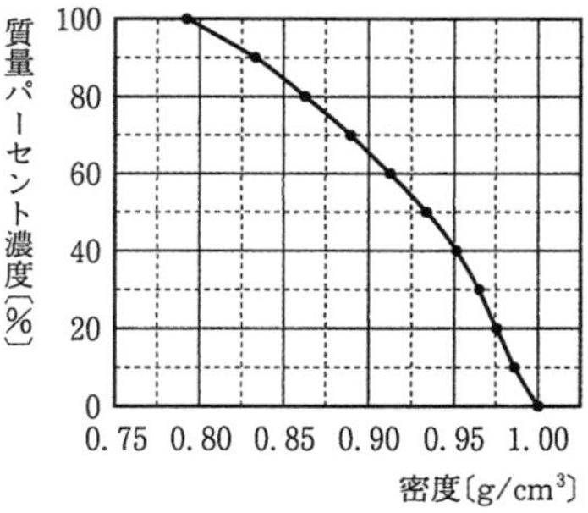

(5) **実験**で，加熱前の混合物と集まった液体では，エタノールの濃度が変化していた。この変化について，液体の体積とエタノールの分子のようすを模式的に示したものとして最も適切なものを，次の**ア**～**エ**から 1 つ選び，記号を書きなさい。

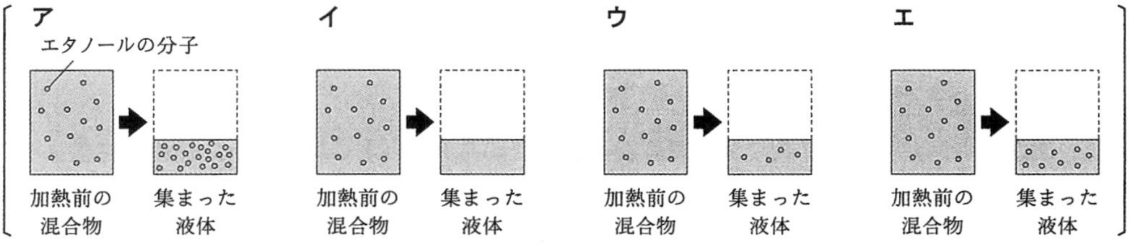

(3) **表1**で，変化なしとなった理由を，微生物のはたらきにふれて簡潔に説明しなさい。

(4) 花子さんたちは，次のように**実験1**を振り返った。会話中の [あ] に当てはまる確かめることと，[い] に当てはまる対照実験の具体的な方法を，それぞれ簡潔に書きなさい。

> 花子：微生物によるデンプンの分解は，空気を送り込み続けることではやくなったね。
> 太郎：でも，[あ] を確かめないと，空気が微生物のはたらきだけに影響しているとはいえないんじゃないかな。
> 花子：あっ，そうか。[あ] を確かめるには，[い] という対照実験で確認できるね。
> 太郎：そうだね。さっそくやってみよう。

(5) 花子さんたちは，実験をもとに下水処理のしくみについて次のように考えた。[う]，[え] に当てはまる語句として最も適切なものを，下の**ア**～**カ**から1つずつ選び，記号を書きなさい。

> 空気を送り込むことでデンプンの分解がはやくなった。これは，微生物が [う] を取り込みやすくなったことで [え] をさかんに行い，より多くのエネルギーを得て活動が活発になったためだと考えられる。したがって，下水処理場では効率よく生活排水をきれいにするため，生物反応槽に空気を送り込んでいることがわかった。

〔 **ア** 二酸化炭素　**イ** 酸素　**ウ** 窒素　**エ** 循環　**オ** 光合成　**カ** 呼吸 〕

II ツバキ，アジサイ，ユリ，スイレンの蒸散量を比較するために，次のような実験を行った。ただし，蒸散量は吸水量と等しいものとする。

〔**実験2**〕

① 葉の枚数や大きさ，茎の太さや長さがそろっているツバキの枝を3本準備した。
② **図4**のように，葉へのワセリンのぬり方を変え，吸水量を調べた。
③ アジサイ，ユリ，スイレンについてもツバキと同様に吸水量を調べ，結果を**表2**にまとめた。

図4

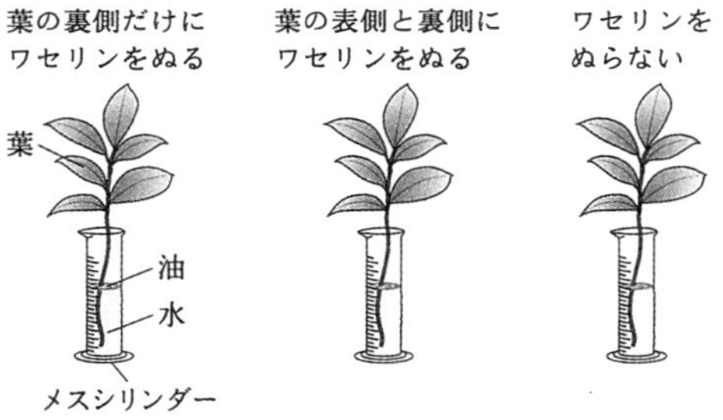

表2

	ツバキ	アジサイ	ユリ	スイレン
葉の裏側だけにワセリンをぬった場合の吸水量〔mL〕	1.5	1.1	0.6	1.2
葉の表側と裏側にワセリンをぬった場合の吸水量〔mL〕	1.4	0.2	0.2	0.1
ワセリンをぬらなかった場合の吸水量〔mL〕	6.2	4.2	2.8	1.3

(1) **表2**のツバキについて，葉の表側の蒸散量は何mLか，小数第1位まで書きなさい。

(2) **表2**のアジサイについて，葉の裏側の蒸散量はアジサイの蒸散量全体の何％か，小数第1位を四捨五入して，整数で書きなさい。

(3) **表2**から，4種類の植物で葉の裏側より表側に気孔が多いものはどれか，植物名を書きなさい。また，そのように判断した理由を，葉の表側と裏側の蒸散量を比較して簡潔に説明しなさい。ただし，それぞれの植物について，葉の表側と裏側の気孔1つあたりの蒸散量は等しいものとする。

【問 1】 各問いに答えなさい。

Ⅰ 花子さんと太郎さんは，地域の下水処理場で，微生物のはたらきを利用して生活排水をきれいにしていることに興味をもち，下水処理のしくみと微生物について調べた。

〔**調べてわかったこと**〕

○ **図1**のように，最初に，生活排水中の砂などを沈殿させ，うわずみの水を生物反応槽《そう》に流す。生物反応槽には，大量の微生物がおり，空気を送り込みながら微生物に有機物を分解させている。

図1

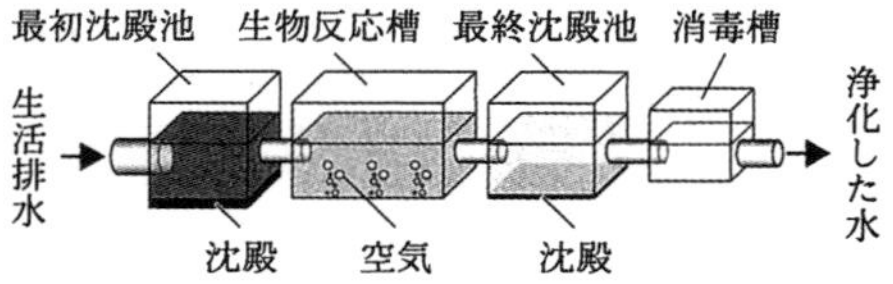

○ 最後に，微生物を除去した水を消毒し，川などにもどしている。

○ 利用される微生物には，アメーバなどの他に，菌類や細菌類もおり，これらは池の水や泥の中にも生息する。

(1) 菌類に分類されるものはどれか，次の**ア**～**エ**から1つ選び，記号を書きなさい。

〔 **ア** ミジンコ **イ** インフルエンザウイルス **ウ** スギナ **エ** シイタケ 〕

(2) **図1**の生物反応槽中の微生物を顕微鏡で観察した。

ⅰ 対物レンズを高倍率のものにすると，対物レンズとプレパラートとの距離，および視野はどのようになるか，最も適切なものを，次の**ア**～**エ**から1つ選び，記号を書きなさい。

ア 距離は長くなり，視野はせまくなる。
イ 距離は短くなり，視野はせまくなる。
ウ 距離は長くなり，視野は広くなる。
エ 距離は短くなり，視野は広くなる。

図2

ⅱ **図2**は観察された微生物である。この微生物の名前をカタカナで書きなさい。

花子さんたちは，**調べてわかったこと**から，微生物による有機物の分解が空気を送り込むことではやくなっているのではないかと考え，次のような実験を行った。

〔**実験1**〕

① 池から採取した微生物をふくむ泥と水をビーカーに入れてかき混ぜ，しばらく置いた。

② ①のうわずみ液を三角フラスコ**A**，**B**に同量ずつとり分け，それぞれにうすいデンプン溶液を同量加えた。

③ **A**，**B**を暗所に置き，**図3**のように，**B**内の液には空気を送り込み続けた。

④ 10日間，同時刻に**A**，**B**それぞれから液を少量とり，ヨウ素液を加えて色の変化を調べた。**表1**は，結果をまとめたものの一部である。

図3

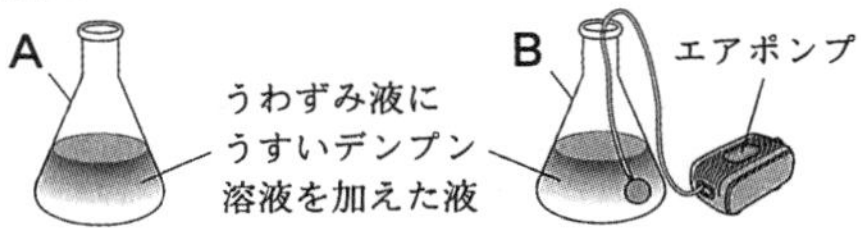

表1

経過日数	3	4	5	6	7	8
Aからとった液	○	○	○	○	×	×
Bからとった液	○	○	×	×	×	×

○：変化あり ×：変化なし

2022(R4) 長野県公立高
K 教英出版

令和４年度　公立高等学校入学者選抜

学力検査問題

理　　　科

（50分）

注　　意

1　検査係員の指示があるまで，問題冊子と解答用紙に手をふれてはいけません。

2　問題は**【問 1】**から**【問 4】**まであり，問題冊子の２～９ページに印刷されています。10ページ以降に問題はありません。

3　問題冊子とは別に，解答用紙があります。**解答は，すべて解答用紙の □ の中にかき入れなさい。**

4　漢字で書くように指示されている場合は，漢字で書きなさい。そうでない場合は，漢字の部分をひらがなで書いてもかまいません。

5　計算をしたり，図をかいたりすることが必要なときは，問題冊子のあいているところを使いなさい。

Question(m): What did you hear about?

繰り返します。※　略

これで(2)は終わります。

次の(3)では，日常生活について調査をしたタカシが，グラフを示しながらクラスで調査結果を発表しています。内容に関するNo. 1とNo. 2の質問と答えの選択肢を，今から15秒間で確認しなさい。

（間15秒）

英語は2度読みます。それでは，始めます。

※

In Japan, if we need a plastic bag when we go shopping, we have to pay for it. My grandmother taught me how to make a shopping bag. I use it almost every time when I go shopping. I wanted to know how many of you in our class bring your own shopping bags when you go to a store. So, I asked you. There are thirty-four students in our class. Half of us use our own shopping bags every time. But seven of us have never used one before. The other students use them sometimes. From this information, more of us should use our own shopping bags.

繰り返します。※　略

これで(3)は終わります。

次の(4)では，リサが外国でツアー旅行に参加しています。旅行の途中で，ツアーガイドが予定の変更を説明し，リサはその変更点をメモしながら聞いています。内容に関する質問と答えの選択肢を，今から15秒間で確認しなさい。

（間15秒）

英語は2度読みます。それでは，始めます。

※

It's raining today. We have to change the plan. First, we wanted to ride horses in the animal park, but we can't today. So, please come to the hotel entrance at 10:00 a.m., and we'll visit a museum. Second, for lunch, our plan was to eat fried fish by the river. Instead, we'll go to the best pizza restaurant in town, called Green Forest. Finally, please return to the hotel before 5:30 p.m. because there will be a special music show this evening. I hope you have fun today.

繰り返します。※　略

〔アナウンス　4〕

これでリスニングテストを終わります。続いて，**【問 2】**へ進んでください。なお，声を出して読んではいけません。

（四点チャイム）

【問 3】 麻衣(Mai)は英語の弁論大会に向けて原稿を書いた。原稿を読んで，各問いに答えなさい。

Play Me, I'm Yours. These are the words on the pianos on the streets in London. Have you ever heard about street pianos? A street piano is a piano which can be seen on streets, at airports, train stations and other places. Anyone who wants to play them can ①do so. I believe street pianos have a fantastic power. Today, I will tell you about this power, and you will be surprised.

②(　　　) did this project start? An *artist started it in *Birmingham, U.K. in 2008. He visited the same *launderette almost every weekend. One day, he realized that no one talked in the launderette. Many of them often met there, so they knew each other. Spending time together in *silence was very strange to him. He wanted to solve ③this problem. The answer was the street piano. He thought that pianos could create a place for people to communicate and *connect with each other. In this way, the project started with 15 pianos in the city for only three weeks. Over 140,000 people played or listened to music from the pianos. 65 cities around the world and over 20 million people have enjoyed the sounds of more than 2,000 street pianos since then.

The first two street pianos in Japan were set in a *shopping arcade in Kagoshima in February 2011. The Kyushu Shinkansen was going to open a line the next month, so people living in the area wanted to do something special to ④(　　　) it. People called these two pianos Lucky Pianos. Since then, more and more people have enjoyed the sounds of the street pianos. Now, about 400 street pianos can be seen all over Japan, even at a shrine!

In the same year, *the Great East Japan Earthquake happened in March.

Now, the sound of the piano makes people happy in Miyagi.

Please imagine a world without the sound of street pianos. Pianos are not only instruments but also *tools to connect people in many different situations. That is very amazing. Do you know where we can find the street pianos in our city? ⑤(　　　) about playing a street piano when you find one next? It may be a chance for you to connect with others and feel a new world. Thank you for listening.

*(注) artist 芸術家　Birmingham バーミンガム(イングランド中西部にある都市)
launderette コインランドリー　silence 沈黙　connect つながる，つなげる　shopping arcade 商店街
the Great East Japan Earthquake 東日本大震災　tool(s) 道具

Ⅱ　各問いに答えなさい。

(1)　恵(Megumi)は放送部に所属している。恵たちは，自分たちの学校に海外から留学してくる生徒に，全校で行っている取り組みを動画で紹介しようと考えた。その取り組みの様子を撮影し，説明している。**恵の説明**の内容を最も適切に表している絵を，下の**ア**～**エ**から１つ選び，記号を書きなさい。

恵の説明

Hello. I am Megumi. I am at the park. In this park, we often see pretty cats, but today we don't see any. Now, I am going to tell you about our school's project. Our school has cleaned our town for over ten years. We are cleaning the park with people who live in this area. A boy with a cap is picking up garbage. A woman and a girl are cleaning near a bench. We feel happy that we can work together to keep our town beautiful.

ア

イ

ウ

エ

(2)　慶と彩は，信州市の国際交流イベントの**チラシ**を見て一緒に参加するイベントを選んでいる。

(a)　慶と彩の２人の希望を満たすイベントを，下の**ア**～**エ**から１つ選び，記号を書きなさい。

慶

I want to enjoy many foods.

彩

I'm interested in music.
I want to do something outside.

ア　*Hanami* Party　**イ**　*Taiko* Festival
ウ　City Tour　**エ**　Christmas Party

(b)　**チラシ**の内容と合っている最も適切な英文を，次の**ア**～**エ**から１つ選び，記号を書きなさい。

ア　You should call the office first if you want to join each event.

イ　You should send an e-mail to the office before joining the *Taiko* Festival.

ウ　You can enjoy foreign foods on the City Tour.

エ　You can try wearing special clothes at the *Hanami* Party.

チラシ

Shinshu City Events 2022

～Let's enjoy meeting people from other countries.～

***Hanami* Party**

We will have a picnic at Shinshu Park. Let's enjoy listening to music and try foods from around the world.

★*Taiko* Festival

We can enjoy listening to the *taiko* drums outside. A famous *taiko* teacher will teach us how to play them at *Taiko* Hall.

City Tour

There will be a tour of Shinshu City. We will visit interesting places and enjoy Shinshu City's local foods.

★Christmas Party

Let's enjoy playing games, singing Christmas songs, and making special cookies at Shinshu Hall. If you like, you can join with Christmas clothes.

Please check!

You need to send an e-mail to our office before joining the events with a star★.

✉ ○○@shinshu-city.jp

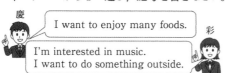

【問 2】

I　各問いに答えなさい。

(1)　(　　　)に当てはまる最も適切な英語を，(a)，(b)それぞれについて下の**ア〜エ**から1つ選び，記号を書きなさい。

(a)　**＜家での会話＞**

Mother: Did you find your gloves? You were looking for them this morning.

Son: Yes. They were (　　　) my bag. Thank you, Mom.

〔 **ア**　under　　**イ**　to　　**ウ**　for　　**エ**　into 〕

(b)　**＜店員(Clerk)との会話＞**

Clerk: May I help you?

Tom: Yes, please. Do you have this T-shirt in (　　　) size? It's too big for me.

Clerk: I'll check now. Please wait here.

〔 **ア**　a wider　　**イ**　the biggest　　**ウ**　a smaller　　**エ**　the longest 〕

(2)　次の(a)，(b)の(　　　)内の語を，適切な形に変えたり，不足している語を補ったりなどして，話の流れに合うように英文を完成させなさい。

(a)　**＜友達同士の会話＞**

Ryo: I'm sorry. I'm late. It's 10:00 now. Were you waiting for a long time?

Bob: No. I (　arrive　) here at 9:50. Let's buy juice before the movie starts.

(b)　**＜ALT との会話＞**

Ryo: These are my favorite photos. Take a look.

ALT: They look beautiful! I like this one the best because I like Japanese temples.

Ryo: The temple (　build　) about 200 years ago.

(3)　真帆(Maho)は，海外の姉妹校の生徒であるマイク(Mike)から好きなスポーツについてたずねられ，英語で返信の**Eメール**を書いている。**アイデアマップ**にある①〜③の情報をすべて用いて，**Eメール**の ① 〜 ③ の(　　　)に当てはまる3語以上の正確な英語を書きなさい。ただし，(　　　)を含む文がいずれも1文になるようにすること。なお，数字は英語で書くこと。

アイデアマップ

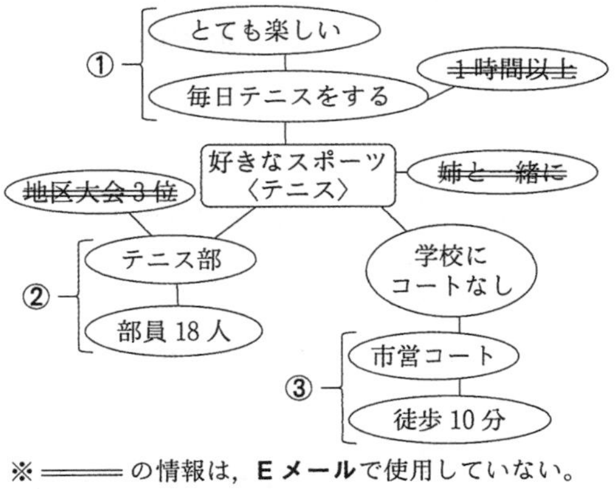

※ ═══ の情報は，**Eメール**で使用していない。

Eメール

Hi, Mike. Thank you for your e-mail.
I like tennis very much.
① (　　　　　　) very fun.
I'm a member of the tennis club.
② (　　　　　　) members in our tennis club. We don't have a tennis court at our school, but we have one near our school.
③ (　　　　　　) to go to the city tennis court on foot. Do you play tennis?
Please write me back.
Your friend,
Maho

(3) No. 1　Which was shown in Takashi's speech?

ア

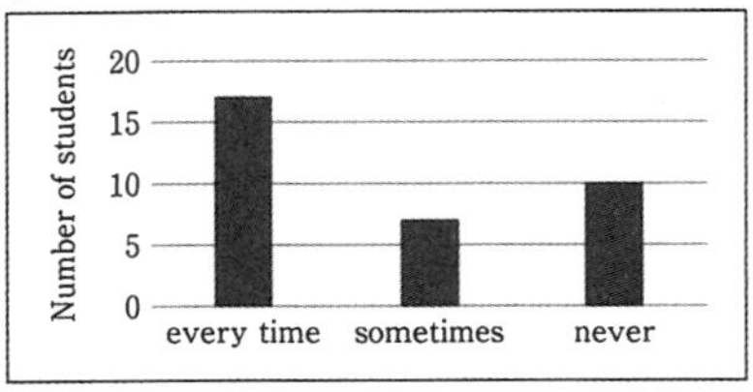

イ

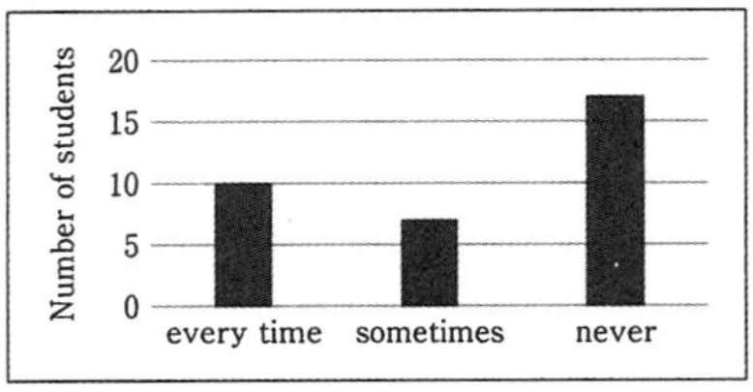

ウ

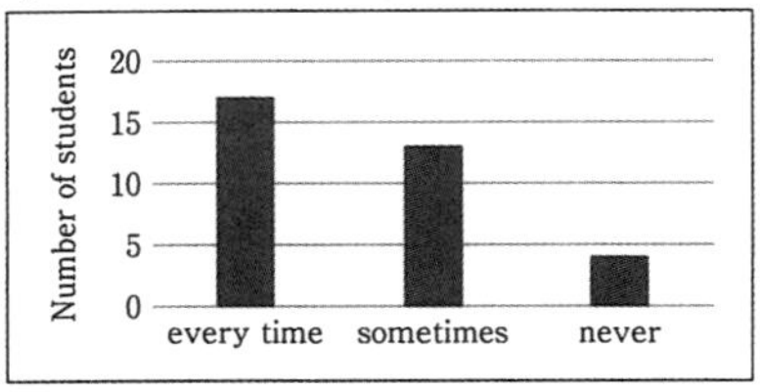

エ

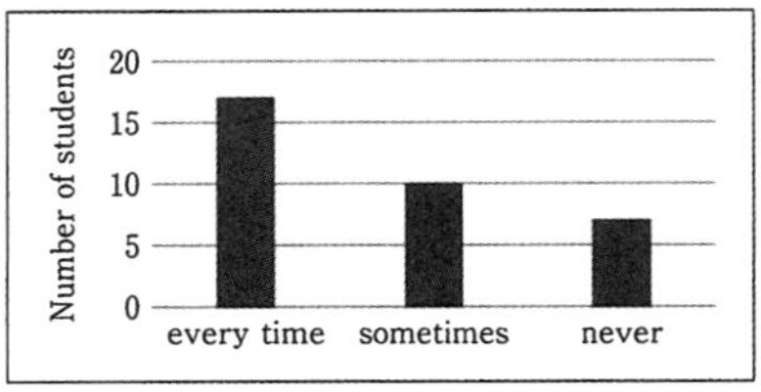

No. 2　What is Takashi's message to his classmates?

ア　He wants to enjoy shopping with his classmates next Sunday.
イ　He hopes his grandmother will teach his classmates how to make a bag.
ウ　He hopes more of his classmates will use their own shopping bags.
エ　He wants to say that we have to pay for a plastic bag at a store in Japan.

(4) Which one did Risa write?

ア

- visit an animal park
(hotel entrance at 10:00 a.m.)
- fish food (Green Forest)
- music show (afternoon)

イ

- visit a museum
(hotel entrance at 10:00 a.m.)
- pizza restaurant
- come back before 5:30 p.m.
(music show)

ウ

- visit a museum
(hotel entrance at 10:00 a.m.)
- go fishing before lunch
(by the river)
- go to a music hall
(before 5:30 p.m.)

エ

- ride a horse (at 10:00 a.m.)
- pizza restaurant
(near the river)
- go to the forest
(after lunch)

※教英出版注
音声は，解答集の書籍ＩＤ番号を教英出版ウェブサイトで入力して聴くことができます。

【問 1】 リスニングテスト （英語は，(1)では1度，(2)，(3)，(4)では2度読みます。）

(1) No. 1

ア

イ

ウ

エ

No. 2

ア

イ
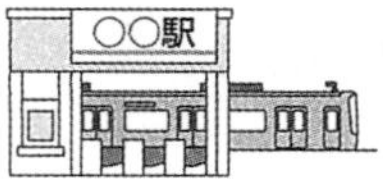

ウ

エ
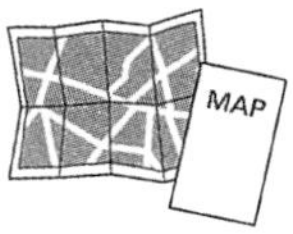

No. 3 ＜動物園での会話＞

ア
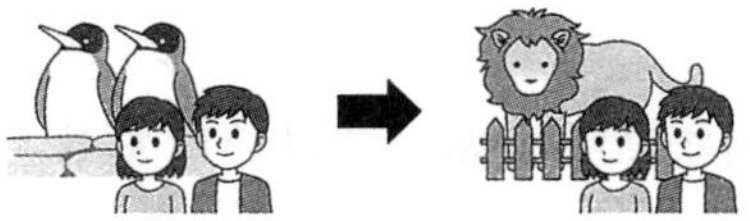
イ

ウ

エ
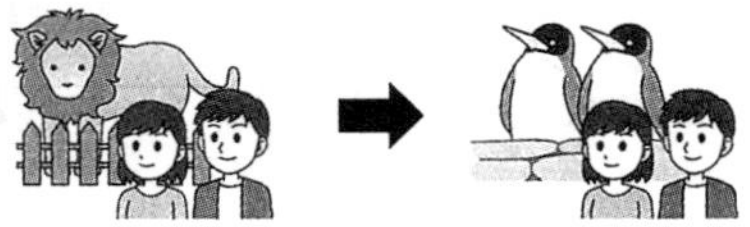

(2) No. 1 ＜学校の廊下での会話＞

ア OK. You can do it.　　イ All right. I'll go there.
ウ Yes. It's in my classroom.　　エ Let's go to the library.

No. 2 ＜日本に来ている留学生のホームステイ先での会話＞

ア We went there before.　　イ I'm from America.
ウ No. I can't play it.　　エ Yes, please.

No. 3 ＜デパートでアナウンスを聞いている場面＞

ア About a sports event.　　イ About the store's opening hours.
ウ About cheaper things.　　エ About winter trip information.

令和４年度　公立高等学校入学者選抜

学力検査問題

英　　　語

（50分）

注　　意

1　指示があるまで，問題冊子と解答用紙に手をふれてはいけません。

2　問題は**【問 1】**から**【問 4】**まであり，問題冊子の２～９ページに印刷されています。10ページ以降に問題はありません。

3　問題冊子とは別に，解答用紙があります。**解答は，すべて解答用紙の □ の中に書き入れなさい。**

4　最初にリスニングテストがあります。リスニングテストは，すべて放送の指示に従って答えなさい。問題は⑴から⑷まであります。
英語は，⑴では１度，⑵，⑶，⑷では２度読みます。

5　メモをとる必要があるときは，問題冊子のあいているところを使いなさい。

【問 3】 各問いに答えなさい。

I　春さんは，箱に入った荷物を送るのに，**A 社**と**B 社**のどちらで送るか検討している。**A 社**，**B 社**ともに箱の縦の長さ，横の長さ，高さの和を荷物の大きさとして，その大きさに応じて料金を決めている。ただし，荷物の重さは料金に関係しないものとし，荷物の大きさは小数点以下を切り上げ，消費税は考えないものとする。

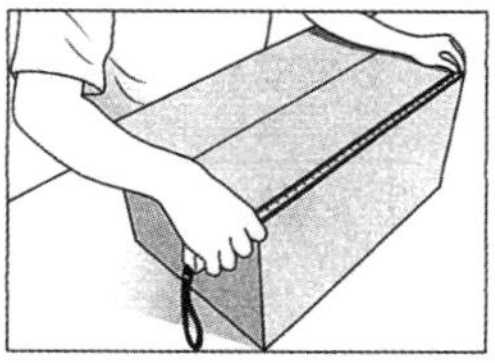

表は，**A 社**の料金表で，**図 1** はこれについて，荷物の大きさを x cm，料金を y 円として，x と y の関係をグラフに表したものである。また，**図 1** で，グラフの端の点をふくむ場合は●，ふくまない場合は○で表している。

表

荷物の大きさ	料金
60 cm 以下	800 円
70 cm 以下	1000 円
100 cm 以下	1300 円
140 cm 以下	1800 円

図 1

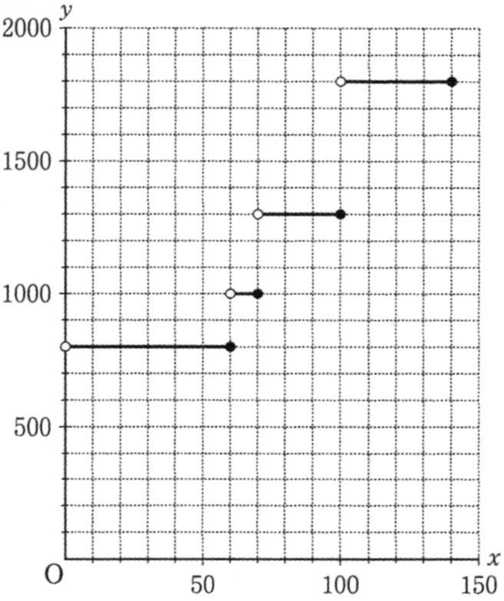
y
2000
1500
1000
500
O
50
100
150
x

(1)　**表**と**図 1** からわかることを次の文にまとめた。［あ］，［い］に当てはまる数の組み合わせとして，最も適切なものを下の**ア**～**エ**から 1 つ選び，記号を書きなさい。

> **A 社**では，荷物の大きさが 65 cm であるときの料金は［あ］円である。また，1500 円以内で送ることができる荷物の大きさは，最大で［い］cm であることがわかる。

［**ア**　［あ］800　［い］100　　**イ**　［あ］1000　［い］100
ウ　［あ］800　［い］140　　**エ**　［あ］1000　［い］140］

(2)　**A 社**の荷物の大きさと料金の関係についていえることとして，正しいものを次の**ア**，**イ**から 1 つ選び，記号を書きなさい。また，その理由を説明しなさい。ただし，荷物の大きさは 140 cm 以下とする。

〔**ア**　料金は荷物の大きさの関数である。　　**イ**　料金は荷物の大きさの関数ではない。〕

(3)　**図 2** は，**B 社**のチラシである。荷物の大きさが 115 cm のとき，料金が安いのは**A 社**と**B 社**のどちらの会社か，書きなさい。また，いくら安いか求めなさい。

図 2

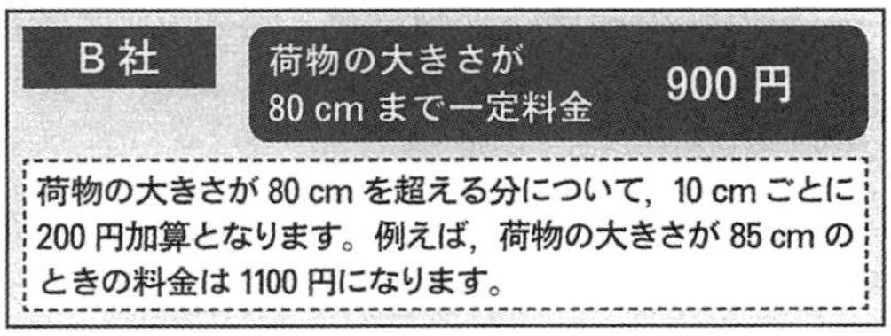
B 社
荷物の大きさが
80 cm まで一定料金
900 円
荷物の大きさが 80 cm を超える分について，10 cm ごとに 200 円加算となります。例えば，荷物の大きさが 85 cm のときの料金は 1100 円になります。

(3) **資料**は，A 市で 1 人が 1 日あたりに出す 4 種類のごみ(可燃ごみ，資源ごみ，不燃ごみ，その他のごみ)の排出量の割合と，ごみの排出量について 2014 年度と 2019 年度を比べたものである。

〔**資料**〕

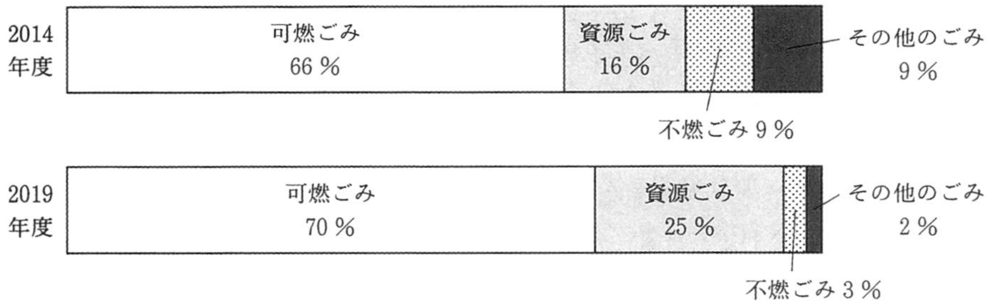

○4 種類のごみの排出量の合計………2019 年度は 2014 年度と比べて 200 g 減った。

○資源ごみの排出量……………………2019 年度は 2014 年度と比べて 25 %増えた。

秋さんは，**資料**から「2014 年度と 2019 年度における可燃ごみの排出量は，それぞれどれくらいなのか」という疑問をもった。そこで，秋さんは**資料**をもとに，2014 年度における 4 種類のごみの排出量の合計を x g，2019 年度における 4 種類のごみの排出量の合計を y g とし，連立方程式を使って考えた。

$$\begin{cases} x - y = 200 \\ \boxed{} = \dfrac{25}{100}y \end{cases}$$

① $\dfrac{25}{100}y$ はどのような数量を表しているか，言葉で書きなさい。

② $\boxed{}$ に当てはまる適切な式を書きなさい。なお，分数を用いて式を書く場合には約分しなくてもよい。

③ 可燃ごみの排出量を，2014 年度と 2019 年度で比べたときにいえることとして，正しいものを次の**ア**，**イ**から 1 つ選び，記号を書きなさい。また，その理由を数値を示して説明しなさい。なお，分数を用いて説明する場合には約分しなくてもよい。

2019 年度は 2014 年度と比べて 〔 **ア** 増えた。 **イ** 減った。 〕

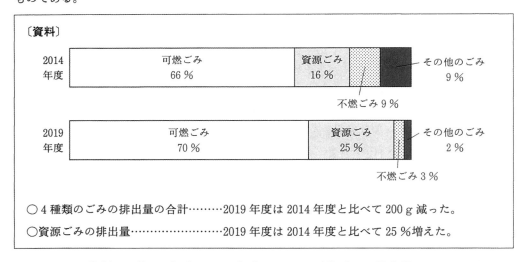

【問 2】 各問いに答えなさい。

(1) **図 1** は，1 辺が 6 cm の立方体を，頂点 C，D，および辺 AB の中点 M を通る平面で切り取ってできた三角錐である。

① この三角錐について，辺 AD とねじれの位置にある辺を選び，記号を用いて書きなさい。

② この三角錐の体積を求めなさい。

図 1

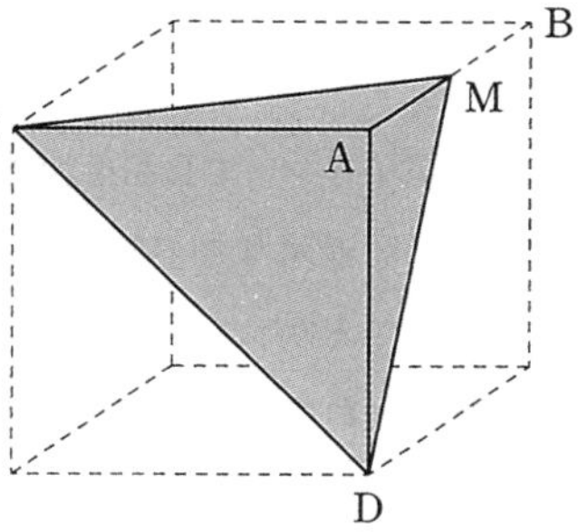

(2) 夏さんのクラスでは，ある池のコイの総数を調査しようと考え，すべてのコイをつかまえずに標本調査を利用した次の**方法**で，コイの総数を推定した。

〔**方法**〕

手順 1 **図 2** のように，コイを何匹かつかまえて，その全部に印をつけて，池にもどす。

手順 2 数日後，**図 3** のように，無作為にコイを何匹かつかまえる。つかまえたコイの数と印のついたコイの数をそれぞれ数える。

手順 3 **手順 1**，**2** をもとに，池にいるコイの総数を推定する。

図 2

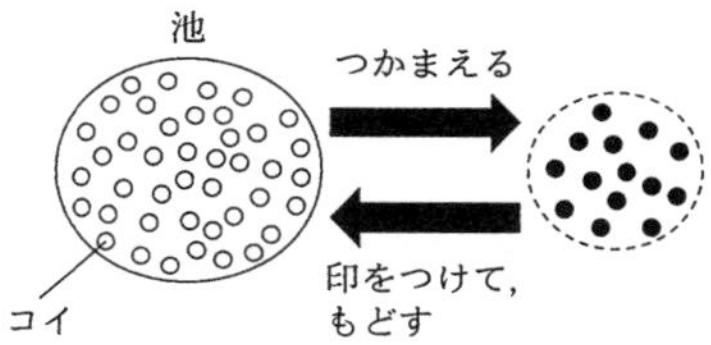

図 3

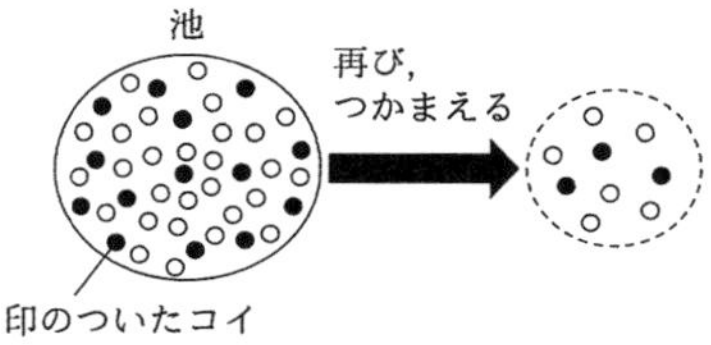

手順 1 でコイを 50 匹つかまえて，その全部に印をつけて池にもどした。**手順 2** で 30 匹つかまえたところ，印のついたコイの数は 9 匹であった。

① 池にいるコイの総数を推定し，一の位の数を四捨五入した概数で求めなさい。

② 身の回りには，標本調査を利用しているものがある。標本調査でおこなうことが適切であるものを，次の**ア**～**エ**からすべて選び，記号を書きなさい。

ア 新聞社がおこなう国内の有権者を対象とした世論調査
イ 国内の人口などを調べるためにおこなわれる国勢調査
ウ 学校でおこなう生徒の歯科検診
エ テレビ番組の視聴率調査

2022(R4) 長野県公立高
教英出版

(8)　$\sqrt{6}$ の小数部分を a とするとき，$a(a+2)$ の値を求めなさい。

(9)　電子レンジで食品を加熱するとき，電子レンジの出力を x W《ワット》，最適な加熱時間を y 秒とすると，y は x に反比例することがわかっている。あるコンビニエンスストアで販売されている弁当には，**図 1** のようなラベルがはってある。

このとき，**図 1** の中の $\boxed{}$ に当てはまる最適な加熱時間を求めなさい。

図 1

最適な加熱時間	
500 W	3 分 00 秒
600 W	$\boxed{}$
1500 W	1 分 00 秒

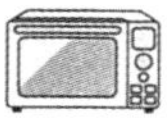

(10)　**図 2** は，線分 AB を直径とする円である。この円を線分 AB と直線 ℓ の 2 本で合同な 4 つの図形に分けるとき，直線 ℓ を定規とコンパスを使って作図しなさい。ただし，直線を表す文字 ℓ も書き，作図に用いた線は消さないこと。

図 2

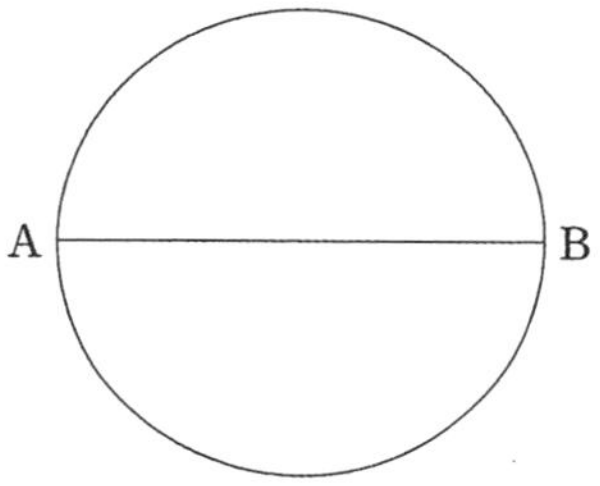

(11)　**図 3** は，円 O の円周上の 3 点 A，B，C について，点 A と B，点 A と C，点 O と B，点 O と C を結んだものであり，$\angle BOC = 120°$ とする。

①　$\angle x$ の大きさを求めなさい。

②　OB $= 6$ cm のとき，点 A をふくまないおうぎ形 OBC の面積を求めなさい。

図 3

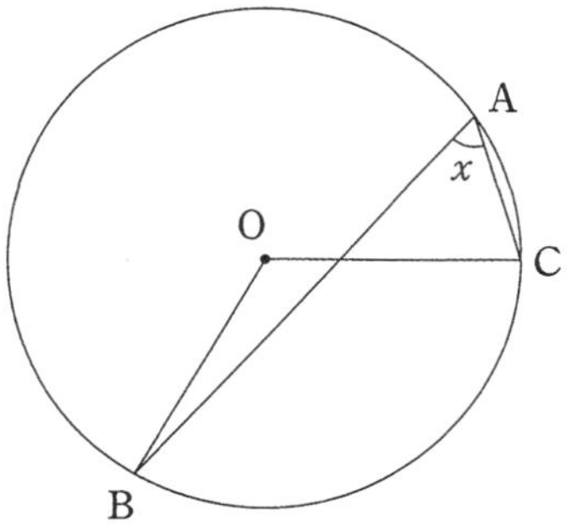

【問 1】 各問いに答えなさい。

(1) $5+(-2)$ を計算しなさい。

(2) $(-6x+9)\div 3$ を計算しなさい。

(3) $84n$ の値が，ある自然数の2乗となるような自然数 n のうち，最も小さいものを求めなさい。

(4) 二次方程式 $x^2=4x$ の解として，最も正しいものを次の**ア**～**エ**から1つ選び，記号を書きなさい。

〔 **ア** $x=2,\ -2$ **イ** $x=0,\ -4$ **ウ** $x=0,\ 4$ **エ** $x=4$ 〕

(5) a 人が1人500円ずつ出して，b 円の花束を買おうとしたところ，200円たりなかった。このときの数量の関係を表す式として，正しいものを次の**ア**～**エ**から1つ選び，記号を書きなさい。ただし，消費税は考えないものとする。

ア $500a-200=b$
イ $500a>b+200$
ウ $500a-b<200$
エ $500a=b-200$

(6) **資料**は，あるクラスの徒歩通学生徒16名の通学時間を調べ，その値を左から小さい順に並べたものである。通学時間の中央値を求めなさい。

〔**資料**〕
5, 8, 10, 10, 12, 15, 15, 15, 19, 20, 20, 23, 25, 27, 30, 35

（単位：分）

(7) ことがらAの起こる確率が $\frac{3}{8}$ のとき，Aの起こらない確率を求めなさい。

令和４年度　公立高等学校入学者選抜

学力検査問題

数　　学

（50分）

注　　意

1　検査係員の指示があるまで，問題冊子と解答用紙に手をふれてはいけません。

2　問題は**【問 1】**から**【問 4】**まであり，問題冊子の２～９ページに印刷されています。10ページ以降に問題はありません。

3　問題冊子とは別に，解答用紙があります。**解答は，すべて解答用紙の □ の中にかき入れなさい。**

4　分数で答えるときは，指示のない限り，それ以上約分できない分数で答えなさい。また，解答に$\sqrt{\ }$を含む場合は，$\sqrt{\ }$の中を最も小さい自然数にして答えなさい。

5　計算をしたり，図をかいたりすることが必要なときは，問題冊子のあいているところを使いなさい。

いふらんと〔イ〕思ふ程に、「玄《げん》蕃《ば》殿の国司姿こそ、をかしかりつれ」といふ。（ついて言うのだろう）「藤《とう》左《さ》衛《ゑ》門《もん》殿は錦《にしき》を着給ひつ（着ておられた）。源兵《げんひやう》衛《ゑ》殿は縫物《ぬひもの》をして、金の文《もん》（紋様）をつけて」など〔ウ〕語る。

〔③〕あやしう覚えて（おかしいと思って）、「やうれ」と呼べば、この「見て来《こ》」とて〔エ〕やりつる（遣わした）男、笑《ゑ》みて出《い》で来《き》て、「大方《おほかた》かばかりの見物候《さぶら》はず（ございません）。賀茂祭（京都の賀茂神社の祭）も物にても候はず。院の御桟敷《さじき》（白河法皇の御観覧席）の方《かた》へ渡しあひ給ひたりつるさまは、目も及び候はず（目もくらむほどの見ものでした）」といふ。「さていかに」といへば、「早う果て候ひぬ（もうとっくに終わりました）」といふ。「こはいかに、来ては告げぬぞ（どうして知らせに来ないのか）」といへば、「こはいかなる事にか候ふらん。『参りて見て来《こ》』と仰《おほ》せ候へば、目もたたかず（まばたきもせず）、よく見て候ふぞかし（おりましたのです）」といふ。大方とかくいふばかりなし（まったく話にもならないような次第であった）。

さる程に（まもなく白河法皇が）、「行遠は進《しん》奉《ぶ》不《ふ》参《さん》（行列に参らず）、返す返す奇《き》怪《くわい》なり（まことにもって不届きである）。たしかに召し籠《こ》めよ（謹慎させよ）」と仰せ下《くだ》されて、廿日《はつか》（二十日）余り候ひける程に、この次第を聞し召して、笑はせおはしましてぞ召し籠めはゆりて（許された）けるとか。

（本文は「新編日本古典文学全集」による　問題作成上一部省略した箇所がある）

(5) 次の［　］はこの文章について、谷本さんたちがグループ内で感想を出し合った様子である。

谷本　行遠は、行列への参加に失敗してしまったうえに罰せられて、気の毒だったな。

森川　確かに行遠は失敗してしまったよね。その失敗の原因は、［A（四字）］、という言葉をめぐる行遠と従者の行き違いだったと思うよ。

杉村　そうだよね。行遠は、行列の様子を見て、［B］、と伝えたつもりだったのに、従者は浅はかにも、行列の様子をただ［A］、という意味だけにとらえてしまっていたね。

清水　言葉での行き違いは、自分も経験があるから、行遠や従者と同じだなと思ったよ。でも行遠は、もう少し細かい指示を出すとか、自分で行列の様子を見に行くとかしていれば、失敗を避けられたかもしれないね。

森川　行遠は「［C］」とあるように、自分の着飾った姿のうけをねらうことで頭が一杯だったんじゃないかな。これも失敗の原因かな。でも行遠の気持ちは共感できるな。

谷本　なるほど。行遠と従者の行き違いにまつわる互いの行動や心情が、この話のおもしろさのひとつなんだね。白河法皇が笑って許した気持ちもわかるような気がするよ。

ⅰ　［A］に当てはまる適切な言葉を、指定された字数の現代語で書きなさい。

ⅱ　［B］に当てはまる適切な言葉を、十五字以上二十五字以内の現代語で書きなさい。

ⅲ　［C］に当てはまる部分を本文中から二十五字以上三十字以内でさがし、最初の五字を書きなさい。

【問五】　次の文章を読んで、下の各問いに答えなさい。

　高校一年生の「僕」は、町のパン屋さんを取材し、店員の菫《すみれ》さんが事実とは異なる話をしていることに気づきながら、確認せず昼の放送で紹介し、トラブルを招いてしまった。そこで放送部の仲間に提案し、もう一度パン屋さんをモデルとしてラジオドラマを制作し、文化祭で発表しようと考えた。しかしある日、そのパン屋さんの前を通ると閉店していることに気づく。動揺していると、忘れ物を取りに来た菫さんが現れ、元々閉店する予定だったと聞かされる。更に菫さんは、謝る「僕」に、取材のときに言えなかったことを語り出した。

「古くなったお店を直すより、パンの種類を増やしたくて一生懸命パンを作ってるとね、たまに来るのよ。今にも潰れちゃいそうなうちの店を心配してくれる学生さんが。たくさんお友達を連れてきて『また来ます！』って言ってくれる子とか、毎日毎日ひとつだけパンを買っていってくれる子とか……。卒業すると顔を見なくなっちゃうんだけど、でもまたしばらくすると来るの。同じ制服を着た学生さんが」

　最初は恐る恐る店に足を踏み入れ、店内を見て驚いたような顔をして、それから①足しげく通うようになってくれるらしい。*南条先輩も、もしかしたらそうだったのだろうか。

「でも、学校全体にうちのお店を紹介しようとしてくれたのは今回が初めてだったの。インタビューに来てくれたみんなは熱心で、どうすれば店にお客さんが来てくれるか一生懸命考えて、この店のいい所がアピールできるような質問をたくさんしてくれたじゃない？　それを見たら、もうすぐお店を閉めるなんて言い出せなくて」

　がっかりさせてしまいそうだったから、と、菫さんは申し訳なさそうな顔で言う。

「インタビューで嘘《うそ》ついちゃったのも、ごめんなさいね。せっかくだから、何か凄《すご》いお話をしてあげたかったんだけど、こんな小さなお店でしょう？　特に変わった話もできなくて……。学生さんたちにはたくさんお世話になったから、最後に何か役に立ちたかったんだけど」

　ごめんなさい、と再三謝られてしまい、必死で首を横に振った。

　そんなのちっとも、謝られるようなことではない。むしろ謝るべきは僕たちだ。

　僕たちは全員、初めてのインタビューで舞い上がって、店のことを学校のみんなに知ってもらうのはいいことだと思い込んで、とにかく店に客が集まるようなインタビューを心掛けた。店の成り立ちや、どれほどパン作りに情熱をソソいでいるのか、客足が遠のいている現状の苦労など。人が来なくて困っていることが伝われば、きっと学校のみんなも店に足を運んでくれる。そう考えて、知らず知らずのうちに菫さんに、困っている話をするよう仕向けてはいなかったか。

　きっと菫さんは、僕らが期待する回答を敏感にサッチした。それでつい、僕らの要望に応えて話を大きくしてしまったのだ。

　だとしたら、菫さんに嘘をつかせたのは僕たちではないか。

　②言葉もなく立ち尽くしていたら、菫さんに「大丈夫？」と声をかけられた。

(1)　文章中の〰〰線部を漢字に直して、楷書で書きなさい。

①　ソソ　　②　サッチ

(2)　- - - 線部に用いられている表現技法として適切なものを、次のア～オから二つ選び、記号を書きなさい。

ア　擬人法　　イ　倒置　　ウ　対句
エ　反復　　オ　体言止め

(3)　——線部①の文章中の意味として最も適切なものを、次のア～エから一つ選び、記号を書きなさい。

ア　びくびくと慎重に　　イ　数人で連れだって
ウ　間を置かず何度も　　エ　慌てるようにして

(4)　——線部②「言葉もなく立ち尽くしていた」とあるが、その理由として最も適切なものを、次のア～エから一つ選び、記号を書きなさい。

ア　菫さんに嘘をつかれたことに動揺したから。
イ　菫さんに嘘をついたのが自分だと気づいたから。
ウ　菫さんが自分たちのせいで嘘をついたかもしれないと気づいたから。
エ　菫さんが自分たちのために我慢をしていたことに気づいたから。

(5)　次の□は、阿部さんと田中さんが、この文章の内容と表現について話し合っている様子である。

阿部　お互いに相手の役に立ちたいと思っていたけれど、すれ違ってしまったよね。

田中　「僕」は、菫さんに「A（六字）」をしてもらいたいと知らず知らずのうちに思い、菫さんは、僕たちの期待に応えようとして行動したね。

阿部　「僕」は、そのことに気づいて「B（六字）」と、強く思ったんだね。

僕はもう一度菫さんに謝ろうとしたが、直前で思い直して別の言葉に変えた。
「来月の文化祭で、放送部のラジオドラマを作ることになったんです。できれば今聞いたお話も脚本に盛り込みたいのですが、構いませんか？」
きょとんとした顔をする菫さんに、森杉パン屋と放送部の間で起きた一連のできごとをドラマ仕立てで流すのだと説明する。そうしながら、伝えなければ、と強く思った。
他人に期待をすること。その期待に応えようとすること。そこで生まれる＊齟齬《そご》。
きっとこういうことは、日常生活でも起こり得る。振り返れば自分にだって覚えがあった。親や友達から期待されて、調子よく返事をしてしまって、後々自分で自分の首を絞めることなんて珍しくもない。
実例を伴った言葉は、きっと聞く人の心に残る。
今度こそ、嘘も飾りもなく届けたい。実直にパン屋を営み続けた菫さんが、最後まで高校生たちのことを考えてインタビューに応じてくれたことも、僕たち放送部が未熟だったせいでトラブルを起こしてしまったことも。
――伝えたいことって、こういうことか。
菫さんに一通りの説明を終え、僕は体の脇で固く拳を握った。
「誰かと喋《しゃべ》っているとき、相手の言葉に違和感を覚えることってあると思います。勢いで口にした自分の言葉が、本心から少し離れてしまうことも。でも、テンポよく流れてる会話を止めるのって難しいです。下手に会話を止めると、空気を読まないって言われてしまうこともあるし。だけどやっぱり、言葉はすれ違ったままにしておかない方がいいんだって今回のことでわかりました」
菫さんは僕を見上げ、そうね、と穏やかな声で相槌《あいづち》を打ってくれる。それに背中を押され、懸命に言葉を続けた。
「誰かが同じような状況に立ったとき、勇気を出して尋ね返したり、言い直したりする、そういうきっかけにこのドラマがなってくれればいいと思ってます」
僕の言葉に菫さんは何度も小さく頷《うなず》いて、目元に柔らかな笑い皺《じわ》を寄せた。
「文化祭って、私たちも見に行けるのよね？」
「は、はい。確か、二日目だったら誰でも……」
「だったら、私も是非そのドラマを聞きに行きたいわ」
店にまつわる話はどんなことでも全部脚本に盛り込んでくれて構わない、と快諾して、菫さんは軽く僕の腕を叩《たた》く。
「楽しみにしてるから、頑張って」
ごく軽い力だったのに、腕を叩かれた振動が全身に伝わったようだった。③体の芯がぶるりと震える。自然と背筋がまっすぐ伸び、僕は菫さんの目を見て「頑張ります」と応じた。

（青谷真未《あおやまみ》「水野瀬高校放送部の四つの声」早川書房　問題作成上ふりがなをつけた箇所がある）

＊（注）　南条先輩＝放送部の二年生　　齟齬＝くいちがうこと

田中　その後に続く、「C（十一字）」という行動描写にもその思いが表れているよ。そして、「言葉はすれ違ったままにしておかない方がいい」と、考えたことを菫さんへ伝えているね。

i　A、B に当てはまる最も適切な言葉を、本文中からそれぞれ指定された字数で抜き出して書きなさい。

ii　C に当てはまる最も適切な言葉を本文中から指定された字数で抜き出し、最初の四字を書きなさい。

(6)　――線部③に至るまでの「僕」の気持ちや行動について、次の□のようにまとめた。□に当てはまる適切な言葉を、あとの〈条件1〉、〈条件2〉と《注意》に従って書きなさい。

「僕」は、□「頑張ります」と応じた。

〈条件1〉話の展開を踏まえ、**決意**、**励まし**、**責任と使命**の三つの言葉を、この順で使って書くこと。
〈条件2〉六十字以上七十字以内で書くこと。
《注意》ふりがながついている漢字（菫《すみれ》、嘘《うそ》、凄《すご》、齟齬《そご》、喋《しゃべ》、相槌《あいづち》、頷《うなず》、皺《じわ》、叩《たた》）を解答に用いる場合は、ひらがなで書いてもよい。

※次の枠は、下書き用なので、使っても使わなくてもよい。解答は、解答用紙に書きなさい。

「僕」は、
10　20　30　40　50　60　70
「頑張ります」と応じた。

これより先に問題はありません。
下書きなどが必要なときには、自由に使ってかまいません。